中国人民大学科学研究基金（中央高校基本科研业务费专项基金资助）项目"中国古代交通史研究"成果（10XNL001）

王子今 ○ 著

秦汉交通史新识

中国社会科学出版社

图书在版编目(CIP)数据

秦汉交通史新识 / 王子今著. —北京：中国社会科学出版社，2015.8（2021.5 重印）

ISBN 978-7-5161-6723-6

Ⅰ.①秦… Ⅱ.①王… Ⅲ.①交通运输史—中国—秦汉时代—文集 Ⅳ.①F512.9-53

中国版本图书馆 CIP 数据核字(2015)第 174009 号

出 版 人	赵剑英
责任编辑	宋燕鹏
责任校对	张依婧
责任印制	李寡寡

出　　版	中国社会科学出版社
社　　址	北京鼓楼西大街甲 158 号
邮　　编	100720
网　　址	http://www.csspw.cn
发 行 部	010-84083685
门 市 部	010-84029450
经　　销	新华书店及其他书店
印　　刷	北京明恒达印务有限公司
装　　订	廊坊市广阳区广增装订厂
版　　次	2015 年 8 月第 1 版
印　　次	2021 年 5 月第 2 次印刷
开　　本	710×1000　1/16
印　　张	20.75
插　　页	2
字　　数	351 千字
定　　价	76.00 元

凡购买中国社会科学出版社图书，如有质量问题请与本社联系调换
电话：010-84083683
版权所有　侵权必究

目　　录

秦军事运输略论 ……………………………………………… (1)
  一　秦人对军运的重视 ……………………………………… (1)
  二　秦军"远攻"传统与粮运效率 ………………………… (3)
  三　军运与统一战争中的大兵团作战 ……………………… (5)
  四　秦军运能力的开发 ……………………………………… (9)
  五　灵渠的意义 ……………………………………………… (11)
  六　秦军事运输的组织管理 ………………………………… (14)

秦兼并战争中的"出其人"政策
  ——上古移民史的特例 …………………………………… (16)
  一　"出其人""归其人"史例 …………………………… (16)
  二　《通鉴》的处理方式 …………………………………… (18)
  三　上党教训 ………………………………………………… (20)
  四　"虎狼之秦":东方六国的文化敌对倾向 …………… (22)
  五　"徕民"主张:从兵战强国到行政强国 ……………… (24)
  六　关于"募徙""赐爵","赦罪人迁之" ……………… (25)

秦始皇二十七年西巡考议 ……………………………………… (27)
  一　咸阳—雍交通线路的延伸 ……………………………… (27)
  二　西抚西土 ………………………………………………… (28)
  三　西:秦之旧都 …………………………………………… (30)
  四　秦西部战略成功的纪念 ………………………………… (32)
  五　"出鸡头山,过回中" ………………………………… (35)

六　关于"治驰道" …………………………………………………（37）

说"反枳"：睡虎地秦简《日书》交通"俗禁"研究 ………………（39）
　　一　关于"反枳（反支）" …………………………………………（39）
　　二　"避反支"："不可行走的禁忌" ………………………………（40）
　　三　"反枳"原义推想 ………………………………………………（42）
　　四　"□与枳刺艮山之胃离日"试释读 ……………………………（45）
　　五　关于"禹之离日" ………………………………………………（46）
　　六　禹：早期交通开发成功的纪念性符号 ………………………（48）

李斯《谏逐客书》"駃騠"考论
——秦与北方民族交通史个案研究 …………………………（50）
　　一　骏良駃騠：秦王"娱心意说耳目者" …………………………（51）
　　二　《短长》乌氏倮"駃騠"传说的史实背景 ……………………（52）
　　三　駃騠："北蛮""奇畜" …………………………………………（53）
　　四　燕王"駃騠"与赵简子"白骡" …………………………………（54）
　　五　畜产史的重要一页 ……………………………………………（56）
　　六　秦人畜牧"蕃息"技术的传统优势 ……………………………（58）
　　七　"駃騠"名义解说的其他可能性 ………………………………（59）
　　八　"駃騠"驯用骑乘推想 …………………………………………（62）

骡驴馲驼，衔尾入塞
——汉代动物考古和丝路史研究的一个课题 ………………（64）
　　一　"馲驼"的引入 …………………………………………………（64）
　　二　"骡驴""入塞" …………………………………………………（66）
　　三　内地"骡驴"的考古发现 ………………………………………（70）
　　四　关于"橐驰驴骡"匈奴"奇畜"说 ………………………………（71）
　　五　以"駃騠、駒騡、驒騱"为对象的动物考古取得进展的
　　　　可能性 ……………………………………………………（72）
　　六　丝路史值得重视的贸易方式 …………………………………（74）

论汉昭帝平陵从葬驴的发现 …… (76)
  一 平陵动物考古发现 …… (77)
  二 "骡驴馲驼,衔尾入塞":丝路交通风景 …… (79)
  三 有关"驴"的简牍史料 …… (80)
  四 汉代文明史历程中"驴"的蹄迹 …… (82)
  五 对于"驴"的交通史与交通考古关注 …… (83)

岳麓书院秦简《数》"马甲"与战骑装具史的新认识 …… (85)
  一 岳麓书院秦简《数》所见"马甲"简文 …… (85)
  二 曾侯乙墓出土"马甲" …… (86)
  三 包山2号楚墓出土"马甲" …… (87)
  四 有关"马甲""马铠"的历史记录 …… (88)
  五 杨泓有关战马装具史的创论 …… (91)
  六 甲骑装具史的新认识 …… (92)

马王堆三号汉墓遣策"马竖"杂议 …… (95)
  一 "明童"中的"马竖" …… (95)
  二 "马竖"与"马仆""车竖" …… (97)
  三 马王堆汉墓"马竖"与"奴婢成群的场面" …… (99)
  四 奴婢中"未成年的孩童" …… (101)
  五 "竖":指代成年人的蔑称 …… (103)
  六 "奴""竖"与"马童"名字 …… (105)

前张骞的丝绸之路与西域史的匈奴时代 …… (108)
  一 早期中西交通的西域路段 …… (108)
  二 冒顿自强与匈奴兼并"楼兰、乌孙、呼揭及其旁二十六国" …… (111)
  三 "诸引弓之民,并为一家" …… (116)
  四 匈奴强势与西域文化发展进程 …… (119)
  五 匈奴控制西域通路 …… (120)
  六 匈奴"乐关市"传统 …… (122)
  七 匈奴在西域商路的经济表现 …… (126)

八　活跃的西域"贾胡" ………………………………………（130）

赵充国时代"河湟之间"的生态与交通 ……………………（137）
　　一　"河湟之间"：赵充国与羌人共同的舞台 ………………（137）
　　二　"河湟之间"的生态：生产条件与生存环境 ……………（138）
　　三　石棺葬：羌人机动性与草原生态交通条件考论之一 …（140）
　　四　"鲜水"：羌人机动性与草原生态交通条件考论之二 …（142）
　　五　赵充国屯田的生态环境背景 ……………………………（145）
　　六　"河湟漕谷"的水文史料和交通史料意义 ………………（146）

汉武帝"西夷西"道路与向家坝汉文化遗存 ………………（150）
　　一　汉武帝时代"西夷西"道路探索 …………………………（150）
　　二　"因蜀犍为发间使，四道并出" …………………………（151）
　　三　汉使见闭于夷 ……………………………………………（154）
　　四　"王然于"事迹 ……………………………………………（157）
　　五　"西夷西"道路与向家坝考古收获 ………………………（159）
　　六　关于汉武帝"罢西夷""稍令犍为自葆就" ……………（161）
　　七　斑竹林汉画像石棺墓陶俑表现"僰僮"身份的可能性 …（162）

建安二十年米仓道战事 ……………………………………（166）
　　一　张鲁"走巴中" ……………………………………………（166）
　　二　巴賨夷帅朴胡、杜濩、任约北降 ………………………（169）
　　三　"巴夷"的迁徙 ……………………………………………（170）
　　四　张鲁"自巴中将其余众降" ………………………………（171）
　　五　张郃"徇三巴" ……………………………………………（172）
　　七　张郃"走还南郑" …………………………………………（173）

米仓道"韩溪"考论 …………………………………………（175）
　　一　以韩信为主角的交通史故事 ……………………………（175）
　　二　2012年米仓道考察"韩溪"发现 …………………………（177）
　　三　南北"韩溪"之一：米仓道"韩溪" ………………………（179）
　　四　南北"韩溪"之二：褒斜道"韩溪" ………………………（182）

五　韩信南行的可能性探索 ………………………………… (184)
　　六　米仓道和金牛道的关系 ………………………………… (185)

试说"江阳之盐" ……………………………………………… (188)
　　一　《博徒论》"江阳之盐" …………………………………… (188)
　　二　《博徒论》有关"盐"的文字的复原 ……………………… (190)
　　三　"江阳"盐产考议 ………………………………………… (191)
　　四　"江阳"盐运推想 ………………………………………… (194)
　　五　自贡井盐与"江阳之盐"的关系 ………………………… (195)
　　六　"江阳""水通"之利：沱江盐运体系 …………………… (196)

秦汉"五岭"交通与"南边"行政 ……………………………… (198)
　　一　秦始皇五岭"新道"与灵渠工程 ………………………… (198)
　　二　汉武帝用兵岭南 ………………………………………… (200)
　　三　交通的发展和"南边"的移动 …………………………… (202)
　　四　历史比照之一："南山"道路和"五岭"道路 …………… (204)
　　五　历史比照之二：海陆并进的军事交通记录 …………… (205)
　　六　岭南新区的交通与行政 ………………………………… (208)

西汉辽西郡的防务与交通 …………………………………… (210)
　　一　辽西郡与北边防务体系 ………………………………… (210)
　　二　辽西郡战事 ……………………………………………… (211)
　　三　辽西地位与朝鲜形势 …………………………………… (214)
　　四　辽西郡："燕、齐之间"的文化枢纽 ……………………… (215)
　　五　辽西地方的"濒海之观" ………………………………… (217)
　　六　并海道与北边道的交接 ………………………………… (220)
　　七　"傍海道不通"交通史事与海侵记忆 …………………… (222)

秦汉时期政治危局应对的交通控制策略 …………………… (224)
　　一　"交通"：治与乱的共有条件 …………………………… (224)
　　二　交通史视角的政治危局考察 …………………………… (226)
　　三　"关"：国家的"门户" …………………………………… (228)

四 "道"与"摧房""填戎""致治" …………………………（230）
　　五 山险要隘控制 ……………………………………………（232）
　　六 长安"武库"与雒阳"武库"的空间定位 …………………（233）
　　七 东海郡"武库"与并海道及近海交通 ……………………（234）
　　八 "上郡库""北边郡库"与"北边道"交通 …………………（236）

汉代的"海人" ………………………………………………………（238）
　　一 "海人之占"：海洋学的进步 ……………………………（238）
　　二 《说苑》"海人"故事 ……………………………………（240）
　　三 "海人"传递的神异知识 …………………………………（241）
　　四 齐"习船者"与"海人"的技能 ……………………………（243）
　　五 "海人"与"山客" …………………………………………（244）
　　六 关于"海人之仄陋" ………………………………………（245）

东海的"琅邪"和南海的"琅邪" …………………………………（248）
　　一 越王勾践"治琅邪" ………………………………………（249）
　　二 秦皇汉武"琅邪"之行 ……………………………………（251）
　　三 "填夷"命名与"亶洲""东夷"航路 ……………………（252）
　　四 南洋"琅邪"记忆的可能性 ………………………………（255）

秦汉闽越航海史略 …………………………………………………（259）
　　一 越人航海传统 ……………………………………………（259）
　　二 闽越王"阴计奇策，入燔寻阳楼船" ……………………（261）
　　三 闽越王"侵陵百越，并兼邻国" …………………………（262）
　　四 汉王朝"事两越" …………………………………………（264）
　　五 闽越海境的"海风波" ……………………………………（265）
　　六 "横海将军"战功 …………………………………………（266）
　　七 城村城址水门发现 ………………………………………（267）
　　八 "东冶"的地位 ……………………………………………（268）
　　九 关于闽越东洋航路 ………………………………………（269）

马援楼船军击交阯九真与刘秀的南海经略 (270)

　　一　马援"破交阯""击九真"与楼船军战功 (270)
　　二　"楼船""横海""伏波"事业 (274)
　　三　刘秀南海经略与西域政策的对比 (277)
　　四　交州军事征服的航海技术基础 (280)

伏波将军马援的南国民间形象 (283)

　　一　楼船远征 (283)
　　二　"伏波将军"名号 (286)
　　三　"马伏波"的历史光荣及其民间形象化记忆 (288)
　　四　文与武：由马援言汉代"名臣列将"形象 (291)

诸葛亮"流马""方囊"考议 (294)

　　一　"木牛流马"：诸葛亮的交通运输技术发明 (294)
　　二　关于"方囊"名号 (296)
　　三　"方囊"与散装运载方式 (297)
　　四　"流马""方囊"装载量与汉代车运装载规格的比较 (300)
　　五　"方囊"结构与"流马"为独轮车说 (302)
　　六　"鹿车"与"流马"名义 (305)

附论 (307)

　　早期中西交通线路上的丰镐与咸阳 (307)
　　秦汉时期南岭道路开通的历史意义 (311)
　　秦皇汉武"海上"之行 (315)

后记 (319)

本书内容初刊信息 (322)

秦军事运输略论

秦人崛起于西北，以军力的强势，"追亡逐北"，"宰割天下"，最终在嬴政时代"振长策而御宇内，吞二周而亡诸侯，履至尊而制六合，执棰拊以鞭笞天下，威振四海"①，实现了统一。对于秦统一的因素，可以进行多视角的综合分析。我们曾经注意到秦人重视交通的传统对于统一事业成功的意义。② 直接就军事行为和战争方式而言，亦应当关注秦国军运能力方面的优势所发生的积极作用。秦统一战争中，调动数以十万计的大军连年出击，无疑需要凭借强大的运输力量保证后勤供给。战争必然充分动员交通力量，即《孙子·作战》中所谓"师者远输"。研究秦的军事文化，不能不考察军运问题。

一 秦人对军运的重视

据《史记》卷五《秦本纪》记载，"（秦昭襄王）十二年……予楚粟五万石"。以汉代运输车辆的装载规格一车二十五石计算③，"五万石"需用运车两千辆。这是继支援晋国抗灾发起的"汎舟之役"之后最大规模的一次运输行为。这种跨国远程运输，实际上都可以看作统一战争中为前线提供军需供应的军运行为的一种演练。

---

① 《史记》卷六《秦始皇本纪》引贾谊《过秦论》。
② 参看王子今《秦国交通的发展与秦的统一》，《史林》1989年第4期。
③ 《九章算术·均输》："一车载二十五斛。"裘锡圭指出，"居延简里有很多关于用车运粮的数据，每车所载粮食一般为二十五石"。"雇佣的佣人和服役的将车者输送粮食的时候，大概一般比较严格地遵守二十五石一车的常规。"《汉简零拾》，《文史》第12辑，中华书局1981年版。

这是对当时友好国家的粮运。对于敌对国家，则全力破坏其粮运系统。在直接的军事竞争中尤其如此。

典型的史例是长平之战中秦军的有关表现。长平之战是在"海内争于战功""务在强兵并敌"① 的秦昭襄王时代发生的一次对于天下形势具有决定性的意义的战役。秦军于长平（今山西高平西北）歼灭赵军主力，确定了在兼并战争中的胜局。司马迁所谓"昭襄业帝"②，即肯定了秦军在这一时期的历史性胜利的意义。③

从《白起王翦列传》所谓秦昭襄王"发年十五以上悉诣长平"，可知秦国是倾全国之力面对决战的。以此推想，对赵国所投入的军力，也不应当作过于保守的估计。分析这些历史记载，大致可以得到这样的认识，长平之战，秦国破赵国之军，前后共四十余万，赵军投降后被坑杀者计有"数十万"之多。④ 如此数量的部队集中作战，军粮需求必然形成很大压力。长平可能有少量储备⑤，但必须仰赖来自邯郸附近平原粮产区的输送。秦军断绝粮路之后，"至九月，赵卒不得食四十六日，皆内阴相杀食"。突围不成，不得不投降。"卒四十万人降武安君。"

对长平大规模杀降事件如果做客观的分析，应当说，历史悲剧之发生，除了秦文化的传统风格与东方列国有明显差异之外⑥，另一主要的因素可能还在于体制的弊端。白起杀降的动机可能与生活消费品的运输有直接关系。在秦国的新占领区，军事长官实际上集军政大权于一身。

---

① 《史记》卷一五《六国年表》。
② 《史记》卷一三〇《太史公自序》。
③ 参看王子今《秦国君远行史迹考述》，《秦文化论丛》第8辑，陕西人民出版社2001年版。
④ 参看王子今《长平之战的历史记录与历史评价》，《秦文化论丛》第7辑，西北大学出版社1999年版。
⑤ 长平战区廉颇积粮之处，后来称作"米山"。明末人李雪山曾经作《咏米山》诗，由米山胜迹追念名将廉颇，其中写道："积雪如山夜唱筹，廉颇为赵破秦谋。将军老去三军散，一夜青山尽白头。"《山西通志》卷二二六《艺文四十五·诗六》。
⑥ 《荀子·议兵》："秦人其生民也狭厄，其使民也酷烈。"郝懿行《荀子补注》："狭厄犹狭隘也。""酷烈"体现政治文化的风格，或许可以与《史记》卷六八《商君列传》所谓"商君，其天资刻薄人也"对照读。《商君书·垦令》又说到"惰急之民""很刚之民"。秦以国势之强盛、军威之勇进以及民气之急烈，于东方得"虎狼之国"的恶名。称秦"虎狼之国"史例，见《史记》卷六九《苏秦列传》苏秦语、楚威王语，卷七一《樗里子甘茂列传》游腾语，卷七五《孟尝君列传》苏代语，《屈原贾生列传》屈平语。

他们在承担军事指挥任务的同时，也要负责地方的行政管理事务。就长平地区的局势而言，在受降之后，上将军白起首先要负责组织调运数十万降卒的口粮。在战争中已经付出很多的河内地方要承当这一压力，是非常艰难的。

二 秦军"远攻"传统与粮运效率

秦立国，是由于一次军事交通行为。《史记》卷五《秦本纪》记载："西戎犬戎与申侯伐周，杀幽王郦山下。而秦襄公将兵救周，战甚力，有功。周避犬戎难，东徙雒邑，襄公以兵送周平王。平王封襄公为诸侯，赐之岐以西之地。"此后虽僻在西方，却积极参与中原军事外交活动。

秦国较早创大军团长距离远征的历史记录。秦穆公曾经谋取郑国。《史记》卷五《秦本纪》记载："郑人有卖郑于秦曰：'我主其城门，郑可袭也。'缪公问蹇叔、百里傒，对曰：'径数国千里而袭人，希有得利者。且人卖郑，庸知我国人不有以我情告郑者乎？不可。'缪公曰：'子不知也，吾已决矣。'遂发兵，使百里傒子孟明视，蹇叔子西乞术及白乙丙将兵。"这次派遣大军远征，被有经验的长者批评为"径数国千里而袭人"①。

其实，此前一年，秦国已经有一次攻击郑国的军事行为。《史记》卷五《秦本纪》："（秦穆公）三十年，缪公助晋文公围郑。郑使人言缪公曰：'亡郑厚晋，于晋而得矣，而秦未有利。晋之强，秦之忧也。'缪公乃罢兵归。晋亦罢。"秦军还曾远至宋、楚、齐等国境内作战。远征路线的距离都超过了进攻郑国所谓"径数国千里而袭人"。

据林剑鸣《秦史稿》附《秦史大事年表》，可以看到秦军如下"行千里"远征战例②：

---

① 《左传·僖公三十二年》："穆公访诸蹇叔。蹇叔曰：'劳师以袭远，非所闻也。师劳力竭，远主备之，无乃不可乎？师之所为，郑必知之，勤而无所，必有悖心。且行千里，其谁不知？'"《公羊传·僖公三十三年》："百里子与蹇叔子谏曰：'千里而袭人，未有不亡者也。'"《谷梁传·僖公三十三年》："百里子与蹇叔子谏曰：'千里而袭人，未有不亡者也。'"又有"秦越千里之险，入虚国，进不能守，退败其师徒"的说法。

② 林剑鸣：《秦史稿》，上海人民出版社1981年版，第452—462页。

前 622 年	（穆公三十八年）秦取鄀
前 561 年	（景公十六年）与楚伐宋
前 505 年	（哀公三十二年）秦发兵五百乘救楚，大败吴师
前 312 年	（惠文王更元十三年）庶长魏章击楚于丹阳，虏其将屈匄，斩首八万。又攻楚汉中，置汉中郡
前 311 年	（惠文王更元十四年）伐楚取召陵。丹、犁臣，蜀相（陈）庄杀楚侯来降
前 303 年	（昭王四年）齐、韩、魏共伐楚，秦救楚，三国引去
前 300 年	（昭王七年）攻克楚新城（又称襄城），杀楚将景缺
前 298 年	（昭王九年）秦攻楚，大败楚军，斩首五万，取十余城
前 285 年	（昭王二十二年）蒙武率兵攻齐，得九城，设立九县
前 284 年	（昭王二十三年）大夫起贾至魏主持燕、赵、韩、魏、秦五国攻齐
前 383 年	（昭王二十四年）攻齐取胜，夺得陶
前 280 年	（昭王二十七年）攻楚取黔中，楚献汉北及上庸
前 279 年	（昭王二十八年）白起率兵攻楚取鄢
前 278 年	（昭王二十九年）白起率兵攻下楚国安陆，拔楚都郢，火烧夷陵，夺取竟陵，至洞庭。楚迁都于陈
前 277 年	（昭王三十年）攻楚黔中、巫郡

这只是长平之战之前秦军在宋、楚、齐作战的记录。然而都是"径数国千里"的行途甚远的军事行为。这样的远征，都需要及时而充备的粮运保障。

据《史记》卷七九《范睢蔡泽列传》，范睢进言秦昭襄王，献远交近攻之策，称这种军事行为为"远攻"，而取批评态度："王不如远交而近攻，得寸则王之寸也，得尺亦王之尺也。今释此而远攻，不亦缪乎！"远交近攻，只是发展扩张的策略。这种"远攻"，其实体现出秦军的机动性、持久性和长途奔袭的强大优势。兼并天下的战争，最终必然要进行"远攻"。而"远攻"的必要保障，是效率可靠的军运。

前说秦穆公时秦军攻郑"径数国千里而袭人"事，因军情败露而不得不放弃。归途中灭滑，因此遭到晋军袭击，导致崤之惨败。两年后，秦军攻晋，不胜。又过了一年，秦军大败晋师，成功复仇。在这一算不得"远攻"的战役中，我们看到秦军以决战决胜的精神英勇克敌的事迹："伐晋，渡河焚船，大败晋人，取王官及鄗，以报殽之役。晋人皆城守不敢出。"这一战役，《左传·文公三年》的记载是："秦伯伐晋，济河焚舟，取王官及郊，晋人不出。"后来项羽巨鹿之战破釜沉舟故事，其实是秦军"济河焚舟""渡河焚船"事的翻版。只是项羽故事"破釜"情节更突出地强调了本文所讨论的军粮问题。

三　军运与统一战争中的大兵团作战

战国时期的战争规模空前宏大。兵员的集结往往数以十万计。大兵团作战需要调集转运数量巨大的军需物资，形成沉重的交通压力。

关于长平之战秦军歼灭赵军兵员数目，大致应有四十余万人。《史记》卷五《秦本纪》："大破赵于长平，四十余万尽杀之。"卷一五《六国年表》："白起破赵长平，杀卒四十五万。""白起破（赵）括四十五万。"卷三四《燕召公世家》："秦败赵于长平四十余万。"卷四三《赵世家》："秦人围赵括，赵括以军降，卒四十余万皆阬之。""赵氏壮者皆死长平。"卷四五《韩世家》："秦拔赵上党，杀马服子四十余万于长平。"卷四六《田敬仲完世家》："秦破赵于长平四十余万。"卷七三《白起王翦列传》："前后斩首虏四十五万人。""长平之战，赵卒降者数十万人，我诈而尽阬之。"卷七六《平原君虞卿列传》："赵陷长平兵四十余万众。"卷七八《春申君列传》："秦破赵之长平军四十余万。"卷七九《范雎蔡泽列传》："（白起）又越韩、魏而攻强赵，北阬马服，诛屠四十余万之众，尽之于长平之下，流血成河，沸声若雷，遂入围邯郸，使秦有帝业。"卷八一《廉颇蔺相如列传》："（赵）括军败，数十万之众遂降秦，秦悉阬之。赵前后所亡凡四十五万。"卷八三《鲁仲连邹阳列传》："秦王使白起破赵长平之军前后四十余万。"战争的另一方，白起指挥的秦军的数量，也可以参照赵军被歼灭数目估计。

王翦击楚，动员的秦军多至六十万人。《史记》卷六《秦始皇本纪》

记载："（秦王政）二十三年①，秦王复召王翦，强起之，使将击荆。取陈以南至平舆，虏荆王。秦王游至郢陈。荆将项燕立昌平君为荆王，反秦于淮南。二十四年，王翦、蒙武攻荆，破荆军，昌平君死，项燕遂自杀。"关于"复召王翦，强起之"的细节，《史记》卷七三《白起王翦列传》有更具体的记述："秦始皇既灭三晋，走燕王，而数破荆师。秦将李信者，年少壮勇，尝以兵数千逐燕太子丹至于衍水中，卒破得丹，始皇以为贤勇。于是始皇问李信：'吾欲攻取荆，于将军度用几何人而足？'李信曰：'不过用二十万人。'始皇问王翦，王翦曰：'非六十万人不可。'始皇曰：'王将军老矣，何怯也！李将军果势壮勇，其言是也。'遂使李信及蒙恬将二十万南伐荆。王翦言不用，因谢病，归老于频阳。李信攻平与，蒙恬攻寝，大破荆军。信又攻鄢郢，破之，于是引兵而西，与蒙恬会城父。荆人因随之，三日三夜不顿舍，大破李信军，入两壁，杀七都尉，秦军走。始皇闻之，大怒，自驰如频阳，见谢王翦曰：'寡人以不用将军计，李信果辱秦军。今闻荆兵日进而西，将军虽病，独忍弃寡人乎！'王翦谢曰：'老臣罢病悖乱，唯大王更择贤将。'始皇谢曰：'已矣，将军勿复言！'王翦曰：'大王必不得已用臣，非六十万人不可。'始皇曰：'为听将军计耳。'于是王翦将兵六十万人，始皇自送至灞上。"②

《孙子·军争》："军无辎重则亡，无粮食则亡，无委积则亡。"军队必须得到充备的给养才能保持战斗力。克劳塞维茨在《战争论》中曾经写道，"能忍饥挨饿的确是士兵的最重要的美德之一，如果没有这种美

---

① "王翦既至关，使使还请善田者五辈"的所谓"关"，是函谷关还是武关？我们目前尚不能确知。然而思考这一问题似不应忽略《史记》卷七八《春申君列传》中所见春申君客"观津人朱英谓春申君曰"对于"秦二十年而不攻楚"的原因的分析："秦逾黾隘之塞而攻楚，不便；假道于两周，背韩、魏而攻楚，不可。"秦与楚之间最便捷的交通路线是武关道。《资治通鉴》卷七"秦始皇帝二十二年"记载："王翦将六十万人伐楚王，送至霸上，王翦请美田宅甚众……王翦既行至关，使使还请善田者五辈。"与《秦始皇本纪》所说"二十三年"不同。所谓"既行至关"的"关"，胡三省："此当是出武关也。"如此则经武关道蓝桥河栈道。蓝桥河栈道以其提供了可以满足车辆通行的必要宽度的特点，显现出形制的优越。参看王子今、焦南峰《古武关道栈道遗迹调查简报》，《考古与文物》1986年第2期；王子今《武关道蓝桥河栈道形制及设计通行能力的推想》，《栈道历史研究与3S技术应用国际学术研讨会论文集》，陕西人民教育出版社2008年版。

② 宋人李复撰《王翦》诗言此事："少李轻兵去不回，荆人胜气鼓如雷。将军料敌元非怯，能使君王促驾来。"《潏水集》卷一六《七言律诗》。据王翦自己的说法，"今空秦国甲士而专委于我"，内心有"令秦王坐而疑我"的忧虑，于是不得不"多请田宅为子孙业以自坚"。

德，军队就谈不上有什么真正的武德。但是，忍饥挨饿必须是暂时的，只能是迫于环境，不能成为一种可怜的制度，不能是对部队的需要进行抽象地苛刻地计算的结果。否则，每个士兵的体力和精神一定会不断地受到削弱。"①

秦军伐楚，出动的兵力达六十万。以秦简资料透露的秦时口粮供应的通例折算，全军每天作战人员的口粮就应超过五万石。② 如此数额的需求，很难适应克劳塞维茨所谓"屋主供养或村镇供养"的方式，也不大可能通过"军队强征"的方式得以满足。楚地尽管有克劳塞维茨说到的若干有利条件，"在人口非常稠密的地方，陆上交通和水上交通也比较发达和便利，运输工具也比较多，商业交易也比较容易和可靠"。相反的情形，是"战争在贫穷、人烟稀少、居民多半怀有敌意的国家中进行"。如李斯谏止秦始皇发起攻击匈奴战争时所说："轻兵深入，粮食必绝；踵粮以行，重不及事。"③ 楚地虽然有诸多便利的条件，但是确实是"居民多半怀有敌意的国家"④，而六十万秦军的数量又太大了。

若不能依赖当地条件供给⑤，则必须"设置适当的军需机关，以便在部队休息的任何时刻都能从远方运来粮食"。六十万军人一天的口粮以车载二十五石计，则需两千辆运车转送。《九章算术·均输》："重车日行五

---

① ［普鲁士］克劳塞维茨：《战争论》，中国人民解放军军事科学院译，解放军出版社 1964 年版，第 593 页。
② 据睡虎地秦墓竹简《仓律》，"城旦之垣及它事而劳与垣等者，旦半夕参；其守署及为它事者，参食之"。整理小组释文："城旦筑墙和作其他强度与筑墙相当的劳作的，早饭半斗，晚饭三分之一斗；站岗和作其他事的，早晚饭各三分之一斗。"睡虎地秦墓竹简整理小组：《睡虎地秦墓竹简》，文物出版社 1978 年版，第 51—52 页。军人口粮应超过这一定额。《盐铁论·散不足》说丁男口粮每月三石。《汉书》卷六九《赵充国传》说士卒口粮每月 2.66 斛。而居延汉简显示的士兵口粮一般为三石三斗三升少。参看赵宠亮《行役成备：河西汉塞吏卒的屯戍生活》，科学出版社 2012 年版，第 165—169 页。
③ 《史记》卷一一二《平津侯主父列传》。
④ ［普鲁士］克劳塞维茨：《战争论》，第 595—600、610、613 页。
⑤ 军队在战地劫掠消费物资是常见的情形。如《墨子·非攻下》所指责的："今王公大人天下之诸侯则不然，将必皆差论其爪牙之士，皆列其舟车之卒伍，于此为坚甲利兵，以往攻伐无罪之国。入其国家边境，芟刈其禾稼……攘杀其牲牷……"但是这样的物资征集，不能保证确定的数额，难以满足基本消费需求。克劳塞维茨在《战争论》中写道，"人们力图用最直接的方法，即就地抢掠的方法来满足这种需要。但是，这种方法使作战受到另一种很大的限制"。就进攻敌国的远征军来说，"采用了这种方法，军队就不能在一个地方久留。"［普鲁士］克劳塞维茨：《战争论》，第 594 页。

十里。"如果确实"径数国千里",则运程超过二十日,则每日应有四万辆以上的辎重车队承运。这一数字尚不包括军马的食料刍稾。然而,楚地战事持续长达"岁余",军运数额之巨大可以想见。《九章算术·均输》:"六人共车。"是说人力牵挽情形。① 计入空车返回及装卸等作业用时②,千里行程共需三十六日。六人食用的口粮也有十五石。就是说每辆运车实际运抵千里之外前线的军粮只有十石。如此则远征楚国的六十万秦军每天消耗的军粮,需要五千辆运车才能完成运输任务。当然,这样的计算方式,没有考虑在战区就食,或者就地征集粮食的可能,也没有考虑使用畜力牵挽运车的因素。固然伐楚之战未必出现主父偃批判秦始皇时代北边战争的发动,所说军运"率三十钟而致一石"的情形③,但是秦远征军军粮运输对于运力需求的数量十分巨大,是完全可以确知的。

克劳塞维茨说,军需条件和战区"人口密度"有关。我们应当看到,尽管楚地有富足之地,但是仍多"环境不很有利,当地居民并不稠密","土地贫瘠或者已经数次驻过军队"的地方。司马迁在《史记》卷一二九《货殖列传》中说:"楚越之地,地广人希,饭稻羹鱼,或火耕而水耨,果隋蠃蛤,不待贾而足,地埶饶食,无饥馑之患,以故呰窳偷生,无积聚而多贫。是故江淮以南,无冻饿之人,亦无千金之家。"又所谓"江南卑湿,丈夫早夭",也值得我们参考。

正如克劳塞维茨所说,"给养方面的困难往往使军队的伟大胜利的光芒消失,各种力量耗尽,退却成为不可避免,尔后,真正战败的各种症候就会逐渐增加"④。显然,如果没有体制比较健全、效率有所保证的军运系统,秦军的战绩是不可想象的。

---

① 《史记》卷九九《刘敬叔孙通列传》说娄敬"戍陇西,过洛阳","脱挽辂"见刘邦,就是这种情形。汉代画像也可以看到表现人力挽车"车六人"的画面。

② 《九章算术·均输》关于"均输粟"的算题写道:"重车日行五十里,空车日行七十里,载输之间各一日。"

③ 《史记》卷一一二《平津侯主父列传》。锺,《左传·昭公三年》杜预注:"六斛四斗。"《小尔雅·度量》宋咸注:"八斛也。"《淮南子·要略》高诱注:"锺,十斛也。"按照高诱的解释,"率三十钟而致一石",即只有三百分之一运抵目的地。这应当是夸张的说法。

④ [普鲁士]克劳塞维茨:《战争论》,第597—598、614页。

四　秦军运能力的开发

中国早期车辆均为单辕。单辕车须系驾二头或四头牲畜，双辕车则可系驾一头牲畜。最早的双辕车应当是秦人发明。陕西凤翔战国初期秦墓BM103出土两件牛车模型，牛一牡一牝，两车车辆形制相同，出土时陶车轮置于牛身后两侧，其间有木质车辕及轴、舆等车具朽痕，可以看到车辕为两根。① 这是中国考古资料中最早的双辕车模型，也是世界上最早的标志双辕车产生的实物资料。双辕车的出现，体现了交通工具史上的重大进步。两件牛车模型出土于同一座小型墓葬中，且牛为一牡一牝，可以说明秦国民间运输生产资料的普及程度。

独轮车的发明和普及，以往多据史籍"鹿车"的记录和汉代画像的反映，认为在东汉时期。刘仙洲、史树青著文指出独轮车创始的年代可以上推到西汉中晚期。② 秦始皇陵兵马俑坑2号坑发掘的单道车辙的遗存，告知我们秦人已经使用了这种制作简易，对于道路要求也甚低，非常有利于在运输实践中普及的车辆。③

秦人除了拥有双辕车和独轮车这两种先进车型的发明权之外，所使用的运车数量之多也是空前的。《左传·昭公元年》记载，秦景公三十六年（前541），秦后子针适晋，"其车千乘"。《史记》卷七二《穰侯列传》说，秦昭襄王三十六年（前271），穰侯免相，出关就封邑时，"辎车千乘有余"。

使用马匹作为运输动力对于秦汉时期的交通发展有显著的推进作用。因而秦汉马政以及以养马业为主的畜牧经济与交通事业的进步有直接的关系。秦人久有重视养马的传统。非子"好马及畜，善养息之"，曾为周人"主马于汧渭之间"，以"马大蕃息"开始活跃于社会政治生活中。④ 战国时七雄兼并，秦国以"秦马之良，戎兵之众，探前趹后，蹄间三寻者，

---

① 吴镇烽、尚志儒：《陕西凤翔八旗屯秦国墓葬发掘简报》，《文物资料丛刊》第3辑，文物出版社1980年版。
② 刘仙洲：《我国独轮车的创始时期应上推到西汉晚年》，《文物》1964年第6期；史树青：《有关独轮车的几个问题》，《文物》1964年第6期。
③ 赵宠亮：《独轮车至晚在秦代已经发明》，《中国文物报》2010年7月21日。
④ 《史记》卷五《秦本纪》。

不可胜数也"①，显示出与其他各国军事实力对比在机动性和进击速度方面的明显优势。就运输动力的开发而言，秦人养马业的优势，必然有益于交通进步。

云梦睡虎地秦简《金布律》规定，官吏以不同级别根据不同标准配予车牛和看牛的人。《司空》律又有关于"公车牛"和"公牛乘马"使用与管理的规定。《厩苑律》中，可见关于马牛畜牧、使用和管理的条文。规定县级行政机构有控制"公马牛"生存数字的责任。又规定每年对各县、各都官的官有驾车用牛考核一次，死亡数字超过定额的，责任人要承担罪责。考核和评比，"最""殿"各有奖惩。秦国"公马牛"管理制度的严密，体现出秦行政生活中畜力开发和利用所受到的特殊重视。《盐铁论·刑德》说秦法严酷，"盗马者死，盗牛者加"。睡虎地秦墓竹简所见律文关于"盗牛"罪行的处罚，有具体的规定。②

"入刍稾"，即所谓"入刍稾之税，以供国用"，被看作秦政苛暴的标志之一。③《史记》卷六《秦始皇本纪》："下调郡县转输菽粟刍稾。"所谓"輂刍輓粟"，"輂刍"，就是刍稾转输。对马牛饲料"刍稾"的强行征收，反映秦对运输动力的特殊重视。

秦汉时期，大量的驴、骡、骆驼等西方"奇畜"作为驮负和引车动力引入内地经济生活，成为交通发展的重要条件之一。正如《盐铁论·力耕》所说，"骡驴馲驼，衔尾入塞，驒騱騵马，尽为我畜"。这种引入"奇畜"用作交通运输动力的情形，其实秦人自战国时期已经创始。《吕氏春秋·爱士》注意到外国的"白骡"。李斯《谏逐客书》说，"必秦国之所生然后可"，则"骏良駃騠，不实外厩"④。"駃騠"这种西方奇畜的引进，也极大地开拓了运输力量增长的路径。⑤

秦人较早重视水运能力的开发。《石鼓文·霝雨》说到"舫舟"的

---

① 《战国策·韩策一》。
② 《法律答问》，睡虎地秦墓竹简整理小组：《睡虎地秦墓竹简》，文物出版社1978年版，第152—154页。
③ 《淮南子·氾论》："秦之时，高为台榭，大为苑囿，远为驰道，铸金人，发適戍，入刍稾，头会箕赋，输于少府。""入刍稾"，高诱注："入刍稾之税，以供国用也。"
④ 《史记》卷八七《李斯列传》。
⑤ 王子今：《李斯〈谏逐客书〉"駃騠"考论——秦与北方民族交通史个案研究》，秦与北方民族国际学术研讨会论文，西安，2012年8月。

使用，可见秦人很早就沿境内河流从事水上运输。《左传·僖公十三年》记述秦输粟于晋"自雍及绛相继"的所谓"泛舟之役"，杜预注："从渭水运入河、汾。"这是史籍所载规模空前的运输活动。《华阳国志·蜀志》："（李）冰乃壅江作堋，穿郫江、检江，别支流双过郡下，以行舟船。岷山多梓、柏、大竹，颓随水流，坐致材木，功省用饶。""水道""舟船"作为运输条件，使秦国的经济储备得以充实，使秦军的战争实力得以提升。天水放马滩秦墓出土木板地图标示水道有"关"的控制，也体现水运是秦国重要的运输形式。《战国策·赵策一》记载，赵豹警告赵王与秦国军事对抗的危险性："秦以牛田，水通粮，其死士皆列之于上地，令严政行，不可与战。王自图之！"所谓"水通粮"，是形成"不可与战"之强盛战争实力的重要因素。《说文·水部》："漕，水转谷也。"这种运输方式的早期发展，或许可以归功于秦人。徐中舒曾经指出秦的军事优势与此有直接关系，"如果没有水通粮（即后来的漕运），也就不能把它所积聚的粮食，输送到远方去征服其它的国家"①。

《战国策·楚策一》记载张仪炫耀秦国水上航运能力以恫吓楚王的言辞："秦西有巴蜀，方船积粟，起于汶山，循江而下，至郢三千余里。舫船载卒，一舫载五十人，与三月之粮，下水而浮，一日行三百余里；里数虽多，不费汗马之劳，不至十日而距扞关。"《史记》卷七○《张仪列传》记述略同，"方船"作"大船"，"循江而下，至郢三千余里"作"浮江以下，至楚三千余里"，"与三月之粮"作"与三月之食"，"不费汗马之劳"作"不费牛马之力"。说士的语言恐吓，也许可以从一个侧面反映历史的真实。这种"循江而下"或说"浮江以下"的特殊的军运形式，运载对象包括军事物资，也包括军队兵员。②

五　灵渠的意义

兼并六国，是秦始皇时代意义重大的历史变化，后人或称之为"六

---

① 徐中舒：《论东亚大陆牛耕之起源》，《成都工商导报》，《学林》副刊，1951年12月。
② 参看王子今《秦统一原因的技术层面考察》，《社会科学战线》2009年第9期。

王毕，四海一"①，"六王失国四海归"②。究其原始，我们看到《史记》卷六《秦始皇本纪》对于秦始皇二十六年纪事有"秦初并天下"的说法。嬴政"令丞相、御史""议帝号"时，有"六王咸伏其辜，天下大定"的词句。"丞相绾、御史大夫劫、廷尉斯等皆曰：'昔者五帝地方千里，其外侯服夷服诸侯或朝或否，天子不能制。今陛下兴义兵，诛残贼，平定天下，海内为郡县，法令由一统，自上古以来未尝有，五帝所不及。'"也有"平定天下，海内为郡县"的赞语。于是人们普遍以为随着所谓"六王咸伏其辜"，统一局面已经形成。"六王毕"，被看作统一实现的标志。③

以往学者似乎大致多认同这样的判断。④ 然而仔细考察秦史，应当注意到秦始皇三十三年（前214）的历史记录中又有以北河和南海为方向的军事进攻的成就。秦帝国的版图因此空前扩张。这一历史变化，可以理解为规模更为宏大意义更为深远的统一。《史记》卷六《秦始皇本纪》记"西北斥逐匈奴"与"略取陆梁地"事，系于秦始皇三十三年（前214）。然而据《史记》卷八八《蒙恬列传》"秦已并天下，乃使蒙恬将三十万众

---

① （唐）杜牧：《阿房宫赋》，《樊川集》卷一。
② （宋）莫济：《次韵梁尉秦碑》，《宋诗纪事》卷四七。
③ （宋）洪适《蛰寮记》："六王毕而仪、秦蛰其辩。"《盘洲文集》卷三〇《记一》。（明）魏校《答胡孝思》："六王毕，四海一，李斯适当同文之任。"《庄渠遗书》卷四《书》。（宋）独乐园主诗："秦皇并吞六王毕，始废封建迷井田。功高自谓传万世，仁义不施徒托仙。"（清）沈季友编《槜李诗系》卷三六《宋》。
④ 吕思勉《秦汉史》言"秦王政二十六年"事，使用《史记》"初并天下"语，又说随后推行的一系列政策，"皆有大一统之规模"。上海古籍出版社1983年版，上册第5、8页。劳榦《秦汉史》说："秦始皇二十六年（公元前二二一年），六国尽灭，新的帝国成立了。从十四年到这个时期，前后十三年间，秦王完全平定了天下。"中国文化大学出版部1980年版，第5页。何兹全《秦汉史略》写道："秦王政二十六年灭了六国，统一全中国。"上海人民出版社1956年版，第6页。林剑鸣《秦史》的表述则是"终于在公元前221年结束了诸侯割据称雄达数百年的局面，在中国建立起一个空前统一的封建王朝——秦"。上海人民出版社1989年版，第46页。田昌五、安作璋《秦汉史》说："前后十年之内，韩、赵、魏、楚、燕、齐六国依次灭亡，天下归于一统。"人民出版社1993年版，第36页。傅乐成主编、邹纪万著《秦汉史》也以为"到了秦王政廿六年（前二二一年），完全统一了中国"，创制了"史无前例的大一统之局"。众文图书有限股份公司1990年版，第9—10页。王云度、张文立主编《秦帝国史》照应了北边、南海战事对于统一的意义："秦的统一战争前后历时十年，依此攻灭东方六国，天下归于一统。随后，又北伐匈奴，南定百越，把统一的范围拓展到周边地区。这种大规模的军事、政治和文化的统一，开辟了中国历史的新纪元，意义十分深远。"陕西人民教育出版社1997年版，第62页。

北逐戎狄，收河南"及《秦始皇本纪》在秦始皇二十六年（前221）记述中已言"南至北向户"，二十八年（前219）琅邪刻石有"皇帝之土……南尽北户"语，可知这两个方向的拓进在兼并六国后随即开始。秦军远征南越的军事行动较早开始，可以引为助证的又有《史记》卷七三《白起王翦列传》的记载："（王翦）大破荆军，至蕲南，杀其将军项燕。荆兵遂败走。秦因乘胜略定荆地城邑。岁余，虏荆王负刍，竟平荆地为郡县。因南征百越之君，而王翦子王贲与李信破定燕齐地。秦始皇二十六年，尽并天下。"此说以为在"秦始皇二十六年"之前，秦军已经在灭楚之后，开始"南征百越之君"①。

  灵渠的遗存，提供了秦人在统一战争期间开发水利工程以水力用于军运的确定的实例。据严安上书："使尉屠睢将楼船之士南攻百越，使监禄凿渠运粮，深入越，越人遁逃。"② 这一工程沟通了长江水系和珠江水系，体现了水利史上具有世界意义的伟大发明。有学者推断，灵渠宽度5—7米，水深1—2米，当时可以航行宽5米，装载500—600斛粮食的运船。"用这样的船只运粮，无疑比人力、畜力的运输能力提高了许多倍。这对保证秦军岭南战争的胜利，无疑起着不可估量的作用。"③ 有学者分析说，灵渠工程成功，"水路的畅通使得秦军增援的楼船之士乘水路而至，军粮的供给也得以解决"④。可能灵渠水路对于兵员运输实际意义并不突出，主要作用在于军粮运输。

  石声汉总结战国水利成就，列举当时"空前宏伟的水利工程"，包括"广西的灵渠"⑤。《史记》卷二九《河渠书》说水利事业的成就使得"秦

---

  ① 参看王子今《秦统一局面的再认识》，《辽宁大学学报》2013年第1期。王云度、张文立主编《秦帝国史》说："始皇统一六国的次年，即皇二十七年（前220年），秦王朝开始大规模平定百越的战略行动。"论者依据《史记》卷一一三《南越列传》"与越杂处十三岁"上推十三年，确定"伐越年代在始皇二十七年"。又说："林剑鸣《秦汉史》第二章中，依据后世《乐昌县志》的资料，将秦伐岭南年代定在始皇二十八年（前219年），可备一说。"陕西人民教育出版社1997年版，第55、74页二十八年之说，可能由自二十八年琅邪刻石"皇帝之土……南尽北户"文句。
  ② 《史记》卷一一二《平津侯主父列传》。
  ③ 《广西航运史》编委会编：《广西航运史》，人民交通出版社1991年版，第4—7页；蔡万进：《秦国粮食经济研究》，内蒙古人民出版社1996年版，第89页。
  ④ 张卫星：《秦战争述略》，三秦出版社2001年版，第130页。
  ⑤ 石声汉：《中国农业遗产要略》，《中国古代农业科技》，农业出版社1980年版，第8页。

以富强，卒并诸侯"。应当肯定，直接服务于军运的灵渠的开通，也是秦实现统一的重要因素之一。

六　秦军事运输的组织管理

秦调发民役进行的大型工程，可能采取军事化的管理方式。秦始皇陵工程劳役人员在农民暴动武装逼近王朝中枢时，"授兵"即能够迅速组织成有战斗力的军队，可以看作例证之一。[①]

秦军运的组织形式，很可能也取军事化手段。汉代军运多使用"卒"的情形，可以作为旁证。汉代历史文化信息中，"卒"的身份与交通实践相关的史例颇多。居延汉简可见"戍卒""燧卒""卒"兼任"车父"的情形：如"戍卒梁国睢阳第四车父宫南里马广"（303.6，303.1），"木中燧卒陈章车父"（E.P.T50：30），"第卅二卒王弘车父"（E.P.T57：60）等。简文又直接可见"车父卒"（484.67，E.P.T52：167）与"车父车卒"（83.5A）称谓。"车父"同时又身为"卒"，当大致与主要以转输为职任的《汉书》卷二四上《食货志上》所谓"漕卒"、《后汉书》卷一七《岑彭传》所谓"委输棹卒"身份相近。[②] 据《史记》卷二九《河渠书》，漕渠的开通，可以"损漕省卒"。也说明漕运的主体力量是士兵。类似例证又有《汉书》卷二四上《食货志上》："……又减关中卒五百人，转谷振贷穷乏。"《汉书》卷二九《沟洫志》："是时方事匈奴，兴功利，言便宜者甚众。齐人延年上书言：'河出昆仑，经中国，注勃海，是其地势西北高而东南下也。可案图书，观地形，令水工准高下，开大河上领，出之胡中，东注之海。如此，关东长无水灾，北边不忧匈奴，可以省堤防备塞，士卒转输，胡寇侵盗，覆军杀将，暴骨原野之患。天下常备匈奴而不忧百越者，以其水绝壤断也。此功一成，万世大利。'"其中所谓"士卒

[①] 《史记》卷六《秦始皇本纪》："（秦二世）二年冬，陈涉所遣周章等将西至戏，兵数十万。二世大惊，与群臣谋曰：'奈何？'少府章邯曰：'盗已至，众强，今发近县不及矣。郦山徒多，请赦之，授兵以击之。'二世乃大赦天下，使章邯将，击破周章军而走，遂杀章曹阳。二世益遣长史司马欣、董翳佐章邯击盗，杀陈胜城父，破项梁定陶，灭魏咎临济。楚地盗名将已死，章邯乃北渡河，击赵王歇等于巨鹿。"

[②] 王子今：《居延汉简所见〈车父名籍〉》，《中国历史博物馆馆刊》1992年总第18、19期；《关于居延"车父"简》，《简帛研究》第2辑，法律出版社1996年版。

转输",应是军事运输的通常形式。《三国志》卷四〇《蜀书·魏延传》裴松之注引《魏略》载魏延议:"今假延精兵五千,负粮五千,直从褒中出,循秦岭而东,当子午而北,不过十日可到长安。""负粮"者也由军事长官统一指挥调动。

前引娄敬事迹"戍陇西,过洛阳","脱挽辂"见刘邦情形,也是戍卒前往戍所途中承担运输任务的实例。秦汉之际这一故事所反映的军运方式,可以理解为秦制的沿承。

汉代军事生活中大规模远征的军运调度,则有《汉书》卷二四上《食货志上》记载王莽击匈奴事:"莽遂兴师,发三十万众,欲同时十道并出,一举灭匈奴;募发天下囚徒丁男甲卒转委输兵器,自负海江淮而至北边,使者驰传督趣,海内扰矣。"

以军事化手段组织管理军事运输,可以保证有较高的效率。但是这种手段使用的极端化,则使得社会压力沉重,因而导致严重的政治危机。按照主父偃的说法,军运负担成为导致秦王朝灭亡的直接因素之一:"秦皇帝不听,遂使蒙恬将兵攻胡,辟地千里,以河为境。地固泽卤,不生五谷。然后发天下丁男以守北河。暴兵露师十有余年,死者不可胜数,终不能逾河而北。是岂人众不足,兵革不备哉?其势不可也。又使天下蜚刍挽粟,起于黄、腄、琅邪负海之郡,转输北河,率三十锺而致一石。男子疾耕不足于粮饷,女子纺绩不足于帷幕。百姓靡敝,孤寡老弱不能相养,道路死者相望,盖天下始畔秦也。"① 所谓"使天下蜚刍挽粟,起于黄、腄、琅邪负海之郡,转输北河"这种长途军运造成的民众的过度负担,使得"百姓靡敝",甚至"道路死者相望",致使民怨沸腾,最终竟将秦政引向败亡。

---

① 《史记》卷一一二《平津侯主父列传》。

秦兼并战争中的"出其人"政策

——上古移民史的特例

秦在"兵革为起""残国灭庙"①"战国横骛""龙战而虎争"②"海内争于战功""务在强兵并敌"③的形势下,凭借强劲的军事实力逐步东进。于"追亡逐北""宰割天下"④的战争进程中,曾经发生对新占领地区"出其人"或说"归其人",而仅仅"取其城,地入秦",即只是占有其土地的政策。有的记载表明,又有"募徙""赐爵""赦罪人迁之"予以充实的情形。这种特殊的移民方式,可能体现新占领区居民与秦人极端敌对的情绪,以及因此导致的秦军政长官对新占领区居民的不信任心态。特殊心理条件的深刻影响,其实表现出了文化风格的尖锐矛盾。而秦史中确实可以看到这种敌对心理引致沉痛行政教训的实例。秦"徕民"追求导致的新占领区政策的调整,有积极的意义。而"募徙""赐爵""赦罪人迁之"以充实新占领区的方式,在后来的移民史记录中依然可以看到继续沿承的例证。

一 "出其人""归其人"史例

秦兼并战争的历史中新占领城邑之后"出其人""归其人"的记载,可以看到以下数例:

---

① 《史记》卷一二八《龟策列传》。
② 《汉书》卷一〇〇上《叙传上》。
③ 《史记》卷一五《六国年表》。
④ 《史记》卷六《秦始皇本纪》引贾谊《过秦论》。

序号	公元	战国纪年	史 事	出 处
（1）	前330年	秦惠王八年	爵樗里子右更，使将而伐曲沃①，尽出其人，取其城，地入秦	《史记》卷七一《樗里子甘茂列传》
（2）	前325年	秦惠文王十三年	使张仪伐取陕，出其人与魏②	《史记》卷五《秦本纪》
（3）	前314年	魏哀王五年	秦拔我曲沃，归其人	《史记》卷一五《六国年表》
（4）	前286年	秦昭襄王二十一年	（司马）错攻魏河内。魏献安邑，秦出其人，募徒河东赐爵，赦罪人迁之	《史记》卷五《秦本纪》

对于（1）"伐曲沃"，司马贞《索隐》："按：《年表》云十一年拔魏曲沃，归其人。又《秦本纪》惠文王后元八年，五国共围秦，使庶长疾与战脩鱼，斩首八万。十一年，樗里疾攻魏焦，降之。则焦与曲沃同在十一年明矣。而《传》云'八年拔之'，不同。王劭按：《本纪》《年表》及此《传》，三处记秦伐国并不同，又与《纪年》不合，今亦殆不可考。"

其实，焦与曲沃，在秦魏之间数次易手。据《史记》卷一五《六国年表》，魏襄王五年（前330）③，"秦围我焦、曲沃"。秦惠文王九年（前329），"围焦，降之"。秦惠文王十一年（前327），"归魏焦、曲沃"。魏襄王八年（前327），"秦归我焦、曲沃"。魏哀王五年（前314）④，"秦拔我曲沃，归其人"。在魏襄王五年（前330）"秦围我焦、曲沃"与秦惠文王十一年（前327）"归魏焦、曲沃"之间，只有秦惠文王九年（前329）"围焦，降之"的记录，却没有关于秦占有"曲沃"的记录。可知《六国年表》中，有些信息是缺失的。所谓"今亦殆不可考"者，是很自然的事情。

---

① 张守节《正义》："故城在陕州陕县西南三十二里也。"
② 林剑鸣《秦史稿》："公元前三二四年（秦惠文王更元元年），惠文王命张仪为相，率兵攻魏国的陕，并将魏人赶走……"上海人民出版社1981年版，第238页。
③ 方诗铭《中国历史年表》作魏惠王后元五年。上海辞书出版社1980年版，第28页。
④ 即秦惠文王初更十一年。

而《史记》卷一五《六国年表》记载魏襄王五年（前330）"秦围我焦、曲沃"，次年"围焦，降之"，而《史记》卷七一《樗里子甘茂列传》的记载是秦惠王八年（前330）"将而伐曲沃，尽出其人，取其城，地入秦"。关于"焦、曲沃"此一回合争夺的时间表是：

秦惠文王八年、魏襄王五年（前330），秦围焦、曲沃，取曲沃，尽出其人。

秦惠文王九年、魏襄王六年（前329），秦围焦，降之。

秦惠文王十一年、魏襄王八年（前327），秦归魏焦、曲沃。

我们还注意到，有关秦在兼并战争中"出其人""归其人"的史例，均见于秦国与魏国的战争。这是不是有什么特殊的原因呢？

我们又看到魏国的战争史中，也有占领某地区后"出其民"的记录，与前引秦史"出其人""归其人"的记录颇为相似。例如：

《史记》卷四四《魏世家》："（魏文侯）十三年，使子击围繁庞，出其民。"

《史记》卷一五《六国年表》："（魏文侯十三年）公子击围繁庞，出其民。"

《史记》中虽两处分述，说的却是一次事件。史事集中发生在魏国，是值得注意的。

二 《通鉴》的处理方式

《资治通鉴》对相关史事的记录，见于下表：

序号	公元	周纪年	史事	出处
（1）	前330年	显王三十九年	秦伐魏，围焦、曲沃。魏入少梁、河西地于秦	卷二"周显王三十九年"
（2）	前325年	显王四十四年		卷二"周显王四十四年"
（3）	前314年	赧王元年	魏人叛秦。秦人伐魏，取曲沃而归其人	卷三"周赧王元年"
（4）	前286年	赧王二十九年	秦司马错击魏河内。魏献安邑以和，秦出其人归之魏	卷四"周赧王二十九年"

我们看到《资治通鉴》执笔者对《史记》提供的历史记录的取舍。(1) 言"焦、曲沃"战事，不取"尽出其人，取其城，地入秦"说。(2) 完全不记"使张仪伐取陕，出其人与魏"事。只有 (3) (4) 取用《史记》"出其人""归其人"说。而 (4)"募徙河东赐爵，赦罪人迁之"事亦予以忽略。

对于 (1)，清陈逢衡《竹书纪年集证》卷四八《慎靓王元年》有所讨论："颐煊曰：《史记·樗里子列传》：'秦惠王八年，使将而伐曲沃，尽出其人，取其城，地入秦。'《索隐》云'王劭按：《本纪》《年表》及此《传》，三处记秦伐国并不同，又与《纪年》不合'，当即此事。衡案：《魏世家》：'襄王十三年，秦取我曲沃、平周。'《六国年表》：'显王四十七，魏襄王十三，秦取曲沃、平周。'当魏惠王后元之十四年，较《竹书》先二年。又《樗里子列传》：'秦惠王八年，使将而伐曲沃，出其人，取其城，地入秦。'事在《纪年》显王三十九，与汾阴、皮氏并取者也。《纪年》不书取曲沃，疑脱。故显王四十一年'秦归我焦、曲沃'。颐煊引《樗里子传》谓即此事误。然案《樗里子传》所谓出人取城之事，又与《秦本纪》惠文王十三年'使张仪伐取陕，出其人与魏'同。何一以为八年，一以为十三年也？孙之騄谓陕州亦有曲沃城。岂同时有两曲沃欤？然其年俱与《纪年》不合。盖慎靓王元年，当魏惠成王后元之十六年，秦惠文王后元之五年也。"① 有关年代的疑义，或忽略了"所谓出人取城之事"可能重复发生的情形。清林春溥《战国纪年》卷二："辛卯，三十九年，秦伐魏，围焦、曲沃。《秦本纪》围焦在明年。《樗里传》：秦惠王八年，爵樗里子右更，使将而伐曲沃，尽出其人，取其城地。是已'取曲沃'，故后云'归'也。"② 史文确有反复攻取而个别缺载的情形。

对于 (4)，宋朱熹《通鉴纲目》卷一下写道："二十九年，秦击魏。魏献安邑以和，秦出其人，募民徙之。"《考异》："《提要》无'秦出其

---

① 清嘉庆褧露轩刻本。
② 清道光十八年竹柏山房刻本。

人，募民徙之'八字。"① 以为"秦出其人，募民徙之"均应重视。明张自勋《纲目续麟》卷一："乙亥，二十九年，秦击魏。魏献安邑以和，秦出其人，募民徙之。《考异》：《提要》无'秦出其人，募民徙之'八字。当作'秦击魏，获安邑，募民徙之'。○按：魏献安邑，不得不献者，获而已矣。书'募民徙之'，而秦'出其人'之恶，自见此书法也。《提要》不书徙民，则无以著秦之恶。《纲目》并书出人，则又近于分注，而非大书。皆非也。"② 以为应当强调"募民徙之"，而不必言"出其人"。

葛剑雄等《简明中国移民史》重视上述（2）（4）两史例："在战国后期秦国取得别国的领土后，有时还将原来居民驱逐，而代之以本国移民。如惠文王十三年（前325年）攻下魏国的陕后，'出其人与魏'；昭襄王二十一年（前286年）获得魏国所献的安邑后，也'出其人'，另外'募徙河东赐爵，赦罪人迁之'。"亦强调"当时已经开始实行奖励，招募移民的政策以及罪犯可以迁移边区抵罪的制度"有创新的意义。③

从《资治通鉴》的处理方式及一些研究者的议论看，对于《史记》"出其人""归其人"以及"募徙""赐爵，赦罪人迁之"等记录，或取或舍，或信或疑，关注程度不够，研究也是有欠深入的。

三　上党教训

所谓"出其人""归其人"政策的推行，"其人"的态度和立场，应当也是重要因素之一。秦史的记录中，可以看到秦军占领新地，而当地民众不愿意归附的史例。有时甚至导致严重的后续事件。

例如秦昭襄王时代上党郡的攻夺和占有。

《史记》卷七三《白起王翦列传》："四十五年，伐韩之野王。野王降秦，上党道绝。其守冯亭与民谋曰：'郑道已绝，韩必不可得为民。

---

① 文渊阁《四库全书》本。
② 文渊阁《四库全书》本。
③ 葛剑雄、曹树基、吴松弟：《简明中国移民史》，福建人民出版社1993年版，第48页。

秦兵日进，韩不能应，不如以上党归赵。赵若受我，秦怒，必攻赵。赵被兵，必亲韩。韩赵为一，则可以当秦。'因使人报赵。赵孝成王与平阳君、平原君计之。平阳君曰：'不如勿受。受之，祸大于所得。'平原君曰：'无故得一郡，受之便。'赵受之，因封冯亭为华阳君。""四十七年，秦使左庶长王龁攻韩，取上党。上党民走赵。赵军长平，以按据上党民。四月，龁因攻赵。"长平之战于是爆发。赵"使赵括代廉颇将以击秦"，秦"乃阴使武安君白起为上将军"。白起大败赵军，随即引发坑杀赵降卒的惨痛事件。"括军败，卒四十万人降武安君。武安君计曰：'前秦已拔上党，上党民不乐为秦而归赵。赵卒反覆。非尽杀之，恐为乱。'乃挟诈而尽阬杀之，遗其小者二百四十人归赵。前后斩首虏四十五万人。赵人大震。"

白起对上党教训的回顾，即所谓"前秦已拔上党，上党民不乐为秦而归赵"①，有"赵卒反覆"以及"非尽杀之，恐为乱"的判断。这应当是长平杀降四十万人的重要的心理动因。

与"秦已拔上党，上党民不乐为秦而归赵"情形相近的史例，还有《史记》卷四《周本纪》："周君、王赧卒，周民遂东亡。秦取九鼎宝器，而迁西周公于𢠸狐。后七岁，秦庄襄王灭东周。东西周皆入于秦，周既不祀。""周民"因君王去世在预想的秦人军事占领尚未实施之前，即"东亡"。

其实，秦史中胜战之后出现新占领区"民不乐为秦""反覆""为乱"的类似教训确实见于此前的记录。《史记》卷五《秦本纪》："（秦昭襄王）三十年，蜀守若伐楚，取巫郡，及江南为黔中郡。②（三十一年）楚人反我江南。"张守节《正义》："黔中郡反归楚。"此后又有类似情形。《史记》卷六《秦始皇本纪》："（秦始皇二十一年）新郑反。昌平君徙于

---

① 《史记》卷五《秦本纪》："（秦昭襄王）四十七年，秦攻韩上党，上党降赵，秦因攻赵，赵发兵击秦，相距。秦使武安君白起击，大破赵于长平，四十余万尽杀之。"又据《史记》卷七三《白起王翦列传》，苏代说秦相应侯："秦尝攻韩，围邢丘，困上党，上党之民皆反为赵，天下不乐为秦民之日久矣。"

② 张守节《正义》："《括地志》云：'黔中故城在辰州沅陵县西二十里。江南，今黔府亦其地也。'"

郫。""（二十三年）荆将项燕立昌平君为荆王，反秦于淮南。"①

四 "虎狼之秦"：东方六国的文化敌对倾向

白起以"杀降"著名。在长平之战坑杀四十余万降卒之前，他还有其他很可能类似"杀降"的恶迹。② 不过，长平赵军"卒四十万人降"，白起决意"挟诈而尽阬杀之"时有关"上党民不乐为秦而归赵"的说法，也许是带有一定普遍意义的现象。所谓"不乐为秦"的态度，意识背景是东方六国人对秦的鄙视和敌视。

《史记》卷五《秦本纪》说："周室微，诸侯力政，争相并。秦僻在雍州，不与中国诸侯之会盟，夷翟遇之。""中国"视"秦"，是看作"夷翟"的。《史记》卷一五《六国年表》："秦杂戎翟之俗。"《史记》卷二七《天官书》：秦，"夷狄也"。《史记》卷四四《魏世家》："秦与戎翟同俗。"以及《史记》卷六八《商君列传》："秦戎翟之教。"都反映了六国人视"秦"为文明进程落后的部族或者部族联盟的心理，以及在面对秦人和秦文化时内心的自我优越意识。

《史记》卷四三《赵世家》言"秦暴"。《史记》卷九七《郦生陆贾列传》则有"暴秦"之说。又《史记》卷六九《苏秦列传》所谓"秦之行暴"，《史记》卷八六《刺客列传》所谓"秦王之暴"，都体现了东方人政治文化意识中对于"秦暴"的敌意。③

秦人以凌厉兵锋体现出来的进取精神，被指责为"贪""贪鄙""贪

---

① 云梦睡虎地秦简《编年记》："（今）廿一年，韩王死，昌平君居其处。"整理小组注释："昌平君，楚公子，曾任秦相国，参预攻嫪毐，见《史记·秦始皇本纪》及《索隐》。《秦始皇本纪》记此年'新郑反，昌平君徙于郢'。秦始皇二十三年，楚将项燕立昌平君为王，反秦于淮南，被秦军击灭。"睡虎地秦墓竹简整理小组：《睡虎地秦墓竹简》，文物出版社1978年版，第7、13页。

② 如秦昭襄王三十四年（前273），"白起攻魏，拔华阳，走芒卯，而虏三晋将，斩首十三万。与赵将贾偃战，沈其卒二万人于河中"。《资治通鉴》卷四"周赧王四十二年"："与赵将贾偃战，沈其卒二万人于河。"胡三省注："人皆贪生而畏死，二万人与战，乌得尽沈诸河？以计沈之也。"所谓"以计沈之"或与长平"挟诈而尽阬杀之"类似。

③ 参看王子今《"秦德"考鉴》，《秦文化论丛》第9辑，西北大学出版社2002年版。

戾"。① 又有"虎狼之秦"的说法，如《史记》卷六九《苏秦列传》载苏秦说魏襄王语及苏秦说楚威王语。《史记》记录的"秦，虎狼之国"的政治批判，见于如下内容：《史记》卷六九《苏秦列传》楚威王语；《史记》卷七一《樗里子甘茂列传》游腾说楚王语；《史记》卷七五《孟尝君列传》苏代谓孟尝君语；《史记》卷八四《屈原贾生列传》屈平谏楚怀王语。

据《史记》卷四〇《楚世家》：昭睢曰："秦虎狼，不可信。"又《史记》卷四四《魏世家》记载，信陵君谓魏王曰："秦与戎翟同俗，有虎狼之心，贪戾好利无信，不识礼义德行。苟有利焉，不顾亲戚兄弟，若禽兽耳……"信陵君的激烈言论体现的文化成见，对于我们讨论秦人占领魏地"出其人""归其人"现象，有重要的参考价值。而对于前引（5）（6）魏军"击围繁庞，出其民"事件的理解，这一情绪的文字记录，也是有意义的。"繁庞"，《史记》中华书局1959年版两处标点不同，卷四四《魏世家》作"繁、庞"，判作两地。② 卷一五《六国年表》则作"繁庞"，以为一地。③ 谭其骧《中国历史地图集》作"繁庞"，空间位置标定在今陕西韩城。④ "繁庞"是正确的。⑤ 而《史记》点校本二十四史修订本卷四四《魏世家》一仍其误，卷一五《六国年表》则将"繁庞"错改为"繁、庞"。⑥ 繁庞，正位于秦魏多年反复争夺的地方。此魏人占领秦地"出其民"早于本文讨论的（1）《史记》卷七一《樗里子甘茂列传》"伐曲沃，尽出其人，取其城，地入秦"一百零三年，也是值得注意的。

---

① 《史记》卷八六《刺客列传》："秦王贪。"《史记》卷六《秦始皇本纪》："秦王怀贪鄙之心。"《史记》卷七二《穰侯列传》："秦贪戾之国也。"
② 《史记》第6册，中华书局1959年版，第1838页。
③ 《史记》第2、6册，第707、1838页。
④ 谭其骧主编：《中国历史地图集》第1册，地图出版社1982年版，第35—36页。
⑤ 史为乐主编《中国历史地名大辞典》"繁庞城"条："繁庞城，在今陕西韩城市东南。《史记·魏世家》：文侯十三年（前433），'使子击围繁庞，出其民'。《清一统志·同州府二》引《县志》：'繁庞城在县东南。'"中国社会科学出版社2005年版，第2941页。嵇超、郑宝恒、祝培坤、钱林书编《史记地名索引》也作"繁庞"，中华书局1990年版，第200页。
⑥ 《史记》第2、6册，中华书局2013年版，第851、2210页。《史记》卷一五《六国年表》校勘记有值得重视的内容："公子击围繁庞出其民。景祐本、绍兴本、耿本、黄本、彭本、柯本、凌本、殿本'民'下有'人'字，疑是。按：《史记》多'民人'连文之例。"第2册第905页。

有关"虎狼之秦"的认识,《史记》卷七《项羽本纪》记载樊哙曰"秦王有虎狼之心",是秦末汉初人语,就秦兼并战争中的表现来说,已经是稍晚的历史记忆。而汉代人秦政批判之所谓"暴虐"①"残贼"②"深酷"③"怨毒"④等,也都表现了近似的情绪。

五 "徕民"主张:从兵战强国到行政强国

回顾历史,秦国在扩张领土的过程中所施行的对新区的统治政策,有得有失。⑤ 而秦对于巴蜀的政策,应当说是比较成功的。秦惠文王更元九年(前316),张仪、司马错和都尉墨等率军攻伐蜀国,很快就在蜀地建立了成功的统治。秦昭襄王时期和巴人订立了盟约,宣布对当地原有的经济形式和风俗习惯都不以强力进行干涉和变革,致使"夷人安之"⑥。后来,巴人和蜀人都参加了秦军征服楚地的战役,并且有效地承担了伐楚的部分军需供应。⑦

面对兼并战争中遇到的"民不乐为秦""天下不乐为秦民"等问题,开明的政治设计者提出了"徕民"的主张。相关建议首先针对三晋地区。《商君书·徕民》:"今三晋不胜秦四世矣,自魏襄以来,野战不胜,守城必拔,小大之战,三晋之所亡于秦者,不可胜数也。若此而不服,秦能取其地,而不能夺其民也。"论者分析:"今秦之地,方千里者五,而谷土不能处什二,田数不满百万,其薮泽溪谷名山大川之材物货宝,又不尽为用,此人不称土也。秦之所与邻者,三晋也;所欲用兵者,韩魏也。彼土狭而民众,其宅参居而并处,其寄萌贾息。民上无通名,下无田宅,而恃奸务末作以处。人之复阴阳泽水者过半。此其土之不足以生其民也,似有过秦民之不足以实其土也。意民之情,其所欲者,田宅也;而晋之无有也

---

① 《史记》卷六《秦始皇本纪》引贾谊《过秦论》。
② 《史记》卷一一八《淮南衡山列传》载伍被语。
③ 《汉书》卷八五《谷永传》载谷永语。
④ 仲长统:《昌言》卷下。
⑤ 参看王子今《秦王朝关东政策的失败与秦的覆亡》,《史林》1986年第2期。
⑥ 《后汉书》卷八六《南蛮传》。
⑦ 参看王子今《秦兼并蜀地的意义与蜀人对秦文化的认同》,《四川师范大学学报》1998年第2期。

信，秦之有余也必，如此而民不西者，秦士戚而民苦也。"随即建议："今利其田宅，复之三世。此必与其所欲，而不使行其所恶也。然则山东之民无不西者矣。"

《商君书·徕民》所谓"四世战胜，而天下不服"，正是不得不"出其人""归其人"的原因。高亨考论《徕民》篇"是作者献给秦王的书奏"，"但决不是商鞅所作"。又指出，"篇中提到魏襄王及周军、华军、长平三次战争"，可见"徕民"政策是在秦统一战争中提出并得以实施，又取得成效的。前引"出其人""归其人"史例后来不再出现，或许体现了"徕民"政策的逐步成功。长平之战时，秦昭襄王亲自前往河内，"王自之河内，赐民爵各一级，发年十五以上悉诣长平，遮绝赵救及粮食"①。可以看作谋求"战胜"同时避免"天下不服"的努力。史称"昭襄业帝"②，大致在秦昭襄王时代，秦帝业的基础已经奠立。以往"秦能取其地，而不能夺其民"的情形已经有所改变。

六 关于"募徙""赐爵"，"赦罪人迁之"

前引明代张自勋《纲目续麟》卷一"不书徙民，则无以著秦之恶"，体现有的史家对这种移民方式取极端否定的态度。

上文说到的秦占领新区曾"出其人"，自当"徙民"以充实之。马非百《秦集史》论秦惠文王八年"伐曲沃，尽出其人"，指出："出其人，则必移秦民实之可知。下取陕，出其人，拔曲沃，归其人，皆与此同。"③

《秦本纪》记载"（秦昭襄王二十一年）魏献安邑，秦出其人，募徙河东赐爵，赦罪人迁之"事件说到的"募徙""赐爵"，"赦罪人迁之"的移民方式，其实可能是有积极作用的，典型的例证有"（秦昭襄王）二十六年，赦罪人迁之穰""二十七年，错攻楚，赦罪人迁之南阳""二十八年，大良造白起攻楚，取鄢、邓，赦罪人迁之"。特别是对于人口有限的经济落后地区，这种方式或许更为有效。如"（秦昭襄王）三十四年，秦与魏、韩上庸地为一郡，南阳免臣迁居之"。

---

① 《史记》卷七三《白起王翦列传》。
② 《史记》卷一三〇《太史公自序》。
③ 马非百：《秦集史》下册，中华书局1982年版，第919页。

这一移民方式在秦史中曾经长期沿袭。有学者指出："随着疆域的扩展，秦国不断吸收或强制迁入其他国家的人口，同时也将本国的人口大量迁入新占领地区，以巩固自己的统治地位。""当时已经开始实行奖励，招募移民的政策以及罪犯可以迁徙边区抵罪的制度，是中国移民史上值得注意的新事物。"①

例如，对南海和北河的战争，都调用了社会底层人士从军，又取"徙谪，实之初县"的移民政策。《史记》卷六《秦始皇本纪》："三十三年，发诸尝逋亡人、赘婿、贾人略取陆梁地，为桂林、象郡、南海，以適遣戍。西北斥逐匈奴。自榆中并河以东，属之阴山，以为四十四县，城河上为塞。又使蒙恬渡河取高阙、阳山、北假中，筑亭障以逐戎人。徙谪，实之初县……三十四年，適治狱吏不直者，筑长城及南越地。"有学者称之为"强制性的移民"。② 秦"迁""徙"之刑，或与传说中先古"流"的形式有渊源关系③，而迁徙作为社会不安定因素的人口予以强化区域行政、区域开发和区域防卫的意义，是行政史的创造。其最初记录，见于《史记》卷六八《商君列传》："秦民初言令不便者有来言令便者，卫鞅曰'此皆乱化之民也'，尽迁之于边城。其后民莫敢议令。"④

对于所谓"徙谪，实之初县"，司马贞《索隐》："徙有罪而谪之，以实初县，即上'自榆中属阴山，以为三十四县'是也。故汉七科谪亦因于秦。"指出"汉七科谪亦因于秦"是正确的。这种移民方式，可以看作秦的一项重要的政治发明，又为汉代执政者在疆土扩张和新区开发时所继承。而追溯相关行政智慧之最初萌发，似乎离不开战国时期历史教训的激励。

---

① 葛剑雄、曹树基、吴松弟：《简明中国移民史》，第48页。
② 葛剑雄主编：《中国人口史》第1卷，复旦大学出版社2002年版，第307页。
③ 沈家本《历代刑法考》考论"流"："《书·舜典》：流宥五刑。传：'宥，宽也。以流放之法宽五刑。'《正义》曰：'流谓徙之远方，放使生活，以流放之法宽纵五刑也。郑玄云，其轻者，或流放之，四罪是也。王肃云，谓君不忍刑杀，宥之以远方，然则知此是据状合刑，而情差可恕，全赦则太轻，致刑则太重，不忍依例刑杀，故完全其体，宥之远方。应刑不刑，是宽纵之也。'"中华书局1985年版，第267页。
④ 马非百说，"此次移民，其事当在孝公六年"。《秦集史》下册，第919页。

秦始皇二十七年西巡考议

《史记》卷六《秦始皇本纪》记述，"二十七年，始皇巡陇西、北地，出鸡头山，过回中"。这是秦实现统一之后秦始皇第一次出巡。此后秦始皇又曾四次出巡，均前往东方海滨。秦始皇二十七年（前220）"巡陇西、北地，出鸡头山，过回中"之行的目的和作用值得分析。对于秦帝国的行政史和交通史，秦始皇此次出巡均有重要的意义。秦始皇二十七年（前220）"巡陇西、北地，出鸡头山，过回中"，开始了实现统一之后辛苦出巡的政治历程。这也是史载秦始皇出行经历中唯一一次超越雍地的西巡。陇西、北地之行，可以看作西抚西土的政治行为，应当也有礼敬西地先祖遗迹和传统祀所的内容。秦统一进程中，正确的西部战略发挥了重要作用。此行或许也有对这一成功进行总结性纪念的意义。此次出巡后秦始皇宣布"治驰道"，因而开启了全国交通建设的宏大工程。这一决策应当与出巡中的交通体验有关。后来汉武帝视察陇西、北地，若干路段或与秦始皇"巡陇西、北地"重合，在某种意义上可以看作对秦始皇西巡行辙的重蹈。

一 咸阳—雍交通线路的延伸

《史记》卷六八《商君列传》记载：秦孝公任用商鞅主持变法，"作为筑冀阙宫庭于咸阳，秦自雍徙都之"。是为改革运动中的重要措施。[①]然而，雍虽然不再作为秦都，除宗庙所在外，"雍有日、月、参、辰、南

---

① 参看王子今《秦定都咸阳的生态地理学与经济地理学分析》，《人文杂志》2003年第5期；《从雍城到咸阳：秦国成就统一大业的经济动力》，《国家人文地理》2009年第9期；《从鸡峰到凤台：周秦时期关中经济重心的移动》，《咸阳师范学院学报》2010年第3期。

北斗、荧惑、太白、岁星、填星、辰星、二十八宿、风伯、雨师、四海、九臣、十四臣、诸布、诸严、诸逑之属，百有余庙。"① 仍然据有祭祀重心的地位。秦国国君往往频繁往来于咸阳—雍之间。②

秦始皇本人也是如此。著名的蕲年宫之变，发生与平定，即发生于咸阳—雍之间。《史记》卷六《秦始皇本纪》："九年……四月，上宿雍。己酉，王冠，带剑。长信侯毐作乱而觉，矫王御玺及太后玺以发县卒及卫卒、官骑、戎翟君公、舍人，将欲攻蕲年宫为乱。王知之，令相国昌平君、昌文君发卒攻毐。战咸阳，斩首数百，皆拜爵，及宦者皆在战中，亦拜爵一级。毐等败走。即令国中：有生得毐，赐钱百万；杀之，五十万。尽得毐等。"秦王政十年（前233），相国吕不韦免。嬴政全面把握了国家权力。随即又有一次咸阳—雍之间的交通行为："迎太后于雍而入咸阳，复居甘泉宫。"

秦始皇二十七年（前220）"巡陇西、北地，出鸡头山，过回中"，可以理解为咸阳—雍交通线路的向西延伸。

这一交通方向，有明显的追溯秦由西而东迁徙旧迹的意图。

二　西抚西土

秦始皇二十八年（前219）巡行东方，来到海滨。《史记》卷六《秦始皇本纪》记载："南登琅邪，大乐之，留三月。乃徙黔首三万户琅邪台下，复十二岁。作琅邪台，立石刻，颂秦德，明得意。"琅邪刻石写道：

> 维二十八年，皇帝作始。端平法度，万物之纪。以明人事，合同

---

① 《史记》卷二八《封禅书》。雍地作为信仰中心，据说有更悠久的传统。《封禅书》记载："自未作鄜畤也，而雍旁故有吴阳武畤，雍东有好畤，皆废无祠。或曰：'自古以雍州积高，神明之隩，故立畤郊上帝，诸神祠皆聚云。盖黄帝时尝用事，虽晚周亦郊焉。'"其地位的空前上升，则由自定都于雍后秦人的经营："作鄜畤后七十八年，秦德公既立，卜居雍，'后子孙饮马于河'，遂都雍。雍之诸祠自此兴。用三百牢于鄜畤。作伏祠。磔狗邑四门，以御蛊菑。"参看王子今《秦德公"磔狗邑四门"宗教文化意义试说》，《中国文化》总第12期；《论秦汉雍地诸畤中的炎帝之祠》，《文博》2005年第5期。

② 由于"咸阳—雍"之间往来不超越秦本土政治文化重心地带，交通亦便捷，以往关注秦国国君远程出行的研究未予讨论。如王子今《秦国君远行史迹考述》，《秦文化论丛》第8辑，陕西人民出版社2001年版。

父子。圣智仁义，显白道理。东抚东土，以省卒士。事已大毕，乃临于海。皇帝之功，劝劳本事。上农除末，黔首是富。普天之下，抟心揖志。器械一量，同书文字。日月所照，舟舆所载。皆终其命，莫不得意。应时动事，是维皇帝。匡饬异俗，陵水经地。忧恤黔首，朝夕不懈。

其中"东抚东土，以省卒士"，陈明了秦始皇东巡的行政任务。

秦始皇二十七年（前220）"巡陇西、北地，出鸡头山，过回中"，在某种意义上其实也可以看作"西抚西土"的举动。

在统一之后次年即西巡，体现了对秦国文化发祥地及统一战争中基本根据地的特别看重。《汉书》卷五二《韩安国传》载王恢曰："昔秦缪公都雍，地方三百里，知时宜之变，攻取西戎，辟地千里，并国十四，陇西、北地是也。"《汉书》卷九四上《匈奴传上》："秦昭王时，义渠戎王与宣太后乱，有二子。宣太后诈而杀义渠戎王于甘泉，遂起兵伐灭义渠。于是秦有陇西、北地、上郡，筑长城以距胡。"汉代人回顾秦人的陇西、北地经营，言及秦穆公时代和秦昭襄王时代的突出成就，实际上也透露出这一地区的实际控制曾经有反复。

按照《史记》卷一二九《货殖列传》表达的经济地理学理念，"陇西、北地"与关中同属于一个经济区："天水、陇西、北地、上郡与关中同俗，然西有羌中之利，北有戎翟之畜，畜牧为天下饶。然地亦穷险，唯京师要其道。"《货殖列传》的文字强调了三点：（1）"与关中同俗"；（2）"畜牧为天下饶"；（3）"地亦穷险"。这样，从三个方面分析了这一地区的文化、经济、交通地位："与关中同俗"，指出与"关中"区域文化的类同；"畜牧为天下饶"，指出曾经成为秦富国强兵的重要条件；"地亦穷险，唯京师要其道"，指出这里与东方联系必须经由"京师"，然而另一方面，东方包括"京师"与西方的联系，也必须利用这里"穷险"的交通条件。

张家山汉简《二年律令》相关内容显示的"大关中"的区域观念，也是将"陇西、北地"看作"关中"的共同经济地理与文化地理构成的。①

---

① 参看王子今《秦汉区域地理学的"大关中"概念》，《人文杂志》2003年第1期。

三　西：秦之旧都

"始皇巡陇西、北地，出鸡头山，过回中"的表述很可能直接体现了出巡路线。即：陇西—北地—鸡头山—回中。

值得特别注意的，是近年考古学者发现秦比较集中的早期遗迹的甘肃甘谷、清水、天水地方，就在陇西郡。

正是在这里，秦文化得到良好的发育条件。① 秦人团结奋起成就的政治实体迅速崛起，逐渐向东发展，最终影响了中国历史的走向。

秦人在陇西地方的早期活动，就发展取向来说，似曾有长江流域和黄河流域的选择。春秋战国时期列国之中，只有楚人曾经有这样的经历。秦、楚均被中原人看作"夷狄"②，而最终并为强国③。

在《史记》卷二八《封禅书》言作为祭祀中心的雍地有"百有余庙"之后，又写道：

西亦有数十祠。

司马贞《索隐》：

西即陇西之西县，秦之旧都，故有祠焉。

---

① 王国维：《秦都邑考》，《观堂集林》卷一二；李学勤：《秦国发祥地》，《缀古集》，上海古籍出版社1998年版，第93—96页；雍际春：《秦人早期都邑西垂考》，《天水行政学院学报》2000年第4期；徐日辉：《甘肃东部秦早期文化的新认识》，《考古与文物》2001年第3期；张天恩：《试说秦西山陵区的相关问题》，《考古与文物》2003年第3期。

② 《史记》卷二七《天官书》："秦、楚、吴、越，夷狄也，为强伯。"《汉书》卷二六《天文志》："秦、楚、吴、粤，夷狄也，为强伯。"

③ 《战国策·秦策四》："楚人有黄歇者，游学博闻，襄王以为辩，故使于秦。说昭王曰：'天下莫强于秦、楚……'"《史记》卷七八《春申君列传》："（黄）歇乃上书说秦昭王曰：'天下莫强于秦、楚……'"《新序·善谋上》："黄歇上书于秦昭王，欲使秦远交楚而攻韩、魏以解楚。其书曰：'天下莫强于秦、楚……'"

甘肃礼县发掘的祀所遗址,有的至西汉初期仍然进行祭祀活动。① 秦始皇二十七年(前220)西巡,应当视察了"秦之旧都"与故祠。

人们熟知取得政治成功之后,汉高祖刘邦和汉光武帝刘秀"还归""故乡"的生动故事。《史记》卷八《高祖本纪》:"高祖还归,过沛,留。置酒沛宫,悉召故人父老子弟纵酒,发沛中儿得百二十人,教之歌。酒酣,高祖击筑,自为歌诗曰:'大风起兮云飞扬,威加海内兮归故乡,安得猛士兮守四方!'令儿皆和习之。高祖乃起舞,慷慨伤怀,泣数行下。谓沛父兄曰:'游子悲故乡。吾虽都关中,万岁后吾魂魄犹乐思沛。且朕自沛公以诛暴逆,遂有天下,其以沛为朕汤沐邑,复其民,世世无有所与。'沛父兄诸母故人日乐饮极欢,道旧故为笑乐。"②《后汉书》卷一下《光武帝纪下》:"(建武十七年冬十月)甲申,幸章陵。修园庙,祠旧宅,观田庐,置酒作乐,赏赐。时宗室诸母因酣悦,相与语曰:'文叔少时谨信,与人不款曲,唯直柔耳。今乃能如此!'帝闻之,大笑曰:'吾理天下,亦欲以柔道行之。'乃悉为舂陵宗室起祠堂。有五凤皇见于颍川之郏县。"③ 刘邦的"伤怀",刘秀的"大笑",都表达了对于"故乡"的特殊情感。沛于刘邦,章陵于刘秀,只是他们家族的居地,个人的"故乡"。而陇西西县之于秦始皇嬴政,则是秦人东向进取的精神原点,是秦整个部族的"故乡"。实现统一之后,秦始皇来到这里,不可能不产生强烈的心理冲动。

刘秀曾经往关中拜谒高庙,祭祀先帝之陵。"(建武六年)夏四月丙

---

① 梁云:《对鸾亭山祭祀遗址的初步认识》,《中国历史文物》2005年第5期;甘肃省文物考古研究所、中国国家博物馆、北京大学考古文博学院、陕西省考古研究院、西北大学文博学院编著:《西汉水上游考古调查报告》,文物出版社2008年版,第290—291页。

② 《史记》卷八《高祖本纪》又记载:"十余日,高祖欲去,沛父兄固请留高祖。高祖曰:'吾人众多,父兄不能给。'乃去。沛中空县皆之邑西献。高祖复留止,张饮三日。沛父兄皆顿首曰:'沛幸得复,丰未复,唯陛下哀怜之。'高祖曰:'丰吾所生长,极不忘耳,吾特为其以雍齿故反我为魏。'沛父兄固请,乃并复丰,比沛。于是拜沛侯刘濞为吴王。"

③ 《后汉书》卷一下《光武帝纪下》还记述:"(建武十九年)秋九月,南巡狩。壬申,幸南阳,进幸汝南南顿县舍,置酒会,赐吏人,复南顿田租岁。父老前叩头言:'皇考居此日久,陛下识知寺舍,每来辄加厚恩,愿赐复十年。'帝曰:'天下重器,常恐不任,日复一日,安敢远期十岁乎?'吏人又言:'陛下实惜之,何言谦也?'帝大笑,复增一岁。"

子,幸长安,始谒高庙,遂有事十一陵。"① 在"有数十祠"的陇西县,秦始皇也必然要进行隆重的拜祭典礼。他应当向先祖报告自己的成功,即泰山刻石所谓"二十有六年,初并天下,罔不宾服",琅邪刻石所谓"今皇帝并一海内,以为郡县,天下和平","六合之内,皇帝之土;西涉流沙,南尽北户;东有东海,北过大夏;人迹所至,无不臣者"②。

四 秦西部战略成功的纪念

秦王政在统一战争进行期间,曾经3次出巡离开关中。《史记》卷六《秦始皇本纪》记载:(1)"十三年,桓攻赵平阳,杀赵将扈辄,斩首十万。王之河南。"(2)"十九年,王翦、羌瘣尽定取赵地东阳,得赵王。引兵欲攻燕,屯中山。秦王之邯郸,诸尝与王生赵时母家有仇怨,皆阬之。秦王还,从太原、上郡归。"(3)"二十三年,秦王复召王翦,强起之,使将击荆。取陈以南至平舆,虏荆王。秦王游至郢陈。"(1)"王之河南",其地在今河南洛阳。河南当时虽已为秦所据有,但是秦王政亲临河南,有特意置最高指挥中心临近统一战争前线的意义。(2)"秦王之邯郸",邯郸在今河北邯郸。秦军"得赵王"后,秦王政即回到出生地赵国都城邯郸。"秦王还,从太原、上郡归。"行程相当辽远,然而秦王政此行对秦此后经营北边的决策,有重要的意义。与此前秦惠文王"(更元)五年,王游之北河",以及秦昭襄王二十年(前287)"又之上郡、北河"相联系,可以发现秦国执政者对于北方的重视。同类史实,又可以与秦统一后秦始皇行历北边的交通实践联系起来理解。(3)王翦"取陈以南至平舆,虏荆王",陈在今河南淮阳,平舆在今河南平舆北。"秦王游至郢陈",即行抵今河南淮阳地方。一说郢陈即陈③,一说郢在今安徽寿春。④此次出行,成为秦王政行临距离统一战争前线最近地方的记录。秦王政亲

---

① 《后汉书》卷一下《光武帝纪下》。李贤注:"有事谓祭也。《左传》曰:'有事于太庙。'高祖长陵,惠帝安陵,文帝霸陵,景帝阳陵,武帝茂陵,昭帝平陵,宣帝杜陵,元帝渭陵,成帝延陵,哀帝义陵,平帝康陵。"

② 《史记》卷六《秦始皇本纪》。

③ 谭其骧主编:《中国历史地图集》第1册,地图出版社1982年版,第45—46页。

④ 马非百《秦集史》在"郢陈"之"郢"字下注曰:"按指楚新都寿春。"中华书局1982年版,上册第90页。

至楚地新占领区的这次出行，云梦睡虎地秦简《编年记》中对于当时楚地的战争背景有所记录。简文写道："廿三年，兴，攻荆，□□守阳□死。四月，昌文君死。"①

秦始皇统一之后的五次出巡，在西巡之后，"二十八年，始皇东行郡县，上邹峄山"。"上泰山。""乃并勃海以东，过黄、腄，穷成山，登之罘。""南登琅邪。""二十九年，始皇东游。""登之罘。""旋，遂之琅邪，道上党入。""三十二年，始皇之碣石。""始皇巡北边，从上郡入。""三十七年十月癸丑，始皇出游。""十一月，行至云梦，望祀虞舜于九疑山。浮江下，观籍柯，渡海渚。过丹阳，至钱唐。临浙江。""上会稽，祭大禹，望于南海。""还过吴，从江乘渡。并海上，北至琅邪。""自琅邪北至荣成山……至之罘……遂并海西。"②

也就是说，秦始皇平生八次出巡，"二十七年，始皇巡陇西、北地，出鸡头山，过回中"是唯一一次西向巡行。

秦二世即位后与赵高商议："朕年少，初即位，黔首未集附。先帝巡行郡县，以示强，威服海内。今晏然不巡行，即见弱，毋以臣畜天下。"③可知秦始皇"巡行郡县"的主要目的是"示强，威服海内"。这正是秦始皇屡次东巡的原因。

西部地区是秦统一战争的后方。秦人东向兼并的历程中，对新占领区的控制，按照时间和空间分析，大致有三个梯次，或说三个阶段，即：秦昭襄王以前对巴蜀的控制——秦昭襄王时代对太行山、白河以西地方的控制——秦王政时代对六国故地更东区域的全面控制。前则精心行政取得成功，后则不免有所失误。秦关东政策的失败成为导致最终败亡的重要原因。当然，六国旧有政治领导集团的复国追求及持续反抗，也集中表现在关东地方秦最后占有的区域。由于前期政策的成功，使得西部地方成为秦稳定的根据地。实际上秦控制巴蜀之后，其版图纵跨纬度已经超过10°以上，已经具有了对于草原荒漠游牧区、北地上郡游牧农耕交错地区、关中粟麦耕作区和巴蜀稻米耕作区进行管理的全面的执政能力。而当时的东方六国没有一个国家具有这样的能力。对西部地区的管理，是秦执政集团在

---

① 睡虎地秦墓竹简整理小组：《睡虎地秦墓竹简》，文物出版社1978年版，第7页。
② 《史记》卷六《秦始皇本纪》。
③ 同上。

领导统一的天下，力求实现"天下咸抚""远近毕清"境界之前的成功的演习。

在这一认识的基点上理解"始皇巡陇西、北地"的意义，应当注意到这次出巡实际上可以看作对"皇帝奋威，德并诸侯"的统一战争中西部成就后方之功业的军民的一次正式慰问，也是秦西部战略成功的一种历史纪念。秦始皇西巡经历地方依恃"畜牧为天下饶"的经济条件提供的军运动力以及行军速度和作战机动性的保证，想必对秦军的东方进击多有助益。

比较楚汉战争中萧何的功绩，可以深化对秦统一战争中西部之战略贡献的认识。刘项激战，刘邦屡战屡败，然而得到萧何组织的兵员和物资源源不断的补充，最终击灭项羽。《史记》卷五三《萧相国世家》："汉王引兵东定三秦，何以丞相留收巴蜀，填抚谕告，使给军食。汉二年，汉王与诸侯击楚，何守关中，侍太子，治栎阳。为法令约束，立宗庙社稷宫室县邑，辄奏上，可，许以从事；即不及奏上，辄以便宜施行，上来以闻。关中事计户口转漕给军，汉王数失军遁去，何常兴关中卒，辄补缺。上以此专属任何关中事。""汉五年，既杀项羽，定天下，论功行封。群臣争功，岁余功不决。高祖以萧何功最盛，封为酇侯，所食邑多。"在关于"位次"的讨论中，皆曰曹参"身被七十创，攻城略地，功最多，宜第一"，而刘邦"心欲何第一"。"关内侯鄂君进曰：'群臣议皆误。夫曹参虽有野战略地之功，此特一时之事。夫上与楚相距五岁，常失军亡众，逃身遁者数矣。然萧何常从关中遣军补其处，非上所诏令召，而数万众会上之乏绝者数矣。夫汉与楚相守荥阳数年，军无见粮，萧何转漕关中，给食不乏。陛下虽数亡山东，萧何常全关中以待陛下，此万世之功也。今虽亡曹参等百数，何缺于汉？汉得之不必待以全。奈何欲以一旦之功而加万世之功哉！萧何第一，曹参次之。'高祖曰：'善。'于是乃令萧何第一，赐带剑履上殿，入朝不趋。"《汉书》卷三九《萧何传》："汉五年，已杀项羽，即皇帝位，论功行封。群臣争功，岁余不决。上以何功最盛，先封为酇侯，食邑八千户。"① 所谓"萧何第一"，所谓"功最盛，先封"，体现出对"转漕给军""转漕关中，给食不乏""常兴关中卒，辄补缺""常从关中遣军补其处，非上所诏令召，而数万众会上

---

① 《后汉书》卷七〇《荀彧传》李贤注："高祖既杀项羽，论功行封，以萧何为最。"

之乏绝者数矣"功绩的肯定。

五 "出鸡头山,过回中"

《史记》卷六《秦始皇本纪》关于"二十七年,始皇巡陇西、北地,出鸡头山,过回中"的记载,张守节《正义》:"陇西,今陇右;北地,今宁州也。"

关于"鸡头山",张守节《正义》引《括地志》云:"鸡头山在成州上禄县东北二十里,在京西南九百六十里。郦元云:'盖大陇山异名也。'《后汉书·隗嚣传》云'王莽塞鸡头',即此也。"张守节按:"原州平高县西百里亦有笄头山,在京西北八百里,黄帝鸡山之所。"据谭其骧主编《中国历史地图集》,"鸡头山"在今甘肃泾原西北,大致六盘山东南的位置。①

关于"回中",裴骃《集解》写道:"应劭曰:'回中在安定高平。'孟康曰:'回中在北地。'"张守节《正义》:"《括地志》云:'回中宫在岐州雍县西四十里。'言始皇欲西巡陇西之北,从咸阳向西北出宁州,西南行至成州,出鸡头山,东还,过岐州回中宫。"据谭其骧主编《中国历史地图集》,"回中"在今甘肃华亭南,陕西陇县西北。② 马非百先生撰《秦集史》③,篇末列《遗迹表》,分列"今地""遗迹名称""传说""备考"(即资料出处),没有今甘肃省"遗迹"④。其实,搜检《嘉庆重修一统志》,是可以看到相关信息的。如卷二五九《平凉府·山川》"崆峒山"条:"在平凉县西,即笄头山也。一作鸡头,一作开头,亦作汧屯,又名牵屯,又名薄落。《史记》:黄帝西至空桐,登鸡头。又秦始皇二十七年,巡陇西、北地,出鸡头山,过回中。"又卷二六〇《平凉府·古迹》"回中宫"条:"在固原州境。汉武帝元封四年行幸雍,通回中道,遂出萧

---

① 谭其骧主编:《中国历史地图集》第2册,第5—6页。
② 同上。
③ 作者在书末写道:"一九七九年九月二十九日为庆祝中华人民共和国建国三十周年献礼,连日夜自撰自抄,全书初步完成。时年八十有四岁。于北京西城区受水河三十号。"《秦集史》下册,中华书局1982年版,第1043页。
④ 《秦集史》下册,第1022—1043页。

关。应劭曰：回中在安定平高，有险阻，秦置回中宫于此。"① 当然，方志中相关信息不可看作历史确证，但还是可以引为参考。

值得注意的是，与秦始皇实现统一后第一次出巡相对应，汉武帝"始巡郡国"，也来到陇西北地。《史记》卷三〇《平准书》记载："天子始巡郡国。东度河，河东守不意行至，不辨，自杀。行西逾陇，陇西守以行往卒，天子从官不得食，陇西守自杀。于是上北出萧关，从数万骑，猎新秦中，以勒边兵而归。新秦中或千里无亭徼，于是诛北地太守以下，而令民得畜牧边县，官假马母，三岁而归，及息什一，以除告缗，用充仞新秦中。"② 而《汉书》卷六《武帝纪》的记载是："（元鼎四年冬十月）行自夏阳，东幸汾阴。十一月甲子，立后土祠于汾阴脽上。""五年冬十月，行幸雍，祠五畤。遂逾陇，登空同，西临祖厉河而还。"《资治通鉴》卷二〇的处理方式，则将"东度河，河东守不意行至，不辨，自杀"，与"行西逾陇，陇西守以行往卒，天子从官不得食，陇西守自杀"以及"新秦中或千里无亭徼，于是诛北地太守以下"分隶元鼎四年（前113）和元鼎五年（前112）：

> （元鼎四年）冬，十月……是时，天子始巡郡国；河东守不意行至，不办，自杀。
>
> （元鼎五年）冬，十月，上祠五畤于雍，遂逾陇，西登崆峒。陇西守以行往卒，天子从官不得食，惶恐，自杀。于是上北出萧关，从数万骑，猎新秦中，以勒边兵而归。新秦中或千里无亭徼，于是诛北地太守以下。

可以看到，汉武帝元鼎五年（前112）的这次出巡，几乎完全遵行秦始皇二十七年（前220）西巡旧迹。值得注意的是，河东太守和陇西太守均因交通服务条件"自杀"，北地太守也因为军事交通系统建设未能达到要求被"诛"。

---

① 《嘉庆重修一统志》第16册，中华书局1986年版，第12867—12868、12904—12905页。
② 《汉书》卷二四下《食货志下》："天子始出巡郡国。东度河，河东守不意行至，不辨，自杀。行西逾陇，卒，从官不得食，陇西守自杀。于是上北出萧关，从数万骑行猎新秦中，以勒边兵而归。新秦中或千里无亭徼，于是诛北地太守以下，而令民得畜边县，官假马母，三岁而归，及息什一，以除告缗，用充入新秦中。"

尽管汉武帝西巡的目的应当与秦始皇不同,但是两者路线的相近,值得交通史和区域文化史研究者深思。

六 关于"治驰道"

《史记》卷六《秦始皇本纪》关于秦始皇二十七年(前220)政事的记述只有88字:

> 二十七年,始皇巡陇西、北地,出鸡头山,过回中。焉作信宫渭南,已更命信宫为极庙,象天极。自极庙道通郦山,作甘泉前殿。筑甬道,自咸阳属之。是岁,赐爵一级。治驰道。①

而"治驰道",是非常重要的行政举措。

驰道的修筑,是秦汉交通建设事业中最具时代特色的成就。通过秦始皇和秦二世出巡的路线,可以知道驰道当时已经结成全国陆路交通网的基本要络。曾经作为秦中央政权主要决策者之一的左丞相李斯被赵高拘执,在狱中上书自陈,历数功绩有七项,其中包括"治驰道,兴游观,以见主之得意"②。李斯以丞相身份发起主持驰道工程,可见修治驰道是统治短暂的秦王朝行政活动的主要内容之一。

"治驰道"的工程在秦二世时代依然继续。《史记》卷八七《李斯列传》:"法令诛罚日益刻深,群臣人人自危,欲畔者众。又作阿房之宫,治直道、驰道,赋敛愈重,戍徭无已。于是楚戍卒陈胜、吴广等乃作乱,起于山东,杰俊相立,自置为侯王,叛秦。""驰道"工程成为导致秦亡的重要原因之一。

《说文·马部》:"驰,大驱也。"段玉裁注:"《诗》每以'驰''驱'并言。许穆夫人首言'载驰载驱',下言'驱马悠悠','驰'亦

---

① 裴骃《集解》:"应劭曰:'驰道,天子道也,道若今之中道然。'《汉书·贾山传》曰:'秦为驰道于天下,东穷燕齐,南极吴楚,江湖之上,滨海之观毕至。道广五十步,三丈而树,厚筑其外,隐以金椎,树以青松。'"

② 《史记》卷八七《李斯列传》。

'驱'也，较大而疾耳。"① 看来，驰道是区别于普通道路的高速道路，作为交通干线形成秦帝国交通网的主脉。历代地理书以及许多地方志中常常可以看到有关秦汉驰道遗迹的记载。驰道许多路段作为千古不易的交通通道的事实，也说明驰道设计选线的合理性能够经受历史的考验。

秦始皇二十七年（前220）"巡陇西、北地"后即宣布"治驰道"，因而开启了在中国古代交通史进程中意义重要的全国交通建设的宏大工程。"治驰道"的设计，应当最初来自"陇西、北地"交通规划。现在看来，这一决策很可能与秦始皇此次出巡中经历"穷险"交通条件的切身体验有关。

---

① （汉）许慎撰，（清）段玉裁注：《说文解字注》，上海古籍出版社1981年据经韵楼藏版影印，第467页。

说"反枳":睡虎地秦简《日书》交通"俗禁"研究

睡虎地秦墓竹简出土之后,法律文书首先引起学界的热切关注。记录睡虎地 11 号秦墓墓主喜的身世事迹的《大事记》或称《编年记》,以及行政文书《语书》和《为吏之道》也较早进入研究者的视野。可是《日书》的历史文化价值起初不受重视。饶宗颐的睡虎地秦简《日书》研究改变了这一局面,其研究眼光和研究方法均具有先导性和典范性的意义。

此后睡虎地秦简《日书》研究的进步,为关心中国历史文化的人们打开了新的窗口。理解和说明秦的社会文化,于是获得了新的条件。睡虎地《日书》反映当时社会交通观念的信息,为全面考察中国古代交通史,也提供了具有特殊价值的宝贵的历史数据。分析其中有关"反枳"的内容,有助于深入认识当时社会有着复杂心理因素和意识背景的交通"俗禁"。

一 关于"反枳(反支)"

饶宗颐《睡虎地秦简〈日书〉研究》是最早的《日书》研究专门论著。[①] 其中"反枳(反支)""归行""禹符 禹步《禹须臾》"诸条,均涉及当时人表现为"俗禁"的对于交通的观念。[②]

---

① 本篇讨论引录饶宗颐《睡虎地秦简〈日书〉研究》内容,据《饶宗颐二十世纪学术文集》卷三《简帛学》,中国人民大学出版社 2009 年版。

② 《礼记·王制》:"析言破律,乱名改作,执左道以乱政,杀。"郑玄注:"'左道',若巫蛊及俗禁。"孔颖达疏:"'俗禁',若前汉张竦行辟反支,后汉《郭躬传》有陈伯子者出辟往亡,入辟归忌是也。"

睡虎地《日书》甲种有"反枳"题。题下写道:"子、丑朔,六日反枳;寅、卯朔,五日反枳;辰、巳朔,四日反枳;午、未朔,三日反;申、酉朔,二日反(一五三背)枳;戌、亥朔,一日反枳,复卒其日,子有复反枳。一月当有三反枳……(一五四背)"饶宗颐指出:"按反枳即反支也。"又引王符之说:"王符《潜夫论·爱日》篇,明帝敕公车受章,无避反支。《后汉书·王符传》:'公车以反支日不受章奏。'李贤注云:凡反支日用月朔为正。戌、亥朔一日反支,申、酉朔二日反支,午、未朔三日反支,辰、巳朔四日反支,寅、卯朔五日反支,子、丑朔六日反支。见《阴阳书》也。"饶宗颐说,秦简内容,"与李贤所引《阴阳书》完全符合。反枳之即反支,可以论定"。又据汉简宣帝本始四年历谱与和帝永元六年历谱对照,指出:"西汉以来,忌反支日,日历明记明建、除日之名,兼志反支日。今由秦简,知此俗不始于汉,秦已有之,则向来所未知。"这当然是很重要的发现。

饶宗颐接着又写道:"反支日之说,《汉书·游侠传》颜注引李奇叙张竦会反支日不去,因为贼所杀。《颜氏家训·杂艺》称:'反支不行,竟以遇害。'"① 这是对于"反支"的最早的比较全面的解说。后来整理小组的释文和注释,均采用饶说。②

二 "避反支":"不可行走的禁忌"

历史文献中可以看到与"反支"有关的观念影响交通活动的实例。

《后汉书》卷四九《王符传》记载:"明帝时,公车以反支日不受章奏,帝闻而怪曰:'民废农桑,远来诣阙,而复拘以禁忌,岂为政之意乎!'于是遂蠲其制。"《潜夫论·爱日》:"明皇帝尝问:'今旦何得无上书者。'左右对曰:'反支故。'帝曰:'民既废农,远来诣阙,而复使避

---

① 饶宗颐又写道:"此事人所习知,不具论。《日书》反枳亦但称曰反,银雀山元光元年历谱于日辰之下间书'反'字,即反枳、反支日也。"《饶宗颐二十世纪学术文集》卷三《简帛学》,第268页。
② 整理小组释文:"反枳(支)。"整理小组注释:"《后汉书·王符传》注:'凡反支日,用月朔为正。戌亥朔,一日反支;申酉朔,二日反支;午未朔,三日反支;辰巳朔,四日反支;寅卯朔,五日反支;子丑朔,六日反支。见阴阳书也。'与简文相合。"《睡虎地秦墓竹简》,文物出版社1990年版,释文注释第227页。

反支，是则又夺其日而冤之也。'乃敕公车受章无避反支。"①

民"远来诣阙"，而执政机构"复拘以禁忌"，受到汉明帝"岂为政之意乎"的批评。所谓"复使避反支"，似乎体现维护涉及交通行为的"俗禁"，其实"为政"者有时表现更为积极的情形。

《汉书》卷九二《游侠传·陈遵》："竦为贼兵所杀。"颜师古注引李奇曰："竦知有贼当去，会反支日，不去，因为贼所杀。桓谭以为通人之弊也。"《颜氏家训·杂艺》："凡阴阳之术，与天地俱生。其吉凶德刑，不可不信。但去圣既远，世传术书，皆出流俗，言辞鄙浅，验少妄多。至如反支不行，竟以遇害；归忌寄宿，不免凶终。拘而多忌，亦无益也。"王利器解释"至如反支不行，竟以遇害"，引李奇"竦知有贼当去，会反支日，不去，因为贼所杀"语，谓"郑珍、李慈铭、龚道耕先生说同"。又写道："《礼记·王制》：'执左道以乱政。'郑玄注：'谓诬蛊俗禁。'《正义》曰：'俗禁者，若张竦反支、陈伯子者往亡归忌是也。'② 案：今临沂银雀山出土《汉元光元年历谱》，在日干支下间书'反'字，即所谓反支日也。王符《潜夫论·爱日》篇亦言反支事。"③ 刘乐贤据张竦事迹说，"可见，反支日又有不可行走的禁忌。"④ 是正确的。

居延汉简 111.6 及 E. P. T65：425B 均出现"反支"字样，又敦煌汉简 1691 和 1968A 可以看到同样的简文。有的同篇内容出现"忌"字。还有只写"反"字者，其实是"反支"的省写。⑤ 看来，汉代社会"避反支"的"俗禁"有相当广泛的影响。

《武经总要》后集卷二〇《占候五》引《黄帝占》曰："反支日不可出军。""出军"，当然是特殊的"行走"即交通形式。

---

① 《旧唐书》卷一七四《李德裕传》称"光武至仁，反支不忌"。将汉明帝事归于汉光武帝。（宋）王应麟《困学纪闻》卷一三《考史》："祖君彦檄光武不隔于反支，乃明帝事。见王符《潜夫论》。"
② 今按：《十三经注疏》本作："《礼记·王制》：'析言破律，乱名改作，执左道以乱政，杀。'郑氏注：'左道，若巫蛊及俗禁。'孔颖达疏：'俗禁，若前汉张竦行辟反支，后汉《郭躬传》有陈伯子者出辟往亡，入辟归忌是也。'"中华书局1980年版，第1344页。
③ 王利器：《颜氏家训集解》，上海古籍出版社1980年版，第524页。
④ 刘乐贤：《睡虎地秦简日书研究》，文津出版社1994年版，第307页。
⑤ 饶宗颐说："《日书》反枳亦但称日反，银雀山武帝元年历谱于日辰之下间书'反'字，即反枳、反支日也。"《饶宗颐二十世纪学术文集》卷三《简帛学》，第268页。

三 "反枳"原义推想

饶宗颐最早提出"反枳即反支"。以为"枳"与"枝"通用,"枝即是支,故反枳即反支"①。刘乐贤又据马王堆汉墓出土帛书《五十二病方》"魅:禹步三,取桃东枳(枝),中别为□□□之倡而笄门户上各一","为饶氏的论证提供一个新证据"②。

"枳"又可以读为"胑"。《管子·侈靡》:"然则贪动枳而得食矣。"张佩纶云:"'枳'当作'胑'(胑即肢),《淮南子·修务训》'故自天子以下至于庶人,四胑不动,思虑不用,事治求澹者,未之闻也'。"郭沫若以为张说"释'枳'为'胑'是也"。③ 于省吾《双剑誃诸子新证·管子二》:"枳应读为胑,与肢同。《说文》:'胑,体四胑也。'……动胑谓劳动其胑体。""胑,与肢同"例证,又有《荀子·君道》:"块然独坐而天下从之如一体,如四胑之从心。"《太平御览》卷三七五引《商子》曰:"上世之士,衣不暖肤,食不满腹,苦其心意,劳其四胑。"《潜夫论·本训》:"畅于四胑,实于血脉。"《说郛》卷五下《孝经援神契》:"人头圆像天,足方法地,五藏像五行,四胑法四时,九窍法九分,目法日月,肝仁,肺义,肾智,心礼,胆断,脾信,膀胱决难,发法星辰,节法日岁,肠法铃。"《太平御览》卷三六三引文则作"五脏象五形,四肢法四时"。可知"胑"就是"肢"。

传统医学典籍可见妇产科有关"反支"的禁忌。隋代巢元方撰《巢氏诸病源候总论》卷四三《妇人将产病诸候》有"产法"条,其中写道:"人处三才之间,禀五行之气,阳施阴化,故令有子。然五行虽复相生,而刚柔刑杀互相害克,至于将产,则有日游反支禁忌。若犯触之,或横致诸病。故产时坐卧产处须顺四时五行之气。故谓之产法也。"又"产防晕法"条说:"防晕者,诸临产若触犯日游反支诸所禁忌,则令血气不调理而致晕也。其晕之状,心烦闷气欲绝是也,故须预以法术防之。"与

---

① 饶宗颐:《饶宗颐二十世纪学术文集》卷三《简帛学》,第267—268页。
② 刘乐贤:《睡虎地秦简日书研究》,第301页。
③ 郭沫若:《管子集校(二)》,《郭沫若全集·历史编》第6卷,人民出版社1984年版,第380—381页。

"产"有关的其他行为也不能"犯触""反支"。唐代孙思邈撰《备急千金要方》卷三:"妇人产乳忌反支。"唐代王焘撰《外台秘要方》卷三五关于"藏儿衣"法,也说:"若有遇反支者宜以衣内新瓶盛密封塞口,挂于宅外福德之上向阳高燥之处,待过月然后,依法埋藏之大吉。"宋代陈自明撰《妇人大全良方》卷一六《推妇人行年法》可见所谓"反支月":"反支月,遇此月,即铺灰上用牛皮或马驴皮讫,铺草,勿令恶血污地,吉。"则是特殊的"反支""俗禁"。

言"产法"之类而多涉及"反支"禁忌,很可能与难产恐惧有关。常见难产情形即如《左传·隐公元年》"庄公寤生,惊姜氏"事。"寤生",如黄生《义府》卷上:"'寤'当与'牾'通;逆生,则产必难。"钱锺书说,"《困学纪闻》卷六引《风俗通》解'寤生',全祖望注:'寤生,牾生也';与黄暗合。莎士比亚历史剧中写一王子弑篡得登宝位,自言生时两足先出母体……即'牾生'也"①。

"反枳"即"反支"一语的原始意义,或许即说肢体"先出母体"的难产现象。难产的反义是顺产。"反支不行""俗禁"影响交通行为,是因为这种"逆""牾""必难"的情形,是和交通生活期望顺畅的追求完全相反的。

刘乐贤在讨论《日书》"反支"问题时写道:"需要指出的是,汉元光元年历谱九月的'甲子'、'丙子'二日下标有一个'子'字。根据推算,这两天正好是反支日,这两个'子'字的含义很令人费解,它们是否是反支的另一种特殊表示法,现在尚难断定。"② 作为特殊标记的"子"字,可能确实"是反支的另一种特殊表示法"。如果将这里的"子"字联系"寤生""牾生"等"生子"的情形思考,也许可以不再以为"很令人费解"。刘乐贤又指出,"《日书》'反支篇'中有一句重要的话,我们以前没有重视。反支篇原文讲完以各种地支为朔日的反支日后紧接着有'复卒其日,子有(又)复反枳(支)'一句。这句话是什么意思?""我们认为'复卒其日',乃是再接着数完十二地支中剩下的那些日子。举例来说,假如朔日的地支是子,第六日巳日是反支日,然后再接着数完十二地支中巳日以后

---

① 钱锺书:《管锥编》第1册,中华书局1979年版,第167—168页。
② 刘乐贤:《睡虎地秦简日书研究》,第302页。

的日子，那样就轮到了下一个子日，所以简文接着说'子有（又）复反枳（支）'。"① 我们注意这种现象，以为更值得深思的是，《日书》有关"反枳（支）"的文字中对于"子"的这种特别的重视。

《说文·鬼部》称作"小儿鬼"的"魃"，也许即以难产多发引起的恐惧为心理背景。刘钊讨论"魃"时联系到睡虎地秦简《日书》甲种《诘咎》篇所见"鬼婴儿""哀乳之鬼"等，以及其他典籍记载的"形象为小儿的鬼"②，给我们以有益的启示。《急救篇》卷三："射魃辟邪除群凶。"颜师古注："射魃、辟邪，皆神兽名也。魃，小儿鬼也。射魃，言能射去魃鬼。辟邪，言能辟御妖邪也。谓以宝玉之类刻二兽之状，以佩带之，用除去凶灾而保卫其身也。一曰射魃谓大刚卯也，以金玉及桃木刻而为之，一名毅改。其上有铭而旁穿孔，系以彩丝，用系臂焉，亦所以逐精魃也。"

人的生殖通道和交通道路有某种象征性的关联，还可以由西汉晚期的一则例证得到说明，即《汉书》卷九九上《王莽传上》记汉平帝元始五年（5）事："其秋，莽以皇后有子孙瑞，通子午道。子午道从杜陵直绝南山，径汉中。"颜师古注引张晏曰："时年十四，始有妇人之道也。子，水；午，火也。水以天一为牡，火以地二为牝，故火为水妃，今通子午以协之。"③

---

① 刘乐贤：《睡虎地秦简日书研究》，第303页。
② 刘钊：《说"魃"》，"简帛·经典·古史"国际论坛论文，香港，2011年11月30日至12月2日。
③ 《资治通鉴》卷三六"汉平帝元始五年"胡三省注引张晏说之后，又写道："按：男八月生齿，八岁毁齿，二八十六阳道通，八八六十四阳道绝。女七月生齿，七岁毁齿，二七十四阴道通，七七四十九阴道绝。"亦暗示了交通地理与人体生理的对应。《太平寰宇记》卷二五《关西道一·雍州》"子午谷"条引《风土记》作："王莽以皇后未有子，通子午道，从杜陵直抵终南山。"（宋）宋敏求《长安志》卷一二《县二·长安》："《括地志》曰：《汉书》：王莽以皇后有子孙瑞，通子午道。盖以子午为阴阳之王气也。《风土记》曰：王莽以皇后有子，通子午道，从杜陵直抵终南。"《太平御览》卷三八引《风土记》曰："王莽以皇后有子，通子午道，从杜陵直抵终南。"乾隆《陕西通志》卷一六《关梁一·西安府长安县》引《风土纪》也写作："王莽以皇后有子，通子午道，从杜陵直抵终南。"同出《风土记》，而汉平帝王皇后"未有子"或"有子"，并成两说。子午道的开通或与皇后有妊的事实有关，或与皇后有妊的期望有关，都反映了"母体""产"的通路和交通道路在当时人的意识中的对应的神秘关系。（明）彭大翼《山堂肆考》卷二六《地理·谷》"子午"条引《长安志》："王莽有意篡汉，通子午道。"似是体现了其他的象征性联想。同书卷二二九《补遗·地理》"子午道"条写道："王莽以皇后有子孙瑞，通子午道从杜陵直绝南山，径汉中。注云：女年十四，始有妇人之道。子水午火也，水以天一为牡，火以地二为牝，故火为水妃。今通子午道以协之。又妇女有孕曰瑞。"亦取"有子""有孕"之说。

四 "□与枳刺艮山之胃离日"试释读

《日书》甲种"艮山"题下也有涉及"枳"的内容:"此所胃艮山,禹之离日也。从上左方数朔之初日及枳各一日,数之而复从上数。□与枳刺艮山之胃离日。离日不可以家女、取妇及入人民畜生,唯利以分异。离日不可以行,行不反。"(四七正三至五三正三)其中"枳",整理小组释文:"枳(支)。"研究者多认为是指"反支"。值得注意的是,《日书》文字出现了"枳刺"字样。

对于"刺",李学勤说:"'离日'怎么推算呢?《艮山图》说:'□与支刺艮山之谓离日。''刺'字不可解,应为'夹'字之误。当时'刺'字左边写成'夹',如《颜氏家训》说'刺字之旁应作朿,今亦作夹'。与'反支'夹艮山的日子便是'离日'。也就是说和'反支'日紧贴在《艮山图》中线两侧的日子是'离日'。"① 关于"离日",李学勤解释说:"《艮山图》是推定一月中'离日'的方法。按照这一数术,遇到'离日'不宜嫁娶,不可入纳奴婢或牲畜,也不宜出行,因为据说这一天曾是夏禹的'离日'。"②

我曾经考虑,所谓"离日",或许可以读作"罹日"。《史记》卷三五《管蔡世家》:"无离曹祸。"司马贞《索隐》:"'离'即'罹'。"《文选》卷一五张衡《思玄赋》:"循法度而离殃。"李善注:"'离',遭也。'殃',咎也。"③ 现在思索,"离日"之"离"的理解,似乎还可以试作他说。

《韩非子·外储说左下》:"树枳棘者,成而刺人。"《日书》甲种所谓"枳刺",或可从这一思路理解。《后汉书》卷六一《黄琼传》:"立足枳棘之林。"李贤注:"枳棘喻艰难。"杭世骏撰《三国志补注》卷一《魏书·武帝纪》:"魏武乃入,抽刃劫新妇。与绍还出,失道坠枳棘中,绍不能得动。""枳棘"阻障道路的情形,又增加了新的证明。《文选》

---

① 李学勤:《〈日书〉中的〈艮山图〉》,《简帛佚籍与学术史》,时报文化出版企业有限公司1994年版,第159—160页。
② 同上书,第158页。
③ 参看王子今《睡虎地秦简〈日书〉所见行归宜忌》,《江汉考古》1994年第2期;《睡虎地秦简〈日书〉甲种疏证》,湖北教育出版社2003年版,第147页。

卷二张衡《西京赋》："揩枳落，突棘藩。"李善注："杜预《左氏传》注曰：'藩，篱也。落，亦篱也'，《后汉书》卷二八下《冯衍传下》："揵六枳而为篱兮，筑蕙若而为室。"李贤注："揵，立也。枳，芬木也。《晏子》曰：'江南为橘，江北为枳。'枳之为木，芳而多刺，可以为篱。"《资治通鉴》卷五九"汉灵帝中平六年"："卓又发何苗棺，出其尸，支解节断，弃于道边；杀苗母舞阳君，弃尸于苑枳落中。"胡三省注："落，篱落也。枳似棘，多刺。江南为橘，江北为枳。人以梏篱。"

以枳棘为篱的"篱"解释"离日"之"离"的初义，或许也是一个可以试探的思路。

五　关于"禹之离日"

同样是涉及"枳"的"俗禁"，在所谓《艮山图》下的文字中说道："此所胃艮山，禹之离日也。"

李学勤在关于"离日"的讨论中说："在传说里，禹是长期离家在外的典型，他娶涂山氏之女后，第四天便出去治水，居外十三年，过家门不敢入，连儿子都不及抚养。'离日'既象征分离，所以只利于'分异'。秦商鞅之法，'民有二男以上不分异者，倍其赋'，'分异'就是分家。"① 刘乐贤则认为，"'离日'是一种根据每月反支日推算出来的日子，似乎不宜理解为与某英雄人物之某一具体日子有关。至于有人径将'离日'与《日书》中的'禹以取涂山女之日'视为一事②，则明显不对。我们认为日者本有一套推算'离日'之法，后来为了使此法更能吸引观众，就把它与当时最有名的传说人物大禹联系起来，称之为'禹之离日'。这可以与《日书》'禹须臾'之得名同样看待"③。

饶宗颐最早考论睡虎地秦简《日书》的"禹符""禹步""《禹须臾》"。他曾经指出："一向以为道教兴起以后才有之"的"禹步"，"今观《日书》所记，渊源已肇于秦代"。"《法言·重黎》篇：'姒氏治水土，而巫步多禹。'李轨注：'俗巫多效禹步。'可见巫俗效法禹步，由来

---

① 李学勤：《〈日书〉中的〈艮山图〉》，《简帛佚籍与学术史》，第158页。
② 王柱钧：《〈日书〉所见早期秦俗发微》，《文博》1988年第4期。
③ 刘乐贤：《睡虎地秦简日书研究》，第96页。

已久，出行到邦门，可施禹步，秦俗已然。"又说："《日书》且言'禹符左行'，则施用符亦出于秦以前之巫术，不始于道教徒矣。"饶宗颐还写道："按须臾义如立成。《后汉书·方术传》序：'其流有挺专（即筳篿）、须臾、孤虚之术。'李贤注：'须臾，阴阳吉凶立成之法也。'《七志》有《武王须臾》一卷，《隋书·经籍志》收《武王须臾》二卷。此云《禹须臾》，当如《武王须臾》一类之书。"饶宗颐释"禹之离日也"作"《禹》之离日也"，以为："《禹》必是禹之书。《汉志·杂家》有《大命》三十七篇，注传言禹作。①《日书》之《禹》，疑即出此。"②这些意见，都对《日书》交通史料研究有所启示。

以交通为主题的巫术形式和数术论著借用"禹"的名字，应当有取其宣传效用的动机。而作为"俗禁"内容的部分也以"禹"为标识，其原因或许与《论衡·四讳》所谓"夫忌讳非一，必托之神怪，若设以死亡，然后世人信用畏避"类同。"禹"在这里成为被借用的"神怪"，也与这位传说中的治水英雄非同寻常的交通业绩有关。正如前引李学勤说，"在传说里，禹是长期离家在外的典型，他娶涂山氏之女后，第四天便出去治水，居外十三年，过家门不敢入"。他开发交通的实践，据司马迁的记述，即所谓："劳身焦思，居外十三年，过家门不敢入。""陆行乘车，水行乘船，泥行乘橇，山行乘檋。左准绳，右规矩，载四时，以开九州，通九道，陂九泽，度九山。""命后稷予众庶难得之食。食少，调有余相给，以均诸侯。禹乃行相地宜所有以贡，及山川之便利。"③禹的辛苦行程，因成功得到敬仰，也因伤残获取同情。仿残疾体态行走即"病足"

---

① 《汉书》卷三〇《艺文志》："《大命》三十七篇。传言禹所作，其文似后世语。"颜师古注："命，古禹字。"
② 《饶宗颐二十世纪学术文集》卷三《简帛学》，第269—270页。
③ 《史记》卷二《夏本纪》。其贡献据说亦包括交通工具的发明。关于"泥行乘橇"，裴骃《集解》引徐广曰："他书或作'毳'。"又引孟康曰："橇形如箕，擿行泥上。"引如淳曰："橇音'茅蕝'之'蕝'。谓以板置泥上以通行路也。"张守节《正义》："按：橇形如船而短小，两头微起，人曲一脚，泥上擿进，用拾泥上之物。今杭州、温州海边有之也。"关于"山行乘檋"，裴骃《集解》引徐广曰："檋，一作'桥'，音丘遥反。"又引如淳曰"檋车，谓以铁如锥头，长半寸，施之履下，以上山不蹉跌也。"张守节《正义》："按：上山，前齿短，后齿长；下山，前齿长，后齿短也。檋音与是同也。"

"行跛"的所谓"禹步",于是成为巫术仪礼内容的一部分。①

六 禹:早期交通开发成功的纪念性符号

《史记》卷一《五帝本纪》说:"禹之功为大",而其首要之功,就是"披九山"。《史记》卷二《夏本纪》表彰"禹行"之功②,尤强调他开发山地交通的贡献:"禹乃遂与益、后稷奉帝命,命诸侯百姓兴人徒以傅土,行山表木,定高山大川。"他领导"治水"的实践,就包括所谓"山行乘樏,行山刊木""通九道""度九山"。司马迁在《史记》卷二《夏本纪》中还引述了《禹贡》关于禹治水时"道九山"的记载:"道九山:汧及岐至于荆山,逾于河;壶口、雷首至于太岳;砥柱、析城至于王屋;太行、常山至于碣石,入于海;西倾、朱圉、鸟鼠至于太华;熊耳、外方、桐柏至于负尾;道嶓冢,至于荆山;内方至于大别;汶山之阳至衡山,过九江,至于敷浅原。"其行迹已经遍及上古时期所有重要交通线路。《史记》卷二《夏本纪》与《禹贡》个别文字略有不同,而"道九山"三字,是司马迁总结性的手笔。③ 其意义于交通事业的开发而言,自然非常重要。

江绍原《中国古代旅行之研究:侧重其法术的和宗教的方面》运用文化人类学思想和方法对于中国古代旅行生活遭遇的精灵鬼魅以及相应的精神生活时代背景进行考察,使交通史的研究别开生面。他在讨论"行途遭逢的神奸(和毒恶生物)"时曾经指出:"由种种证据,我们知道古中国人把无论远近的出行认为一桩不寻常的事;换句话说,古人极重视出行。"无论出行何所为,"总是离开自己较熟悉的地方而去之较不熟习或完全陌生的地方之谓。古人,原人,儿童,乃至禽兽,对于过分新奇过分不习见的事物和地方,每生恐惧之心"。在古人的观念中,"言语风尚族类异于我,故对我必怀有异心的人们而外,虫蛇虎豹,草木森林,深山幽

---

① 《法言·重黎》:"巫步多禹。"李轨解释说,"禹治水土,涉山川,病足,故行跛也"。"而俗巫多效禹步。"所谓"病足,故行跛",《帝王世纪》又写作"禹病偏枯,步不相过"。而后来的巫人却有意模仿这种特殊的步式。
② 《北堂书钞》卷一五八引《王子年拾遗记》言禹"昼夜并行"。
③ 参看王子今《"度九山":夏禹传说的农耕开发史解读》,《河南科技大学学报》(社会科学版)2003年第4期。

谷，大河急流，暴风狂雨，烈日严霜，社坛丘墓，神鬼妖魔，亦莫不欺我远人，在僻静处，在黑暗时，伺隙而动，以捉弄我，恐吓我，伤害我，或致我于死地为莫上之乐"，"熟习的地方，非无危险——来自同人或敌人的，自然的或"超自然"的——然这宗危险，在或种程度内是已知的，可知的，能以应付的。陌生的地方却不同：那里不但是必有危险，这些危险而且是更不知，更不可知，更难预料，更难解除的"。"古代营远行或近行的人在沿路各种地方所遭逢或自以为不免遭逢的危险物中，山林川泽里的毒恶生物以及种种鬼神妖魔"，导致形成严重的心理压力。"这些危险，异于平日家居所也不免的危险；它们并没来寻我，乃是我自己去找他们，去尝试他们的网罗，去给它们一个加害于我的机会。既然如此，谓出行非一大事得乎？可无故而以身去尝试危险乎？苟因为实有重大的理由，迫切的需要，不得不去惊动它们和甘心去和它们一拚矣，周密的戒备，有效的应付，焉可无乎？"① 面对这样的"危险"，"以身""尝试"和"甘心""一拚"的"重大的理由，迫切的需要"，必须尽力控制和压抑。"周密的戒备"，首先表现于最大可能地减少"它们""加害于我的机会"。限制交通行为的"俗禁"于是因此生成并逐渐严整完备。

在原始山林尚未遭遇人类大规模开发的时代，山地交通往往会有更多的艰险。据《抱朴子·登涉》记载，"不知入山法者，多遇祸害。故谚有之曰：'太华之下，白骨狼籍'。"又写道，"行旅不免灾异"，除了"令人遭虎狼毒虫犯人"之外，又有"或被疾病及伤刺，及惊怖不安；或见光影，或闻异声；或令大木不风而自摧折，岩石无故而自堕落，打击煞人；或令迷惑狂走，堕落坑谷"等情形。在这样的心理背景下，赖取巫术求得庇护和支持，是很自然的事情。应当看到，托名以因"行山""度九山""道九山"的交通实践而成为领袖人物的"禹"的巫术表演，可能正是在这样的文化条件下形成了社会影响。涉及"枳"的"俗禁"中所谓"禹之离日"，或许应当在这样的认识基础上予以理解和说明。

---

① 江绍原：《中国古代旅行之研究：侧重其法术的和宗教的方面》，商务印书馆1935年版，第5—6页。

李斯《谏逐客书》"駃騠"考论

——秦与北方民族交通史个案研究

春秋时期崛起，战国时期称雄的大国齐、楚、燕、秦等都在中原文化的边缘地带形成了当时较为先进的各具特色的文化。① 这些原先处于边缘地位的政治实体迅速强盛，如《荀子·王霸》所谓"虽在僻陋之国，威动天下""皆僻陋之国也，威动天下，强殆中国"，都不可排除边地少数民族文化影响的因素。秦人曾经被中原人看作"杂戎翟之俗"② "与戎翟同俗"③ "戎翟之教"④，以致"比于戎翟"⑤ "夷翟遇之"⑥，其民俗所受西北部族渍染的情形尤为突出。⑦ 考察秦与北方民族的交通往来和文化联系，有益于真切认识秦史脉络和秦文化的特质，有益于准确理解上古时代北方民族关系和民族文化交往的历史趋势，对于秦以后相关历史文化现象的说明，也可以创造有利的条件。就李斯《谏逐客书》所见"駃騠"进行的考察，可以作为研究个案之一。

李斯《谏逐客书》说到秦王族喜好体现外来文化因素的消费生活内

---

① 《史记》卷四《周本纪》："平王之时，周室衰微，诸侯强并弱。齐、楚、秦、晋始大，政由方伯。"卷三二《齐太公世家》："是时周室微，唯齐、楚、秦、晋为强。"也指出了当时大致僻远地方逐渐强大的区域文化形势。
② 《史记》卷一五《六国年表》。
③ 《史记》卷四四《魏世家》。
④ 《史记》卷六八《商君列传》。
⑤ 《史记》卷一五《六国年表》。
⑥ 《史记》卷五《秦本纪》。
⑦ 参看王子今《应当重视秦人与西方北方部族文化交往的研究》，《秦陵秦俑研究动态》1991年第3期。

容中，包括"骏良駃騠"。"駃騠"应是来自北方草原地区的畜种。"駃騠"的驯育，是北方草原民族的文化贡献。"駃騠"可能先入于秦，体现了秦与北方民族的交通往来和文化联系。汉武帝时代开通丝路，《盐铁论·力耕》所谓"骡驴馲驼，衔尾入塞；騨騠騵马，尽为我畜"的情形，可以看作中国古代畜产史上秦人引入"骏良駃騠"的续章。"駃騠"很可能是骡，也不能排除是野马等其他草原畜种的可能。相关考察，还有待于文献研究和动物考古相结合的进一步的工作。

一　骏良駃騠：秦王"娱心意说耳目者"

因韩国策动秦人"作注溉渠"即经营"郑国渠"以损耗国力的阴谋败露，秦有"一切逐客"之议。来自楚上蔡的客卿李斯也在被遣退之列，于是上书劝止。此即著名的政论杰作《谏逐客书》。据《史记》卷八七《李斯列传》，其中说到秦王喜爱的外来的消费生活形式：

> 今陛下致昆山之玉，有随、和之宝，垂明月之珠，服太阿之剑，乘纤离之马，建翠凤之旗，树灵鼍之鼓。此数宝者，秦不生一焉，而陛下说之，何也？必秦国之所生然后可，则是夜光之璧不饰朝廷，犀象之器不为玩好，郑、卫之女不充后宫，而骏良駃騠不实外厩，江南金锡不为用，西蜀丹青不为采。所以饰后宫充下陈娱心意说耳目者，必出于秦然后可，则是宛珠之簪，傅玑之珥，阿缟之衣，锦绣之饰不进于前，而随俗雅化佳冶窈窕赵女不立于侧也。夫击瓮叩缶弹筝搏髀，而歌呼呜呜快耳者，真秦之声也；《郑》《卫》《桑间》《昭》《虞》《武》《象》者，异国之乐也。今弃击瓮叩缶而就《郑》《卫》，退弹筝而取《昭》《虞》，若是者何也？快意当前，适观而已矣。今取人则不然。不问可否，不论曲直，非秦者去，为客者逐。然则是所重者在乎色乐珠玉，而所轻者在乎人民也。此非所以跨海内制诸侯之术也。

李斯说："夫物不产于秦，可宝者多；士不产于秦，而愿忠者众。今逐客以资敌国，损民以益仇，内自虚而外树怨于诸侯，求国无危，不可得也。"李斯的批评意见打动了秦王。于是，"秦王乃除逐客之令，复李斯官,卒用其计谋。官至廷尉。二十余年,竟并天下,尊主为皇帝,以斯为丞相"。

所谓"駃騠",司马贞《索隐》:"决提二音。《周书》曰:'正北以駃騠为献。'《广雅》曰:'马属也。'郭景纯注《上林赋》云:'生三日而超其母也。'"

二 《短长》乌氏倮"駃騠"传说的史实背景

《史记》卷一一〇《匈奴列传》说,"秦穆公得由余,西戎八国服于秦,故自陇以西有绵诸、绲戎、翟、獂之戎,岐、梁山、泾、漆之北有义渠、大荔、乌氏、朐衍之戎"。关于"乌氏",裴骃《集解》:"徐广曰:'在安定。'"张守节《正义》:"氏音支。《括地志》云:'乌氏故城在泾州安定县东三十里。周之故地,后入戎,秦惠王取之,置乌氏县也。'"《史记》卷一二九《货殖列传》:"乌氏倮畜牧,及众,斥卖,求奇缯物,间献遗戎王。戎王什倍其偿,与之畜,畜至用谷量马牛。秦始皇帝令倮比封君,以时与列臣朝请。"《汉书》卷九一《货殖传》"乌氏倮"作"乌氏嬴"。乌氏倮受到秦始皇爱重的情形,也是可以说明秦与北方民族关系的一件实例。

明代学者王世贞《弇州四部稿》卷一四二《说部》"《短长上》二十三条",说到古墓发现简牍文书,叙战国秦至汉初事:"耕于齐之野者,地坟,得大篆竹册一裹,曰《短长》。其文无足取,其事则时时与史抵牾云。按刘向叙《战国策》,一名《国事》,一名《短长》,一名《长书》,一名《修书》。所谓'短长'者,岂战国逸策欤?然多载秦及汉初事,意亦文景之世好奇之士假托以撰者。余怪其往往称嬴项,薄炎德,诞而不理。至谓四皓为建成侯,伪饰淮阴侯毋反状,乃庶几矣。因录之以佐稗官。一种凡四十则。"论者言"其文无足取","其事""与史抵牾",政治史理念"诞而不理"等,其实不应妨碍我们以其中若干内容作为读史的参考。

比如,其中有涉及"乌氏倮"的一段文字:"乌倮以所畜駃騠百足、橐驰十双献。而始皇封之戎王之瓯脱,使比列侯以朝。"这段记录虽然并非出自信史,但是与秦于西北方向主动沟通精于"畜"的北方民族,亦可能因此接近成熟的驯畜技术的历史事实是相符合的。"所畜駃騠百足"

者，可以在我们讨论与"駃騠"相关的问题时引为有参考价值的信息。

三　駃騠："北蛮""奇畜"

所谓"正北""为献"，说"駃騠"所产在北方民族地区。《史记》卷一一〇《匈奴列传》也记载：

> 匈奴，其先祖夏后氏之苗裔也，曰淳维。唐虞以上有山戎、猃狁、荤粥，居于北蛮，随畜牧而转移。其畜之所多则马、牛、羊，其奇畜则橐驼、驴、骡、駃騠、駒駼、驒騱。

裴骃《集解》："徐广曰：'北狄骏马。'"司马贞《索隐》："《说文》云：'駃騠，马父骡子也。'《广异志》：'音决蹄也。'《发蒙记》：'刳其母腹而生。'《列女传》云：'生七日超其母。'"①《史记》卷一一七《司马相如列传》载《上林赋》也可以看到"駃騠驴骡"字样：

> 其北则盛夏含冻裂地，涉冰揭河；兽则麒麟角䚛，駒駼橐驼，蛩蛩驒騱，駃騠驴骡。

也说"駃騠"生于北方寒冷地带。《文选》卷八司马相如《上林赋》李善注引郭璞曰：

> "驒騱驴，驢类也。駃騠，生三日而超其母。驒音颠，騱音奚，駃音抉，騠音提，骡骡同。"《太平御览》卷九一三引《史记》曰："匈奴畜则駃騠、驒騱。"直接称之为"匈奴畜"。《淮南子·齐俗》高诱注也说："駃騠，北翟之良马也。"

《史记》卷一一〇《匈奴列传》司马贞《索隐》引《说文》云："駃騠，马父骡子也。"按照段玉裁《说文解字》注的提示，应作"马父驴母骡也"："谓马父之骡也。言'马父'者，以别于驴父之骡也。今人谓马

---

① 《列女传》卷六《辩通传·齐管妾婧》："駃騠生七日而超其母。"

父驴母者为马骡,谓驴父马母者为驴骡。不言'驴母'者,疑夺。盖当作'马父驴母骡也'六字。"段玉裁理解,"駃騠"是"马父驴母"生育的"骡"①。

四 燕王"駃騠"与赵简子"白骡"

据《史记》卷八三《鲁仲连邹阳列传》引录邹阳文字,燕王也有"駃騠"。燕王"駃騠"在史籍中的出现,却显现极异常情态:

> 苏秦相燕,燕人恶之于王,王按剑而怒,食以駃騠;白圭显于中山,中山人恶之魏文侯,文侯投之以夜光之璧。何则?两主二臣,剖心坼肝相信,岂移于浮辞哉!②

关于"駃騠",裴骃《集解》:"《汉书音义》曰:'駃騠,骏马也,生七日而超其母。'敬重苏秦,虽有逸谤,而更膳以珍奇之味。"司马贞《索隐》:"案:《字林》云:'决啼二音,北狄之良马也,马父骡母。'"张守节《正义》:"食音寺。駃騠音决蹄。北狄良马也。"明董说《七国考》卷六"燕飨"题下有"駃騠食"条:"《邹阳书》:苏秦相燕,燕人恶之于王。王按剑而怒,食以駃騠。《汉书音义》云:駃騠,骏马也。生七日而超其母。王重苏秦,虽有逸谤而更膳以珍奇之味。"③又有"千里马肝"条:"《燕丹子》云:太子有千里马。轲曰:千里马肝美。太子即进肝。"通过"駃騠食"和"千里马肝"并说,可以体会此类故事共同的特点,其实也不免王世贞言《短长》"诞而不理"的批评。

由所谓"燕飨""駃騠食"传说,可知"駃騠"不独在秦,也曾为燕王视为"珍奇"。

《吕氏春秋·爱士》记录了秦穆公乘车服马佚而为野人取食故事。秦

---

① 《尔雅翼》卷二二《释兽五》"駃騠"条:"《说文》曰:骡,驴父马母也。駃騠,马父驴母也。故《传》称'駃騠生三日而超其母'。言其过于驴尔。"

② 《白孔六帖》卷三八《君臣相信》"白食以駃騠"条:"人潛乐毅于燕王,燕王按剑怒潛者,而食乐毅以駃騠。駃騠,良马肉也。"故事主人公为"乐毅",与诸说"苏秦"不同。

③ 《乐府诗集》卷二九薛道衡《明君词》:"何用单于重,讵假阏氏名。駃騠聊强食,挏酒未能倾。心随故乡断,愁逐塞云生。"仍用"駃騠食"古典。

穆公不治罪而"遍饮"野人。① 事又见《史记》卷五《秦本纪》。②《吕氏春秋·爱士》随后说到赵简子的"白骡"：

> 赵简子有两白骡而甚爱之。阳城胥渠处广门之官，夜款门而谒曰："主君之臣胥渠有疾，医教之曰：'得白骡之肝病则止，不得则死。'"谒者入通。董安于御于侧，愠曰："嘻！胥渠也，期吾君骡矣，请即刑焉。"简子曰："夫杀人以活畜，不亦不仁乎？杀畜以活人，不亦仁乎？"于是召庖人杀白骡，取肝以与阳城胥渠。处无几何，赵兴兵而攻翟。广门之官，左七百人，右七百人，皆先登而获甲首。人主其胡可以不好士？

宋代黄震《黄氏日抄》卷五六《读诸子二·吕氏春秋》注意到事在《吕氏春秋·仲秋纪》，系列论说的主题在于"言兵"③。我们更为关注的，是秦穆公"骏马"故事和赵简子"白骡"故事的相近情节，即都是君王爱畜，都杀以为食料，都因此换取了战功回报。

而燕王"駃騠"和赵简子"白骡"故事，都发生在邻近"北蛮""北狄"的国度。《谏逐客书》所见"駃騠"，言秦王"快意""所重者"，也有同样的生态地理和文化地理背景。

---

① 《吕氏春秋·爱士》："昔者秦缪公乘马而车为败，右服失而埜人取之。缪公自往求之，见埜人方将食之于岐山之阳。缪公叹曰：'食骏马之肉而不还饮酒，余恐其伤女也！'于是遍饮而去。处一年，为韩原之战，晋人已环缪公之车矣，晋梁由靡已扣缪公之左骖矣，晋惠公之右路石奋投而击缪公之甲，中之者已六札矣。埜人之尝食马肉于岐山之阳者三百有余人，毕力为缪公疾斗于车下，遂大克晋，反获惠公以归。此《诗》之所谓曰'君君子则正，以行其德；君贱人则宽，以尽其力'者也。人主其胡可以无务行德爱人乎？行德爱人则民亲其上，民亲其上则皆乐为其君死矣。"

② 《史记》卷五《秦本纪》："初，缪公亡善马，岐下野人共得而食之者三百余人，吏逐得，欲法之。缪公曰：'君子不以畜产害人。吾闻食善马肉不饮酒，伤人。'乃皆赐酒而赦之。三百人者闻秦击晋，皆求从，从而见缪公窘，亦皆推锋争死，以报食马之德。于是缪公虏晋君以归。"

③ 黄震写道："《仲秋纪》，次曰《论威》，谓必反于己，则三军可使一心。次曰《简选》，以汤、武、齐桓、晋文、吴阖闾为证。次曰《决胜》，以必义、必智、必勇为本。次曰《爱士》，谓秦缪公饮盗骏马者以酒，而脱韩原之急；赵简子以白骡救其臣阳城胥渠之疾，而获翟人之首。凡以秋，故言兵。"

五　畜产史的重要一页

顾炎武《日知录》卷二九《驴骡》讨论了"驴"和"骡"引入中原的历史:"自秦以上,《传》《记》无言驴者,意其虽有,而非人家所常畜也。"原注:"《尔雅》无驴而有騊駼,身长须而贼,秦人谓之'小驴'。""驴"的畜养,可能始自"秦人",是值得特别注意的现象。顾炎武又写道:

> 《逸周书》:伊尹为献令,正北空同、大夏、莎车、匈奴、楼烦、月氏诸国,以橐驼、野马、騊駼、駃騠为献。

原注:"驴父马母曰'骡',马父驴母曰'駃騠'。《古今注》以牡马牝驴所生谓之'駏'。"随后顾炎武先前说三则故事:

> 《吕氏春秋》:"赵简子有两白骡甚爱之。"李斯上秦王书言"骏良駃騠"。邹阳上梁王书亦云"燕王按剑而怒,食以駃騠"。是以为贵重难得之物也。

虽当时"以为贵重难得之物也",然而赵、秦、燕中原北边地方已经引入"駃騠""白骡"等西方奇畜,在畜产史上留下了重要的记录。

顾炎武综述了"驴骡"随后引入畜养的历史:"司马相如《上林赋》:'騊駼橐驰,蛩蛩驒騱,駃騠驴骡。'王褒《僮约》:'调治马驴,兼落三重。'其名始见于文。而贾谊《吊屈原赋》:'腾驾罢牛兮骖蹇驴。'《日者列传》:'骐骥不能与罢驴为驷。'东方朔《七谏》:'要褭奔亡兮腾驾橐驰。'刘向《九叹》:'郄骐骥以转运兮,腾驴骡以驰逐。'扬雄《反离骚》:'骋骅骝以曲囏兮,驴骡连蹇而齐足。'则又贱之为不堪用也。尝考驴之为物,至汉而名,至孝武而得充上林,至孝灵而贵幸。"①顾炎武强

---

① 原注:"《后汉书·五行志》:'灵帝于宫中西园驾四白驴,躬自操辔,驱驰周旋,以为大乐。于是公卿贵戚转相仿效,至乘辎軿,以为骑从,互相侵夺,贾与马齐。'"黄汝成案:"如《僮约》,则驴亦人家所常畜矣。"(清)顾炎武著,黄汝成集释,秦克诚点校:《日知录集释》,岳麓书社1994年版,第1009页。

调"驴骡"来自"北蛮""北狄"地方:

> 然其种大抵出于塞外。

顾炎武写道:"自赵武灵王骑射之后,渐资中国之用。《盐铁论》:'骡驴馲驼,衔尾入塞;驒騱騵马,尽为我畜。'杜笃《论都赋》:'庌僮馺,驱骡驴,馭宛马,鞭駃騠。'《霍去病传》:'单于遂乘六骡。'《匈奴传》:'其奇畜则橐驼、驴骡、駃騠、䮰騟、驒騱。'《西域传》:'鄯善国有驴马,多橐它,乌秅国有驴,无牛。'而龟兹王学汉家仪,外国人皆曰:'驴非驴,马非马,若龟兹王所谓骡也。'"分析"驴骡"原产"北蛮""北狄"而后传入中原的情形,顾炎武说:

> 可见外国之多产此种,而汉人则以为奇畜耳。今中原亦自产骡,任重致远之资,胜于驽骀百倍,且习见,而无复以为奇畜者矣。

从"以为奇畜",到"无复以为奇畜",是因为"中原亦自产骡","且习见"的缘故。正是由于繁育的普遍,"以为贵重难得之物"的地位于是丧失。

"单于""乘""骡"是北族行为,而由《九叹》"腾驴骡以驰逐",可知其奔走能力亦受到重视。《论都赋》所谓"鞭駃騠"者,则很可能体现已经用于运输,即所谓"任重致远"。"駃騠"应当已经不再只是作为宫廷宠物,而很可能用以挽、驮,成为运输动力。《淮南子·齐俗》:"世多称古之人而高其行,并世有与同者而弗知贵也,非才下也,时弗宜也。故六骐骥、四駃騠,以济江河,不若寻木便者,处世然也。是故立功之人,简于行而谨于时。""四駃騠",高诱注:"駃騠,北翟之良马也。"云"驷駃騠"者,显然是说这种野生马科畜类已经可以胜任中原系挽车辆的运输方式的要求。

于是,"駃騠"已经不仅仅为个别上层人物"快意""所重",或曰"甚爱之",而因为服务于运输生产,为社会普遍欢迎。

六　秦人畜牧"蕃息"技术的传统优势

　　如果赞同"駃騠"就是"骡"的判断，则所谓"腾驴骡以驰逐"和"鞭駃騠"情形的出现，可以理解为这种北方民族最初驯育的"奇畜"，其耐力、挽力和奔走能力受到中原人的肯定。然而，如果"駃騠"确实是"骡"，则因一般无生殖能力，难以达到民间"习见"的数量。

　　"中原亦自产骡"情形的实现，应当有蕃育技术以为保证。而最大可能实现这一技术突破的，应当是秦人。

　　秦人有重视畜牧业的传统。与早期习于游徙生活相关，传说中秦先祖事迹多以致力于交通活动著称于世。而"御"，是他们的特长。"费昌当夏桀之时，去夏归商，为汤御。"孟戏、中衍亦才技不凡，"帝太戊闻而卜之使御，吉，遂致使御而妻之"。而"蜚廉善走""以材力事殷纣"。其后造父更是交通史上著名的人物，《史记》卷五《秦本纪》：

> 造父以善御幸于周缪王，得骥、温骊、骅骝、騄耳之驷，西巡狩，乐而忘归。徐偃王作乱，造父为缪王御，长驱归周，一日千里以救乱。缪王以赵城封造父，造父族由此为赵氏。①

造父又成为天际星名②，而后来居于犬丘的非子，则以畜牧经营的成功，受到周天子信用，地位得以上升：

> 非子居犬丘，好马及畜，善养息之。犬丘人言之周孝王，孝王召使主马于汧渭之间，马大蕃息。孝王欲以为大骆适嗣。申侯之女为大骆妻，生子成为适。申侯乃言孝王曰："昔我先郦山之女，为戎胥轩妻，生中潏，以亲故归周，保西垂，西垂以其故和睦。今我复与大骆妻，生适子成。申骆重婚，西戎皆服，所以为王。王其图之。"于是

---

　　①　《史记》卷四三《赵世家》："造父幸于周缪王。造父取骥之乘匹，与桃林盗骊、骅骝、绿耳，献之缪王。缪王使造父御，西巡狩，见西王母，乐之忘归。而徐偃王反，缪王日驰千里马，攻徐偃王，大破之。乃赐造父以赵城，由此为赵氏。"

　　②　《晋书》卷一一《天文志上》："传舍南河中五星曰造父，御官也，一曰司马，或曰伯乐。星亡，马大贵。"

孝王曰："昔伯翳为舜主畜，畜多息，故有土，赐姓嬴。今其后世亦为朕息马，朕其分土为附庸。"邑之秦，使复续嬴氏祀，号曰"秦嬴"。

"息"，是畜牧业成就的突出标志。"主畜，畜多息""好马及畜，善养息之"，同样表现以繁育为特点的畜产数量的显著增殖。正如有的学者所指出的，"秦的祖先非子就是一个在周孝王时代以养马起家的，而秦的地理环境也正是最适于养马的西北地区"①。"好马及畜，善养息之"，言其成功在于畜牧技术的成熟。

我们确实看到，中国古代畜牧史中有关"配种繁殖制度"的较早记载，正是存留在成书于秦地的《吕氏春秋》之中。有学者说，"如从《吕氏春秋》作进一步的研究，则更知周秦时代，已初步掌握了家畜的发情配种规律"。《吕氏春秋·季春纪》："是月也，乃合累牛腾马，游牝于牧。"有研究者认为，"这个制度是将越冬系养的牛、马，于开春后，共同放入草场牧地，促其发情，让其本交，以便孳生"②。"什么时候，牝牡再分群呢？他们也有制度，从仲夏月起'游牝别群，则絷腾驹，班马政'。因为由三月至五月，有两个多月的合群，应已受孕，此刻分群，正可防止其踢咬流产，来保护孕畜。"③

七 "駃騠"名义解说的其他可能性

《说文·马部》关于若干北方"奇畜"分别有所解释："駃，駃騠，马父骡子也。""騠，駃騠也。""骡，驴父马母者也。""驴，似马，长耳。""駼，驴子也。""騨，騨騄，野马属……一曰騨马，青骊白鳞，文如鼍鱼也。""騄，騨騄也。""駒，駒駼，北野之良马也。""騊，駒

---

① 谢成侠：《中国养马史》（修订版），农业出版社1991年版，第66页。
② 《礼记·月令》："季春之月……是月也，乃合累牛腾马，有牝于牧。"郑玄注："累腾皆乘匹之名。是月所合牛马，谓系在厩者，其牝欲游则就牧之牡而合之。"
③ 朱先煌：《周秦畜牧业》，张仲葛、朱先煌主编：《中国畜牧史料集》，科学出版社1986年版，第47页。《礼记·月令》："仲夏之月……游牝别群，则絷腾驹。"郑玄注："孕妊之欲止也。""为其牡气有余相蹄啮也。"（宋）张虑《月令解》卷五："季春游牝于牧，至是则别群。春合累牛腾马，至是则执腾驹。皆防物之性，恐其伤生也。"

駃也。"

按照段玉裁注修正的文字,《说文》以为"駃騠"是马父驴母所生,也就是"骡"。《史记》卷八三《鲁仲连邹阳列传》司马贞《索隐》引《字林》谓駃騠"马父骡母",也是大体相近的意思。然而《说文·马部》所列,"駃騠"之外,又有"骡"。《史记》卷一一〇《匈奴列传》说:"其奇畜则橐驼、驴、骡、駃騠、騊駼、驒騱。"又《上林赋》也"駃騠驴骡"并说。似乎可以理解为在有些秦汉文字执笔者的意识中,"駃騠"应当并不是骡。

现在看来,对于駃騠、騊駼、驒騱的解释尚未形成定论。"駃騠"或为马父驴母之骡,或为其他马科动物的可能性是存在的。比如"野马"。《史记》卷一一七《司马相如列传》载《子虚赋》说到"野马":"轶野马而辖騊駼。""野马"和"騊駼"并说。裴骃《集解》:"徐广曰:'辖音锐。'骃案:郭璞曰:'野马,如马而小。騊駼,似马。辖,车轴头。'"司马贞《索隐》:"辖騊駼。上音。辖,车轴头也。谓车轴冲杀之。騊駼,野马。"据司马贞说,二者都是"野马"。"野马",似被看作执获和猎杀的对象。又言校猎事时写道:"生貔豹,搏豺狼,手熊罴,足野羊,蒙鹖苏,绔白虎,被豳文,跨野马。"司马贞《索隐》:"跨壄马。案:壄音野。跨,乘之也。"所谓"跨野马"或写作"跨壄马"。"跨"当然可能有超越的意思,但是更直接的理解应是言驯用骑乘"野马"。也就是说,应当可以理解为描述北方游牧民族驯养草原马科野生动物的劳作。

汉武帝时代,初至河西地方的汉人注意到"野马"并有捕获驯用的尝试。《史记》卷二四《乐书》:

> ……又尝得神马渥洼水中,复次以为《太一之歌》。歌曲曰:"太一贡兮天马下,沾赤汗兮沫流赭。骋容与兮跇万里,今安匹兮龙为友。"

"得神马渥洼水中"句下,裴骃《集解》引李斐曰:

> 南阳新野有暴利长,当武帝时遭刑,屯田炖煌界。人数于此水旁见群野马中有奇异者,与凡马异,来饮此水旁。利长先为土人持勒靽于水旁,后马玩习久之,代土人持勒靽,收得其马,献之。欲神异此

马,云从水中出。

所谓"野马"在特殊情况下被看作"神马""天马"。其特征,是"与凡马异"。所谓"群野马"的表述方式,也值得注意。

居延汉简中可以看到有关记录,可以帮助我们理解汉代人笔下所谓"野马"。例如:

(1) ☐野马除☐(50.9)
(2) ☐即野马也尉亦不诣迹所候长迹不穷☐(E. P. T8:14)
(3) ☐野马一匹出殄北候长皆☐(E. P. T43:14)
(4) ☐□以为虏举火明旦踵迹野马非虏政放举火不应☐(E. P. F22:414)

(2)(4)均言"野马""迹",似可说明这种原先成群频繁活动于草原戈壁的野生动物,可能已经经常避开人类开始占有的定居地。(3)"野马一匹",则言原本群居的"野马"离群独自活动情形。(4)又言成群"野马"夜间驰行曾经被误认为匈奴"虏"入侵,烽燧值班士兵于是"举火","明旦踵迹"方判定只是"野马"群经过。[①] 汉代西北边塞戍守者亲身接触到的"野马",尚不清楚典籍中保留的文人记录是否会写作"騊駼""駃騠"等。但是,北方草原民族熟悉的这些野生动物作为"正北""为献"的"奇畜"进入中原的可能性是存在的,中原人起初多数未得亲见,信息传递中发生名号歧义的可能性也是存在的。

根据现代生物学考察收获,因生存条件恶化,"野马"现今分布情形未可乐观。"产于我国甘肃西北部和新疆附近地区及准噶尔盆地,蒙古亦产"的野马,"数量稀少。为世界上唯一生存的野马,在学术上有重要意义"[②]。现今野马已经是世界甲级濒危动物,据说20世纪70年代以后,已经没有发现野马在野外活动的记载。居延"野马"简文也很有可能是世界比较早的对于这一野生动物品种的文字记录之一,可以看作珍贵的生态史资料。作为汉王朝基层军官和士兵近距离直接感受的文字表述,其真

[①] 王子今:《简牍资料所见汉代居延野生动物分布》,《鲁东大学学报》2012年第4期。
[②] 《辞海·生物分册》,上海辞书出版社1975年版,第571页。

实性值得看重。但是，中原人年代更早的相关记录，或许存留在嬴政和李斯时代有关"駃騠"的文书之中。当然，这些信息的获得，是经过秦与北方民族交通往来的渠道实现的。

八 "駃騠"驯用骑乘推想

《淮南子·齐俗》所谓"六骐骥、驷駃騠"，"驷"字已经体现"駃騠"用于系驾的情形。那么，这种由北方草原地方进入中土的"奇畜"，是否可以作为另一种运输动力，即经驯养之后，服务于北方民族惯用的交通方式骑乘呢？

《太平御览》卷三五六引《董卓传》说到西北名将董卓对"年七岁"的孙子的特别爱重：

> 卓孙年七岁，爱以为己子。为作小铠胄，使骑駃騠马，与玉甲一具，俱出入，以为麟驹凤雏。至杀人之子，如蚤虱耳。①

这位七岁童子按照董卓设计的衣装行为，所谓"使骑駃騠马，与玉甲一具，俱出入"者，是"駃騠"用于骑乘的明确史例。

董卓出身陇西临洮，以骑术高明闻名，"有材武，膂力少比，双带两鞬，左右驰射"②。他曾与羌人友好，又任西域戊己校尉、并州刺史，常年与北方民族密切交往，"数讨羌、胡，前后百余战"③。董卓爱孙"骑駃騠马"的"出入"形式，很可能受到北方民族的影响。我们知道，草原游牧族儿童喜好，或者说成人社会鼓励未成年人的骑乘训练，是很早就开始的。如《史记》卷一一〇《匈奴列传》记载："儿能骑羊，引弓射鸟鼠；少长则射狐兔：用为食。士力能毌弓，尽为甲骑。"④

除了前引《论都赋》所谓"鞭駃騠"或许有可能与骑乘"駃騠"有关外，现在我们看到的体现"骑駃騠马"的确切史例绝少。在现代人的

---

① 清代学者杭世骏《三国志补注》卷二《魏书》注意到了这条涉及古代未成年人生活史以及古代骑乘史的重要史料，但是引用时没有注明出处。
② 《三国志》卷六《魏书·董卓传》。
③ 《三国志》卷六《魏书·董卓传》裴松之注引《英雄记》。
④ 《汉书》卷六四上《匈奴传上》。

生物学和畜牧学知识中，骡可骑乘，野马则难以驯用。但是，我们还不能完全否定古代北方民族以至中原民族曾经驯用野马的可能。

应当注意到，隋唐制度，服务宫廷的机构有"奉乘"部门，与"奉辇"部门并列，应当是管理骑乘之事的。"奉乘局"属下有"駃騠闲"。①由此可以推知，隋唐时人意识中的"駃騠"，是可以服务于"乘"的。此外，清人连斗山《周易辨画》卷七《否》所谓"駃騠之骑难絷弱木"体现了同样的认识，也可以为我们讨论"駃騠"是否可以"骑"的问题提供有参考价值的信息。

---

① 《隋书》卷二八《百官志下》："尚乘局置左右六闲：一左右飞黄闲，二左右吉良闲，三左右龙媒闲，四左右騊駼闲，五左右駃騠闲，六左右天苑闲。有直长十四人，又有奉乘十人。"《新唐书》卷四七《百官志》："尚乘局，奉御二人，直长十人。掌内外闲厩之马。左右六闲：一曰飞黄，二曰吉良，三曰龙媒，四曰騊駼，五曰駃騠，六曰天苑。凡外牧岁进良马，印以三花飞凤之字。飞龙厩日以八马列宫门之外，号南衙立仗马，仗下乃退。大陈设则居乐县之北，与象相次。龙朔二年改尚乘局曰奉驾局。有……习驭五百人，掌闲五千人……习驭掌调六闲之马。掌闲掌饲六闲之马，治其乘具鞍辔……"由所谓"乘具鞍辔"，可知用于骑乘。《新唐书》卷五〇《兵志》："以尚乘掌天子之御，左右六闲：一曰飞黄，二曰吉良，三曰龙媒，四曰騊駼，五曰駃騠，六曰天苑。总十有二闲。"

骡驴馲驼，衔尾入塞

——汉代动物考古和丝路史研究的一个课题

汉代西域与中原的文化交流形成了一个历史高潮。物种的传入，除农作物、经济作物之外，还包括畜产。《盐铁论·力耕》所谓"骡驴馲驼，衔尾入塞，驒騱騵马，尽为我畜"，体现了这一情形。《史记》卷一一〇《匈奴列传》称"橐驼、驴、骡、駃騠、駒騟、驒騱"为匈奴"奇畜"，应与匈奴曾经全面控制西域有关。骆驼和驴骡的传入，推进了汉地运输动力的开发。相关汉代简牍数据与汉代画像数据以及汉平陵陪葬坑驴的骨骸的出土，都是这一历史现象的文物证明。相信今后以此为主题的汉代动物考古，将会有更重要的发现。汉代西北方向的商业经营，可见以织品交换牲畜的情形。所谓"骡驴馲驼，衔尾入塞"，也是丝路贸易史值得重视的贸易方式。

一 "馲驼"的引入

汉文帝六年（前174），匈奴冒顿单于遗汉书，"使郎中系零浅奉书请，献橐他一匹，骑马二匹，驾二驷"①。骆驼与骑乘驾车用马并列，当亦作为交通运输动力奉赠。居延汉简中可以看到使用骆驼运输的简文，如：

　　出茭三石　四月庚辰候长霸以食橐他六匹行塞至虞宿匹二

---

① 《史记》卷一一〇《匈奴列传》。

钧（285.11）

又有简文记录收虏隧长赵宣"见塞外有野橐佗"，以张宗马"出塞逐橐佗，行可卅余里，得橐佗一匹，还未到隧，宗马萃僵死，宣以死马更所得橐佗归宗，宗不肯"（229.1，229.2）①，虽然价值不相抵，但当地应当都以"橐佗"骑乘驮运。敦煌汉简亦可见：

☒长使者陈君食时□橐佗匹☒（1923）

一些数据反映，骆驼又多属于官有，如敦煌汉简：

出茭一钧七斤半斤以食长罗侯垒尉史官橐他一匹三月丁未发至煎都行道食率三食食十二斤半斤（2066）

明确使用"官橐他"名号。罗布淖尔汉简则称"官驼"：

□□□□□家属六人官驼二匹食率匹二斗（41）

"官驼"或"官橐他"食料有统一的定量，而"行道食"又有特殊的标准。

东方朔《七谏·谬谏》中写道，"要裹奔亡兮，腾驾橐驼"。洪兴祖注引应劭曰："騕裹，古之骏马，赤喙玄身，日行五千里。"此句正可与刘向所谓"却骐骥以转运兮，腾驴骡以驰逐"对照读，说明骆驼一般是不用来牵引乘车的。西安东郊河坡出土彩绘陶塑骆驼模型似未"腾驾"，亦不负重。山东滕州山亭出土汉画像石骆驼画面则不清楚是否负载。

河南新密发现的汉代画像却可以看到以骆驼系驾乘车的画面②，说明骆驼不仅已引入中原，在交通运输中的使用范围也有所扩展。可以想见，当时可能还有使用骆驼以系挽载重货运车辆的情形。山东微山两城汉画像石负重骆驼图，则体现了西北方向骆驼用于运输的传统形式的简

---

① 参看王子今《简牍资料所见汉代居延野生动物分布》，《鲁东大学学报》2012年第4期。
② 密县文管会等编：《密县汉画像砖》，中州书画社1983年版。

单继承。河南新密汉画像砖驼车图和山东微山两城汉画像石负重骆驼图都是骆驼作为运输动力在内地普遍应用的文物实证。

陕西咸阳汉昭帝平陵二号从葬坑东西两侧呈对称形式各开凿有27个拱形顶长方形洞室，共计54个。经陕西省考古研究院2001年发掘，发现每个洞室都分别放置一头牲畜。"通过鉴定，全部动物可以分为骆驼、牛和驴三大类。其中骆驼33匹，牛11头，驴10匹。"据动物考古学者袁靖记述，"骆驼可以分为单峰驼和双峰驼两种，单峰驼起源于阿拉伯地区，双峰驼起源于阿尔泰山一带。我们现在还没有能力对骆驼骨骼进行鉴定，判断其是双峰驼还是单峰驼。但是依据三号坑内放置供皇帝乘坐的车驾，其中有木头制成的骆驼驾车，驾车的骆驼共4匹，都是双峰驼。我们由此推测二号坑内的骆驼为双峰驼"①。这一考古收获告知我们，汉昭帝时，骆驼被皇家看重，但是也承担了"驾车"的劳作。

《后汉书》卷一九《耿恭传》记载，汉章帝建初元年（76），"遣征西将军耿秉屯酒泉，行太守事；遣秦彭与谒者王蒙、皇甫援发张掖、酒泉、敦煌三郡及鄯善兵，合七千余人，建初元年正月，会柳中击车师，攻交河城，斩首三千八百级，获生口三千余人，驼驴马牛羊三万七千头。北虏惊走，车师复降。"汉军会击车师，缴获骆驼居于诸畜之首，当然主要是由于骆驼对于交通运输具有重要的意义。这一重要信息，也体现西域方向曾经是骆驼"入塞"的主要来源。

二 "骡驴""入塞"

顾炎武《日知录》卷二九有"驴骡"条，注意到秦汉时期驴、骡的引进："自秦以上，传记无言驴者。意其虽有，而非人家所常畜也。""尝考驴之为物，至汉而名，至孝武而得充上林，至孝灵而贵幸。然其种大抵出于塞外。"《逸周书》说道，正北空同、大夏、莎车、匈奴、楼烦、月氏诸国以橐驼、野马、騊駼、駃騠为献。据说"驴父马母曰骡，马父驴母曰駃騠"。《吕氏春秋·爱士》："赵简子有两白骡而甚爱之。"李斯

---

① 袁靖：《动物考古学揭密古代人类和动物的相互关系》，《西部考古》第2辑，三秦出版社2007年版，第94页。

《谏逐客书》说,"必秦国之所生然后可",则"骏良駃騠,不实外厩"①。邹阳于狱中上书梁孝王,说到"苏秦相燕,燕人恶之于王,王按剑而怒,食以駃騠"②。《史记》卷一一〇《匈奴列传》写道,"其奇畜则橐驼、驴、骡、駃騠、騊駼、驒騱"。司马相如《上林赋》说到汉武帝时以"騊駼、橐驼、蛩蛩、驒騱、駃騠、驴骡"充入上林事。其种出于塞外的驴骡等,起初只是因珍奇而名贵,以观赏价值畜养,尚未进入社会经济生活。然而自汉武帝时代起,基于交通发展的迫切需要等原因,"骡驴駓馳,衔尾入塞",大规模引入之后,则往往用作交通运输的动力。

贾谊《吊屈原赋》:"腾驾罢牛兮骖蹇驴。"《史记》卷一二七《日者列传》:"骐骥不能与罢驴为驷。"东方朔《七谏·谬谏》:"驾蹇驴而无策。"刘向《九叹·愍命》:"却骐骥以转运兮,腾驴骡以驰逐。"扬雄《反离骚》:"骋骅骝以曲囏兮,驴骡连蹇而齐足。"颜师古解释说:"言使骏马驰骛于屈曲艰阻之中,则与驴骡齐足也。"驴骡得以作为文学象征,正由于当时已经被普遍使用于交通运输实践,"转运""于屈曲艰阻之中"。上层社会以骐骥驰逐为时尚而不齿驴骡之蹇疲,则反映出驯调驴骡用于运输,也是由下层劳动者创始。汉灵帝光和四年(181)于后宫"驾四驴,帝躬自操辔,驱驰周旋,京师转相放效"③,史书录为丑闻④。司马彪曾经严厉批评道:"夫驴乃服重致远,上下山谷,野人之所用耳,何有帝王君子而骖服之乎!"并以为"迟钝之畜,而今贵之",是"国且大乱,贤愚倒植"的征兆。⑤

《史记》卷一二三《大宛列传》记载,汉武帝太初三年(前102),益发军再击大宛,"岁余而出敦煌者六万人,负私从者不与。牛十万,马三万余匹,驴骡橐它以万数。多赍粮,兵弩甚设,天下骚动"。说明驴骡等西方"奇畜"在交通运输活动中已经表现出相当重要的作用。敦煌所出西汉晚期简中,也可以看到驴应用于交通的内容,如:

---

① 《史记》卷八七《李斯列传》。王子今:《李斯〈谏逐客书〉"駃騠"考论——秦与北方民族交通史个案研究》,《人文杂志》2013年第2期。

② 《史记》卷八三《鲁仲连邹阳列传》。

③ 《后汉书》卷八《灵帝纪》。

④ 《续汉书·五行志一》:"灵帝于宫中西园驾四白驴,躬自操辔,驱驰周旋,以为大乐。于是公卿贵戚转相仿效,至乘辎軿以为骑从,互相侵夺,贾与马齐。"

⑤ 《续汉书·五行志一》。

```
□ 降归义乌孙女子
  复帛献驴一匹骍牡
  两抾齿□岁封颈以
  敦煌王都尉章（1906）
☑□武威郡张掖长□☑驴一□（1913）
```

又如敦煌汉简：

```
官属数十人持校尉印绶三十驴五百匹驱驴士五十人之蜀名曰劳庸
部校以下城中莫敢道外事次孙不知将（981）
```

简文可见"驱驴士"职名。每位"驱驴士""驱驴"十匹，也反映了这种运输劳作的具体情形。

不过，从现有资料看，驴骡等大致较早在西北地区用作运输动力[①]，后来方逐渐为中原人骑乘役使。骡则因特殊的繁育方式，数量更为有限。《后汉书》卷一上《光武帝纪上》记载，王莽时代，刘秀曾在长安求学，"王莽天凤中，乃之长安，受《尚书》，略通大义"。李贤注引《东观记》曰："受《尚书》于中大夫庐江许子威。资用乏，与同舍生韩子合钱买驴，令从者僦，以给诸公费。"可知两汉之际长安地方以驴僦运已经成为一种营生手段。

东汉时期，驴骡用于交通运输的情形更加普遍。杜笃《论都赋》中，有"驱骡驴，驭宛马，鞭駃騠"的文辞。[②] 武都"运道艰险，舟车不

---

① 《说文·马部》：驴"似马，长耳"。段玉裁注：驴骡等"太史公皆谓为匈奴奇畜，本中国所不用，故字皆不见经传，盖秦人造之耳"。《汉书》卷七〇《常惠传》写道，汉宣帝本始二年（前72），"汉大发十五万骑，五将军分道出"击匈奴。"以惠为校尉，持节护乌孙兵。昆弥自将翕侯以下五万余骑从西方入至右谷蠡庭，获单于父行及嫂居次，名王骑将以下三万九千人，得马牛驴骡橐佗五万余匹……"据《汉书》卷九六下《西域传下》，"（龟兹王）后数来朝贺，乐汉衣服制度，归其国，治宫室，作徼道周卫，出入传呼，撞钟鼓，如汉家仪。外国胡人皆曰：'驴非驴，马非马，若龟兹王，所谓骡也。'"参看王子今《汉匈西域争夺背景下的龟兹外交》，《龟兹学研究》第5辑，新疆大学出版社2012年版。由"驴非驴，马非马，若龟兹王，所谓骡也"俗语，应当考虑到龟兹等西域地方作为驴骡引入原生地的情形。

② 《后汉书》卷八〇上《文苑列传上·杜笃》。

通"，曾使"驴马负载"。①《说文·木部》所谓"极，驴上负也"正可以为证。段玉裁解释说："当云'驴上所以负也'，浅人删之耳。《广韵》云'驴上负版'，盖若今驮鞍。"东汉时北边"建屯田"，"发委输"供给军士，并赐边民，亦曾以"驴车转运"。②汉灵帝中平元年（184），北地先零羌及枹罕、河关人起义，夜有流星光照营中，"驴马尽鸣"③，说明驴还被用作主要军运动力。河内向栩"骑驴入市"④，蓟子训"驾驴车"诣许下⑤，都说明中原役用驴的情形。《太平御览》卷九〇一引《风俗通义》说，当时"凡人相骂曰'死驴'，丑恶之称也。董卓陵虐王室，执政皆如'死驴'"。巴蜀地区亦有用驴挽车情形，成都人张楷"家贫无以为业，常乘驴车至县卖药"⑥。诸葛瑾面长，孙权曾以驴取笑之⑦，可见到东汉末年，江南地区也对驴逐渐熟悉，已不再视驴为珍稀的"奇畜"了。

驴较适宜于"屈曲艰阻"的山地运输，又堪粗食，寿命长于马，抗病力也较其他马属动物强。骡则又有挽力强的特点。因而驴骡都很快在交通运输中成为普及型动力。

汉明帝永平年间（58—75）曾计划从都虑至羊肠仓通漕，"太原吏人苦役，连年无成，转运所经三百八十九隘，前后没溺死者不可胜算"。于是汉章帝建初三年（78）"遂罢其役，更用驴辇"，成功地承担起转运任务，"岁省费亿万计，全活徒士数千人"⑧。这一史例说明"驴辇"曾经成为大规模运输的主力。王褒《僮约》以"食马牛驴"⑨"调治马驴"作

---

① 《后汉书》卷五八《虞诩传》。
② 《后汉书》卷二二《杜茂传》。
③ 《后汉书》卷七二《董卓传》。
④ 《后汉书》卷八一《独行列传·向栩》。
⑤ 《后汉书》卷八二下《方术列传下·蓟子训》。
⑥ 《后汉书》卷三六《张霸传》。
⑦ 《三国志》卷六四《吴书·诸葛恪传》："恪父瑾面长似驴，孙权大会群臣，使人牵一驴入，长检其面，题曰'诸葛子瑜'。恪跪曰：'乞请笔益两字。'因听其笔，恪续其下曰：'之驴。'举坐欢笑，乃以驴赐恪。"裴松之注引恪《别传》又说道，"（孙）权尝飨蜀使费祎，先逆敕群臣：'使至，伏食勿起。'祎至，权为辍食，而群下不起，祎啁之曰：'凤凰来翔，骐驎吐哺，驴骡无知，伏食如故。'"恪又为趣答。是为巴蜀地区和江汉地区俱已多见驴骡的例证。
⑧ 《后汉书》卷一六《邓禹传》。
⑨ 日本学者宇都宫清吉《僮约研究》中"《僮约》校勘记"说道，《初学记》"饺食马牛"四字《类聚》作"食马牛驴"四字。今按：《太平御览》卷五〇〇引文作"饮食马牛"。

为庄园中主要劳作内容,又体现出驴骡在更普遍的社会经济生活中的作用。诸葛恪败曹魏军,"获车乘牛马驴骡各数千"①,也说明驴骡普遍用于军运。

三 内地"骡驴"的考古发现

汉地有关"骡驴"的文物数据,可以与文献记载的相关内容对照理解。

山东滕州黄安岭汉画像石所见运车画面,运载的似乎是兵员。牵引车辆的牲畜突出显示与马不同的"长耳",很可能是驴,或者是骡。

山东邹城石墙村汉画像石所见辎车,后有人俯首行礼。乘车者当为身份尊贵者。牵引辎车的牲畜"长耳",似是驴。考虑到画面上方龙的形象后足可能与牲畜的耳部重叠,则畜种也可能是骡。

渭北西汉帝陵区中平陵从葬坑发现驴的骨骼,是汉代有关"驴"的最重要的考古发现。据袁靖记述,汉昭帝平陵二号从葬坑从葬"驴10匹"。他说:"我们在这里要强调的是驴和马在不少地方有相似之处。但是它们之间的区别也是很明显的。比较典型的区别在于牙齿。如驴的齿列比马的短,驴的臼齿无马刺,马的臼齿有马刺。驴的臼齿下后尖和下后附尖呈'U'字形,马的则呈'V'字形。驴可以分为非洲野驴和亚洲野驴两种,根据动物学家的研究,世界上所有家养的驴都来自非洲野驴,亚洲野驴没有被驯化为家养的驴。"

袁靖指出,"由于汉昭帝死于公元前 74 年。我们可以断定至少在公元前 74 年以前","出自非洲的驴已经作为家养动物,通过文化交流传到了陕西西安一带"。②平陵发现的驴,是中国内地迄今最早的有关"驴"的文物资料。取得帝陵从葬的资格,可能因远方"奇畜"而受到皇族的宠爱。③作为"出自非洲的驴",应是经由西域进入中土。

---

① 《三国志》卷六四《吴书·诸葛恪传》。
② 袁靖:《动物考古学揭密古代人类和动物的相互关系》,《西部考古》第 2 辑,三秦出版社 2007 年版,第 94 页。
③ 西汉薄太后南陵 20 号从葬坑曾经出土熊猫和犀牛骨骼,头部位置放一陶罐,应当是墓主珍爱的豢养动物。王学理:《汉南陵从葬坑的初步清理——兼谈大熊猫及犀牛骨骼出土的有关问题》,《文物》1981 年第 11 期。

西域地方出产"驴"。据《汉书》记述,鄯善国"民随畜牧逐水草,有驴马,多它",乌秅国"有驴无牛",罽宾国"驴畜负粮""又历大头痛、小头痛之山、赤土、身热之阪,令人身热无色,头痛呕吐,驴畜尽然"。"驴畜"的说法,透露"驴"是用作交通动力的主要畜种。康居国"敦煌、酒泉小郡及南道八国,给使者往来人马驴驼食,皆苦之"①。"匈奴发骑田车师,车师与匈奴为一,共侵乌孙",汉与乌孙联军合击匈奴、车师,仅汉军就缴获"马牛羊驴橐驼七十余万头"。

汉武帝轮台诏有言:"朕发酒泉驴橐驼负食,出玉门迎军。"② 可知河西地方较早役使"驴"。而匈奴使用的"驴",应当也是由这一通路走向蒙古草原。

四 关于"橐驰驴骡"匈奴"奇畜"说

《史记》卷一一〇《匈奴列传》介绍匈奴的生产和生活,关于匈奴的畜牧业经营,有这样的文字:"其畜之所多则马、牛、羊,其奇畜则橐驰、驴、骡、駃騠、騊駼、驒騱。"也有释"駃騠"为"骡"者。裴骃《集解》写道:"徐广曰:'北狄骏马。'"司马贞《索隐》:"《说文》云:'駃騠,马父骡子也。'《广异志》:'音决蹄也。'《发蒙记》:'剖其母腹而生。'《列女传》云:'生七日超其母。'"③《史记》卷一一七《司马相如列传》载《上林赋》也可以看到"駃騠驴骡"字样:

> 其北则盛夏含冻裂地,涉冰揭河;兽则麒麟角觿,騊駼橐驰,蛩蛩驒騱,駃騠驴骡。

也说"駃騠"生于北方寒冷地带。《文选》卷八司马相如《上林赋》李善注引郭璞曰:"驒騱,驱骡类也。駃騠,生三日而超其母。驒音颠,騱音奚,駃音决,騠音提,骡骡同。"《太平御览》卷九一三引《史记》曰:"匈奴畜则駃騠、驒騱。"直接称之为"匈奴畜"。《淮南子·齐俗》高诱

---

① 《汉书》卷九六上《西域传上》。
② 《汉书》卷九六下《西域传下》。
③ 《列女传》卷六《辩通传·齐管妾婧》:"駃騠生七日而超其母。"

注也说:"駃騠,北翟之良马也。"

《史记》卷一一〇《匈奴列传》司马贞《索隐》引《说文》云:"駃騠,马父骡子也。"按照段玉裁《说文解字》注的提示,应作"马父驴母骡也":"谓马父之骡也。言'马父'者,以别于驴父之骡也。今人谓马父驴母者为马骡,谓驴父马母者为驴骡。不言'驴母'者,疑夺。盖当作'马父驴母骡也'六字。"段玉裁理解,"駃騠"是"马父驴母"生育的"骡"①。

关于匈奴驯用的"骡"和"驴",文物资料是有所反映的。我们看到的鄂尔多斯青铜器博物馆藏战国圆雕立驴青铜竿头饰,应是实际生活中"驴"的形象的表现。包头观音庙一号墓出土汉画像砖则有骑乘"骡"的画面。西丰西岔沟青铜饰牌所见驴车,则是"驴"在草原运输实践中已经作为车辆牵引动力的实证。

我们注意到匈奴文物确实存在使用"驴"与"骡"一类牲畜的实际证明,分析这一信息,应当关注匈奴曾经全面控制西域的史实。②

五 以"駃騠、駒騟、騨騱"为对象的动物考古取得进展的可能性

"駃騠"的属种尚未明确,其他如"駒騟""騨騱"等,也都需要以动物学史研究推进为基础的说明。

汉代中原人对于北方畜种知识的不完备,还体现于有关"野马"的记述中。《史记》卷一一七《司马相如列传》载《子虚赋》说到"野马":"轶野马而辖駒騟。""野马"和"駒騟"并说。裴骃《集解》:"徐广曰:'辖音锐。'骃案:郭璞曰:'野马,如马而小。駒騟,似马。辖,车轴头。'"司马贞《索隐》:"辖駒騟。上音。辖,车轴头也。谓车轴冲杀之。駒騟,野马。"据司马贞说,二者都是"野马"。"野马",似被看作执获和猎杀的物件。又言校猎事时写道:"生貔豹,搏豺狼,手熊罴,

---

① 《尔雅翼》卷二二《释兽五》"駃騠"条:"《说文》曰:骡,驴父马母也。駃騠,马父驴母也。故《传》称'駃騠生三日而超其母'。言其过于驴尔。"
② 参看王子今《论匈奴僮仆都尉"领西域""赋税诸国"》,《石家庄学院学报》2012年第4期;《匈奴"僮仆都尉"考》,《南都学坛》2012年第4期;《匈奴西域"和亲"史事》,《咸阳师范学院学报》2012年第5期;《匈奴控制背景下的西域贸易》,《社会科学》2013年第2期。

足野羊，蒙鷻苏，绔白虎，被豳文，跨野马。"司马贞《索隐》："跨壄马。案：壄音野。跨，乘之也。"所谓"跨野马"或写作"跨壄马"。"跨"当然可能有超越的意思，但是更直接的理解应是言驯用骑乘"野马"。也就是说，应当可以理解为描述北方游牧民族驯养草原马科野生动物的劳作。

汉武帝时代，初至河西地方的汉人注意到"野马"并有捕获驯用的尝试。《史记》卷二四《乐书》：

> ……又尝得神马渥洼水中，复次以为《太一之歌》。歌曲曰："太一贡兮天马下，沾赤汗兮沫流赭。骋容与兮跇万里，今安匹兮龙为友。"

"得神马渥洼水中"句下，裴骃《集解》引李斐曰：

> 南阳新野有暴利长，当武帝时遭刑，屯田炖煌界。人数于此水旁见群野马中有奇异者，与凡马异，来饮此水旁。利长先为土人持勒靽于水旁，后马玩习久之，代土人持勒靽，收得其马，献之。欲神异此马，云从水中出。

所谓"野马"在特殊情况下被看作"神马""天马"。其特征，是"与凡马异"。所谓"群野马"的表述方式，也值得注意。

居延汉简中可以看到有关"野马"的记录。① 汉代西北边塞戍守者亲身接触到的"野马"，尚不清楚典籍中保留的文人记录是否可能写作"駏驉""駃騠"等。

有关"塞外"畜种的辨别和考察②，似乎只依据文献资料已经难以继续推进。动物考古工作的进步，寄托着相关研究取得突破的希望。

---

① 王子今：《简牍资料所见汉代居延野生动物分布》，《鲁东大学学报》2012年第4期。
② 顾炎武《日知录》卷二九《驴骡》强调"驴骡"来自"北蛮""北狄"地方："然其种大抵出于塞外。"

六 丝路史值得重视的贸易方式

塞外优良畜种的引入,有西域国家贡献的情形,如前引《史记》卷一一〇《匈奴列传》谓汉文帝六年(前174)匈奴冒顿单于"献他一匹"等事。当然亦有战争征服的因素。如前引《后汉书》卷一九《耿恭传》汉章帝建初元年(76)"攻交河城",战利品包括"驼驴马牛羊三万七千头"事。这些情形,可能并非西方"奇畜"进入中原的通常方式。

《盐铁论·力耕》记载的既可以看作政策说明的政论,又可以看作经济史之写实的一段话值得我们注意:

> 大夫曰:"贤圣治家非一宝,富国非一道。昔管仲以权谲霸,而纪氏以强本亡。使治家养生必于农,则舜不甄陶而伊尹不为庖。故善为国者,天下之下我高,天下之轻我重。以末易其本,以虚荡其实。今山泽之财,均输之藏,所以御轻重而役诸侯也。汝、汉之金,纤微之贡,所以诱外国而钓胡、羌之宝也。夫中国一端之缦,得匈奴累金之物,而损敌国之用。是以骡驴馲驼,衔尾入塞,驒騱騵马,尽为我畜,鼲貂狐貉,采旄文罽,充于内府,而璧玉珊瑚琉璃,咸为国之宝。是则外国之物内流,而利不外泄也。异物内流则国用饶,利不外泄则民用给矣。《诗》曰:'百室盈止,妇子宁止。'"

御史大夫论对外贸易的经营,其实有政治意义,即所谓"御轻重而役诸侯"。丝绸之路的贸易形式有多种①,此说揭示了可能是最通常的形式,即以丝绸直接获取"外国"物资:"夫中国一端之缦,得匈奴累金之物,而损敌国之用。是以骡驴馲驼,衔尾入塞,驒騱騵马,尽为我畜……"

政治家的目的,是"外国之物内流,而利不外泄","异物内流则国用饶,利不外泄则民用给"。而我们讨论这一问题更为注意的,是丝绸之路贸易以"中国一端之缦"出口,换取了"骡驴馲驼""驒騱騵马""内

---

① 参看王子今《汉代丝路贸易的一种特殊形式:论"戍卒行道贳卖衣财物"》,《简帛研究汇刊》第1辑"第一届简帛学术讨论会论文集"(台湾中国文化大学历史系、简帛学文教基金会筹备处,2003年5月),《西北史研究》第3辑,天津古籍出版社2005年版。

流",丰富了"国用"和"民用"共同的资源。

以往分析汉帝国以畜力作为运输动力形势的改善,多重视马政的经营。现在看来,丝路正常贸易获得"骡驴駞驼""騨騾骒马"这类"外国之物"的方式,也是不宜忽视的。

论汉昭帝平陵从葬驴的发现

汉昭帝平陵2001年发掘2号从葬坑，出土骆驼、牛和驴的骨骼，分别为33具、11具、10具。3号坑放置车驾，有驾车骆驼4匹。或可推知2号坑发现的骆驼、牛和驴也是作为交通动力。然而随葬帝陵，不排除亦是平陵葬主汉昭帝或上官皇后生前宠物的可能。这是在汉帝国重心地区迄今发现最早的驴的骨骼。尽管战国时有历史文献指示"駃騠"曾经为王家宝爱，当时应当已经有驴的引入，考古发现也可见青铜制作的驴的模型，但是最早的数量集中的驴的实体证据则是在平陵出土。

根据动物学者的研究，世界上所有作为家畜的驴，都来自非洲野驴种群，亚洲野驴未曾被驯化。因此，平陵驴骨骼的发现，为中西文化交流提供了动物考古的实证。据《汉书》卷九六上《西域传上》，鄯善国、乌秅国"有驴"。《汉书》卷六四上《匈奴传上》说，"驴"是匈奴"奇畜"。汉武帝击大宛，"驴橐驼以万数赍粮"，已经以"驴"作为军事运输的主要动力。

平陵发现印证了《盐铁论》关于丝绸之路开通之后"骡驴馲驼，衔尾入塞"的记载。贾谊赋作有"腾驾罢牛，骖蹇驴兮"语，可知关于"驴"的知识，汉初已在社会初步普及，然而"驴"的大量引入，应当是在汉武帝时代。汉简资料也可以提供西域人进献"驴"的相关信息。正是在此之后，驴逐步为中原人所利用、养殖、繁育，成为北方应用十分普遍的畜种。《后汉书》屡见"乘驴车""驾驴车""驴车转运"的记载。《三国志》"诸葛子瑜之驴"的故事，则说明驴已经进入江南地方。这些现象，应当为交通史与交通考古研究者关注。

一 平陵动物考古发现

2001年,陕西省考古研究所和咸阳市考古所在对西汉平陵进行考古钻探和局部发掘时,获取了三个从葬坑的资料。据报道,1号坑东西长108米,宽约6米,深6米,发现漆器、漆木马等。2号坑南北长59米,宽2—2.2米,深4米,北端为一斜坡,坑道两侧对称开凿了54个洞室,每个洞室内有一具兽骨,均为大型动物,初步确认的有牛和骆驼。3号坑南北长16米,底宽2.5米,深5米,发现了木车痕迹。消息发布者重视骆驼骨骼的出土:"陕西乃至中原地区发现最早的大量骆驼骨架的出土,对汉代中外文化交流的研究具有十分重要的意义。""平陵骆驼的出土,对汉代中外文化交流和中西交通史的研究有着十分重要的意义。"[①]

平陵2号从葬坑的54个洞室中,其实还有初步判定为马骨的发现。

据动物考古专家鉴定,起初判断为马的骨骼的遗存,其实是驴的骨骼。袁靖在《动物考古学揭密古代人类和动物的相互关系》一文中写道:"陕西省考古研究院于2001年发掘了陕西咸阳平陵的丛葬坑。""其丛葬坑中的二号坑为南北向的长方形,北端有一道斜坡方便上下,坑内东西两侧各对称地开凿了27个拱形顶长方形洞室,共计54个。每个洞室里都放置了一头大型哺乳动物。因为洞内底部被人为地修整过,呈斜坡状,推测当时是把动物杀死后放在木板上,在洞口抬高木板,将其滑入洞内。通过鉴定,全部动物可以分为骆驼、牛和驴三大类。其中骆驼33匹,牛11头,驴10匹。"袁靖在论文中告诉我们,"我们在这里要强调的是驴与马在不少地方有相似之处。但是它们之间的区别也是很明显的,比较典型的区别在于牙齿。如驴的齿列比马的短,驴的臼齿无马刺,马的臼齿有马刺。驴的臼齿下后尖和下后附尖呈'U'字形,马的则呈'V'字形。驴可以分为亚洲野驴和非洲野驴两种,根据动物学家的研究,世界上所有家养的驴都来自非洲野驴,亚洲野驴没有被驯化为家养的驴"[②]。

看来,平陵从葬驴的发现,提供了确定的动物考古学信息。

[①] 杨永林:《汉昭帝平陵考古发现骆驼骨架》,《光明日报》2011年11月6日。
[②] 袁靖:《动物考古学揭密古代人类和动物的相互关系》,《西部考古》第2辑,三秦出版社2007年版,第94页。

汉代人与动物的亲近形式，有一种是宠物豢养。这种形式可以通过陵墓随葬方式有所体现。西汉薄太后南陵20号从葬坑曾经出土犀牛骨骼和大熊猫头骨，犀牛头部位置放一陶罐①，说明是墓主珍爱的豢养动物。大葆台汉墓发掘报告记录："1号墓东侧外回廊隔板外侧的南北两端各殉1兽，南侧外回廊隔板外侧甬道两边亦各殉1兽。"据北京自然博物馆鉴定，东侧外回廊北端殉葬的是一头豹子，其余3副殉葬动物骨架"均为马"②。古人宠爱马的史例历代多见。豢养豹以为宠物，则很有可能与西汉薄太后南陵陪葬坑发现殉葬犀牛的情形类似，也许反映了汉代贵族生活亲近自然同时崇尚雄健犷野的倾向。③ 豢养虎的例证，在汉代画像资料中也有表现。

以通常以为运输动力的动物为宠物者，除了马以外，有《吕氏春秋·爱士》赵简子"白骡"故事④和《史记》卷八三《鲁仲连邹阳列传》燕王"駃騠"故事⑤。据李斯《谏逐客书》，秦王亦以"駃騠"为"快意""所重者"。按照段玉裁注修正的文字，《说文》以为"駃騠"是马父驴母所生，也就是"骡"⑥。"駃騠"的生育条件，是必须有"驴"的驯养的。讨论这一问题，秦人在畜牧"蕃息"方面的技术优长应当受到重视⑦。

---

① 王学理：《汉南陵从葬坑的初步清理——兼谈大熊猫及犀牛骨骼出土的有关问题》，《文物》1981年第11期；《汉"南陵"大熊猫和犀牛探源》，《考古与文物》1983年第1期。

② 大葆台汉墓发掘组、中国社会科学院考古研究所：《北京大葆台汉墓》，文物出版社1989年版，第12页。

③ 王子今：《大葆台汉墓出土猫骨及相关问题》，《考古》2010年第2期；北京市大葆台西汉墓博物馆：《西汉"黄肠题凑"葬制的考古发现与研究》，北京燕山出版社2013年版。

④ 《吕氏春秋·爱士》："赵简子有两白骡而甚爱之。阳城胥渠处广门之官，夜款门而谒曰：'主君之臣胥渠有疾，医教之曰：得白骡之肝病则止，不得则死。'谒者入通。董安于御于侧，愠曰：'嘻！胥渠也，期吾君骡，请即刑焉。'简子曰：'夫杀人以活畜，不亦不仁乎？杀畜以活人，不亦仁乎？'于是召庖人杀白骡，取肝以与阳城胥渠。处无几何，赵兴兵而攻翟。广门之官，左七百人，右七百人，皆先登而获甲首。人主其胡可以不好士？"

⑤ 《史记》卷八三《鲁仲连邹阳列传》："苏秦相燕，燕人恶之于王，王按剑而怒，食以駃騠。"裴骃《集解》："《汉书音义》曰：'駃騠，骏马也，生七日而超其母。'敬重苏秦，虽有谗谤，而更膳以珍奇之味。"

⑥ 王子今：《李斯〈谏逐客书〉"駃騠"考论——秦与北方民族交通史个案研究》，《人文杂志》2013年第2期。

⑦ 《史记》卷五《秦本纪》："非子居犬丘，好马及畜，善养息之。犬丘人言之周孝王，孝王召使主马于汧渭之间，马大蕃息。"

我们还不能确切说明平陵从葬驴的宠物性质，但是这一发现无疑可以理解为汉昭帝时代的最高执政者对来自西方的这种"奇畜"的特别看重。

二 "骡驴馲䮊，衔尾入塞"：丝路交通风景

顾炎武《日知录》卷二九《驴骡》讨论了"驴"和"骡"引入中原的历史："自秦以上，《传》《记》无言驴者，意其虽有，而非人家所常畜也。"原注："《尔雅》无驴而有颙鼠，身长须而贼，秦人谓之'小驴'。""驴"的畜养，可能始自"秦人"，是值得特别注意的现象。顾炎武又写道："《逸周书》：伊尹为献令，正北空同、大夏、莎车、匈奴、楼烦、月氏诸国，以橐驼、野马、驹䮷、駃騠为献。"顾炎武综述了"驴骡"随后引入畜养的历史："司马相如《上林赋》：'驹䮷橐驰，蛩蛩驒騱，駃騠驴骡。'王褒《僮约》：'调治马驴，兼落三重。'其名始见于文。而贾谊《吊屈原赋》：'腾驾罢牛兮骖蹇驴。'《日者列传》：'骐骥不能与罢驴为驷。'东方朔《七谏》：'要褭奔亡兮腾驾橐驰。'刘向《九叹》：'郄骐骥以转运兮，腾驴骡以驰逐。'扬雄《反离骚》：'骋骅骝以曲艰兮，驴骡连蹇而齐足。'则又贱之为不堪用也。尝考驴之为物，至汉而名，至孝武而得充上林，至孝灵而贵幸。"①顾炎武强调"驴骡"来自"北蛮""北狄"地方："然其种大抵出于塞外。"顾炎武写道："自赵武灵王骑射之后，渐资中国之用。《盐铁论》：'骡驴馲䮊，衔尾入塞；驒騱騵马，尽为我畜。'杜笃《论都赋》：'廗儌侲，驱骡驴，驭宛马，鞭駃騠。'《霍去病传》：'单于遂乘六骡。'《匈奴传》：'其奇畜则橐驰、驴骡、駃騠、驹䮷、驒騱。'《西域传》：'鄯善国有驴马，多橐它，乌秅国有驴，无牛。'而龟兹王学汉家仪，外国人皆曰：'驴非驴，马非马，若龟兹王所谓骡也。'"

所谓"骡驴馲䮊，衔尾入塞"，见于《盐铁论·力耕》大夫曰。所说"驴"等物种的引入，是丝绸之路贸易的结果："夫中国一端之缦，得匈奴累金之物，而损敌国之用。是以骡驴馲驼，衔尾入塞，驒騱騵马，尽为

---

① 原注："《后汉书·五行志》：'灵帝于宫中西园驾四白驴，躬自操辔，驱驰周旋，以为大乐。于是公卿贵戚转相仿效，至乘辎轩，以为骑从，互相侵夺，贾与马齐。'"黄汝成案："如《僮约》，则驴亦人家所常畜矣。"（清）顾炎武著，黄汝成集释，秦克诚点校：《日知录集释》，岳麓书社1994年版，第1009页。

我畜,䮣貂狐貉,采旄文罽,充于内府,而璧玉珊瑚琉璃,咸为国之宝。是则外国之物内流,而利不外泄也。异物内流则国用饶,利不外泄则民用给矣。《诗》曰:'百室盈止,妇子宁止。'"《盐铁论》所说,反映了汉代西北方向的商业经营以织品交换牲畜的情形。所谓"骡驴馲驼,衔尾入塞",也是丝路贸易史值得重视的贸易方式。①

三　有关"驴"的简牍史料

《史记》卷一二三《大宛列传》记载,汉武帝太初三年(前102),益发军再击大宛,"岁余而出敦煌者六万人,负私从者不与。牛十万,马三万余匹,驴骡橐它以万数。多赍粮,兵弩甚设,天下骚动"。说明驴骡等西方"奇畜"在交通运输活动中已经表现出相当重要的作用。敦煌所出西汉晚期简中,也可以看到驴应用于交通的内容,如:

  ☐降归义乌孙女子
  复帛献驴一匹骍牡
  两抾齿☐岁封颈以
  敦煌王都尉章(1906)
  ☑☐武威郡张掖长☐☑驴一☐(1913)

"降归义乌孙女子复帛献驴一匹骍牡两抾齿☐岁","敦煌王都尉"以"章""封颈",是相当特殊的表记形式。

从现有资料看,驴大致较早在西北地区用作运输动力。《说文·马部》:"驴,兽,似马,长耳。从马,卢声。"段玉裁注:"骡驴駃騠,駒騀驒騇,太史公皆谓为匈奴奇畜,本中国所不用,故字皆不见经传,盖秦人造之耳。若《乡射礼》'间中'注云:'间,兽名。如驴一角,或曰如驴岐蹄。'引《周书》'北堂以间'。间断非驴也,而或以为一物,何

---

① 王子今:《骡驴馲驼,衔尾入塞——汉代动物考古和丝路史研究的一个课题》,《国学学刊》2013年第4期。

哉？"① 段玉裁指出"驴"字"盖秦人造之耳"的意见是正确的。他不同意"間"如"驴"的说法，认为"間斷非驴也"。然而放马滩秦简《日书》乙种中言三十六禽的内容，"間"，有学者论证即"驴"。如225简：

・日中至日入投中蕤宾間殹长面长颐尖耳□行＝殹白皙善病要②

程少轩所作释文：

　　・日中至日入投中蕤宾：間（驴）殹，长面，长颐，免耳，□□行＝殹，白皙，善病□③

他以为"間"即"驴"的意见，已先自发表于台湾学术刊物。④ 这样的判断，应当是可以成立的。

《汉书》卷七〇《常惠传》写道，汉宣帝本始二年（前72），"汉大发十五万骑，五将军分道出"击匈奴。"以惠为校尉，持节护乌孙兵。昆弥自将翕侯以下五万余骑从西方入至右谷蠡庭，获单于父行及嫂居次，名王骑将以下三万九千人，得马牛驴骡橐佗五万余匹……"据《汉书》卷九六下《西域传下》，"（龟兹王）后数来朝贺，乐汉衣服制度，归其国，治宫室，作徼道周卫，出入传呼，撞钟鼓，如汉家仪。外国胡人皆曰：'驴非驴，马非马，若龟兹王，所谓骡也。'"由"驴非驴，马非马，若龟兹王，所谓骡也"俗语，应当考虑到龟兹等西域地方作为驴骡引入原生地的情形。

西域地方出产"驴"。据《汉书》记述，鄯善国"民随畜牧逐水草，有驴马，多橐它"，乌秅国"有驴无牛"，罽宾国"驴畜负粮""又历大头痛、小头痛之山，赤土、身热之阪，令人身热无色，头痛呕吐，驴畜尽然。""驴畜"的说法，透露"驴"是用作交通动力的主要畜种。康居国

---

① （汉）许慎撰，（清）段玉裁注：《说文解字注》，上海古籍出版社据经韵楼藏版1981年10月影印版，第469页。
② 甘肃省文物考古研究所编：《天水放马滩秦简》，中华书局2009年版，第98页。
③ 程少轩：《放马滩简〈三十六禽占〉研究》，《文史》2014年第1辑。
④ 程少轩：《放马滩简所见式占古佚书的初步研究》，《"中央"研究院历史语言研究所集刊》第83本第2分。

"敦煌、酒泉小郡及南道八国,给使者往来人马驴橐驼食,皆苦之"①。"匈奴发骑田车师,车师与匈奴为一,共侵乌孙",汉与乌孙联军合击匈奴、车师,仅汉军就缴获"马牛羊驴橐驼七十余万头"。

汉武帝轮台诏有言:"朕发酒泉驴橐驼负食,出玉门迎军。"② 可知河西地方较早役使"驴"。司马迁以为"驴""为匈奴奇畜"语,见于《史记》卷一一〇《匈奴列传》:"居于北蛮,随畜牧而转移。其畜之所多,则马、牛、羊。其奇畜则橐驼、驴、骡、駃騠、騊駼、驒騱。"匈奴以"驴"为"奇畜",应与对西域的早期经营有关。③ 匈奴使用的"驴",应当也是由这一通路走向蒙古草原。而中原文字体系中标志"驴"的符号"盖秦人造之耳",是因为秦人与西北民族有着长期的密切交往。

四 汉代文明史历程中"驴"的蹄迹

驴由西北方向"衔尾入塞",后来才逐渐为中原人骑乘役使。

东汉时期,驴骡用于交通运输的情形更加普遍。杜笃《论都赋》中,有"驱骡驴,驭宛马,鞭駃騠"的文辞④。武都"运道艰险,舟车不通",曾使"驴马负载"⑤。《说文·木部》所谓"极,驴上负也"正可以为证。段玉裁解释说:"当云'驴上所以负也',浅人删之耳。《广韵》云'驴上负版',盖若今驮鞍。"东汉时北边"建屯田","发委输"供给军士,并赐边民,亦曾以"驴车转运"⑥。汉灵帝中平元年(184),北地先零羌及枹罕、河关人起义,夜有流星光照营中,"驴马尽鸣"⑦,说明驴还被用作主要军运动力。河内向栩"骑驴入市"⑧,蓟子训"驾驴车"诣许

---

① 《汉书》卷九六上《西域传上》。
② 《汉书》卷九六下《西域传下》。
③ 王子今:《"匈奴西边日逐王"事迹考论》,《新疆文物》2009年第3—4期;《论匈奴僮仆都尉"领西域""赋税诸国"》,《石家庄学院学报》2012年第4期;《匈奴"僮仆都尉"考》,《南都学坛》2012年第4期。
④ 《后汉书》卷八〇上《文苑列传上·杜笃》。
⑤ 《后汉书》卷五八《虞诩传》。
⑥ 《后汉书》卷二二《杜茂传》。
⑦ 《后汉书》卷七二《董卓传》。
⑧ 《后汉书》卷八一《独行列传·向栩》。

下①，都说明中原役用驴的情形。《太平御览》卷九〇一引《风俗通义》说，当时"凡人相骂曰死驴，丑恶之称也。董卓陵虐王室，执政皆如死驴"。巴蜀地区亦有用驴挽车情形，成都人张楷"家贫无以为业，常乘驴车至县卖药"②。诸葛瑾面长，孙权曾以驴取笑之。《三国志》卷六四《吴书·诸葛恪传》："恪父瑾面长似驴，孙权大会群臣，使人牵一驴入，长检其面，题曰'诸葛子瑜。'恪跪曰：'乞请笔益两字。'因听其笔，恪续其下曰：'之驴。'举坐欢笑，乃以驴赐恪。"裴松之注引恪《别传》又说道，"（孙）权尝飨蜀使费祎，先逆敕群臣：'使至，伏食勿起。'祎至，权为辍食，而群下不起，祎啁之曰：'凤凰来翔，骐驎吐哺，驴骡无知，伏食如故。'"恪又为趣答。是为巴蜀地区和江汉地区俱已多见驴骡的例证。可见到了东汉末年，江南地区也已不再视驴为珍稀的"奇畜"了。

驴较适宜于"屈曲艰阻"的山地运输，又堪粗食，寿命长于马，抗病力也较其他马属动物强。骡则又有挽力强的特点。因而驴骡都很快在交通运输中成为普及型动力。

汉明帝永平年间（58—75）曾计划从都虑至羊肠仓通漕，"太原吏人苦役，连年无成，转运所经三百八十九隘，前后没溺死者不可胜算"。于是汉章帝建初三年（78）"遂罢其役，更用驴辇"，成功地承担起转运任务，"岁省费亿万计，全活徒士数千人"③。这一史例说明"驴辇"曾经成为大规模运输的主力。王褒《僮约》以"食马牛驴"④"调治马驴"作为庄园中主要劳作内容，又体现出驴骡在更普遍的社会经济生活中的作用。诸葛恪败曹魏军，"获车乘牛马驴骡各数千"⑤，也说明驴骡已经普遍应用于军事运输，活跃于军事生活之中。

五 对于"驴"的交通史与交通考古关注

山东滕州黄安岭汉画像石所见运车画面，运载的似乎是兵员。牵引车

---

① 《后汉书》卷八二下《方术列传下·蓟子训》。
② 《后汉书》卷三六《张霸传》。
③ 《后汉书》卷一六《邓禹传》。
④ 日本学者宇都宫清吉《僮约研究》中"《僮约》校勘记"说到，《初学记》"馁食马牛"四字《类聚》作"食马牛驴"四字。今按：《太平御览》卷五〇〇引文作"饮食马牛"。
⑤ 《三国志》卷六四《吴书·诸葛恪传》。

辆的牲畜品种，突出显示与马明显不同的"长耳"，很可能是驴，或者是骡。

山东邹城石墙村汉画像石所见辎车，后有人俯首行礼。乘车者当为身份尊贵者。牵引辎车的牲畜"长耳"，似是驴。考虑到画面上方龙的形象后足可能与牲畜的耳部重叠，则畜种也可能是骡。

袁靖指出，"驴可以分为非洲野驴和亚洲野驴两种，根据动物学家的研究，世界上所有家养的驴都来自非洲野驴，亚洲野驴没有被驯化为家养的驴"。"由于汉昭帝死于公元前74年。我们可以断定至少在公元前74年以前"，"出自非洲的驴已经作为家养动物，通过文化交流传到了陕西西安一带"①。平陵发现的驴，是迄今最早的内地有关"驴"的文物资料。取得帝陵从葬的资格，可能因远方"奇畜"而受到皇族的宠爱。这些"出自非洲的驴"，应是经由西域进入中土。

承袁靖见告，平陵从葬的驴的骨骼左近还发现了铁链的遗存。这或许更突出地显现了这些"驴"可能作为宠物的性质。也就是说，这些"驴"很可能并未参与社会交通实践。但是应当注意到，在汉武帝时代的军事运输中，"驴"已经作为交通动力受到重视。思考"驴"在当时社会文化中的作用，应当重视这样的事实。现在看来，平陵从葬坑与骆驼和驴同时出土的牛的骨骼，似乎也有重新鉴定的必要。与西来骆驼和驴接受同样的处置，推想这些牛大概并不是本地所产，很可能也属于丝绸之路开通之后"衔尾入塞"，来自西域方向而被中原人视为"奇畜"的物种。

---

① 袁靖：《动物考古学揭密古代人类和动物的相互关系》，《西部考古》第2辑，三秦出版社2007年版。

岳麓书院秦简《数》"马甲"与战骑装具史的新认识

岳麓书院藏秦简《数》中可见"马甲"简文。"马甲"，应是战争中马的护卫装备。岳麓简《数》所见"马甲"可以看作最早的关于马用铠甲的文字信息。此所谓"马甲"可能用于骑兵的乘马，也可能用于系驾战车作为牵引动力的骖马。有迹象表明，前者的可能性是比较大的。如果这一判断成立，则"马甲"简文包含的历史文化信息对于骑战马具史研究有重要的价值。以往关于中国甲骑装具出现年代的认识，可以因此更新。如果"马甲"作为战骑装具的推想成立，则有益于充实对于秦骑兵作战实力与装备水准的认识。

一 岳麓书院秦简《数》所见"马甲"简文

岳麓书院藏秦简《数》0970正简文出现"马甲"。据朱汉民、陈松长主编《岳麓书院藏秦简（贰）》发表的释文：

> 马甲一，金三两一垂，直（值）钱千九百廿」，金一朱（铢）直（值）钱廿四，赎死，马甲十二」，钱二万三千卌。①

岳麓书院简《数》有关"马甲"的简文，是迄今我们看到的涉及"马甲"的最早的文字资料。

---

① 朱汉民、陈松长主编：《岳麓书院藏秦简（贰）》，上海辞书出版社2011年版，彩色图版第13页，红外线图版第78页。

已有多位学者以行政史和物价史视角讨论过"马甲"简文及相关信息，涉及甲价及秦"赎"的制度。于振波考察了甲盾比价及相关问题①，彭浩就此亦关注了秦时金与钱的换算比率②，许道胜、李薇就释文提出了意见③，陈伟则据此简文与里耶秦简对照，论说秦时"赎"的制度④。论者高见，多有创意，均明显推进了秦史与秦文化研究。

现在看来，关于"马甲"本身对于骑乘史、军事史的意义，可能还有继续考察的学术空间。

也许对"马甲"的研究，可以深化对军事史、军事装备史和军事交通史相关问题的认识。

二 曾侯乙墓出土"马甲"

在湖北随州曾侯乙墓的发掘收获中，我们看到有关"马甲"的实物资料。

据发掘报告介绍，出土了"人甲"和"马甲"。"马甲"应是"骖马的防护装备"。发掘报告执笔者指出，"这批人甲、马甲（片），是历年来出土的甲胄（片）最多的一次。过去在江陵、长沙等地出土过甲片，皆已散乱，多只一件，主要为人甲。而这次出土的既有人甲又有马甲，并未完全失去编联关系，因此人甲已经完全复原，马甲也摸清了主要情况，这些不只对复原过去已出土的甲胄提供了佐证，而且对研究当时的车战中骖马的防护装备，更提供了实物资料"。

发掘报告还写道，出土时，"大部分马甲位于这批皮甲胄的上部，散落残损，失去编联关系，仅下部有两件还保留有马甲的残胄及部分胸、颈甲、身甲……""马甲由胄、胸颈甲及身甲等部分组成。除胄为一整片外，胸颈甲及身甲由各式甲片用丝带编缀而成。甲片为皮胎经模压成型，开孔髹漆，髹漆一般的三层以上，漆色有红、黑，有的黑地上用红漆绘几

---

① 于振波：《秦律中的甲盾比价及相关问题》，《史学集刊》2010年第5期。
② 彭浩：《两条有关秦代黄金与铜钱换算的资料》，简帛网（http://www.bsm.org.cn/show_article.php?id=1986），2010年10月29日。
③ 许道胜、李薇：《岳麓书院秦简0957、0970号释文与说明》，简帛网，2010年11月3日。
④ 陈伟：《里耶秦简所见秦代行政与算术》，简帛网，2014年2月4日。

何纹样。有的几何纹样虽不多，但图案却有稀疏大小之别。"① 出土马胄由整块皮革模压而成，弧度贴合马面形态，耳目和鼻部留有穿孔，眉部外凸。顶部正中"压成圆涡纹"，"其间填以金黄色粉彩"，"两腮压成凸出的大块云纹状"。马胄不仅整体内外均髹黑漆，"外部又用朱漆彩绘龙兽纹、绚纹、云纹和圆涡纹"。"两颊凸起部位，以朱漆为地，用金黄色粉彩描绘图案。这些图案用笔纤细，异常精美。"②

杨泓认为，这是"遮盖辕马全身的厚重皮甲"，是"由厚重的髹漆皮甲片编成"的"很完备的保护战车辕马的马甲"③。论者"遮盖辕马全身""保护战车辕马的马甲"的说法与发掘报告所谓"骖马的防护装备"相较，似后者比较合理。但推想辕马的"胄"以及"胸、颈甲"，依然是必要的装备。

在战争形式由车战向骑战转换的历史时期，"马甲"的形制和作用也会发生若干变化。

年代更早的"甲"的发现，有宝鸡石鼓山1号西周早期墓出土的铜甲。均为"弧形薄片状，残甚"。M1∶13－1残长23.5厘米、残宽19厘米；M1∶13－2残长40厘米、残宽21厘米，M1∶13－3"筒状，似腿部形状，疑为包裹腿部的护甲"④。发掘简报执笔者推定所谓"包裹腿部的护甲"，应指人甲。有学者推测可能用于马的防护。从遗物尺寸看，作为马腿的"护甲"似乎也是可能的。但是在没有更多资料的条件下，现在看来，只能姑且信从发掘简报的判断。

三　包山2号楚墓出土"马甲"

包山2号楚墓被判定为"公元前三、四世纪之际下葬的一座楚国贵族墓葬"⑤。其中出土物包括"马甲"。据发掘报告，"马甲，2件。皮革

---

① 今按：推测文意，似欲说"密疏大小之别"。
② 湖北省博物馆：《曾侯乙墓》上册，文物出版社1989年版，第342—394页。
③ 杨泓：《骑兵和甲骑具装二论》，《华学》第3辑，紫禁城出版社1998年版，收录《中国古兵与美术考古论集》，文物出版社2007年版，第155页。
④ 石鼓山考古队：《陕西宝鸡石鼓山西周墓葬发掘简报》，《文物》2013年第2期。
⑤ 彭浩、刘彬徽、胡雅丽、刘祖信：《包山楚简文字的几个特点》，湖北省荆沙铁路考古队：《包山楚墓》上册附录二六，文物出版社1991年版，第580页。

胎已腐烂，残剩漆膜。部分漆膜内残留有稀疏的毛孔。两面共髹漆二层，内髹黑漆，外髹红漆。所有甲片均有宽0.7厘米的压边，并有供编联用的孔眼，孔径0.6厘米。整甲用马胄、胸颈甲、身甲三部分组成"。马甲背面有红色漆书文字"鄘公""羸"等。

有学者指出，"包山二号墓的下葬年代为公元前316年，是目前已经发现的少数纪年楚墓之一。其他墓葬的年代关系已经清楚，特别是四五号墓的下葬年代约为公元前290年前后，已近公元前278秦将白起拔郢之年"①。因年代相近，这一发现或许可以为研究岳麓书院藏秦简《数》所见"马甲"提供若干可参照信息。

包山2号楚墓马甲"身甲长150，每侧宽约60厘米"②，如是战马装备，骑士身体屏蔽的部分，即其"人甲"已经予以保护的部位不必再使用"马甲"。此制作没有考虑珍惜宝贵的最必要负重量的减省，似乎是不好理解的。注意到"马甲"制作之精美以及墓主地位之高贵，如背面红漆书文字有可能标示"某公"之身份等，推想此"马甲"并非实战装具，是具有一定的合理性的。当然，亦不能排除作为仪仗之车系驾马匹的防护方式的可能。

四 有关"马甲""马铠"的历史记录

历史文献有关"马甲"使用的文字，较早见于汉末至魏晋战争史的记录。

《三国志》卷二七《魏书·王昶传》记载，王昶往江陵击孙吴，"贼大将施绩夜遁入江陵城，追斩数百级。昶欲引致平地与合战，乃先遣五军案大道发还，使贼望见以喜之，以所获铠马甲首，驰环城以怒之，设伏兵以待之。绩果追军，与战，克之"。所谓"铠马甲首"，似与我们讨论的"马甲"有关。《晋书》卷四四《卢钦传》写道："武帝受禅，以为都督沔北诸军事、平南将军、假节，给追锋轺卧车各一乘、第二驸马二乘、骑具刀器、御府人马铠等，及钱三十万。"既称"人马铠"，语义已经比较明确。

---

① 湖北省荆沙铁路考古队：《包山楚墓》上册，文物出版社1991年版，第345页。
② 同上书，第219—223页。

《晋书》卷七四《石虎传》记载："斩首七千级，俘获万人，马数百匹，牛羊千头，具装铠三百领。"《晋书》卷八一《桓伊传》也写道："初，伊有马步铠六百领，豫为表，令死乃上之。表曰：'臣过蒙殊宠，受任西藩。淮南之捷，逆兵奔北，人马器铠，随处放散。于时收拾败破，不足贯连，比年营缮，并已修整。今六合虽一，余烬未灭，臣不以朽迈，犹欲输效力命，仰报皇恩。此志永绝，衔恨泉壤。谨奉输马具装百具、步铠五百领。并在寻阳，请勒所属领受。'"所谓"马步铠六百领"，即"马具装百具、步铠五百领"，由此可知前引《石虎传》"具装铠"，也应当就是"马铠"。

南北朝时期，"马甲""马铠"的使用已经相当普及。《魏书》卷一〇三《蠕蠕列传》："诏赐阿那瓌细明光人马铠二具，铁人马铠六具。"《北史》卷九八《蠕蠕列传》："诏赐阿那瓌细明光人马铠一具，铁人马铠六具。"《隋书》卷二三《五行志下》："仁寿四年，龙见代州总管府井中。其龙或变为铁马甲士弯弓上射之象。"《隋书》卷六五《李景传》："有龙见，时变为铁马甲士。"《北史》卷七六《李景传》也有同样的记载。"人马铠二具，铁人马铠六具"并说，后者明确强调"铁"，说明亦有其他质料的"人马铠"。很可能是皮质"铠"。而"铁马甲士"称谓，亦体现铁甲用于战马的普遍。

五代时期可见有关"马甲"的生动故事。《旧五代史》卷九九《汉书一·高祖刘知远纪上》记载："明宗与梁人对栅于德胜，时晋高祖为梁人所袭，马甲连革断，帝辍骑以授之，取断革者自跨之，徐殿其后，晋高祖感而壮之。"《新五代史》卷一〇《汉本纪·高祖刘知远》也写道："昔晋高祖俱事明宗为偏将，明宗及梁人战德胜，晋高祖马甲断，梁兵几及，知远以所乘马授之，复取高祖马殿而还，高祖德之。"可知"马甲"连缀以"革"。当时"人马铠甲"还有以贵金属"组绣"装饰的情形，以"耀日"之"光"，形成对敌军的精神威慑。[①] 如《新五代史》卷二五《唐臣传·周德威》："景仁所将神威、龙骧、拱宸等军，皆梁精兵，人马铠甲饰以组绣金银，其光耀日，晋军望之色动。"

宋代仪仗形式和军事生活中多见"马甲"装备。《宋史》卷一四八

---

① 类似形式，较早有《后汉书》卷八七《西羌传》关于羌人暴动的记载："时羌归附既久，无复器甲……或执铜镜以象兵。"

《仪卫志六》的记述比较具体："甲骑具装，甲，人铠也；具装，马铠也。甲以布为里，黄绌表之，青绿画为甲文。红锦襟，青绌为下群，绛韦为络，金铜钑，长短至膝。前膺为人面二，自背连膺，缠以锦螣蛇。具装，如常马甲，加珂拂于前膺及后秋。"① 《宋史》卷一九五《兵志九》："自今诸军各予铠甲十、马甲五，令迭披带。"《宋史》卷一九七《兵志十一》："诏：'马甲曩用黑髹漆，今易以朱。'""马甲"已经是"军士""随身军器"，亦被看作通常"器械"，"靖康初，兵仗皆阙，诏书屡下，严立赏刑，而卒亦无补。时通判河阳、权州事张旗奏曰：'河阳自今春以来，累有军马经过，军士举随身军器若马甲、神臂弓、箭枪牌之类，于市肆博易熟食，名为寄顿，其实弃遗，避逃征役。拘收三日间，得器械四千二百余物。"然而很可能质量十分精良的"马铠"，作为"内帑珍异"储备。《辽史》卷七七《耶律吼传》："既入汴，诸将皆取内帑珍异，吼独取马铠，帝嘉之。"为了保证骑兵轻捷的机动能力，曾经装备"轻甲""马甲"采用皮质材料。《宋史》卷四〇二《毕再遇传》："造轻甲，长不过膝，披不过肘，兜鍪亦杀重为轻，马甲易以皮，车牌易以木而设转轴其下，使一人之力可推可擎，务便捷不使重迟。"

辽兵制，"马甲"有"皮铁"二种。《辽史》卷三四《兵卫志上》："辽国兵制，凡民年十五以上，五十以下，隶兵籍。每正军一名，马三匹，打草谷、守营铺家丁各一人。人铁甲九事，马鞯辔，马甲皮铁，视其力；弓四，箭四百，长短枪、锴铩、斧钺、小旗、锤锥、火刀石、马盂、秒一斗、秒袋、搭钴伞各一，縻马绳二百尺，皆自备。"

《金史》卷四一《仪卫志二》有关仪仗制度的内容中，说到"人马甲"，"铁甲、兜牟、红背子、剑、绯马甲"，"皂匹人马甲"，"铁人马甲""马甲"。前句"绯马甲""皂匹人马甲"与"铁甲"并说，又可见"铁人马甲""马甲"的说法，可知皮质"马甲"也是使用的。

---

① 《宋史》卷二六九《陶谷传》："时范质为大礼使，以卤簿清游队有甲骑具装，莫知其制度，以问于谷。谷曰：'梁贞明丁丑岁，河南尹张全义献人甲三百副、马具装二百副。其人甲以布为里，黄绌表之，青绿画为甲文，红锦缘青绌为下群，绛韦为络，金铜玦，长短至膝。前膺为人面二目，背连膺缠以红锦螣蛇。马具装盖寻常马甲，但加珂拂于前膺及后秋尔。庄宗入洛，悉焚毁。'质命有司如谷说，造以给用。"可以对照理解。

五　杨泓有关战马装具史的创论

　　兵器史及军事装备史研究大家杨泓曾经全面考察了"防护战马的'装具'铠"出现和普及的历程。他写道："'射人先射马',骑兵丧失了战马,就难以进行有效的战斗了,因此有必要对战马施加防护装具。在汉代只有皮革制成的'当胸',到了曹魏以后才开始出现了马铠,但是结构完善的马铠——具装,已是十六国时的产品,在南北朝时成为骑兵部队普遍拥有的装备。"这正与前引史籍文献提供的史料信息大体一致。杨泓说:"因此,在十六国南北朝时期的坟墓里,常常放置有模拟甲骑装具的陶俑。"他指出,"用草厂坡一号墓的一组骑兵俑①,和比它早约六百年的杨家湾汉墓的骑兵俑相比",可以看出"显著的不同",其中突出的一点,"是战马全身披着马铠——具装"。这是"我国古代的骑兵又发展到了一个新的阶段"的重要"标志"。"当时骑兵的主力是人、马都披铠甲的重装骑兵——甲骑装具。甲骑装具大量涌现在战争舞台上,正反映了当时以部曲私兵为军队核心力量的制度,这正是从东汉末年开始,经魏晋十六国到南北朝时期,这种世族门阀制度和氏族军事组织结合在一起的产物。"据杨泓结合考古文物资料的研究,"防护战马的具装铠,披系在战马身上以后,除了眼睛、鼻子、四肢和尾巴以外,其余的部分完全可以得到铠甲的保护"。"一直到隋代,甲骑装具都是军队的核心。铠甲的质料有皮革制成的,也有用钢铁锻制的,一般是人铠和马具装配套,人披皮甲,马具装也用皮质;人披钢铠,马具装也用铁制,而且颜色也是一致的。"② 对照史籍记载,大概"一般是人铠和马具装配套,人披皮甲,马具装也用皮质;人披钢铠,马具装也用铁制"的情形确实也并不形成绝对的规律。

---

① 与此原注:陕西省文物管理委员会:《西安南郊草厂坡村北朝墓的发掘》,《考古》1959年第6期。

② 杨泓:《骑兵和甲骑具装》,《文物》1977年第10期。收录《中国古兵器论丛》,文物出版社1980年版;《中国古兵器论丛》(增订本),中国社会科学出版社2007年版;《中国古兵与美术考古论集》,文物出版社2007年版。杨泓还指出,"人和马都披上了铠甲,增强了保护自己的能力,提高了战斗力。尤其是对付那些没有铠甲的步兵,就可以比较容易地取得胜利。但是,有一利也有一弊。沉重的铠甲,加重了战马的负担,使它难以持久战斗,而且由于负重而行动迟缓,在一定程度上还会失去了骑兵拥有的轻捷迅速的特点"。《中国古兵与美术考古论集》,第146页。

我们确实看到，前引《宋史》所谓"马甲易以皮"，《辽史》所谓"人铁甲九事，马鞯辔，马甲皮铁，视其力"，都说明了这一情形。

基于对军事史的熟悉，杨泓分析了战国末年骑兵在战争中的作用。他指出，"这时骑兵已有了较适用的铠甲，但是缺乏保护战马的装具，虽然在先秦时已有很完备的保护战车辕马的马甲，由厚重的髹漆皮甲片编成，在随县曾侯乙墓中曾有实物出土。① 但是这种遮盖辕马全身的厚重皮甲，完全不合于骑兵战马的作战要求，而且因为缺乏真正的马鞍和马镫，更无法使身披铠甲的战士能控御同样披有铠甲的战马，那只有等到约五个世纪以后，高马鞍和马镫都已被使用，人和战马都披有铠甲的重装骑兵的身影，才出现在中国古代战场上，开始了一个以重装骑兵——甲骑装具为军队主力兵种的新的历史阶段"。

杨泓是在《骑兵和甲骑具装二论》中提出这一认识的。然而他也注意到了三国时期关于"马铠"的两例文献资料。即《太平御览》卷三五六《兵部·甲下》引录曹操和曹植的两种文书："《魏武军策令》曰：'袁本初铠万领，吾大铠二十领。本初马铠三百具，吾不能有十具。见其少，遂不施也。吾遂出奇破之。是时士卒练，不与今时等也。'""《曹植表》曰：'先帝赐臣铠黑光、明光各一具，两当铠一领，炎炼铠一领，马铠一领。今世以升平，兵革无事，乞悉以付铠曹。'"② 杨泓以为，这是当时"颇希罕的装具"③。

推想曹植所说的"明光""铠"，实战中可能可以产生前引《新五代史》所说"人马铠甲""其光耀日"，以致使敌军"望之色动"的效应。

六　甲骑装具史的新认识

现在看来，岳麓书院秦简《数》所见"马甲"如果是战骑装具，则"保护战马的装具"的出现年代，可以提前。如果秦军骑兵部队装备"马甲"，其战斗力可以得到新的理解。秦的甲胄被研究者看作构成"秦统一

---

① 原注：湖北省博物馆《曾侯乙墓》，文物出版社1989年版，342—349页。

② 文渊阁《四库全书》本。中华书局用上海涵芬楼影印宋本1985年10月复制重印本"士卒练"作"士卒精练"，"炎炼铠"作"环锁铠"。第2册第1636页。

③ 杨泓：《骑兵和甲骑具装二论》，《华学》第3辑，紫禁城出版社1998年版，收录《中国古兵与美术考古论集》，文物出版社2007年版。

六国的物质基础"的条件之一①，"马甲"的特殊意义自然也值得重视。如此，则"甲骑装具"与"以部曲私兵为军队核心力量的制度"存在确定关系，"是从东汉末年开始，经魏晋十六国到南北朝时期，这种世族门阀制度和氏族军事组织结合在一起的产物"的意见，似乎也应当予以修正。

岳麓书院秦简《数》所见"马甲"是战骑装具的推测，有这样的认识基础，即假若此"马甲"是战车系驾马匹使用，则杨泓所谓"辕马"和《曾侯乙墓》执笔者所谓"骖马"的装具不必相同，而左右"骖马"的装具也不必相同。而岳麓书院藏秦简《数》简文说到"马甲"的价格，似只有一种统一的数字，即："马甲一，金三两一垂，直（值）钱千九百廿。"

当然，提出这样的推断，还应当解决杨泓所提出的问题："因为缺乏真正的马鞍和马镫"，则"无法使身披铠甲的战士能控御同样披有铠甲的战马"。杨泓说，"只有等到约五个世纪以后，高马鞍和马镫都已被使用，人和战马都披有铠甲的重装骑兵的身影，才出现在中国古代战场上，开始了一个以重装骑兵——甲骑装具为军队主力兵种的新的历史阶段"。但是他又是明确认可《太平御览》卷三五六引《魏武军策令》所谓"本初马铠三百具，吾不能有十具"以及《曹植表》所谓"先帝赐臣……马铠一领"的历史真实性的。即使这确实是当时"颇希罕的装具"，如果真的"因为缺乏真正的马鞍和马镫"，则"无法使身披铠甲的战士能控御同样披有铠甲的战马"，那么袁绍和曹操的部队则不可能装备"马铠"，曹操也不可能将"马铠"赐予爱子曹植，让他面对战场骑乘危险。看来，"马甲""马铠"与"真正的马鞍和马镫"的关系，也许并不构成必须共同使用的组合条件。当然，早期"马镫"的发现，也不能排除今后获得考古新的出土信息的可能。②

早期"马甲""马铠"可能确实设计制作尚不完备，如杨泓所说，"结构完善的马铠——具装，已是十六国时的产品，在南北朝时成为骑兵

---

① 石子政：《秦律赏罚甲盾与统一战争》，《中国史研究》1984年第2期；张卫星、马宇：《秦甲胄研究》，陕西人民出版社2004年版，第392页。
② 参看王子今《木镫试论——骑具发展史中一种特殊形态的考察》，《西部考古》第1辑，三秦出版社2006年版。

部队普遍拥有的装备"。但是,在岳麓书院秦简《数》书写的时代,"马甲"有确定价位,并列入司法知识体系,成为"赎死"的标定价值单位。"马甲"应当已经较为普遍地使用,其形制大致规范,并且已经为当时社会至少应用《数》这种文书的社会层面以上的人们所熟悉。从这一角度考虑,作为"甲骑装具"而非战车系驾马匹的防护装备的可能性也比较大。当然,要印证这种推定,还有待于考古新资料的发现。

马王堆三号汉墓遣策"马竖"杂议

马王堆三号汉墓出土遣策可以看到见"马竖"简文。"马竖"身份是体现墓主"奴婢成群"地位的附从僮仆。其劳作方式，可能是服务于墓主的养马驯马工作。"竖"作为指称未成年人称谓用字，在秦汉社会比较普及。有学者指出，"竖"在这里指"未成年的孩童"。汉代画像资料表明，当时社会普遍使用"竖"承担此类劳作。"竖"又用作成年人贬称。讨论相关现象，可以增益对当时社会阶层及未成年人社会地位的认识。

一 "明童"中的"马竖"

马王堆三号汉墓出土竹简遣策，据发掘报告介绍："'遣策'虽已散乱，但随葬物品前后次序大体清楚：起首为纪年木牍，然后依次为男、女明童、车马、各种食物、漆器、土器、其他杂器和丝织物，因此可以将其排列顺序。"简一即"纪年木牍"："十二年，二月乙巳朔戊辰，家承（丞）奋，移主藏（葬）郎中，移藏（葬）物一编，书到先选（撰）具奏主藏（葬）君。"可知"遣策"名义，或许也可以理解为《葬物》。其中有：

……

简四〇 大奴百人，衣布。

简四一 马竖五十人，衣布。

简四二 右方男子明童，凡六百七十六人。其十五人吏，九人宦者，二人偶人，四人击鼓、铙、铎，百九十六人从，三百人卒，百五十人奴。

简四二为木牍。发掘报告执笔者写道："明或作萌。《战国策》：'人萌谣俗。'明（萌）与民（泯）通。民或作氓。童与僮通，即使僮。明童为贱称。简文中载其成员包括吏、宦者、偶人、乐队、从、卒与奴等。其中吏十五人（即此前简中所记家吏十、家丞一、谒者四），宦者九人、击鼓二人、偶人二人、击铙铎者二人（简文中'铙铎各一，击者二人'）、卒三百（即此前简中所记执长茎矛八人、执短铩六十人、执革盾八人、执盾六十人、执短戟六十人）、奴一百五十人（即此前简中所记大奴一百人、马竖五十人）。以上明童在棺室西壁《车马仪仗图》中略有体现。"①

马王堆三号汉墓出土竹简遣策有关"马竖"的简文，是迄今我们看到的涉及"马竖"身份的最早的文字资料。

遣策中"男子明童"和"女子明童"作为随葬俑群的指代符号，马王堆三号汉墓简牍应是第一次发现。"明童"之"明"发掘报告解作"萌""民""泯""氓"，或可商榷。"男子明童"和"女子明童"的"明"，也许可以理解为"明器"的"明"。《礼记·檀弓下》写道："孔子谓'为明器者知丧道矣，备物而不可用也'。②哀哉！死者而用生者之器也，不殆于用殉乎哉。'其曰明器，神明之也。'③涂车、刍灵，自古有之。④明器之道也。⑤孔子谓'为刍灵者善'，谓'为俑者不仁'，不殆于用人乎哉！"⑥《仪礼·既夕》："陈明器于乘车之西。"郑玄注："明器，藏器也。《檀弓》曰：'其曰明器，神明之也。'言神明者，异于生器，竹不成用，瓦不成味，木不成斫，琴瑟张而不平，竽笙备而不和，有钟磬而无簨虡。陈器于乘车之西，则重北也。"⑦"明器，神明之也"，"明器，

---

① 湖南省博物馆、湖南省文物考古研究所：《马王堆二、三号汉墓》第一卷《田野考古发掘报告》，文物出版社 2004 年版，第 43—50 页。
② 郑玄注："神与人异道，则不相伤。"
③ 郑玄注："神明，死者，异于生人。"
④ 郑玄注："刍灵，束茅为人马。谓之灵者，神之类。"
⑤ 郑玄注："言与明器同。"
⑥ 孙希旦撰：《礼记集解》，沈啸寰、王星贤点校，中华书局 1989 年版，第 264—265 页。
⑦ 《十三经注疏》，中华书局据世界书局缩印阮元校刻 1979 年 11 月影印本，第 1148 页。

藏器也",即随葬品。①

如果理解"明童"或与"明器"相关②,则发掘报告"明童为贱称"的说法,亦未必合理。

二 "马竖"与"马仆""车竖"

长沙马王堆汉墓"马竖"身份在汉代其他简牍资料中未见出现,然而江陵凤凰山汉墓竹简出现的称谓史料,可作为相关史料以为参照。

江陵凤凰山九号汉墓出土简牍可见"马仆":

大奴获,马仆,操钩。(二〇)

"马仆",其职能应当与"马"有关。《周礼·夏官·司马》:"使所吏反凡军事物马而颁之物马齐其力等驭夫之禄驭夫于趣马仆夫为中举中见上下宫中之稍食师圉府史以下也。"又有"牛仆":

---

① （清）王韬《梦中梦》可见"明僮":"明僮健仆,填溢门巷,妻冠佩笑迎,美婢十余人夹侍左右。"《淞滨琐话》卷一〇,《香艳丛书》本。（清）易顺鼎《与王梦湘书》:"虽有丽妹二八,明僮三五,纤质扶右,曼妆拥前,屏而置焉,不暇顾也。"《丁戊之闲行卷》卷二《骈文》,光绪五年贵阳刻本。又清孙士毅《跳钺斧》（题注:藏人于正岁张宴会饮,乃有此戏,以幼童为之）:"明僮崽子,十十五五,赤脚花鬘催羯鼓。"《百一山房诗集》卷一一,嘉庆二十一年刻本。此"明僮"似与马王堆三号汉墓"遣策"所见"明童"有异,或与元稹"越婢脂肉滑,奚僮眉眼明"诗意有关。（唐）元稹撰,冀勤点校:《元稹集》卷二三,中华书局1982年版,第268页。又如（唐）范摅《云溪友议》卷中"买山谶"条:"此童眉目疏秀,进退不惬,惜其卑幼,可以劝学乎?"文渊阁《四库全书》本。似亦可引为参考。

② 古制丧葬用衣称"明衣""明衣裳"。《仪礼·士丧礼》:"明衣裳用布。"郑玄注:"所以亲身为圭絜也。"《十三经注疏》,第1130页。斋戒时服用衣物也称"明衣"。《论语·乡党》:"齐,必有明衣,布。"何晏《集解》:"孔曰:'以布为沐浴衣。'"《十三经注疏》,第2494页。又可见称"神明之衣"为"明衣"的说法。《穆天子传》卷六:"天子使嬖人赠用文锦明衣九领。"郭璞注:"谓之'明衣',言神明之衣。"文渊阁《四库全书》本。亦有称祭祀之水为"明水"者。《周礼·秋官·司烜氏》:"掌以夫遂取明火于日,以鉴取明水于月,以共祭祀之明齍、明烛,共明水。"郑玄注:"夫遂,阳遂也。鉴,镜属。取水者,世谓之方诸。取日之火,月之水,欲得阴阳之洁气也。明烛以照馔陈,明水以为玄酒。郑司农云:'夫,发声。明齍,谓以明水瀚涤粢盛黍稷。'"孙诒让撰:《周礼正义》,王文锦、陈玉霞点校,中华书局1987年版,第2909页。《逸周书·克殷》:"毛叔郑奉明水。"陈逢衡云:"《周礼·司烜氏》:'以鉴取明水于月。'"郑玄注:"明水以为元酒。"黄怀信、张懋镕、田旭东撰,李学勤审定:《逸周书汇校集注》,上海古籍出版社1995年版,第373页。

> 大奴园，牛仆，操钩（二二）

可能与"牛仆"身份相近的，又有一六七号汉墓竹简所见"牛者"：

> 牛者一人大奴一人（九）

江陵凤凰山八号墓出土的两枚简，还出现了"从车"和"车竖"称谓：

> 小奴坚从车（四〇）
> 大奴甲车竖（四一）①

后者"车竖"作为职任名号，很可能与"马竖"有相近的语义。

《列子》"马竖"与《庄子》"牧马童子"

《太平御览》卷四八五引《列子》曰："齐有贫者，乞于城市，患其亟也，众莫之与。遂适田氏之厩，从马竖作役而假食。郭中人戏之曰：'从马竖而食，不以辱乎？'乞儿曰：'天下之辱，莫过于乞。乞犹不辱，岂辱马竖哉？'"②"郭中人"以为"贫"而"乞"者"从马竖而食"亦为自"辱"，则"马竖"身份低贱可知。

"马竖"称谓后世依然沿用。如明人皇甫汸《马竖有谈武宗时事者感而赋诗》："传闻遗事讵堪悲，今日长秋异昔时。产出神驹官尽牧，献来天马帝亲骑。千金购赏原非惜，万里长驱为不辞。一自攀龙留剑舄，何由陪骏向瑶池。"③所谓"神驹""天马""万里长驱"，全说帝王之"厩"事，虽气势高贵，却不离"马竖"之"役"主题。又如清人祁寯藻《观

---

① 湖北省文物考古研究所编：《江陵凤凰山西汉简牍》，中华书局2012年版，第23、66、154页。

② 中华书局据上海涵芬楼影印宋本1960年2月复制重印版，第2222页。《太平御览》卷五四三引《列子》又见"乞儿"与"马医"并说之例："范氏门徒路遇乞儿、马医，弗敢辱也，必下车而揖之。"第2462页。"齐有贫者，乞于城市"，"遂适田氏之厩，从马竖作役而假食"，"马竖"抑或作"马医"。此两则故事，今本《列子》均作"马医"。杨伯峻撰：《列子集释》，中华书局1979年版，第57、270页。"伯峻案：《御览》四八五引'马医'作'马竖'。"《列子集释》，第270页。今按：似不能完全排除"马医"为"马竖"误写的可能。

③ 《皇甫司勋集》卷二五，文渊阁《四库全书》本。

明蒲城令忠烈朱公遗像》诗言"闯贼陷蒲城,抱印投井而死"之"孤忠抗节"事迹,有"马竖猪奴竟揭竿,坏云摧阵大星寒"句①,"马竖"与"猪奴"并说,也体现其地位卑微。

传世文献所见与"马竖"较切近的通行称谓,是"牧马童子"。《庄子·徐无鬼》说黄帝往"具茨之山","七圣皆迷","问涂"于"牧马童子"的传说。"牧马童子"所言"夫为天下者,亦奚以异乎牧马者哉!亦去其害马者而已矣",是充分体现"小童"智慧的故事。黄帝有"异哉小童"的感叹,甚至"再拜稽首,称天师"。②

三 马王堆汉墓"马竖"与"奴婢成群的场面"

周世荣《谈谈马王堆三号汉墓的简牍》一文指出,"三号墓一共出土了一百三十五个木俑,这些木俑绝大部分是'衣文绣者',其中有一百个扁身彩绘木俑,四个着衣大侍俑,八个着衣木俑,四个雕衣木俑,十二个坐俑,只有六个是穿黑衣的扁身木俑和一个小木俑。看来不是一般的生产奴隶。三号汉墓的墓主人是轪侯利仓的儿子,这种奴婢成群的场面说明西汉时期蓄养奴婢的情况依然存在③,和战国时期不同的是没有发现用奴隶殉葬的现象,这说明汉代奴婢和战国以前奴隶的地位不同,也不能用活人殉葬"④。史载汉初富家"蓄养奴婢"众多的情形,可见陈平以"奴婢百

---

① 《缦龛亭集》卷二《古今体诗》,咸丰刻本。
② 《庄子·徐无鬼》:"黄帝将见大隗乎具茨之山,方明为御,昌寓骖乘,张若謵朋前马,昆阍滑稽后车;至于襄城之野,七圣皆迷,无所问涂。适遇牧马童子,问涂焉,曰:'若知具茨之山乎?'曰:'然。''若知大隗之所存乎?'曰:'然。'黄帝曰:'异哉小童!非徒知具茨之山,又知大隗之所存。请问为天下。'小童曰:'夫为天下者,亦若此而已矣,又奚事焉!予少而自游于六合之内,予适有瞀病,有长者教予曰:若乘日之车而游于襄城之野。今予病少痊,予又且复游于六合之外。夫为天下,亦若此而已。予又奚事焉!'黄帝曰:'夫为天下者,则诚非吾子之事,虽然,请问为天下。'小童辞。黄帝又问。小童曰:'夫为天下者,亦奚以异乎牧马者哉!亦去其害马者而已矣!'黄帝再拜稽首,称天师而退。"郭庆藩辑:《庄子集释》,中华书局1961年版,第830—833页。
③ "奴婢成群"的说法,见于明万民英《星学大成》卷六《论奴仆宫》。
④ 周世荣:《谈谈马王堆三号汉墓的简牍》,《光明日报》1974年10月16日;收录湖南省博物馆《马王堆汉墓研究》,湖南人民出版社1981年版,第340页。

人"遗陆贾①；平吴楚之乱时，灌夫"及从奴十数骑驰入吴军"②；"卓王孙家僮八百人，程郑亦数百人"；卓王孙被迫"分予文君僮百人"③；董仲舒言经济形势，说到"众其奴婢"风习④；司马迁论汉初民间财富积累和阶级分化，也说拥有"僮手指千"者，"此亦比千金之家"⑤；杨可告缗时，政府得"奴婢以千万数"⑥。其中有的例证，确实可以说是"奴婢成群"的反映。⑦

马王堆三号汉墓遣策中简四二："右方男子明童，凡六百七十六人。其……百五十人奴。"简五九："右方女子明童，凡百八十人。其……八十人婢。"⑧所谓"男子明童"和"女子明童"合计856人，其中"百五十人奴"和"八十人婢"，是最底层的劳作者，合计230人。

"马竖五十人"，成为"奴婢成群的场面"中引人注目的构成。然而古人习言"南船北马""北马南船"⑨，马，可能并非当时江南地方主要交通动力。马王堆三号汉墓遣策"百五十人奴"中"大奴百人""马竖五十人"，"马竖"至于"奴"的总数的三分之一，比重之大，令人不免生疑。也许此"马竖"并非全部服务于与"马"有关的劳作。《艺文类聚》卷九四引《晋阳秋》："胡威少有志尚，厉操清白。父质为荆州守，威自京都省之，家贫无车马、僮仆，自驱驴单行。拜见父，停厩中十余日，辞归，每至客舍，自放驴，取樵□食。"⑩《晋书》卷九〇《良吏传·胡威》："家贫，无车马僮仆，自驱驴单行。每至客舍，躬放驴，取樵炊爨。食毕，复随侣进道。"如果主人并没有"马竖五十人"以为劳作对象的足够数量的"车马"，这些"马竖"从事其他劳作自然是合理的。这样说来，"马竖"

---

① 《史记》卷九七《郦生陆贾列传》。
② 《史记》卷一〇七《魏其武安侯列传》。
③ 《史记》卷一一七《司马相如列传》。
④ 《汉书》卷五六《董仲舒传》。
⑤ 《史记》卷一二九《货殖列传》。
⑥ 《史记》卷三〇《平准书》。
⑦ 稍早的史例，又有《史记》卷八五《吕不韦列传》："不韦家僮万人"，"嫪毐家僮数千人"。《史记》卷五五《留侯世家》："韩破，良家僮三百人……"
⑧ 《马王堆二、三号汉墓》第一卷《田野考古发掘报告》，第50—51页。
⑨ 此说频繁见于古诗文，如清董元度《旧雨草堂诗》"南船北马"四见，乾隆四十三年刻本；陈用光《太乙舟诗集》"北马南船"三见，咸丰四年孝友堂刻本；张问陶《船山诗草》"南船北马"五见，"北马南船"四见，嘉庆二十年刻道光二十九年增修本。
⑩ （唐）欧阳询撰：《艺文类聚》，汪绍楹校，上海古籍出版社1965年版，第1629页。

也许只是一种身份代号。其中"竖"的字义,特别值得注意。

四 奴婢中"未成年的孩童"

关于"随葬器物的清单"的内容,周世荣写道:"据清单记载,侍从仪仗中共有数百个男女明童,有家吏、宦者、谒者、美人、才人、奴婢、竖(未成年的孩童),以及歌舞者、击錞于、铙铎、钟镈(磬)等乐队,也有兵卒('执短戟'、'执长桱戈''执盾''操弩矢者')和车骑行列——安车、軺车(小车),辒车与輬车、輶车(衣车)、牛车等等。"① 其中以为"竖"即"未成年的孩童"的意见值得我们重视。

发掘报告的表述,也取大致相同的解说:

竖,未成年男仆。马竖即马童。②

马王堆三号汉墓遣策"百五十人奴"中"大奴百人"与"马竖五十人"并说,说明"马竖"非成年"奴"。《说文·臤部》:"竖,坚立也。"段玉裁注:"'坚立',谓坚固立之也。'竖'与'尌'音义同。而'竖'从'臤',故知为'坚立'。《周礼》'内竖',郑云:'竖,未冠者之官名。'盖未冠者才能自立。故名之'竖',因以为官名。'竖'之言'孺'也。"③ 按照《说文·子部》的说法,"孺,乳子也。一曰输孺也,输孺尚小也"④。

"竖"即"孺",指"未冠者""才能自立"者,应是未成年人称谓。

"马竖"作为未成年劳作者的如果能够确定,可以反映当时未成年人的社会地位。汉初社会劳动力开发的程度,也可以得到说明。

"马童"又作"马僮"。《太平御览》卷六四二引《璅语》说春秋晋

---

① 周世荣:《谈谈马王堆三号汉墓的简牍》,《光明日报》1974 年 10 月 16 日;收入湖南省博物馆《马王堆汉墓研究》,第 339 页。
② 《马王堆二、三号汉墓》第一卷《田野考古发掘报告》,第 50 页。
③ (汉)许慎撰,(清)段玉裁注:《说文解字注》,上海古籍出版社据经韵楼藏版 1981 年 10 月影印版,第 118 页。
④ 同上书,第 743 页。

国故事，可见"马僮"称谓。①

司马迁在《史记》卷一三〇《太史公自序》中说到早年曾经经历"耕牧"生产实践："迁生龙门，耕牧河山之阳。年十岁则诵古文。二十而南游江、淮……"司马迁经历"耕牧"劳作时，当在"年十岁"之前。未成年人作为"牧""养"的故事，多见于史籍。《汉书》卷六八《金日䃅传》："日䃅以父不降见杀，与母阏氏、弟伦俱没入官，输黄门养马，时年十四矣。""久之，武帝游宴见马，后宫满侧。日䃅等数十人牵马过殿下，莫不窃视，至日䃅独不敢。日䃅长八尺二寸，容貌甚严，马又肥好，上异而问之，具以本状对。上奇焉，即日赐汤沐衣冠，拜为马监，迁侍中驸马都尉光禄大夫。"金日䃅14岁"输黄门养马"，身份与劳作形式类同于马王堆三号汉墓遣策"马竖"。

汉代画像多见未成年人参与服务性劳作的画面，其身份应为僮仆。②史籍或说"为人仆隶"③。重庆沙坪坝出土石棺石刻表现未成年人牵马情景，马后随一马驹。④牵马少年应当就是"马竖"。

汉代画像表现儿童养马驯马的画面，又有陕西绥德四十里铺画像石。养马人体态和发型，体现未成年人身份。⑤重庆璧山云坪乡水井湾崖墓3号石棺画面可见一童子与骏马嬉戏。图版文字说明称"一人牵马"，或许也可以看作体现"马竖"劳作的表现。⑥四川宜宾白溪石棺石刻可见或许

---

① 《太平御览》卷六四二引《琫语》："晋冶氏女徒病，弃之。舞嚣之马僮饮马而见之，病徒曰：'吾良梦。'僮曰：'汝奚梦乎？'曰：'吾梦乘水如河汾，三马当。'以告舞嚣，嚣自往视之。曰：'尚可活，吾买汝。'答曰：'既弃之矣，犹未死乎？'舞嚣曰：'未。'遂买之。至舞嚣氏而疾有间，而生荀林父。"原注："《神异记》又载之。"中华书局用上海涵芬楼影印宋本1960年2月复制重印本，第2876页。文渊阁《四库全书》本作："晋冶氏女徒病，弃之。舞嚣之马僮饮马而见之，病徒曰：'吾良梦焉。'僮曰：'汝奚梦乎？'曰：'吾梦乘马如河汾，三马前导。'僮告舞嚣，嚣往视之。告其家曰：'尚可活，吾买女。'答曰：'既弃之矣，犹未死乎？'舞嚣曰：'未。'遂买之。至舞嚣氏而疾有间，而生荀林父。"原注："《神异记》又载之。"

② 参看王子今《汉代劳动儿童——以汉代画像遗存为中心》，《陕西历史博物馆馆刊》第17辑，三秦出版社2010年版。

③ 《三国志》卷二三《魏书·杨俊传》。

④ 龚廷万、龚玉、戴嘉陵编著：《巴蜀汉代画像集》，文物出版社1998年版，图152。

⑤ 汤池主编：《中国画像石全集》第5卷《陕西、山西汉画像石》，山东美术出版社2000年版，第94—95页，图一二四，图版说明第32页。

⑥ 高文主编：《中国画像石全集》第7卷《四川汉画像石》，山东美术出版社2000年版，第133页，图一六七，图版说明第14页。

即"马竖"的未成年人仆从牵马追随主人的画面。马的后方有一更年幼者,很可能也是饲马儿童。① 四川彭山 1 号石棺画像可见二人并肩交谈,画面右侧一小儿饲喂马匹。据图版说明,"上侧右为骏马,拴于树上,一侍从作饮马状"。这位未成年"侍从"的身份亦应接近"马竖"。②

五 "竖":指代成年人的蔑称

秦汉社会称谓之使用,亦可见以"竖"指代成年人,以表示鄙视的情形。

《史记》卷五五《留侯世家》记载,刘邦斥骂郦食其:"竖儒!几败而公事。"司马贞《索隐》:"高祖骂郦生为'竖儒',谓此儒生竖子耳。"《史记》卷九七《郦生陆贾列传》也记载刘邦以"竖儒"称郦食其。司马贞《索隐》:"案:竖者,僮仆之称。沛公轻之,以比奴竖,故曰'竖儒'也。"《汉书》卷四三《郦食其传》:"沛公骂曰:'竖儒!……'"颜师古注:"言其贱劣如僮竖。"又《后汉书》卷二四《马援传》:"惟陛下留思竖儒之言……"李贤注:"言如僮竖无知也。高祖曰:'竖儒几败吾事。'"所谓"奴竖""僮竖",应当都来自服务于权贵者的卑贱人等"奴""僮"多有未成年人的社会生活事实。

史籍亦可见"牧竖"。《三国志》卷三九《蜀书·董允传》裴松之注引《襄阳记》:"孙权尝大醉问(费)祎曰:'杨仪、魏延,牧竖小人也。虽尝有鸣吠之益于时务,然既已任之,势不得轻,若一朝无诸葛亮,必为祸乱矣……'"③ 这一记载,为《资治通鉴》卷七二"魏明帝青龙二年"取用。孙权政治人物评价,使用了"牧竖小人"称谓。其中所谓"小人"可能指未成年人,使得我们理解古来"君子""小人"称谓之"小人"的含义,有了可参照的信息。而"牧",正是未成年人劳作主题之一。④

---

① 《巴蜀汉代画像集》,图 60。
② 《中国画像石全集》第 7 卷《四川汉画像石》,第 119 页,图一五五,图版说明第 14 页。
③ (宋)潘自牧《记纂渊海》卷四二《性行部》"小有才"条引此语,谓据《蜀书·董允传》言"费祎曰",误。
④ 相关史例是非常多的。如《史记》卷一一一《卫将军骠骑列传》言卫青,《汉书》卷七六《王尊传》言王尊,都说少时"牧羊",《后汉书》卷二七《承宫传》言承宫"年八岁为人牧豕",《三国志》卷二八《魏书·邓艾传》则说邓艾"少孤","为农民养犊"。未成年人以"牧""养"为劳作形式的情形,在汉代画像中也多有表现。

我们讨论的"马竖",其工作方式亦可能包括"牧""养"。

《潜夫论·浮侈》说到与"志义之士"对应,而与"无心之人"接近的"群竖小子"们的生活:"今民奢衣服,侈饮食,事口舌,而习调欺,以相诈给,比肩是也。或以谋奸合任为业,或以游敖博弈为事;或丁夫世不传犁锄,怀丸挟弹,携手遨游。或取好土作丸卖之,于弹外不可以御寇,内不足以禁鼠,晋灵好之以增其恶,未尝闻志义之士喜操以游者也。惟无心之人,群竖小子,接而持之,妄弹鸟雀,百发不得一,而反中面目,此最无用而有害也。或坐作竹簧,削锐其头,有伤害之象,傅以蜡蜜,有甘舌之类,皆非吉祥善应。或作泥车、瓦狗、马骑、倡排,诸戏弄小儿之具以巧诈。"① 对所谓"群竖小子"及其导致的社会弊端的斥责,论者以为"最无用而有害"。

前说孙权言"杨仪、魏延,牧竖小人也",然而据所谓《魏三公陈孙权罪恶请免官削土奏》,对孙权本人也有"幼竖小子"的鄙称:"吴王孙权,幼竖小子,无尺寸之功,遭遇兵乱,因父兄之绪,少蒙翼卵育伏之恩,长含鸱枭反逆之性,背弃天施,罪恶积大。"② 其中所谓"幼竖小子",或许可以读作《潜夫论》"群竖小子"称谓的个体指代之例。

《史记》卷七六《平原君虞卿列传》中可以看到毛遂随平原君见楚王言"白起,小竖子耳"的说法。《艺文类聚》卷五一引录曹植就二子曹苗、曹志封公,在《封二子为公谢恩章》中写道:"苗、志小竖,既顽且稚。猥荷列爵,并佩金紫。施崇一门,惠及父子。"③ 这当然是自谦之语,而"小竖"称谓当时通行的情形,却也显现出来。④

前引江陵凤凰山汉简所见"大奴甲车竖",此"车竖"已是"大奴",也可以看作以"竖"指代成年人的文物例证。名叫"甲"的这位劳动者,"奴"的身份是明确的。

---

① (汉)王符:《潜夫论》,(清)汪继培笺,彭铎校正,中华书局1985年版,第123页。
② 《三国志文类》卷一二《表奏·吴》,文渊阁《四库全书》本。
③ (唐)欧阳询撰:《艺文类聚》,汪绍楹校,第919页。
④ 《说郛》卷一一六宋鲁应龙《括异志》说到的一则故事,可以作为使用"小竖"称谓的旁证:"金山忠烈王汉博陆侯,姓霍氏。吴孙权时,一日致疾,黄门小竖附语曰:'国主封界华亭谷极西南,有金山咸塘湖,为民害。民将鱼鳖食之,非人力能防。金山,故海盐县,一旦陷没为湖,无大神护也。臣,汉之功臣霍某也,部党有力,能镇之。可立庙于山。'吴王乃立庙。"文渊阁《四库全书》本。

六 "奴""竖"与"马童"名字

明陈士元《名疑》卷二分析西汉人名字："西汉人名不嘉者，如梁恭王、春陵节侯、柏乡戴侯、乘氏侯四人并名买，江都易王非，胶东康王寄，桑丘侯寄生，河间共王不周，成颂侯得疵，枣原侯妄得，羽侯弃，距阳侯句，路陵侯童，挟节侯暨"一作竖"，管侯戎奴，阳山侯买奴，临朐夷侯、牟平节侯并名奴，魏其质侯蟜，雷侯豨，桃侯狗，尉文侯犊。文武功臣有陈买、张买、任敖、张敖、公孙敖、丙猜、许猜、温疥、郦疥、许瘛、卫肬、徐厉、酈跖、邓弱、须无、吕马童、陈夫乞、王弃之、杨仆、召奴、赵弃奴、公孙戎奴、高不识、严不识、周灶、夏侯灶。"① 这些"名不嘉者"之中，有"管侯戎奴，阳山侯买奴，临朐夷侯、牟平节侯并名奴"。"路陵侯童"，"童"亦即"僮"。又"杨仆、召奴、赵弃奴、公孙戎奴"，也都以奴婢僮仆身份代号作为名字，并不以为讳。而"挟节侯暨一作竖"，与我们讨论的主题相关。而"吕马童"者，接近《庄子·徐无鬼》所见"牧马童子"。按照《马王堆二、三号汉墓》第一卷《田野考古发掘报告》"马竖即马童"的说法，也可以说就是以"马竖"作为人名了。

吕马童事迹见于《史记》卷七《项羽本纪》："项王身亦被十余创。顾见汉骑司马吕马童，曰：'若非吾故人乎？'马童面之，指王翳曰：'此项王也。'项王乃曰：'吾闻汉购我头千金，邑万户，吾为若德。'乃自刎而死。王翳取其头，余骑相蹂践争项王，相杀者数十人。最其后，郎中骑杨喜，骑司马吕马童，郎中吕胜、杨武各得其一体。五人共会其体，皆是。故分其地为五：封吕马童为中水侯，封王翳为杜衍侯，封杨喜为赤泉侯，封杨武为吴防侯，封吕胜为涅阳侯。"这位结束项羽悲剧人生的骑兵军官吕马童，因以"马童"为名字，被看作"名不嘉者"。《汉印文字征》又有"郭马童"私印②，也是以"马童"作为名字之例。

宋人王楙《野客丛书》卷三〇"小名犬子"条："前汉司马相如少时好读书，学击剑，名犬子。既长，慕蔺相如之为人，更名相如。所谓

---

① 文渊阁《四库全书》本。
② 罗福颐编：《汉印文字征》，文物出版社1978年版，三·十。

'犬子'者，即小名耳。然当时小名、小字之说未闻，自东汉方著。相如小名，父母欲其易于生养，故以'狗'名之。逮其既长，向学，慕蔺相如之为人，故更名'相如'。今人名子犹有此意，其理甚明。非谓其少时学击剑而名犬子也。观者不可以上文惑之。师古注谓父母爱之，不欲称斥，故为此名。此说未尽。"① 宋人王晫《道山清话》录欧阳修语："人家小儿要易长者，往往以贱名为小名，如狗羊犬马之类是也。"② "人家小儿要易长者"，即"父母欲其易于生养"，元人陶宗仪《说郛》卷四五下释文莹《玉壶清话》作"人家小儿要易长育"，明人陈士元《名疑》卷四作"人家小儿要易育成"③。汉魏人"以六畜命名的原因"，有学者认为其意识背景之一在于"父母希望儿子易于生长"，其二则在于"风俗质朴"④。

清代赵翼《陔余丛考》卷四二"命名奇诡"条写道："《汉书》郦食其之子名'疥'"，"《史记》韩有'公子虮虱'，司马相如名'犬子'，《汉书》梁冀子名'胡狗'。此本古俗"。以为命名用贱字的情形，与风俗"尚质"有关。以致"古人命名，原有不避丑恶之字者"⑤。

以"奴""竖""马童"为名字等"名不嘉者"诸情形，应当也是同类现象。

《敦煌汉简》1462 可见"书人名姓"诸例，除"范鼠、张猪"等之外，亦有"钱傭"。⑥ "傭"即"佣"，应与"奴""竖""马童"类似。

《名疑》卷二举"西汉人名不嘉者"，有"管侯戎奴，阳山侯买奴，临朐夷侯、牟平节侯并名奴"，以及"召奴、赵弃奴、公孙戎奴"。《汉印文字征》录有"陈奴、周奴、李奴、窦奴、吕奴、王奴、卫奴、高奴印、臣奴、薄戎奴、赵小奴、王奴之印、臣奴、赵奴、困陆奴、师奴之印、徐奴之印"⑦ 等私印。其中"赵小奴"得名时可能亦为"未成年的孩童"，

---

① （宋）王楙、王文锦点校：《野客丛书》，中华书局1987年版，第348页。
② 文渊阁《四库全书》本。
③ 同上。
④ 张孟伦：《汉魏人名考》，兰州大学出版社1988年版，第38页。
⑤ （清）赵翼著：《陔余丛考》，栾保群、吕宗力校点，河北人民出版社1990年版，第761页。
⑥ 甘肃省文物考古研究所编：《敦煌汉简》，文物出版社1991年版，释文第275页。
⑦ 《汉印文字征》，十二·十二。

因而特别值得注意。《印典》则又可见"高小奴""赵小奴""戴小奴"等私印，也提供了相类似的文化信息。①

《名疑》卷二指出名将"杨仆"也是"名不嘉者"。《汉印文字征》则又有"尹仆私印、解仆私印、卫仆、袁仆之印、李马仆、赵仆私印、陈仆私印"② 等。其中"李马仆"可能以"马仆"为名字，则可以与"马竖"对照理解。

曾经有学者注意到以"竖"为名字的实例。如古印所见"司马竖印""赵竖""马竖"等。③ 而《汉印文字征》所列私印又有"张竖、虞竖、徐竖、张竖、臣竖、冯竖"④ 等。《印典》又著录"王竖""韩竖""李竖""司马竖""茅竖""项竖""兒小竖"。⑤ 特别是最后姓"兒（倪）"名"小竖"一例，尤其值得注意。这些文化史迹象，也有助于我们认识汉代未成年人的社会地位及"竖"作为称谓符号的性质，而马王堆三号汉墓遣策"马竖"语义，或许也可以得到符合历史真实的理解。

---

① 《印典》还著录"义奴""韩奴私印""迥奴印""封市奴""张市奴""许奴""韩奴""衡得奴""刘市奴""孙奴""续奴""魏奴""骄奴""张奴""陈奴""公孙奴印""召奴"等私印。康殷、任兆凤编著：《印典》，中国友谊出版公司2002年版，第2476—2479页。
② 《汉印文字征》，三·十一。《印典》又可见"王仆""孙仆""秦仆""宋仆""王之印""侯买仆""孙仆""张买仆""高仆"等私印。第531—532页。
③ （清）倪涛：《六艺之一录》卷二三及卷二四《集古印谱》，文渊阁《四库全书》本。
④ 《汉印文字征》三·十八。
⑤ 《印典》，第624—625页。

前张骞的丝绸之路与西域史的匈奴时代

考古工作的收获已经证明，在张骞之前，中原经过西北地方与外域的文化通路早已发挥着促进文化沟通、文化交流、文化融汇的历史作用。汉人所谓"西域"，曾经对于丝绸之路的文化功用有过重要的贡献。匈奴作为北方草原强势军事实体，在冒顿时代进入空前强盛的时期。在这一历史阶段中，匈奴的作为影响着中国史和东方史的进程。正如有的学者所指出的，"匈奴人创造了最初的游牧国家政治、经济、文化和生活模式，他们影响和决定了中亚地区许多民族的命运，与中原王朝、西域各族及北方诸古老部族发生过频繁密切的接触，在他们的历史和文化中留下了深刻的烙印"[①]。据《史记》卷一一〇《匈奴列传》记载"单于遗汉书曰"，匈奴在"夷灭月氏"之后，曾经控制了西域地方："定楼兰、乌孙、呼揭及其旁二十六国，皆以为匈奴。诸引弓之民，并为一家。"考察丝绸之路的早期作用，不能回避西域地方曾经"皆以为匈奴"的历史事实。

一　早期中西交通的西域路段

远古时代的中西文化交流，从早期陶器、青铜器的器型和纹饰已经可以发现有关迹象。西域地方海贝的流入和美玉的输出，都是早期交通联系之空间幅面超出人们想象的非常典型的事例。原产于西亚和中亚的一些畜

[①] 马利清：《原匈奴、匈奴历史与文化的考古学探索》，内蒙古大学出版社2005年版，第39页。

产，亦可能经由西域地方传入中土。① 中原人通过"西戎"实现了这样的往来。有学者指出："'西戎'与新疆、中亚、南亚之间，相隔遥远"，"'西戎'与西方的贸易等等交往，或许是通过匈奴、羌、月氏那样的人群为'中介'而进行"②。

《左传·昭公十二年》说到周穆王"周行天下"的事迹。出于汲冢的《竹书纪年》也有关于周穆王西征的明确记载。今本《竹书纪年》卷下："十七年，王西征昆仑丘，见西王母。"③ 司马迁在《史记》卷五《秦本纪》写道："造父以善御幸于周缪王，得骥、温骊、骅骝、騄耳之驷，西巡狩，乐而忘归。"《史记》卷四三《赵世家》也说："缪王使造父御，西巡狩，见西王母，乐之忘归。"与《竹书纪年》同出于汲冢的《穆天子传》，记载周穆王"命驾八骏之乘"，"造父为御"，"驰驱千里"④，以及"天子西征"，"至于西王母之邦"，"天子觞西王母于瑶池之上，西王母为天子谣"等事迹⑤。对于周穆王"西征"行迹，有不同的说法。有以为西王母活动于青海的认识⑥。或说周穆王所至昆仑即今阿尔泰山。⑦ 或说周穆王所至"玄池"即咸海。而《穆天子传》随后说到的"苦山""黄

---

① 王子今：《李斯〈谏逐客书〉"駃騠"考论——秦与北方民族交通史个案研究》，《人文杂志》2013年第2期。

② 史党社：《从考古发现谈前丝路的一些问题》，《秦始皇帝陵博物院》2014年（总4辑），陕西人民出版社2014年版，第295页。

③ 同条又有"其年，西王母来朝，宾于昭宫"的文字。此前则《竹书纪年》卷上记载："（帝舜有虞氏）九年，西王母来朝。"梁沈约注："西王母之来朝，献白环玉玦。"明胡应麟《少室山房笔丛》卷一七《三坟补逸上》："虞九年，西王母来朝。沈约注：'西王母来朝，贡白环玉玦。'西王母已见于此，不始周穆也。以余考之，盖亦外国之君，若上文渠搜、僬侥及下息慎、玄都类耳。《穆天子传》所交外国之君甚众，不止一西王母。"

④ 《太平御览》卷八九六引《穆天子传》。

⑤ 《穆天子传》卷二、卷三，文渊阁《四库全书》本。对于《穆天子传》的性质，历来存在不同的认识。文献学家或归入"起居注类"，或列入"别史类"或者"传记类"之中。大致都看作历史记载。然而清人编纂的《四库全书》却又将其改隶"小说家类"。不过，许多学者注意到《穆天子传》中记录的名物制度一般都与古代礼书的内容大致相合，因此认为内容基本可信。可能正是出于这样的考虑，《四部丛刊》和《四部备要》仍然把《穆天子传》归入"史部"之中。

⑥ 《汉书》卷二八下《地理志下》：金城郡临羌县，"西北至塞外，有西王母石室、仙海。盐池北则湟水所出，东至允吾入河，西有须抵池，有弱水、昆仑山祠。"太史公曰：《禹本纪》言河出昆仑。昆仑其高二千五百余里，日月所相避隐，为光明也。其上有醴泉、瑶池。"

⑦ 余太山说："《穆天子传》西征的目的地是'昆仑之丘'"，"《穆天子传》所见昆仑山应即今阿尔泰山，尤指其东端"。又指出，"《穆天子传》所载自然景观和人文、物产与欧亚草原正相符合"。《早期丝绸之路文献研究》，商务印书馆2013年版，第6、8页。

鼠山"等，则更在其西①。或说西王母所居在"条支"②。也有学者认为，周穆王已经到达了波兰平原。③ 尽管对周穆王西征抵达的地点存在争议④，但是这位周天子曾经经历西域地方，是许多学者所认同的。

在阿尔泰地区发现的公元前5世纪的贵族墓中曾经出土中国丝织品。巴泽雷克5号墓出土了有凤凰图案的刺绣和当地独一无二的四轮马车。车辆的形制和刺绣的风格，都表明来自中国。在这一地区公元前4世纪至前3世纪的墓葬中，还出土了有典型关中文化风格的秦式铜镜。⑤ 许多古希腊雕塑和陶器彩绘人像表现出所着衣服细薄透明，因而有人推测公元前5世纪中国丝绸已经为希腊上层社会所喜好。不过，这些现象当时似乎并没有进入中国古代史学家的视野，因而在中国正史的记录中，汉代外交家张骞正式开通丝绸之路的事迹，被誉为"凿空"⑥。

严文明曾经总结新疆青铜时代以后的历史文化演进。他说："新疆各青铜文化的居民大体都是不同类型的欧罗巴人种，蒙古人种只进到东疆的哈密地区。哈密天山北路文化就是两大人种和两种文化会聚所产生的一种复合文化。进入早期铁器时代，情况似乎发生了逆转。与带耳罐文化系统有较多联系的高颈壶文化系统占据了全疆的大部分地区，蒙古人种也逐渐向西移动；而与筒形罐文化系统关系密切的圜底釜文化系统则仅见与帕米尔一小块地方。尔后随着匈奴文化和汉文化影响的加强，新疆各地文化之

---

① 对于《穆天子传》中"天子西征至于玄池"的文句，刘师培解释说，"玄池"就是今天位于哈萨克斯坦和乌兹别克斯坦之间的咸海。
② 《史记》卷一二三《大宛列传》："传闻条枝有弱水、西王母，而未尝见。"
③ 顾实推定，周穆王出雁门关，西至甘肃，入青海，登昆仑，走于阗，登帕米尔山，至兴都库什山，又经撒马尔罕等地，入西王母之邦，即今伊朗地方。又行历高加索山，北入欧洲大平原。在波兰休居三月，大猎而还。顾实认为，通过穆天子西行路线，可以认识上古时代亚欧两大陆东西交通之孔道已经初步形成的事实。《穆天子传西征讲疏·读穆传十论》，中国书店出版社1990年版，第24页。
④ 这样的认识是有道理的："在汉文典籍中，西王母多被置于极西之地。""《穆天子传》和后来的《史记》等书一样，将西王母位置于当时所了解的最西部。"余太山：《早期丝绸之路文献研究》，商务印书馆2013年版，第15页。有学者注意到"西王母之邦由东向西不断推进的过程"，指出："这一过程恰好与我国对西方世界认识水平加强的过程相一致，是我国对西方世界认识水平加深的一种反映。"杨共乐：《早期丝绸之路探微》，北京师范大学出版社2011年版，第42页。
⑤ [苏] C. H. 鲁金科：《论中国与阿尔泰部落的古代关系》，《考古学报》1957年第2期。
⑥ 王子今：《秦汉边疆与民族问题》，中国人民大学出版社2011年版，第451—452页。

间的交流更为频繁，作为东西文化交流通道的作用也日益显现出来。早先是西方的青铜文化带着小麦、绵羊和冶金技术，不久又赶着马匹进入新疆，而且继续东进传入甘肃等地；东方甘肃等地的粟和彩陶技术也传入新疆，甚至远播中亚。这种交互传播的情况后来发展为著名的丝绸之路。"①在来自"东方"的文化影响"远播中亚"，即"匈奴文化和汉文化影响"的向西传布的历史过程中，匈奴人曾经先行一步。

总结和说明丝绸之路史，考察"随着匈奴文化和汉文化影响的加强，新疆各地文化之间的交流更为频繁，作为东西文化交流通道的作用也日益显现出来"的历史过程是必要的。其中"匈奴文化……影响的加强"的作用，看来尤其重要。

二　冒顿自强与匈奴兼并"楼兰、乌孙、呼揭及其旁二十六国"

正当中原政治史进入战国秦汉重要转折时期，冒顿作为在北方草原地方崛起的匈奴英雄，不仅在匈奴史上有重要地位，在中国史、东方史乃至世界史上也有重要的地位。司马迁在《史记》卷一一〇《匈奴列传》中生动地记述了冒顿身世。通过以"鸣镝"为令"习勒其骑射"，"射其爱妻"，"射单于善马"，又"射头曼"，全数诛杀亲族大臣之"不听从者"，遂"自立为单于"，以铁血强势树立政治权威的故事，冒顿的残厉和果决得到鲜明的体现②。

---

① 严文明：《〈新疆的青铜时代和早期铁器时代文化〉序一》，韩建业：《新疆的青铜时代和早期铁器时代文化》，第1页。

② 《史记》卷一一〇《匈奴列传》："单于有太子名冒顿。后有所爱阏氏，生少子，而单于欲废冒顿而立少子，乃使冒顿质于月氏。冒顿既质于月氏，而头曼急击月氏。月氏欲杀冒顿，冒顿盗其善马，骑之亡归。头曼以为壮，令将万骑。冒顿乃作为鸣镝，习勒其骑射，令曰：'鸣镝所射而不悉射者，斩之。'行猎鸟兽，有不射鸣镝所射者，辄斩之。已而冒顿以鸣镝自射其善马，左右或不敢射者，冒顿立斩不射善马者。居顷之，复以鸣镝自射其爱妻，左右或颇恐，不敢射，冒顿又复斩之。居顷之，冒顿出猎，以鸣镝射单于善马，左右皆射之。于是冒顿知其左右皆可用。从其父单于头曼猎，以鸣镝射头曼，其左右亦皆随鸣镝而射杀单于头曼，遂尽诛其后母与弟及大臣不听从者。冒顿自立为单于。"白鸟库吉《蒙古民族起源考》说"冒顿"的意义是"圣"，又指出有"猛勇"含义。陈序经指出："冒顿是一个勇敢的人，所以'冒顿'象征猛勇的意义，是很可能的。"陈序经：《匈奴史稿》，中国人民大学出版社2007年版，第187页。

冒顿随即控制匈奴各部族，并且实施对外的扩张。"遂东袭击东胡。东胡初轻冒顿，不为备。及冒顿以兵至，击，大破灭东胡王，而虏其民人及畜产。既归，西击走月氏，南并楼烦、白羊河南王。悉复收秦所使蒙恬所夺匈奴地者，与汉关故河南塞，至朝那、肤施，遂侵燕、代。是时汉兵与项羽相距，中国罢于兵革，以故冒顿得自强，控弦之士三十余万。""后北服浑庾、屈射、丁零、鬲昆、薪犁之国。于是匈奴贵人大臣皆服，以冒顿单于为贤。"马长寿说，"匈奴在冒顿领导下征服了北方的浑窳、屈射、丁零、鬲昆、薪犁等部落和部落联盟。这些部落和部落联盟大部分是以游牧和射猎为生的。他们拥有广大而肥沃的牧场和森林，具有各式各样的生产工具和生产技术，对于匈奴奴隶主的经济发展有很大的利益，所以草原的贵族大人们都对冒顿单于竭诚拥护，拥护他建立一个以奴隶所有制为主要制度的国家"①。余英时记述，"冒顿是一个杰出的有能力而且有活力的领袖，在短短数年之内，他不但成功地在各个匈奴部落之间实现了前所未有的统一，而且几乎向所有方面扩展他的帝国"。"冒顿不但基本完成了他的新草原联合体的领土扩张，而且已经巩固了他对所有匈奴部落以及被征服民族的个人统治。"② 在"汉兵与项羽相距，中国罢于兵革"的时代，"冒顿得自强"的历史事实，可以理解为与项羽、刘邦等大致同时，另一位草原游牧族英雄在特殊时代条件下的崛起。有的学者以为，"冒顿单于的发迹是首可歌可泣的史诗"，体现出其"不同寻常的领导天才"，"伟大的游牧领袖——冒顿继位为匈奴第二代单于，从此揭开了统一北亚细亚游牧世界，以及创造草原上空前惊天动地事业的幕帷"。论者称冒顿的事业，是"中国历史上最出色的草原英雄之一"，实现了"北亚细亚最早的统一"③。认识冒顿的业绩，应当特别注意他对草原交通条件的成功建设。

正是因为匈奴的强盛，汉帝国承受的外来军事压力主要来自北边，即《盐铁论·击之》所谓"边城四面受敌，北边尤被其苦"，而汉帝国对外交往的主要方向也经由北边。汉帝国军事与行政的主要注意力亦长期凝聚

---

① 马长寿：《北狄与匈奴》，广西师范大学出版社2006年版，第23页。
② 余英时：《汉朝的对外关系》，[英]崔瑞德、鲁惟一主编：《剑桥中国秦汉史：公元前221—公元220年》，杨品泉等译，中国社会科学出版社1992年版，第413、414页。
③ 姚大中：《古代北西中国》，台北三民书局1981年版，第66—68页。

于北边。社会上下对北边皆多关切。① 另一方面，通过对北边的经营，通过抗击匈奴又"乘奔逐北"②，"北挫强胡"③，"北略河外，开路匈奴之乡"④，"长驱六举，电击雷震；饮马翰海，封狼胥山；西规大河，列郡祁连"⑤，汉帝国显示了军事威势，扩张了文化影响。不过这是后来的事情。此前冒顿曾经有"质于月氏"的经历。据说"冒顿既质于月氏，而头曼急击月氏"，于是"月氏欲杀冒顿"。冒顿对月氏国情应当有一定的了解。据陈序经说，"冒顿曾为质于月氏，对于月氏的虚实情况，想必有所了解，他估计自己力量能胜月氏，所以才决定用兵"⑥。我们还应当注意到，此所谓"西击走月氏"，体现冒顿向西方扩展势力范围的欲求。冒顿往来于不同部族联盟之间的亲身实践，应当有益于他对草原军事交通的重视。

所谓"定楼兰、乌孙、呼揭及其旁二十六国，皆以为匈奴"事，见于《史记》卷一一〇《匈奴列传》载"单于遗汉书"。所谓"皆以为匈奴"语义，似接近匈奴对这一地区的全面征服。然而由于这只是冒顿自言，其历史真实度，可能还需要认真分析。但当时西域形势，就汉与匈奴的影响力而言，大体可以说是"汉朝与西域之间的交通为匈奴阻隔，西域尽为匈奴掌治"⑦。汉与西域的"交通"为匈奴"阻隔"了，但是匈奴与西域的"交通"则得以空前畅通，东西交通于是出现了新的局面。

据《史记》卷一一〇《匈奴列传》，匈奴单于致汉王朝的外交文书言及汉文帝时匈奴控制西域情形，是这样表述的："单于遗汉书曰：'天所

---

① 正如余英时所说，"汉代政治家在他们的外交政策形成过程中面对的第一个强敌，是北方草原帝国匈奴。那个时代的大部分岁月中匈奴问题是汉代中国世界秩序的中心问题"。《汉朝的对外关系》，《剑桥中国秦汉史：公元前221—公元220年》，第413页。
② 《盐铁论·诛秦》。
③ 《盐铁论·结和》。
④ 《盐铁论·复古》。
⑤ 《汉书》卷一〇〇《叙传下》。
⑥ 陈序经：《匈奴史稿》，中国人民大学出版社2007年版，第页。
⑦ 邵台新：《汉代对西域的经营》，（台湾）辅仁大学出版社1995年版，第44页。今按：说"秦朝武功虽盛，势力尚未抵及西域"，"至汉文帝时，西域之地仍在匈奴控制之下"，是合理的。然而绝对否定中原与西域的早期联系，以为"在汉武帝之前，中国与西域并无往来"（第43页），似有不妥。参看王子今《穆天子神话和早期中西交通》，《学习时报》2001年6月11日。

立匈奴大单于敬问皇帝无恙。前时皇帝言和亲事，称书意，合欢。汉边吏侵侮右贤王，右贤王不请，听后义卢侯难氏等计，与汉吏相距，绝二主之约，离兄弟之亲。皇帝让书再至，发使以书报，不来，汉使不至，汉以其故不和，邻国不附。今以小吏之败约故，罚右贤王，使之西求月氏击之。以天之福，吏卒良，马强力，以夷灭月氏，尽斩杀降下之。定楼兰、乌孙、呼揭及其旁二十六国，皆以为匈奴。诸引弓之民，并为一家。北州已定，愿寝兵休士卒养马，除前事，复故约，以安边民，以应始古，使少者得成其长，老者安其处，世世平乐。未得皇帝之志也，故使郎中系雩浅奉书请，献橐它一匹，骑马二匹，驾二驷。皇帝即不欲匈奴近塞，则且诏吏民远舍。使者至，即遣之。'以六月中来至薪望之地。书至，汉议击与和亲孰便。公卿皆曰：'单于新破月氏，乘胜，不可击。且得匈奴地，泽卤，非可居也。和亲甚便。'汉许之。"关于"楼兰"，裴骃《集解》引徐广曰："一云'楼湟'。"张守节《正义》："《汉书》云鄯善国名楼兰，去长安一千六百里也。"关于"乌孙、呼揭"，张守节《正义》："二国皆在瓜州西北。乌孙，战国时居瓜州。"《汉书》卷九四上《匈奴传上》："楼兰、乌孙、呼揭及其旁二十六国皆已为匈奴。"颜师古注："皆入匈奴国也。"

对于冒顿"定楼兰、乌孙、呼揭及其旁二十六国，皆以为匈奴"的自我炫耀，匈奴史学者或信以为实。陈序经认为："乌孙在冒顿时，也在敦煌祁连间与月氏为邻。楼兰即后来的鄯善，在月氏之西。呼揭应的匈奴之西，丁令之西北，坚昆之东南，月氏乌孙之西北。匈奴除了征服这类国家之外，还征服了其旁二十六国，这等于说西域大部分的国家，都役属于匈奴了。《汉书》卷九十六上《西域传》上说，西域本三十六国。若把月氏、乌孙、楼兰、呼揭加上其旁二十六国已经有三十国。《汉书》卷七〇《傅常郑甘陈段传》说：'西域诸国本属匈奴也'，就是这个意思。"① 林幹《匈奴历史年表》在"公元前一七四年，汉文帝六年，匈奴冒顿单于三十六年，老上单于元年"条下也写道："匈奴灭月氏，定楼兰（在今甘肃若羌县）、乌孙（在今甘肃祁连、敦煌间）及其旁二十六'国'。"② 今按，据《汉书》卷九四上《匈奴传上》，"至孝文即位，复修和亲。其

---

① 陈序经：《匈奴史稿》，第193页。
② 林幹：《匈奴历史年表》，中华书局1984年版，第10—11页。

三年夏，匈奴右贤王入居河南地为寇，于是文帝下诏曰：'汉与匈奴约为昆弟，无侵害边境，所以输遗匈奴甚厚。今右贤王离其国，将众居河南地，非常故。往来入塞，捕杀吏卒，驱侵上郡保塞蛮夷，令不得居其故。陵轹边吏，入盗，甚骜无道，非约也。其发边吏车骑八万诣高奴，遣丞相灌婴将击右贤王。'右贤王走出塞，文帝幸太原。是时，济北王反，文帝归，罢丞相击胡之兵。其明年，单于遗汉书曰……"是冒顿致书汉文帝，时在汉文帝四年（前 176）。余英时说，"公元前 177 年，匈奴已成功地迫使张掖地区（甘肃）的月氏完全归附于它，制服了从楼兰（公元前 77 年易名鄯善，罗布泊之西；车尔成）到乌孙（位于塔里木盆地的伊犁河谷）的西域大多数小国，从那时起，匈奴能够利用西域的广大的自然和人力资源。这个地区对草原帝国来说是如此重要，以致被称为匈奴的'右臂'"①。余英时"公元前 177 年"说，应据汉文帝四年推定。今按："车尔成"，韩复智主译本作"车臣"。"乌孙（位于塔里木盆地的伊犁河谷）"，韩复智主译本作"乌孙（在塔里木盆地北部的伊犁河谷内）"②。关于伊犁河谷和塔里木盆地的位置关系表述有误。"车尔成"，应与经且末北流的车尔臣河有关。冯承钧原编、陆峻岭增订《西域地名》（增订本）："Charchan 车尔成，今新疆且末县，《前汉书》且末国……"③

对于这一时期匈奴对西域的控制，有学者分析说，"冒顿在逐走月氏、兼定乌孙的同时，也征服了位于阿尔太山南麓的呼揭国。对于呼揭，后来匈奴置有'呼揭王'镇守该处。而自呼揭居地往西，经由巴尔喀什湖北岸，可以抵达康居国的领土。早在大月氏被乌孙逐出伊犁河、楚河流域时，康居国已经'东羁事匈奴'，可见匈奴和康居的联系主要是通过前文所述《穆天子传》描述的道路实现的。由于离匈奴本土毕竟很远，康居'羁事匈奴'也许是比较松弛的"。西域其他国度的情形其实也大体类似。"至于楼兰，匈奴采取派驻督察的方式加以控制。由于楼兰离匈奴较

---

① 余英时：《汉朝的对外关系》，《剑桥中国秦汉史：公元前 221—公元 220 年》，第 438—439 页。

② Denis Twitchett, Michael Loewe 编：《剑桥中国史》第 1 册《秦汉篇 前 221—220》，韩复智主译，台北南天书局有限公司 1996 年版，第 467 页。

③ 中华书局 1980 年版，第 19 页。

远，匈奴对楼兰及其以西诸国的控制也是比较宽松的。"①

应当指出，陈序经所谓"《汉书》卷七〇《傅常郑甘陈段传》说：'西域诸国本属匈奴也'"，原文作"西域本属匈奴"，见《汉书》卷七〇《陈汤传》："建昭三年，汤与延寿出西域。汤为人沈勇有大虑，多策谋，喜奇功，每过城邑山川，常登望。既领外国，与延寿谋曰：'夷狄畏服大种，其天性也。西域本属匈奴，今郅支单于威名远闻，侵陵乌孙、大宛，常为康居画计，欲降服之。如得此二国，北击伊列，西取安息，南排月氏、山离乌弋，数年之间，城郭诸国危矣。且其人剽悍，好战伐，数取胜，久畜之，必为西域患。郅支单于虽所在绝远，蛮夷无金城强弩之守，如发屯田吏士，驱从乌孙众兵，直指其城下，彼亡则无所之，守则不足自保，千载之功可一朝而成也。'延寿亦以为然。"其后有陈汤等矫制击杀郅支单于的非常行为。

陈汤所谓"西域本属匈奴"，是发表于汉元帝建昭三年（前36）的言辞，很可能是指汉武帝之前的形势，即"僮仆都尉"经营西域时代情形，似并非陈说汉文帝执政时代的西域政治局面。

三 "诸引弓之民，并为一家"

冒顿在致汉文帝书中自豪地声称："诸引弓之民，并为一家。"《盐铁论·伐功》出自"文学"之口，也竟然有相同的话："……其后匈奴稍强，蚕食诸侯，故破走月支氏，因兵威徙小国，引弓之民，并为一家，一意同力，故难制也。"对于"引弓之民，并为一家"的说法是否可以据以作出当时匈奴曾经全面控制西域的历史判断，还可以讨论。

《史》《汉》可见"引弓之民"语例。《史记》卷二七《天官书》写道："其西北则胡、貉、月氏诸衣旃裘引弓之民，为阴；阴则月、太白、辰星；占于街北，昴主之。"裴骃《集解》："韦昭曰：'秦、晋西南维之北为阴，犹与胡、貉引弓之民同，故好用兵。'"《汉书》卷二六《天文

---

① 余太山主编：《西域通史》，中州古籍出版社1996年版，第48—49页。所谓"前文所述《穆天子传》描述的道路"，应即由河套地区西行的道路："再往西，越过阿尔太山中段某个山口，到达额尔齐斯河上游：这里有一处宜于畜牧的平原……旅程由此再往西，就来到了西王母之国，也就是来到了当时中国人心目中的极西之地。所传西王母之国的瑶池，有可能便是神话了的斋桑泊，西王母之国则可能相当或相邻于希罗多德所传阿里马斯普人的居地。"第46页。

志》也说:"其西北则胡、貉、月氏旃裘引弓之民,为阴,阴则月、太白、辰星,占于街北,昴主之。"颜师古注:"孟康曰:'秦、晋西南维之北为阴,与胡、貉引弓之民同,故好用兵。'"这里所谓"引弓之民",指西北少数族"胡、貉、月氏"等。《汉书》卷五四《李陵传》载司马迁为李陵辩护之辞:"陵提步卒不满五千,深轹戎马之地,抑数万之师,虏救死扶伤不暇,悉举引弓之民共攻围之。转斗千里,矢尽道穷,士张空拳,冒白刃,北首争死敌,得人之死力,虽古名将不过也。"这里所谓"引弓之民",只是指匈奴军民。

汉时所谓"引弓之民",大致是指以射猎为主要营生手段的草原游牧族。而西域诸国中多数政治实体的主体经济形式与此不同。《汉书》卷九六上《西域传上》所谓"西域诸国大率土著,有城郭田畜,与匈奴、乌孙异俗",指出了他们与"引弓之民"的区别。

从现有资料看,冒顿所谓"定楼兰、乌孙、呼揭及其旁二十六国,皆以为匈奴",似未可理解为当时匈奴已经全面控制了西域,"西域大部分的国家,都役属于匈奴了"。当时的西域政治地图当据《史记》卷一二三《大宛列传》的记载予以理解:"楼兰、姑师,邑有城郭,临盐泽。盐泽去长安可五千里。匈奴右方居盐泽以东,至陇西长城南,接羌,鬲汉道焉。"这一事实对于世界历史的进程其实意义十分重要。所谓"鬲汉道焉",亦指出了交通史的真实面貌。

如姚大中所说,"(冒顿)再向西,又压迫中亚细亚游牧民族与塔里木盆地三十多个沃洲国家全行归于匈奴支配之下[①],势力急速自吉尔吉斯草原伸向咸海、里海,并控制了东—西文明地带间的交通路,而建立起世界史上空前煊赫的第一个游牧大帝国。当时中国史书对匈奴这种西方支配势力的说明是:自乌孙以西至安息,匈奴使者只需凭单于一纸证明,便可以在任何地区接受招待和自由取得所需马匹,任何国家不敢违抗命令

---

① 姚大中说"沃洲",即通常所谓"绿洲"。有学者讨论丝绸之路的文化特征,这样写道,"与欧亚草原之路、海上丝绸之路相对而言,这条道路被称为绿洲之路。在这条道路上要经过许多浩瀚沙漠,而在广袤的沙漠里点缀着无数的天然绿洲,形成许多绿洲国家,为过往行人和畜群提供休息的场所。一块块绿洲形成交通网络的联结点,吴书的点形成一条贯穿欧亚大陆的交通线,从而形成东西方经济和文化交流的大动脉。因此,这条路线得名'绿洲之路'。丝绸贸易是绿洲道路上商业交流的大动脉,通常所谓'丝绸之路'就是指这条绿洲路。"石云涛:《三至六世纪丝绸之路的变迁》,文化艺术出版社2007年版,第61页。

(见《史记·大宛列传》)。① 欧亚大陆北方最早一次的游牧大同盟于是成立,而成立这个游牧大帝国所费时间,则数年间一气呵成"②。值得注意的是,所谓"控制了东—西文明地带间的交通路","匈奴使者只须凭单于一纸证明,便可以在任何地区接受招待和自由取得所需马匹",强调了东西交通条件形成了新的形势。

冒顿自称"诸引弓之民,并为一家",很可能只是反映了"夷灭月氏,尽斩杀降下之"的军事成功。这样的成功,自然可以对西域多数国家产生强大的威慑力。所谓"皆以为匈奴","皆已为匈奴",应当是对这种军事霸权的服从,不应当如颜师古注所说,简单地理解为"皆入匈奴国也"。正如马长寿所说,"如西域三十六国,《汉书·西域传》记载:'西域诸国,大率土著,有城郭田畜,与匈奴、乌孙异俗,故皆役属匈奴。'由于西域人民的语言、风土与匈奴不同,又由于他们是城郭田畜经济,所以匈奴不能把西域的城郭搬到草原上来,而只能在西域的中心地区设立'僮仆都尉',对各小国人民进行一种'敛税重刻'的赋役制度"③。

《汉书》卷九六下《西域传下》:"西域诸国,各有君长,兵众分弱,无所统一,虽属匈奴,不相亲附。匈奴能得其马畜旃罽,而不能统率与之进退。"安作璋以为可以理解为西域各族"对匈奴离心离德,不愿顺从"④。匈奴对西域的奴役,未能实现人心的征服。所谓"属匈奴"者,有时体现为"羁"的关系。⑤ 而这种关系,也是有动态变化的。⑥

---

① 今按:《史记》卷一二三《大宛列传》原文为:"自乌孙以西至安息,以近匈奴,匈奴困月氏也,匈奴使持单于一信,则国国传送食,不敢留苦。"而所谓"单于一信"在纸作为书写材料尚未得到普及之前,似不宜直解为"单于一纸证明"。
② 姚大中:《古代北西中国》,第68页。
③ 马长寿:《北狄与匈奴》,第27—28页。今按:"敛税重刻"语见《后汉书》卷八八《西域传》言两汉之际事:"(西域)哀平间自相分割,为五十五国。王莽篡位,贬易侯王,由是西域怨叛,与中国遂绝,并复役属匈奴。匈奴敛税重刻,诸国不堪命,建武中皆遣使求内属,愿请都护。光武以天下初定,未遑外事,竟不许之。"
④ 安作璋:《两汉与西域关系史》,齐鲁书社1979年版,第9页。
⑤ 如《史记》卷一二三《大宛列传》言康居"国小,南羁事月氏,东羁事匈奴"。
⑥ 如《史记》卷一二三《大宛列传》言乌孙"故服匈奴,及盛,取其羁属,不肯往朝会焉"。

四 匈奴强势与西域文化发展进程

有学者指出，今天的新疆地区，和欧亚大陆许多地方一样，也存在"青铜时代"和"早期铁器时代"这样两个前后相继的时代①。或求简便而采用"新疆金属时代"的说法②。"早期铁器时代的下限，一般认为应在公元前2世纪张骞通西域以后，或者大致在公元前后。"③ 匈奴军事强权对西域地方文化形态和文化方向施行强劲的影响，正是在这一时期。

研究者指出，"早期铁器时代偏晚阶段（第三阶段），游牧文化在全疆进一步深入、普及，基本看不到不同文化系统在新疆对峙的局面"，"该阶段文化在全疆范围普遍存在趋同态势"，这正与冒顿所谓"诸引弓之民，并为一家"构成一致。论者以为，"这与游牧文化在全疆的深入、普及，与骑马民族迅捷的交流方式，更与汉文化、匈奴文化自东向西的强烈渗透都有关系"。这样的分析是有道理的。研究者写道，于是，"汉文化、匈奴文化的影响则日渐加强，并最终与新疆土著文化融为一体"。"在这一整合过程中，先是西端的伊犁河流域文化表现活跃、影响广泛，后是东方的汉、匈文明因素日渐西及。新疆的早期铁器时代文化最终与汉文化、匈奴文化融为一体，形成尼雅遗存所代表的特色鲜明的东汉魏晋时期文化。正是在此背景下才出现了贯通东、西方两大文化系统的丝绸之路。"④

认识"日渐加强"的"汉文化、匈奴文化的影响"，"汉文化、匈奴文化自东向西的强烈渗透"以及所谓"汉、匈文明因素日渐西及"的过程时，当然不宜忽略"匈奴文化"的影响更早并且在前期更为强劲的历史事实。

有的学者对这一历史趋向进行了这样的表述："随着匈奴文化和汉文化影响的加强，新疆各地文化之间的交流更为频繁，作为东西文化交流通道的作用也日益显现出来。"⑤ 在分析这一时期西域文化的发展进程时，

---

① 陈戈：《关于新疆地区的青铜时代和早期铁器时代文化》，《考古》1990年第4期。
② 陈戈：《新疆远古文化初论》，《中亚学刊》1995年第4辑。
③ 韩建业：《新疆的青铜时代和早期铁器时代文化》，文物出版社2007年版，第1页。
④ 同上书，第122、121页。
⑤ 严文明：《序一》，韩建业：《新疆的青铜时代和早期铁器时代文化》，第1页。

将"匈奴文化"影响置于"汉文化影响"之前,是比较合适的处理方式。

五　匈奴控制西域通路

所谓"匈奴文化自东向西的强烈渗透",以及匈奴文明因素"日渐西及",均先于汉文化。这正是因为匈奴较早控制了西域通路。

有学者认为,对乌孙的控制,是匈奴打通西域道路的重要环节。《史记》卷一二三《大宛列传》记载张骞对汉武帝介绍匈奴与乌孙的关系:"臣居匈奴中,闻乌孙王号昆莫,昆莫之父,匈奴西边小国也。匈奴攻杀其父,而昆莫生弃于野。乌嗛肉蜚其上,狼往乳之。单于怪以为神,而收长之。及壮,使将兵,数有功,单于复以其父之民予昆莫,令长守于西域。昆莫收养其民,攻旁小邑,控弦数万,习攻战。单于死,昆莫乃率其众远徙,中立,不肯朝会匈奴。匈奴遣奇兵击,不胜,以为神而远之,因羁属之,不大攻。"乌孙昆莫曾经为匈奴"令长守于西域",后来方"中立,不肯朝会匈奴"。《汉书》卷六一《张骞传》的记载较为详尽:"臣居匈奴中,闻乌孙王号昆莫。昆莫父难兜靡本与大月氏俱在祁连、焞煌间,小国也。大月氏攻杀难兜靡,夺其地,人民亡走匈奴。子昆莫新生,傅父布就翎侯抱亡置草中,为求食,还,见狼乳之,又乌衔肉翔其旁,以为神,遂持归匈奴,单于爱养之。及壮,以其父民众与昆莫,使将兵,数有功。时,月氏已为匈奴所破,西击塞王。塞王南走远徙,月氏居其地。昆莫既健,自请单于报父怨,遂西攻破大月氏。大月氏复西走,徙大夏地。昆莫略其众,因留居,兵稍强,会单于死,不肯复朝事匈奴。匈奴遣兵击之,不胜,益以为神而远之。"

《汉书》记载所增益的信息,说到乌孙军攻破大月氏事:"时,月氏已为匈奴所破,西击塞王。塞王南走远徙,月氏居其地。昆莫既健,自请单于报父怨,遂西攻破大月氏。大月氏复西走,徙大夏地。昆莫略其众,因留居,兵稍强……"战事的爆发,有乌孙昆莫"自请单于"的情节。亲匈奴的乌孙"留居"大月氏国旧地,使得西域形势发生了重大变化。余太山主编《西域通史》这样总结这一历史过程:"乌孙原来是游牧于哈密附近的一个小部落,一度役属于月氏。前177/176年匈奴大举进攻月氏时,西向溃逃的月氏人冲击乌孙的牧地,杀死了乌孙昆莫(王)难兜靡。乌孙余众带着新生的难兜靡之子猎骄靡投奔匈奴,冒顿单于收养了猎骄靡，猎骄靡成年后，匈奴人让他统率乌孙旧部，镇守故地，也参加一些匈奴的军事活动。约前130年，匈奴军臣单于（前161—126年）①指使猎骄靡率所部乌孙人征伐大月氏。乌孙大获全胜，占领了伊犁河、楚河流域；并在后来逐步向东方扩张，终于成为西域大国。虽然自军臣单于去世后，乌孙便'不肯复朝事匈奴'，但在一段很长时期内一直羁属匈奴，故不妨认为匈奴假手乌孙实现了向伊犁以远发展的目的。"论者忽略了"昆莫既健，自请单于报父怨，遂西攻破大月氏"中"自请"的情节，而以"指使"强调了匈奴的主动意识。确实，从西域历史的这一走向来说，匈奴确实因此"实现了向伊犁以远发展的目的"，局势发展对匈奴的扩张提供了新的条件。

余太山主编《西域通史》又写道："通过乌孙，匈奴间接控制了从伊犁河流域西抵伊朗高原的交通线：'自乌孙以西至安息，以近匈奴，匈奴困月氏也，匈奴使持单于一信，则国国传送食，不敢留苦。'②这种形势对匈奴的强盛自然是十分有利的。"③ 匈奴控制"从伊犁河流域西抵伊朗高原的交通线"表现的"强盛"，应当从世界史的视角进行理解。

汉王朝与匈奴对西域的争夺，其实在某种意义上主要是对这种"交通线"的控制权的争夺。

历史文献记载了有关匈奴起初实行对西域实行控制和奴役的信息。典型的文字，即《汉书》卷九六上《西域传上》："西域诸国大率土著，有城郭田畜，与匈奴、乌孙异俗，故皆役属匈奴。匈奴西边日逐王置僮仆都尉，使领西域，常居焉耆、危须、尉黎间，赋税诸国，取富给焉。""僮仆"语义，在战国秦汉时期有特殊的社会文化背景。有的辞书解释"僮仆都尉"称谓即强调对西域各国的奴役："匈奴单于国在西域设置的官员，'僮仆'即指奴隶，僮仆部尉的职责是统管西域各国，从官名可知，匈奴将西域各国居民视为奴隶。"④

"赋税诸国，取富给焉"属于经济掠夺行为，但并非匈奴对汉地通常施行的突发式或季节式的掠夺，而具有了常态化和制度化的性质。这种经

---

① 今按：应作"前161—前126年"。
② 原注："《史记·大宛列传》。"
③ 余太山主编：《匈奴通史》，第48页。
④ 刘维新主编：《新疆民族辞典》，新疆人民出版社1995年版，第41页。

济关系，或许可以理解为体现了匈奴对外在经济实体进行控制和剥夺的方式的一种提升。另一方面，"赋税"又是国家行政管理的基本制度。既说"赋税诸国"，体现出匈奴实际上已经通过行政方式实施了对西域地方经济的有效控制。匈奴骑兵对汉地等农耕区的侵犯，其实并不仅仅追求闪击式的劫掠和短暂的占领。他们理想的征服形式，应当是这种"役使"和"赋税"。"匈奴西边日逐王"对西域的控制，或许可以说实现了游牧族军事势力征服农耕区与农牧交错区的最完满的境界。这种"役属"形式，可以说是汉帝国北边农耕族与游牧族关系中比较特殊的情形。①

匈奴"赋税诸国"，除得到农产品外，也应当取得矿产、手工业制品和其他物产。在匈奴控制西域的形势下，当地商贸活动依然发生着活跃经济和沟通文化的作用。西域商贸的正常运行和发展的方向，在一定程度上得到匈奴的支持和鼓励。

六　匈奴"乐关市"传统

匈奴基本营生手段是畜牧和射猎。但是流动性和机动性生活，使得他们不仅重视交换，同时在这种经济行为中居于优势地位。

《史记》卷一一〇《匈奴列传》记载，汉景帝时代曾经以"关市"的形式与匈奴通商。汉文帝时代，汉与匈奴曾经历紧张的军事对峙时期。随后，在汉景帝时形势发生变化："孝文帝崩，孝景帝立，而赵王遂乃阴使人于匈奴。吴楚反，欲与赵合谋入边。汉围破赵，匈奴亦止。自是之后，孝景帝复与匈奴和亲，通关市，给遗匈奴，遣公主，如故约。终孝景时，时小入盗边，无大寇。"这是《史记》中我们看到的最早的有关汉与匈奴"通关市"的记录。然而，我们通过"复与匈奴和亲，通关市，给遗匈奴，遣公主，如故约"句式，由所谓"复与"，由所谓"故约"，可以知道此前"与匈奴和亲"，"遣公主"的时期，是曾经"通关市"的。

林幹在匈奴史论著中曾经指出，"从高帝九年（前198）使刘敬往匈奴结和亲之约开始，至武帝元光二年（前133）发动对匈奴战争为止，和亲的条款大致可分为三项"。第一，汉王朝出嫁公主，输送财物；第二，

---

① 参看王子今《匈奴"僮仆都尉"考》，《南都学坛》2012年第4期；《论匈奴僮仆都尉"领西域""赋税诸国"》，《石家庄学院学报》2012年第4期。

"汉朝开放'关市',准许两族人民交易。"第三,"汉与匈奴结为兄弟,相约以长城为界,北面'引弓'之区是匈奴的游牧地带,归单于管领;南面'冠盖之室'是汉族耕织的领域,由汉帝统治。"关于第二条,林幹写道:"第二,汉朝开放'关市',准许两族人民交易。这在刘敬往结和亲之约后便实行了。当时通过关市,匈奴从汉族地区换得了不少物品和金属器具,特别是铜。故文帝六年贾谊上疏,有控制铜器和铜矿出塞以挟制匈奴的对策。后来关市在后元六年因匈奴大举侵扰而一度中断,至景帝元年恢复和亲又重行开放。开放关市,有利于汉匈两族人民的联系和经济文化的交流,汉朝这样做是对的。"① 宋超也采用了和亲政策包括三项内容的说法,其二即"汉朝开放关市,准许汉匈双方物资交流"。又分析说,"和亲的作用并不完全都是消极的,对于汉匈双方也有积极的一面。特别是关市的开通,匈奴用畜产品与汉民族地区交换农产品与手工制品,特别是金属器具,对于改变匈奴单一的畜牧业经济结构以及对汉匈经济的发展、文化的交流、民族间的往来都有一定的益处"②。

对于汉景帝以前"关市"的开通,《史记》中未能发现确证。但是"关市"与"和亲"同时实现汉王朝与匈奴的交流的推断,是可以成立的。林幹说,"开放关市""在刘敬往结和亲之约后便实行了。当时通过关市,匈奴从汉族地区换得了不少物品和金属器具,特别是铜。故文帝六年贾谊上疏,有控制铜器和铜矿出塞以挟制匈奴的对策"。作者原注:"参阅《新书》卷三《铜布》篇。"③ 今按《新书·铜布》中,贾谊强调对"铜"的控制可致"七福"即获得七种好处,其中第七种,字句涉及"匈奴":"挟铜之积,制吾弃财,以与匈奴逐争其民,则敌必坏矣。"这里其实只是说通过对货币的控制取得经济优势,可以"与匈奴逐争其民",似乎并没有"控制铜器和铜矿出塞以挟制匈奴"的意思。然而如果以为所谓"弃财"云云,间接反映了与匈奴之间存在的贸易关系,也许也是有一定的合理性的。我们应当注意到,《新书》中其实有直接论及"关市"的内容。即《匈奴》篇提出分化离间策略之后,又有借"关市"以为胜敌之资的建议:"夫关市者,固匈奴所犯滑而深求也,愿上遣使厚

---

① 林幹:《匈奴通史》,人民出版社 1986 年版,第 50—51 页。
② 宋超:《汉匈战争三百年》,华夏出版社 1996 年版,第 27—28 页。
③ 林幹:《匈奴通史》,第 51 页。

与之和，以不得已，许之大市。使者反，因于要险之所多为凿开，众而延之，关吏卒使足以自守。大每一关，屠沽者、卖饭食者、羹臛炙腤者，每物各一二百人，则胡人著于长城下矣。是王将强北之，必攻其王矣。以匈奴之饥，饭羹啗腤炙，啴□多饮酒，此则亡竭可立待也。赐大而愈饥，多财而愈困，汉者所希心而慕也，则匈奴贵人以其千人至者，显其二三，以其万人至者，显其十余人。夫显荣者，招民之机也。故远期五岁，近期三年之内，匈奴亡矣。此谓德胜。"所谓"愿上遣使厚与之和"，有的学者解释为："和，参上关市，此当为和市。《新唐书·食货志》：'率配曰和市。'谓调配有无之关市。"① 今按，"和"在这里，也许只是和好的意思，而与"市"似乎并没有直接的关系。② "因于要险之所多为凿开"，孙诒让以为"'开'，当为'关'"。阎振益、钟夏说，"下文两言关，此当作关。是则凿当训开，即开建、设置"③。

贾谊设计的通过"关市"以先进的农耕经济物质文明征服匈奴人心的策略，因为使用非战争的手段，所以说"此谓德胜"。陶鸿庆《读诸子札记》则以为这是一种经济战或者商业战、贸易战。他对"赐大而愈饥，多财而愈困"的理解是："言汉许匈奴大市，阴以汉物耗匈奴之财。"有人则对"赐大而愈饥，多财而愈困，汉者所希心而慕也"做了这样的解说："给的赏赐愈多，他们愈加感到饥饿，给的钱财愈多，他们愈加感到穷困，汉朝便成了他们倾心向往的地方了。"④

其实，《汉书》卷九四下《匈奴传下》明确说到汉文帝时代同匈奴"与通关市"的情形："昔和亲之论，发于刘敬。是时天下初定，新遭平城之难，故从其言，约结和亲，赂遗单于，冀以救安边境。孝惠、高后时遵而不违，匈奴寇盗不为衰止，而单于反以加骄倨。逮至孝文，与通关市，妻以汉女，增厚其赂，岁以千金，而匈奴数背约束，边境屡被其害。"

班固曾经分析事匈奴之策的不同："绥御之方，其涂不一，或修文以和之，或用武以征之，或卑下以就之，或臣服以致之。""或卑下以就之"

---

① 阎振益、钟夏校注：《新书校注》，中华书局2000年版，第151页。
② "厚与之和"，有学者解释为："用优厚的条件和他们讲和。"吴云、李春台校注：《贾谊集校注》，中州古籍出版社1989年版，第127页。
③ 阎振益、钟夏校注：《新书校注》，中华书局2000年版，第150页。
④ 王洲明、徐超校注：《贾谊集校注》，人民文学出版社1996年版，第150页。

句下李贤注："文帝与匈奴通关市，妻以汉女，增厚其赂也。"这虽然是后代人的追述，然而与《新书·匈奴》的内容对照理解，大体可以明确，与匈奴"通关市"是汉文帝时代边政的创举。

自汉武帝时代起，北边"关市"在新的条件下得到了新的发展。而匈奴对"关市"持积极态度。《史记》卷一一〇《匈奴列传》写道："今帝即位，明和亲约束，厚遇，通关市，饶给之。匈奴自单于以下皆亲汉，往来长城下。"《汉书》卷九四上《匈奴传上》的记载是："武帝即位，明和亲约束，厚遇关市，饶给之。匈奴自单于以下皆亲汉，往来长城下。"《史记》"厚遇，通关市"，《汉书》作"厚遇关市"。所谓"匈奴自单于以下皆亲汉，往来长城下"，似乎可以说明贾谊"则胡人著于长城下矣"的预言确实实现了。

马邑之谋失败后，汉武帝又有派遣王恢出击匈奴辎重的命令，随后汉王朝与匈奴进入实际上的战争状态。然而即使在这样的情况下，"关市"依然发挥着经济联系的作用。《史记》卷一一〇《匈奴列传》："自是之后，匈奴绝和亲，攻当路塞，往往入盗于汉边，不可胜数。然匈奴贪，尚乐关市，嗜汉财物，汉亦尚关市不绝以中之。"对于"汉亦尚关市不绝以中之"，张守节《正义》引如淳云："得具以利中伤之。"而《汉书》卷九四上《匈奴传上》同样内容颜师古注的说法可能更为准确："以关市中其意。"

《史记》卷一一〇《匈奴列传》还记载："自马邑军后五年之秋，汉使四将军各万骑击胡关市下。"可见当时"关市"对匈奴人的吸引，确实有使得"胡人著于长城下"的效力。

应当看到，匈奴"攻当路塞"和汉军"击胡关市下"，其实都意味着对"关市"的直接破坏，也都是利用了"关市"吸引多民族群众的经济作用。

据《汉书》卷七《昭帝纪》记载，汉昭帝始元五年（前82），曾经宣布宽弛限制重要军事物资马和弩出关的禁令："夏，罢天下亭母马及马弩关。"颜师古注："应劭曰：'武帝数伐匈奴，再击大宛，马死略尽，乃令天下诸亭养母马，欲令其繁孳，又作马上弩机关，今悉罢之。'孟康曰：'旧马高五尺六寸齿未平，弩十石以上，皆不得出关，今不禁也。'师古曰：'亭母马，应说也；马弩关，孟说是也。'""罢……马弩关"的措施，事实上解除了"关市"对于当时作为战争中主要交通动力的马以及作为战争中主要进攻武器弩的禁令。

在两汉之际的社会大动乱中，内地兵战频繁，而河西地区独得相对的安定。据《后汉书》卷三一《孔奋传》记载："时天下扰乱，唯河西独安，而姑臧称为富邑，通货羌、胡，市日四合，每居县者，不盈数月辄致丰积。"当时称为"脂膏"之地的姑臧，是武威郡治所在，作为河西长城东段的"富邑"，其经济地位的确定，是以"通货羌、胡，市日四合"的贸易条件的便利为基点的。也就是说，"关市"的作用，是边地形成"富邑"的重要条件之一。所谓"市日四合"，李贤解释说："古者为市，一日三合。《周礼》曰：'大市日侧而市，百族为主。〔朝市〕朝时而市，商贾为主。〔夕市〕夕时而市，贩夫贩妇为主。'今既人货殷繁，故一日四合也。"《孔奋传》还写道："陇蜀既平，河西守令咸被征召，财货连毂，弥竟川泽。唯奋无资，单车就路。姑臧吏民及羌胡更相谓曰：'孔君清廉仁贤，举县蒙恩，如何今去，不共报德！'遂相赋敛牛马器物千万以上，追送数百里。奋谢之而已，一无所受。"河西因贸易之发达实现地方之富足，以致地方官可以"财货连毂，弥竟川泽"。孔奋虽然廉洁，然而"姑臧吏民及羌胡"能够迅速"相赋敛牛马器物千万以上"，也说明姑臧"脂膏""富邑"名不虚传。而这一经济形势的形成，是与"通货羌、胡，市日四合"有直接的关系的。①

七　匈奴在西域商路的经济表现

匈奴通过"关市"丰富自身经济构成，激发生产和流通的活力，与其他民族的联系也因此更为密切。

在控制西域地方的时候，匈奴应当继承这一传统，甚至可能推行更为积极的政策，支持和鼓励商贸的活跃。

正如林幹所指出的，"匈奴族十分重视与汉族互通关市。除汉族外，匈奴与羌族经常发生商业交换；对乌桓族和西域各族也发生过交换"。此说匈奴"和西域各族也发生过交换"，在另一处则说，"匈奴还可能和西域各族发生交换"。一说"发生过交换"，一说"可能""发生交换"，似乎存在矛盾。然而论者可以给我们有益启示的如下判断则是确定的：

---

① 王子今、李禹阶：《汉代北边的"关市"》，《中国边疆史地研究》2007年第3期。

"（匈奴）并通过西域，间接和希腊人及其他西方各族人民发生交换。"①

这一时期丝路商道的形势，有的学者做过这样的分析，"匈奴人……企图控制西域商道，独占贸易权益"。"越来越强的贪欲，使他们亟欲控制商道，垄断东西贸易，以取得暴利。"②

有学者以为，"匈奴贵族""做着丝绸贸易"，"匈奴人""进行丝绸贸易"，或说"丝绢贸易"。亦有关于"当时匈奴贵族向西方贩运的丝绸的道路"的分析。③然而这些论说，现在看来，似乎缺乏确切的史料的支持。"匈奴人"在西域及邻近地方"进行丝绸贸易""丝绢贸易"的经济行为如果得到证实，当然可以推进匈奴史和西域史的认识。

亦有学者说，匈奴面对西域繁盛的商业，有"抢劫商旅"的行为。④这样的情形，当然是十分可能的。

殷墟 5 号墓出土玉器 750 余件，"绝大部分属'新疆玉'即和田玉都"。鄯善洋海古墓、和静察吾乎沟 4 号墓地以及温宿包孜东 41 号墓地，均出土海贝。出土海贝的遗址，还有哈密、吐鲁番、昌吉、库尔勒等地的先秦遗址或墓葬。和田玉出土于中原墓葬，海贝则见于新疆考古发掘现场。这些事实"表明先秦时期的新疆，商品交换已远远超越地区内部"⑤。先秦时期的经济传统应当为汉代西域人所沿袭。前引《后汉书》卷三一《孔奋传》"通货羌、胡，市日四合"，其中"胡"，不排除包括西域商人的可能。

余太山写道，"《史记·大宛列传》载自大宛以西至安息，其人皆'善市贾，争分铢'。《汉书·西域传》所载同。这是说早在张骞首次西使之时，葱岭以西诸国均已是重商之国"。"《汉书·西域传》《后汉书·西域传》""对天山以北、帕米尔以西、兴都库什山以南诸国的商业续有记载。"又引《汉书》卷九六上《西域传上》："至成帝时，康居遣子侍汉，贡献，然自以绝远，独骄嫚，不肯与诸国相望。都护郭舜数上言：'本匈

---

① 林幹：《匈奴通史》，第 3、146—147 页。
② 殷晴：《丝绸之路与西域经济——十二世纪前新疆开发史稿》，中华书局 2007 年版，第 111 页。
③ 苏北海：《汉、唐时期我国北方的草原丝路》，张志尧主编：《草原丝绸之路与中亚文明》，新疆美术摄影出版社 1994 年版，第 28 页。
④ 齐涛：《丝绸之路探源》，齐鲁书社 1992 年版，第 52 页。
⑤ 殷晴：《丝绸之路与西域经济——十二世纪前新疆开发史稿》，第 52—54 页。

奴盛时，非以兼有乌孙、康居故也；及其称臣妾，非以失二国也。汉虽皆受其质子，然三国内相输遗，交通如故，亦相候司，见便则发；合不能相亲信，离不能相臣役……而康居骄黠，讫不肯拜使者。都护吏至其国，坐之乌孙诸使下，王及贵人先饮食已，乃饮啖都护吏，故为无所省以夸旁国。以此度之，何故遣子入侍？其欲贾市为好，辞之诈也。"余太山说，"康居，在《汉书·西域传》描述的年代依旧是一个行国。这则记载的意义在于有助于了解行国之间存在经商的情况。特别是康居与匈奴、乌孙三国'内相输遗'。也说明，就康居而言，贡献和遣子入侍，不过是贾市的一种手段。"而"大月氏国'钱货，与安息同'"。"罽宾有'市列，以金银为钱……奉献者皆行贾贱人，欲通货市买，以献为名'云云，说明不仅康居，罽宾奉献的目的也是'通货市买'。"又乌弋山离国"市列、钱货、兵器、金珠之属与罽宾同"。此外，"《后汉书·西域传》载高附国'善贾贩，内富于财'"。论者于是写道，"以上表明，自西汉以降，天山以北、帕米尔以西、兴都库什山以南诸国大多从事经商活动"。"与此相对，有关塔里木盆地诸国商贸活动的报道特别稀少。""似乎当时商品经济尚未发达。"① 也许这样的判断略微失之于保守。

根据余太山已经注意到的史料，即以为"仅见几则报道"者，《汉书》卷九六上《西域传上》：疏勒国"有市列，西当大月氏、大宛、康居道也"。《后汉书》卷八八《西域传》："元嘉元年，长史赵评在于寘病痈死，评子迎丧，道经拘弥。拘弥王成国与于寘王建素有隙，乃语评子云：'于寘王令胡医持毒药著创中，故致死耳。'评子信之，还入塞，以告敦煌太守马达。明年，以王敬代为长史，达令敬隐核其事。敬先过拘弥，成国复说云：'于寘国人欲以我为王，今可因此罪诛建，于寘必服矣。'敬贪立功名，且受成国之说，前到于寘，设供具请建，而阴图之。或以敬谋告建，建不信，曰：'我无罪，王长史何为欲杀我？'旦日，建从官属数十人诣敬。坐定，建起行酒，敬叱左右执之，吏士并无杀建意，官属悉得突走。时成国主簿秦牧随敬在会，持刀出曰：'大事已定，何为复疑？'即前斩建。于寘侯将输僰等遂会兵攻敬，敬持建头上楼宣告曰：'天子使我诛建耳。'于寘侯将遂焚营舍，烧杀吏士，上楼斩敬，悬首于市。"就"斩敬，悬首于市"，余太山说，"似乎于阗也有市列。《梁书·西北诸戎

---

① 余太山：《两汉魏晋南北朝正史西域传研究》，中华书局2003年版，第154—157页。

传》称该国王治'有屋室市井',亦可为证"。《汉书》卷九六上《西域传上》三次出现"市列"字样:

> 罽宾……有金银铜锡,以为器。市列。①
> 乌弋……其草木、畜产、五谷、果菜、食饮、宫室、市列、钱货、兵器、金珠之属皆与罽宾同。
> 疏勒国……有市列,西当大月氏、大宛、康居道也。

"市列"见于汉代史籍,有《史记》卷三〇《平准书》:"是岁小旱,上令官求雨,卜式言曰:'县官当食租衣税而已,今弘羊令吏坐市列肆,贩物求利。亨弘羊,天乃雨。'"司马贞《索隐》:"坐市列,谓吏坐市肆行列之中。"《汉书》卷二四下《食货志下》同样的记述,颜师古注:"市列,谓列肆。"汉代语言习惯言"市列",应是指具有一定规模的市场。《盐铁论·救匮》贤良曰:"方今公卿大夫子孙,诚能节车舆,适衣服,躬亲节俭,率以敦朴,罢园池,损田宅,内无事乎市列,外无事乎山泽,农夫有所施其功,女工有所粥其业;如是,则气脉和平,无聚不足之病矣。"《潜夫论·劝将》:"苟有土地,百姓可富也;苟有市列,商贾可来也;苟有士民,国家可强也;苟有法令,奸邪可禁也。""市列"是和"土地"对应的概念。

即使事实如余太山所说,"在一般情况下,这些绿洲只能作为东西贸易的中转站,进行一种所谓的过境贸易。当然,这样的货物集散市场形成的重要条件之一是地处交通枢纽"②。控制这样的交通枢纽对于匈奴也是既具有军事意义也具有经济意义的。匈奴在交通机动性方面具有优势,对于交通的重要性也予以突出的重视。正如有的学者所指出的,"那些被我们称作早期匈奴的'中心'的考古遗址是以运输和战争方面明显的技术进步为特征的"③。

匈奴在西域"赋税诸国,取富给焉",此所谓"赋税"是不是也包括

---

① 颜师古注:"市有列肆,亦如中国也。"
② 余太山:《两汉魏晋南北朝正史西域传研究》,第357—358、360页。
③ [美]狄宇宙(Nicola Di Cosmo):《古代中国与其强邻:东亚历史上游牧力量的兴起》,贺严、高书文译,中国社会科学出版社2010年版,第95页。

商业税呢？从许多迹象考虑，匈奴对西域诸国的经济控制，应当包括对当地商业经营利润的超经济强制方式的盘剥。马长寿曾经写道："天山南北麓和昆仑山北麓，自古是中亚、南亚和东亚间商业交通要道，匈奴在其间设关卡，收商税，护送旅客，担保过山，都可以收到不少的报酬……"①

对于西域诸国在匈奴控制背景下的生存方式，以及匈奴对西域经济收益的依赖程度，有学者作如下分析："事实上，新疆沃洲对于匈奴，几乎已是他们最主要的物资综合补给站。"

这种"补给"，包括可观的"商业利润"。论者指出："僮仆都尉驻准噶尔盆地直通塔里木盆地的天山南麓焉耆、危须、尉犁三个小国之间，征发三十六国亘于农、牧、工、矿各方面的产品，以及草原大道之外的沃洲大道上商业利润，构成匈奴经济面不可缺的一环节。惟其如此而当以后新疆统治权自匈奴转移到汉朝，匈奴立即会陷入经济困境，步上衰运。"②

匈奴"征发"西域的物资，包括"亘于农、牧、工、矿各方面的产品"以及"三十六国"的"商业利润"，是可信的。不过，是否来自西域的经济收益会影响匈奴经济的主流，以致一旦丧失，"匈奴立即会陷入经济困境，步上衰运"，还需要确切的考察才能说明。匈奴在西域所获利益中"商业利润"占有怎样的比重，也需要论证。但是在物产丰足、商业繁盛的西域地方，匈奴以军事强权剥夺其"商业利润"的可能性，应是没有疑义的。

对于"商业利润"的利益追求，可能会促使匈奴在西域的军事行政势力对商贸取支持和鼓励的政策。

八　活跃的西域"贾胡"

西域商人曾经有非常活跃的历史表演。如《后汉书》卷八九《南匈奴传》："（建武）二十八年，北匈奴复遣使诣阙，贡马及裘，更乞和亲，

---

① 马长寿还说，"（匈奴）有时还掠夺行商和马队的货物"。并指出，"这些事实都说明西域的物产和交通在匈奴经济中占相当重要的位置"。《北狄与匈奴》，广西师范大学出版社 2006 年版，第 31 页。

② 姚大中：《古代北西中国》，台北三民书局 1981 年版，第 76 页。

并请音乐，又求率西域诸国胡客与俱献见。"① 极端的例证，又有《后汉书》卷四七《班超传》："超遂发龟兹、鄯善等八国兵合七万人，及吏士贾客千四百人讨焉耆。"可知西域"贾客"亦参与战争。有学者以"游牧民族商业化的倾向，也就愈益显著"的说法概括匈奴对"贸易权益"的追求。② 其实西域诸国可能更突出地体现出"商业化的倾向"。

《后汉书》卷五一《李恂传》："复征拜谒者，使持节领西域副校尉。西域殷富，多珍宝，诸国侍子及督使贾胡数遗恂奴婢、宛马、金银、香罽之属，一无所受。"所谓"贾胡数遗""奴婢、宛马、金银、香罽之属"，应是一种贿赂行为。也许这种行为曲折体现了匈奴占领时期特殊经济形式的历史惯性。"贾胡"身份，应是西域商人。李贤注："贾胡，胡之商贾也。"又引《袁山松书》曰："西域出诸香、石蜜。"李贤自己又解释说："罽，织毛为布者。"所谓"奴婢、宛马、金银、香罽之属"，都是西域以外人们所珍视的西域特产。

西汉中期，即有西域商人活跃于北边的历史记录。如陈连庆所说，"在中西交通开通之后，西域贾胡迅即登场"③。以敦煌汉简为例，所见乌孙人（88，90，1906）、车师人（88）、"囗知何国胡"（698）④ 等，未可排除来自西域的商人的可能。居延汉简可见记录"贾车"出入的简文：

　　日食时贾车出
　　日东中时归过（甲附14B）⑤

所谓"贾车"，似是商贾用车。只是车主的族属并不清楚。⑥ 又据《后汉

---

① 《太平广记》卷四〇二《鬻饼胡》："……但知市肆之间，有西国胡客至者，即以问之，当大得价。生许之……将出市，无人问者。已经三岁，忽闻新有胡客到城，因以珠市之……"可知"胡客"多是"贾胡"。
② 殷晴：《丝绸之路与西域经济——十二世纪前新疆开发史稿》，第111页。
③ 陈连庆：《汉唐之际的西域贾胡》，《中国古代史研究：陈连庆教授学术论文集》，吉林文史出版社1991年版。
④ 吴礽骧、李永良、马建华释校：《敦煌汉简释文》，甘肃人民出版社1991年版，第9、202、71页。简文或可读作"……不知何国胡"。
⑤ 谢桂华、李均明、朱国炤：《居延汉简释文合校》，文物出版社1987年版，第671页。
⑥ 这枚简的A面文字为："肩水金关印曰氏池右尉，平利里吕充等五人。"所谓"吕充等五人"与B面简文"贾车"的关系尚不明朗。

书》卷九六《乌桓传》记载:"顺帝阳嘉四年冬,乌桓寇云中,遮截道上商贾车牛千余两。"北边地区"商贾车牛"的活跃,不排除有"商胡"参与创造商贸繁盛的情形。

《后汉书》卷八八《西域传》篇末有以"论曰"形式发表的对于西域问题的总结性文字:"论曰:西域风土之载,前古未闻也。汉世张骞怀致远之略,班超奋封侯之志,终能立功西遐,羁服外域。自兵威之所肃服,财赂之所怀诱,莫不献方奇,纳爱质,露顶肘行,东向而朝天子。故设戊己之官,分任其事;建都护之帅,总领其权。先驯则赏籯金而赐龟绶,后服则系头颡而衅北阙。立屯田于膏腴之野,列邮置于要害之路。驰命走驿,不绝于时月;商胡贩客,日款于塞下。其后甘英乃抵条支而历安息,临西海以望大秦,拒玉门、阳关者四万余里,靡不周尽焉。若其境俗性智之优薄,产载物类之区品,川河领障之基源,气节凉暑之通隔,梯山栈谷绳行沙度之道,身热首痛风灾鬼难之域,莫不备写情形,审求根实⋯⋯"其中关于中土与西域相互往来的说法引人注目:

>   驰命走驿,不绝于时月;商胡贩客,日款于塞下。

中原王朝面向西北,"驰命走驿"传达着王命。而西域地方东来中土,则"商胡贩客"有积极的表现。前者"不绝于时月",后者"日款于塞下",似乎有更为密集的活动频度。

马援南征"武陵五溪蛮夷",进军艰难,时有指挥不力的批评。《后汉书》卷二四《马援传》有这样的记载:"初,军次下隽,有两道可入,从壶头则路近而水崄,从充则涂夷而运远,帝初以为疑。及军至,耿舒欲从充道,援以为弃日费粮,不如进壶头,搤其喉咽,充贼自破。以事上之,帝从援策。三月,进营壶头。贼乘高守隘,水疾,船不得上。会暑甚。士卒多疫死,援亦中病,遂困,乃穿岸为室,以避炎气。贼每升险鼓噪,援辄曳足以观之,左右哀其壮意,莫不为之流涕。耿舒与兄好畤侯弇书曰:'前舒上书当先击充,粮虽难运而兵马得用,军人数万争欲先奋。今壶头竟不得进,大众怫郁行死,诚可痛惜。前到临乡,贼无故自致,若夜击之,即可殄灭。伏波类西域贾胡,到一处辄止,以是失利。今果疾疫,皆如舒言。'弇得书,奏之。帝乃使虎贲中郎将梁松乘驿责问援,因代监军。会援病卒,松宿怀不平,遂因事陷之。帝大怒,追收援新息侯印绥。"对于马援进击迟缓以致"失利"的指责,有"类西域贾胡,到一处辄止"的说法。李贤注:"言似商胡,所至之处辄停留。"

《马援传》说"西域贾胡",李贤注称"言似商胡",可知"商胡"和"贾胡"其实并没有严格的区别。东汉初期都城洛阳"贾胡"的表现,《东观汉记》卷一六《杨正传》有所反映:

> 杨正为京兆功曹,光武崩,京兆尹出,西域贾胡共起帷帐设祭,尹车过帐,贾牵车令拜。尹疑止车,正在前导曰:"礼,天子不食支庶,况夷狄乎!"敕坏祭,遂去。①

看来"西域贾胡"在洛阳有一定的组织方式,有群体性的活动,甚至不畏惧地方行政长官。稍晚又可看到"贾胡"在内地结成武装暴力集团的情景,如《晋书》卷六九《刘隗传》:"(刘)畴,字王乔,少有美誉,善谈名理。曾避乱坞壁,贾胡百数欲害之,畴无惧色,援笳而吹之,为《出塞》《入塞》之声,以动其游客之思。于是群胡皆垂泣而去之。"② 这样在乱世既自卫亦害人的集团,其规模至"百数"人。而闻"《出塞》《入塞》之声"乃动"游客之思",以致"皆垂泣而去之"的情形,也体现出其情感倾向的一致。

关于汉代活动于内地的"西域贾胡",《后汉书》卷三四《梁冀传》又有一则具体的史例:"冀乃大起第舍,而寿亦对街为宅,殚极土木,互相夸竞。堂寝皆有阴阳奥室,连房洞户。柱壁雕镂,加以铜漆;窗牖皆有绮疏青琐,图以云气仙灵。台阁周通,更相临望;飞梁石蹬,陵跨水道。金玉珠玑,异方珍怪,充积臧室。远致汗血名马。又广开园囿,采土筑山,十里九坂,以像二崤,深林绝涧,有若自然,奇禽驯兽,飞走其间。冀、寿共乘辇车,张羽盖,饰以金银,游观第内,多从倡伎,鸣钟吹管,酣讴竟路。或连继日夜,以骋娱恣。客到门不得通,皆请谢门者,门者累千金。又多拓林苑,禁同王家,西至弘农,东界荥阳,南极鲁阳,北达

---

① 吴树平《东观汉记校注》标点作:"光武崩,京兆尹出西域,贾胡共起帷帐设祭……"分断"西域贾胡",似有不妥。
② 《艺文类聚》卷四四引曹嘉之《晋书》作"援笳而吹之,为《出塞》之声",不言《入塞》。文渊阁《四库全书》本《太平御览》卷五八一引文同。上海涵芬楼影印宋本《太平御览》卷五八一引曹嘉之《晋书》则作"援笳而吹之,为《出塞》《入塞》之声"。

河、淇，包含山薮，远带丘荒，周旋封域，殆将千里。又起菟苑于河南城西，经亘数十里，发属县卒徒，缮修楼观，数年乃成。"林苑之禁，又有极其严厉的处置方式：

> 移檄所在，调发生菟，刻其毛以为识，人有犯者，罪至刑死。尝有西域贾胡，不知禁忌，误杀一兔，转相告言，坐死者十余人。

所谓"西域贾胡"，生活方式如田猎等，一同当地汉人。只是"不知"豪家"禁忌"，致使多人"坐死"。

东汉晚期京师地方"贾胡"聚居的情形，还可以通过《三国志》卷二一《魏书·傅嘏传》裴松之注引《傅子》的记述得以说明：

> 河南尹内掌帝都，外统京畿，兼古六乡六遂之士。其民异方杂居，多豪门大族，商贾胡貊，天下四会，利之所聚，而奸之所生。①

所谓"商贾胡貊，天下四会"，体现了当时洛阳作为世界都市的文化气象。

《三国志》卷二四《崔林传》中可以看到这样的记载："迁大鸿胪。龟兹王遣侍子来朝，朝廷嘉其远至，褒赏其王甚厚。余国各遣子来朝，间使连属，林恐所遣或非真的，权取疏属贾胡，因通使命，利得印绶，而道路护送，所损滋多。劳所养之民，资无益之事，为夷狄所笑，此曩时之所患也。乃移书燉煌喻指，并录前世待遇诸国丰约故事，使有恒常。"② 所说"曩时"旧例"权取疏属贾胡，因通使命"者，也反映"贾胡"往来中土的方便。

《崔林传》所说，虽然已经是曹魏故事。然而以"贾胡"杂入使团的情形，在西汉时已经出现。

例如，《汉书》卷九六上《西域传上》关于罽宾国外交，写道："成

---

① 《太平御览》卷二五二引《魏志》曰："傅嘏，字兰石，为河南尹，内掌帝都，外统宗畿，兼主六乡六遂之士。其民异方杂居，多豪门大族，商贾胡貊，天下四会，利之所聚，而奸之所生也。"

② 《太平御览》卷二三二引《魏志》无"恒常"之"常"字，又"间使连属"作"问使连属"。

帝时，复遣使献谢罪，汉欲遣使者报送其使，杜钦说大将军王凤曰：'前罽宾王阴末赴本汉所立，后卒畔逆。夫德莫大于有国子民，罪莫大于执杀使者，所以不报恩，不惧诛者，自知绝远，兵不至也。有求则卑辞，无欲则娇嫚，终不可怀服。凡中国所以为通厚蛮夷，惬快其求者，为壤比而为寇也。今县度之阸，非罽宾所能越也。其乡慕，不足以安西域；虽不附，不能危城郭。前亲逆节，恶暴西域，故绝而不通；今悔过来，而无亲属贵人，奉献者皆行贾贱人，欲通货市买，以献为名，故烦使者送至县度，恐失实见欺。凡遣使送客者，欲为防护寇害也。起皮山南，更不属汉之国四五，斥候士百余人，五分夜击刀斗自守，尚时为所侵盗。驴畜负粮，须诸国禀食，得以自赡。国或贫小不能食，或桀黠不肯给，拥强汉之节，馁山谷之间，乞丐无所得，离一二旬则人畜弃捐旷野而不反。又历大头痛、小头痛之山，赤土、身热之阪，令人身热无色，头痛呕吐，驴畜尽然。又有三池、盘石阪，道陿者尺六七寸，长者径三十里。临峥嵘不测之深，行者骑步相持，绳索相引，二千余里乃到县度。畜队，未半坑谷尽靡碎；人堕，势不得相收视。险阻危害，不可胜言。圣王分九州，制五服，务盛内，不求外。今遣使者承至尊之命，送蛮夷之贾，劳吏士之众，涉危难之路，罢弊所恃以事无用，非久长计也。使者业已受节，可至皮山而还。'于是凤白从钦言。"杜钦的说法，为王凤所认同。其中关于罽宾使团构成，杜钦指出的两点值得注意：

    1. 今悔过来，而无亲属贵人，奉献者皆行贾贱人，欲通货市买，以献为名……
    2. 今遣使者承至尊之命，送蛮夷之贾，劳吏士之众，涉危难之路，罢弊所恃以事无用，非久长计也。

杜钦指出其"奉献者皆行贾贱人"，远行的直接目的是"欲通货市买"。这样的外交使者，实际上是"蛮夷之贾"。

这样以商人杂入外交使团的情形，是外交史上值得研究者注意的情形。

其实，汉王朝也曾经出现使团成员以谋求私利为"求使"目的的现象。如《史记》卷一二三《大宛列传》写道："自博望侯开外国道以尊贵，其后从吏卒皆争上书言外国奇怪利害，求使。天子为其绝远，非人所乐往，听其言，予节，募吏民毋问所从来，为具备人众遣之，以广其道。来还不能毋侵盗币物，及使失指，天子为其习之，辄覆案致重罪，以激怒令赎，复求使。使端无穷，而轻犯法。其吏卒亦辄复盛推外国所有，言大者予节，言小者为副，故妄言无行之徒皆争效之。其使皆贫人子，私县官赍物，欲贱市以私其利外国。"所谓"私县官赍物，欲贱市以私其利外国"，严格说来，当然也是一种特殊的商业行为。①

通过汉文史籍中"西域贾胡"的表现，可以说明西域商业传统的特征，而对于匈奴控制时期西域的商业政策，也可以因此得到深入理解的条件。讨论"西域贾胡"在经济生活中长期活跃的诸多原因，不能排除匈奴控制时期曾经予以激活和扶持的因素。

---

① 参看王子今《汉代的"商胡""贾胡""酒家胡"》，《晋阳学刊》2011年第1期。

赵充国时代"河湟之间"的生态与交通

西汉名将赵充国平定羌人暴动，战事艰苦，前线与朝廷行政中枢往来奏报频繁。《汉书》卷六九《赵充国传》所载记录战略设计和军事实施的相关文书，保留了珍贵的军事史和民族史资料。因赵充国策划及实践涉及屯田和运输问题，其中反映"河湟之间"生态环境与交通条件的重要信息，也可以增益我们对汉代生态史、交通史以及交通与生态之关系的认识。

一 "河湟之间"：赵充国与羌人共同的舞台

《史记》卷二〇《建元以来侯者年表》在"太史公本表"之后"营平"条说到赵充国事迹："赵充国以陇西骑士从军，得官侍中。事武帝，数将兵击匈奴，有功，为护军都尉，侍中，事昭帝。昭帝崩，议立宣帝，决疑定策，以安宗庙功侯，封二千五百户。"《史记》卷一一二《平津侯主父列传》"班固称曰"赞颂汉武帝之后，又说："孝宣承统，纂修洪业，亦讲论六艺，招选茂异"，杰出人才之中，"将相则张安世、赵充国、魏相、邴吉、于定国、杜延年"①。赵充国是"孝宣"时代军事领袖"将"的最突出的代表。

《汉书》卷五四《苏武传》记载："甘露三年，单于始入朝。上思股肱之美，乃图画其人于麒麟阁，法其形貌，署其官爵姓名。唯霍光不名，曰大司马大将军博陆侯姓霍氏，次曰卫将军富平侯张安世，次曰车骑将军

---

① 《汉书》卷五八《公孙弘卜式儿宽传》赞语。

龙頟侯韩增，次曰后将军营平侯赵充国，次曰丞相高平侯魏相，次曰丞相博阳侯丙吉，次曰御史大夫建平侯杜延年，次曰宗正阳城侯刘德，次曰少府梁丘贺，次曰太子太傅萧望之，次曰典属国苏武。皆有功德，知名当世，是以表而扬之，明著中兴辅佐，列于方叔、召虎、仲山甫焉。凡十一人，皆有传。自丞相黄霸、廷尉于定国、大司农朱邑、京兆尹张敞、右扶风尹翁归及儒者夏侯胜等，皆以善终，著名宣帝之世，然不得列于名臣之图，以此知其选矣。"赵充国被看作"股肱""名臣"，得"图画""麒麟阁"。此"列于名臣之图"的名单中，前引《史记》卷一一二《平津侯主父列传》"班固称曰"所列六人中，又略去"于定国"。

赵充国的主要功绩，是"征西羌"。"河湟之间"，是主要战场，也是汉军与羌人军事演出的主要舞台。清人胡渭《禹贡锥指》卷一〇"黑水西河惟雍州"条说："河湟之间吐谷浑故地，未尝为郡县，故不入雍域。"这一地区其实早有繁荣的早期文明，然而于中原文化重心地方有所隔距。应当说自赵充国时代起，受到汉王朝行政中枢的特殊重视。羌文化与汉文化的碰撞、交往和融合，明显密切起来。

《汉书》卷二七中之上《五行志中之上》："神爵元年秋，大旱。是岁后将军赵充国征西羌。"这是将赵充国战功与生态环境变化联系起来的记载，然而《五行志》作者以此为"炕阳之应"的理念背景，与我们的讨论有所不同。

二 "河湟之间"的生态：生产条件与生存环境

《后汉书》卷八七《西羌传》说羌人文化传统与军事实力："所居无常，依随水草。地少五谷，以产牧为业。""其兵长在山谷，短于平地，不能持久，而果于触突，以战死为吉利，病终为不祥。堪耐寒苦，同之禽兽。虽妇人产子，亦不避风雪。性坚刚勇猛，得西方金行之气焉。"又记述羌人以"河湟之间"作为基本生存空间的情形：

> 羌无弋爰剑者，秦厉公时为秦所拘执，以为奴隶。不知爰剑何戎之别也。后得亡归，而秦人追之急，藏于岩穴中得免。羌人云爰剑初藏穴中，秦人焚之，有景象如虎，为其蔽火，得以不死。既出，又与劓女遇于野，遂成夫妇。女耻其状，被发覆面，羌人因以为俗，遂俱

亡入三河间。诸羌见爱剑被焚不死,怪其神,共畏事之,推以为豪。河湟间少五谷,多禽兽,以射猎为事,爱剑教之田畜,遂见敬信,庐落种人依之者日益众。羌人谓奴为无弋,以爱剑尝为奴隶,故因名之。其后世世为豪。

历史地理文献所谓"河湟之间",或称"河湟之地"①"河湟之壤"②"河湟之土"③"河湟之境"④。《后汉书》卷八七《西羌传》所谓"三河间",李贤注:"《续汉书》曰:'遂俱亡入河湟间。'今此言三河,即黄河、赐支河、湟河也。"《后汉书》卷八七《西羌传》又记述爱剑后世的发展"兴盛":

> 至爱剑曾孙忍时,秦献公初立,欲复穆公之迹,兵临渭首,灭狄獂戎。忍季父卬畏秦之威,将其种人附落而南,出赐支河曲西数千里,与众羌绝远,不复交通。其后子孙分别,各自为种,任随所之。或为牦牛种,越巂羌是也;或为白马种,广汉羌是也;或为参狼种,武都羌是也。忍及弟舞独留湟中,并多娶妻妇。忍生九子为九种,舞生十七子为十七种,羌之兴盛,从此起矣。

被称为"众羌"的部族联盟后来有所分化,"子孙分别,各自为种,任随所之",而主要势力则"独留湟中"。

《后汉书》的记述,"河湟间少五谷,多禽兽,以射猎为事,爱剑教之田畜,遂见敬信,庐落种人依之者日益众",说明羌人主体经济形势由"射猎"至于"田畜"的转变。

这一时期所谓"湟中""河湟间""河湟之间",或包括"赐支河"

---

① 《新唐书》卷二○三下《文艺列传下·吴武陵》;(唐)元稹:《论西戎表》,《元氏长庆集》卷三三《表》;(宋)毛滂:《恢复河湟赋并序》,《东堂集》卷一《赋》;《宋史》卷二六六《郭贽传》;《太平寰宇记》卷一五一《陇右道二》;(明)何乔新:《种谔袭取夏嵬名山以归遂城绥州》,《椒邱文集》卷五《史论·宋》。
② (宋)宋敏求编:《唐大诏令集》卷七八《典礼·赦·加祖宗谥号赦》。
③ (宋)真德秀:《直前奏札一》(癸酉十月十一日上),《西山文集》卷三《对越甲稿·奏札》。
④ (宋)翟汝文:《代贺受降表》,《忠惠集》卷五《表》。

言"三河间"的地方,应以"田畜"为主要经济形式。当时这一地区的生态环境,较少受到人类活动的破坏。"河湟间少五谷,多禽兽",应当既适应"射猎"经济,也适应"田畜"经济。

了解这一段羌族史,应当注意到这样三个事实。

第一,羌人经济生活和经济生产的形式,有秦人影响的因素。如"羌无弋爰剑者,秦厉公时为秦所拘执,以为奴隶……后得亡归",这一经历显现出秦文化对羌文化的强势作用。

第二,羌人的发展受到秦人的严重制约,如爰剑故事所谓"秦人追之""秦人焚之"以及"至爰剑曾孙忍时,秦献公初立,欲复穆公之迹,兵临渭首,灭狄獂戎",于是"忍季父卬畏秦之威,将其种人附落而南,出赐支河曲西数千里,与众羌绝远,不复交通"。所谓"与众羌绝远,不复交通",记录了民族史与交通史的重要现象。这样一来,"忍季父卬""将其种人"带到了一个新的环境,自然距离"秦人"的势力更为遥远,避开了"秦之威"。

第三,羌人在草原环境下,具有交通能力方面的优势。部族主体可以进行幅度"数千里"的迁徙。"其后子孙分别,各自为种,任随所之。或为牦牛种,越巂羌是也;或为白马种,广汉羌是也;或为参狼种,武都羌是也。"体现出极强的机动性。

三 石棺葬:羌人机动性与草原生态交通条件考论之一

康巴地区可以看作古代中国西北地区和西南地区的交接带。东部地区的若干影响,也经过这里影响西部地区。有的学者称相关地域为"藏彝走廊",这一定名是否合理,还可以讨论。然而进行康巴地区的民族考古,确实不能不重视交通的作用。四川省文物考古研究院和故宫博物院组织的2005年康巴地区民族考古调查,为这一课题的研究提供了新的资料,打开了新的视窗。康巴民族考古的重要收获之一,是对大渡河中游地区和雅砻江中游地区石棺葬墓地考察所获得的资料。就丹巴中路罕额依和炉霍卡莎湖石棺葬墓地进行的考察以及丹巴折龙村、炉霍城中、炉霍城西、德格莱格石棺葬墓地的发现,都对石棺葬在四川地区的分布提供了新的认识。由西北斜向西南的草原山地文化交汇带,正是以这一埋葬习俗形成了历史标志。研究者认为，"关于这批石棺葬的族属，这批石棺葬出土的装饰有羊头的陶器，而'羊'与'羌'有着直接的关系，说明这批石棺葬的墓主人可能与羌族有着直接的关系"①。这一判断，应当看作值得重视的意见。相关资料，可以帮助我们理解《后汉书》卷八七《西羌传》的记载："其后子孙分别，各自为种，任随所之。或为牦牛种，越巂羌是也；或为白马种，广汉羌是也；或为参狼种，武都羌是也。"

正如汤因比曾经指出的，"一般而论，流动的氏族部落及其畜群，遗留下来的那些可供现代考古工作者挖掘并重见天日的持久痕迹，即有关居住和旅行路途的痕迹，在史前社会是为数最少的"②。与草原交通有密切关系的这种古代墓葬资料，因此有更值得珍视的意义。

已经有研究者指出："炉霍石棺墓出土的羊、虎、熊、马等形象与鄂尔多斯文化系统同类形象相似。""炉霍石棺墓出土的铜牌，也是北方草原民族特有的文化样式，尤其是虎背驴铜牌与宁夏固原出土虎背驴铜牌几乎一模一样。"炉霍县石棺葬的主人"可能来自北方草原，而且与鄂尔多斯文化系统联系十分紧密"③。炉霍石棺墓出土带有典型北方草原风格特征的青铜动物纹饰牌，构成了这种文物在西北西南地区分布的中间链环。学者在分析这种鄂尔多斯式青铜器与周围诸文化的关系时，多注意到与中原文化之关系，与东北地区文化之关系，与西伯利亚文化之关系④，而康巴草原的相关发现，应当可以充实和更新以往的认识⑤。

汤因比在《历史研究》中曾经专门论述"海洋和草原是传播语言的工具"这一学术主题。他写道，"在我们开始讨论游牧生活的时候，我们曾注意到草原像'未经耕种的海洋'一样，它虽然不能为定居的人类提供居住条件，但是却比开垦了的土地为旅行和运输提供更大的方便"。汤因比说，"海洋和草原的这种相似之处可以从它们作为传播语言的工具的

---

① 故宫博物院、四川省文物考古研究院：《2005 年度康巴地区考古调查简报》，《四川文物》2005 年第 6 期。

② [英] 汤因比：《历史研究》（修订插图本），刘北成、郭小凌译，上海人民出版社 2000 年版，第 114 页。

③ 《中国西部石棺文化之乡——炉霍》，2005 年 7 月。

④ 田广金、郭素新：《鄂尔多斯式青铜器》，文物出版社 1986 年版，第 189—191 页。[日] 小田木治太郎：《オルドス青銅器——遊牧民の動物意匠》，天理大学出版部 1993 年版，第 1—2 页。

⑤ 参看王子今、王遂川《康巴草原通路的考古学调查与民族史探索》，《四川文物》2006 年第 3 期，《康巴地区民族考古综合考察》，天地出版社 2008 年版。

职能来说明。大家都知道航海的人民很容易把他们的语言传播到他们所居住的海洋周围的四岸上去。古代的希腊航海家们曾经一度把希腊语变成地中海全部沿岸地区的流行语言。马来亚的勇敢的航海家们把他们的马来语传播到西至马达加斯加、东至菲律宾的广大地方。在太平洋上，从斐济群岛到复活节岛，从新西兰到夏威夷，几乎到处都使用一样的波利尼西亚语言，虽然自从波利尼西亚人的独木舟在隔离这些岛屿的广大洋面上定期航行的时候到现在已经过去了许多世代了。此外，由于'英国人统治了海洋'，在近年来英语也就变成世界流行的语言了"。汤因比指出，"在草原的周围，也有散布着同样语言的现象。由于草原上游牧民族的传布，在今天还有四种这类的语言：柏伯尔语、阿拉伯语、土耳其语和印欧语"。就便利交通的作用而言，草原和海洋有同样的意义。草原为交通提供了极大的方便。草原这种"大片无水的海洋"成了不同民族"彼此之间交通的天然媒介"①。1972年版《历史研究》缩略本对于草原和海洋有利于交通的作用是这样表述的："草原的表面与海洋的表面有一个共同点，就是人类只能以朝圣者或暂居者的身份才能接近它们。除了海岛和绿洲，它们那广袤的空间未能赋予人类任何可供其歇息、落脚和定居的场所。二者都为旅行和运输明显提供了更多的便利条件，这是地球上那些有利于人类社会永久居住的地区所不及的。""在草原上逐水草为生的牧民和在海洋里搜寻鱼群的船民之间，确实存在着相似之处。在去大洋彼岸交换产品的商船队和到草原那一边交换产品的骆驼商队之间也具有类似这之点。"② 回顾历史，我们看到"草原上游牧民"的交通优势，因"草原"特殊的生态"为旅行和运输明显提供了更多的便利条件"得以实现。羌人以河湟地区为中心向其他方向的移动，正是利用了草原生态条件有利于交通的特点。

四 "鲜水"：羌人机动性与草原
生态交通条件考论之二

草原民族在交通能力方面的优势，是众所周知的历史事实。康巴地方的

---

① ［英］汤因比：《历史研究》上册，曹未风等译，上海人民出版社1964年版，第234—235页。

② ［英］汤因比：《历史研究》（修订插图本），刘北成、郭小凌译，上海人民出版社2000年版，第113页。

古代民族利用这种优势在历史文化进程中发挥的特殊作用，已经通过多种考古文物迹象得以显现。地名学信息也可以提供相关例证。例如"鲜水"地名。

《汉书》卷二八上《地理志上》"蜀郡旄牛"条下说到"鲜水"："旄牛，鲜水出徼外，南入若水。若水亦出徼外，南至大莋入绳，过郡二，行千六百里。"《续汉书·郡国志五》"益州·蜀郡属国"条下刘昭《注补》引《华阳国志》也可见"鲜水"："旄，地也，在邛崃山表。邛人自蜀入，度此山甚险难，南人毒之，故名邛崃。有鲜水、若水，一名洲江。"《水经注·若水》写道："若水东南流，鲜水注之。一名州江、大度。水出徼外至旄牛道。南流入于若水，又径越嶲大莋县入绳。"① 谭其骧主编《中国历史地图集》标定的"鲜水"，在今四川康定西。② 而于雅江南美哲和亚德间汇入主流的"雅砻江"支流，今天依然称"鲜水河"。今"鲜水河"上游为"泥曲"和"达曲"，自炉霍合流，即称"鲜水河"。今"鲜水河"流经炉霍、道孚、雅江。道孚县政府所在地即"鲜水镇"，显然因"鲜水河"得名。讨论古来蜀郡旄牛"鲜水"，应当注意这一事实。

王莽诱塞外羌献鲜水海事，见于《汉书》卷九九上《王莽传》上有关元始五年（5）史事的记载："莽……乃遣中郎将平宪等多持金币诱塞外羌，使献地，愿内属。宪等奏言：'羌豪良愿等种，人口可万二千人，愿为内臣，献鲜水海、允谷盐池，平地美草皆予汉民，自居险阻处为藩蔽……宜以时处业，置属国领护。'"有关西海"鲜水"最著名的历史记录，与赵充国事迹有关。《汉书》卷六九《赵充国传》说，赵充国率军击罕、开羌，"酒泉太守辛武贤奏言：'……今虏朝夕为寇，土地寒苦，汉马不能冬，屯兵在武威、张掖、酒泉万骑以上，皆多羸瘦。可益马食，以七月上旬赍三十日粮，分兵并出张掖、酒泉合击罕、开在鲜水上者。'"《汉书》卷六九《赵充国传》中五次说到的"鲜水"，都是指今天的青海湖。谭其骧主编《中国历史地图集》标示作"西海（仙海）（鲜水海）"③。

《山海经·北山经》："……又北百八十里，曰北鲜之山，是多马。鲜水出焉，而西北流注于涂吾之水。"郭璞注："汉元狩二年，马出涂吾水中

---

① 陈桥驿校点本作："若水东南流，鲜水注之。一名州江。大度水出徼外至旄牛道。"上海古籍出版社1990年版，第669页。

② 谭其骧主编：《中国历史地图集》第2册，地图出版社1982年版，第29—30页。

③ 同上书，第33—34页。

也。"《史记》卷一一〇《匈奴列传》司马贞《索隐》引《山海经》:"北鲜之山,鲜水出焉,北流注余吾。""余吾"显然就是"涂吾"。《史记》卷二《夏本纪》张守节《正义》引《括地志》云:"合黎,一名羌谷水,一名鲜水,一名覆袤水,今名副投河,亦名张掖河,南自吐谷浑界流入甘州张掖县。"《后汉书》卷六五《段颎传》在汉羌战争记录中也说到张掖"令鲜水":"羌分六七千人攻围晏等,晏等与战,羌溃走。颎急进,与晏等共追之于令鲜水上。"李贤注:"令鲜,水名,在今甘州张掖县界。一名合黎水,一名羌谷水也。"可知《山海经》及《括地志》所谓"鲜水",又名"令鲜水"。这条河流,谭其骧主编《中国历史地图集》标示为"羌谷水"①。

思考"鲜水"水名在不同地方共同使用的原因,不能不注意到民族迁徙的因素。②"鲜水"地名在不同地方的重复出现,从许多迹象看来,与古代羌族的活动有密切关系。羌族在古代中国的西部地区曾经有非常活跃的历史表演。其移动的机动性和涉及区域的广阔,是十分惊人的。③ 两汉时期,西海"鲜水"地区曾经是羌文化的重心地域。而张掖"鲜水"时亦名"羌谷水",也透露出羌人活动的痕迹。有学者指出,羌人中的"唐牦"部族"向西南进入西藏",而"牦可能是牦牛羌的一些部落"④。有的学者认为,青海高原上的羌族部落,有的后来迁移到川西北地方。⑤ 有的学者则说,"迁徙到西藏的羌人还有唐牦。牦很可能是牦牛羌的一些部落。牦牛羌在汉代还有一部分聚居于今四川甘孜、凉山地区,吐蕃也有牦牛王的传说,两者间也许有关系;但要说西藏的牦牛种即是四川牦牛羌迁移而去的尚难于肯定。就地理环境而言,川藏间横断山脉,重重亘阻;古代民族迁移路线多沿河谷地带而行,翻越崇山峻岭是十分困难的。因此,极大可能是羌人中的牦牛部从他们的河湟根据地出发,一支向西南进

---

① 谭其骧主编:《中国历史地图集》第 2 册,第 33—34 页。
② 古地名的移用,往往和移民有关。因移民而形成的地名移用这种历史文化地理现象,综合体现了人们对原居地的忆念和对新居地的感情,富含重要的社会文化史的信息。参看王子今、高大伦《说"鲜水":康巴草原民族交通考古札记》,《中华文化论坛》2006 年第 4 期,《康巴地区民族考古综合考察》,天地出版社 2008 年版,《巴蜀文化研究集刊》第 4 卷,巴蜀书社 2008 年版。
③ 参看马长寿《氐与羌》,上海人民出版社 1984 年版;冉光荣、李绍明、周锡银:《羌族史》,四川民族出版社 1985 年版。
④ 李吉和:《先秦至隋唐时期西北少数民族迁徙研究》,民族出版社 2003 年版,第 60 页。
⑤ 闻宥:《论所谓南语》,《民族语文》1981 年第 1 期。

入西藏,另一支向南进入四川,还有的则继续南下至川南凉山一带"①。也有学者指出,早在秦献公时代,"湟中羌"即"向南发展","其后一部由今甘南进入川滇"②。现在看来,蜀郡旄牛"鲜水"确有可能与羌族南迁的史实有关③。

"湟中羌"和羌人"河湟根据地"的说法,是我们讨论"河湟之间"的生态形势和交通形势时应当注意的。

五 赵充国屯田的生态环境背景

汉宣帝在指示赵充国进军的诏书中写道:"今诏破羌将军武贤将兵六千一百人,敦煌太守快将二千人,长水校尉富昌、酒泉候奉世将婼、月氏兵四千人,亡虑万二千人。赍三十日食,以七月二十二日击罕羌,入鲜水北句廉上,去酒泉八百里,去将军可千二百里。将军其引兵便道西并进,虽不相及,使虏闻东方北方兵并来,分散其心意,离其党与,虽不能殄灭,当有瓦解者。已诏中郎将卬将胡越敇飞射士步兵二校,益将军兵。"说到"北方兵"进击羌人"入鲜水北句廉上"。赵充国后来又上屯田奏:

> 计度临羌东至浩亹,羌虏故田及公田,民所未垦,可二千顷以上,其间邮亭多坏败者。臣前部士入山,伐材木大小六万余枚,皆在水次。愿罢骑兵,留弛刑应募,及淮阳、汝南步兵与吏士私从者,合凡万二百八十一人,用谷月二万七千三百六十三斛,盐三百八斛,分屯要害处。冰解漕下,缮乡亭,浚沟渠,治湟陿以西道桥七十所,令

---

① 冉光荣、李绍明、周锡银:《羌族史》,四川民族出版社1985年版,第92—93页。
② 李文实:《西陲古地与羌藏文化》,青海人民出版社2001年版,第444—445页。
③ 在羌人迁徙的历史过程中,是可以看到相应的地名移用的痕迹的。有学者指出,"酒泉太守辛武贤要求出兵'合击罕、开在鲜水上者',是罕、开分布在青海湖。赵充国云:'又亡惊动河南大开、小开。'河南系今黄河在青海河曲至河关一段及到甘肃永靖一段以南地区,即贵德、循化、尖扎、临夏等地。阚骃《十三州志》载:'广大阪在枹罕西北,罕、开在焉。'枹罕故城在临夏县境。又《读史方舆纪要》说,'罕开谷在河州西'。河州即临夏"。"罕、开羌后来多徙居于陕西关中各地,至今这些地方尚有以'罕开'命名的村落"。冉光荣、李绍明、周锡银:《羌族史》,四川民族出版社1985年版,第59—60页。以同样的思路分析在羌人活动地域数见"鲜水"的事实,应当有益于推进相关地区的民族考古研究。

可至鲜水左右。田事出，赋人二十畮。至四月草生，发郡骑及属国胡骑伉健各千，倅马什二，就草，为田者游兵，以充入金城郡，益积畜，省大费。今大司农所转谷至者，足支万人一岁食。谨上田处及器用簿，唯陛下裁许。

又上状"条不出兵留田便宜十二事"，其中第十一条特别说到有关交通建设的设想：

> 治湟陿中道桥，令可至鲜水，以制西域，信威千里，从枕席上过师，十一也。①

赵充国屯田和交通建设的建议，有"以制西域，信威千里"的考虑，是有战略眼光的设计。

赵充国屯田奏言"至四月草生，发郡骑及属国胡骑伉健各千，倅马什二，就草"，提供了气候史的重要资料。而所谓"计度临羌东至浩亹，羌虏故田及公田，民所未垦，可二千顷以上"，规划耕作羌人曾经垦辟的农田，并垦殖未曾开发的"公田"，自然是有气候条件为保障的。而"羌虏故田"的存在，除有战争因素影响农耕面积之外，或许气候开始转寒也在一定程度上影响了"河湟之间"农耕自然经济的秩序②。

六 "河湟漕谷"的水文史料和交通史料意义

赵充国建议以屯田强化军事，包括全面的交通建设："计度临羌东至浩亹……其间邮亭多坏败者。""愿罢骑兵，留弛刑应募，及淮阳、汝南步兵与吏士私从者，合凡万二百八十一人……分屯要害处。冰解漕下，缮

---

① 《汉书》卷六九《赵充国传》。
② 两汉之际气候条件发生由温暖湿润而寒冷干燥的变化。有迹象表明，这一变化在汉武帝时代之后逐步发生。竺可桢：《中国近五千年来气候变迁的初步研究》，《考古学报》1972年第1期，收录《竺可桢文集》，科学出版社1979年版；王子今：《秦汉时期气候变迁的历史学考察》，《历史研究》1995年第2期。

乡亭，浚沟渠，治湟陿以西道桥七十所，令可至鲜水左右。"

赵充国言："臣前部士入山，伐材木大小六万余枚，皆在水次。"应有水运木材的考虑。这一记载既可说明"河湟之间"森林植被的状况，也可以说明"河湟"水资源的状况。

而屯田军人给养"冰解漕下"可以看作重要的水文史料和交通史料。"湟狭"在今青海西宁东。所谓"冰解漕下"，应是计划利用春汛条件水运木材。按照赵充国的设想，"缮乡亭，浚沟渠，治湟陿以西道桥七十所，令可至鲜水左右"，大约自湟水今海晏以北至西宁以东的河段，都可以放送木排，"鲜水左右"即青海湖附近地方均得以享受水运之利。即称"漕下"，可能在"材木"之外，还包括其他物资的运输。

赵充国在向朝廷的再次奏报中又提出12条分析意见，列举屯田的有利之处。其中第5条是：

> 至春省甲士卒，循河、湟漕谷至临羌，以视羌虏，扬威武，传世折冲之具，五也。①

提出了待春季以河水、湟水漕运粮食到临羌（今青海湟源南）②的计划。水运航路的开辟，又包括黄河上游河道。

有的学者根据相关资料指出，当时的黄河和湟水，"水量是相当大的，一旦冰消春至，就可以行船漕谷，放运木排"③。

又如《后汉书》卷八七《西羌传》记述"大、小榆谷"战事，其中

---

① 赵充国上状曰："臣谨条不出兵留田便宜十二事。步兵九校，吏士万人，留屯以为武备，因田致谷，威德并行，一也。又因排折羌虏，令不得归肥饶之墝，贫破其众，以成羌虏相畔之渐，二也。居民得并田作，不失农业，三也。军马一月之食，度支田士一岁，罢骑兵以省大费，四也。至春省甲士卒，循河湟漕谷至临羌，以视羌虏，扬威武，传世折冲之具，五也。以闲暇时下所伐材，缮治邮亭，充入金城，六也。兵出，乘危徼幸，不出，令反畔之虏窜于风寒之地，离霜露疾疫瘃堕之患，坐得必胜之道，七也。亡经阻远追死伤之害，八也。内不损威武之重，外不令虏得乘间之势，九也。又亡惊动河南大开、小开使生它变之忧，十也。治湟陿中道桥，令可至鲜水，以制西域，信威千里，从枕席上过师，十一也。大费既省，繇役豫息，以戒不虞，十二也。留屯田得十二便，出兵失十二利。臣充国材下，犬马齿衰，不识长册，唯明诏博详公卿议臣采择。"

② 《资治通鉴》卷二六"汉宣帝神爵元年"："循河、湟漕谷至临羌。"胡三省注："临羌县属金城郡，其西北即塞外。"

③ 赵珍：《清代西北生态变迁研究》，人民出版社2005年版，第54页。

若干信息可以帮助我们理解赵充国时代的相关历史迹象：

> （汉和帝永元）五年，（聂）尚坐征免，居延都尉贯友代为校尉。友以迷唐难用德怀，终于叛乱，乃遣驿使构离诸种，诱以财货，由是解散。友乃遣兵出塞，攻迷唐于大、小榆谷，获首虏八百余人，收麦数万斛①，遂夹逢留大河筑城坞，作大航，造河桥，欲度兵击迷唐。

"作大航"与"造河桥"并说，可知这里所谓"大航"应当是指大型航船。《水经注·河水二》即写作："于逢留河上筑城以盛麦，且作大船。"② 直接言"大船"。大榆谷在今青海贵德东。③ 通过贯友事迹，可知这一地区的黄河河段可以通行排水量较大的船舶。

应当注意到，赵充国所陈述的"循河、湟漕谷至临羌"，似尚在计划之中。而贯友"夹逢留大河筑城坞，作大航"情形，则已经是既成的事实④。

据《后汉书》卷八七《西羌传》记载，汉和帝时代，又一次发起河湟屯田："时西海及大、小榆谷左右无复羌寇。隃麋相曹凤上言：'西戎为害，前世所患，臣不能纪古，且以近事言之。自建武以来，其犯法者，常从烧当种起。所以然者，以其居大、小榆谷，土地肥美，又近塞内，诸种易以为非，难以攻伐。南得钟存以广其众，北阻大河因以为固，又有西海鱼盐之利，缘山滨水，以广田蓄，故能强大，常雄诸种，恃其权勇，招诱羌胡。今者衰困，党援坏沮，亲属离叛，余胜兵者不过数百，亡逃栖窜，远依发羌。臣愚以为宜及此时，建复西海郡县，规固二榆，广设屯田，隔塞羌胡交关之路，遏绝狂狡窥欲之源。又殖谷富边，省委输之役，

---

① 由所谓"收麦数万斛"，可知羌人在这一地区农耕经营的主要作物品种。
② 陈桥驿指出："这里的'且作大船'，说明内河航运在古代的黄河上游是有所发展的，当然可以通航的河段长度以及航行的规模都不得而知。"《〈水经注〉记载的内河航行》，《水经注研究》，天津古籍出版社1985年版，第210页。
③ 谭其骧主编：《中国历史地图集》第2册，第33—34页。《资治通鉴》卷四七"汉章帝元和三年"："迷吾子迷唐与诸种解仇结婚交质，据大、小榆谷以叛。"胡三省注："《水经》：河水径西海郡南，又东径允川而历大榆谷、小榆谷北。二榆土地肥美，羌所依阻也。"
④ 参看王子今《两汉漕运经营与水资源形势》，《陕西历史博物馆馆刊》第13辑，三秦出版社2006年版。

国家可以无西方之忧。'于是拜凤为金城西部都尉,将徙士屯龙耆。后金城长史上官鸿上开置归义、建威屯田二十七部,侯霸复上置东西邯屯田五部,增留、逢二部,帝皆从之。列屯夹河,合三十四部。其功垂立。至永初中,诸羌叛,乃罢。"曹凤所谓"广设屯田,隔塞羌胡交关之路",以及"殖谷富边,省委输之役",强调了"屯田""殖谷"在经济意义之外的交通意义。而屯田计划实施进程所谓"列屯夹河",应是意在利用水运条件。然而现今青海地区黄河与湟水的水文状况,湟水无法实现有经济意义的航运,黄河也不能通行"大航"。

汉武帝"西夷西"道路与向家坝汉文化遗存

《史记》卷一一三《大宛列传》和卷一一六《西南夷列传》均记述，张骞判断"邛西"有往"身毒国"的通路，与"大夏"联系"道便近"。于是汉武帝派遣使者"间出西夷西，指求身毒国"。这是汉代交通史上的大事，也是中外文化交流史上的大事。所谓"邛西""西夷西"，是民族构成复杂的地区。"间出西夷西"的交通行为，也是边疆史与民族史研究者应予以特别关注的。向家坝库区考古发掘获得的文化信息，可以帮助我们认识和理解汉代"邛西""西夷西"地区的民族关系和文化形势。屏山福延镇斑竹林 M1 汉代画像石棺墓出土陶俑造型有可能与"僰僮"有关，可以看作有关汉武帝"西夷西"道路探索这一学术主题的珍贵文物资料。

一 汉武帝时代"西夷西"道路探索

《史记》卷一一六《西南夷列传》记载汉武帝因张骞建议，试图开通"西夷西"道路由身毒国联系大夏的努力：

> 及元狩元年，博望侯张骞使大夏来，言居大夏时见蜀布、邛竹杖[1]，使问所从来，曰："从东南身毒国[2]，可数千里，得蜀贾人

---

[1] 裴骃《集解》："韦昭曰：'邛县之竹，属蜀。'瓒曰：'邛，山名。此竹节高实中，可作杖。'"《史记》中华书局 1959 年 9 月标点本作"蜀布、邛竹、杖"，第 9 册第 2995 页。2013 年 9 月"点校本二十四史修订本"作"蜀布、邛竹杖"，第 9 册第 3606 页。作"邛竹杖"。

[2] 裴骃《集解》引徐广曰："字或作'竺'。《汉书》直云'身毒'，《史记》一本作'乾毒'。"骃案：《汉书音义》曰："一名'天竺'，则浮屠胡是也。"司马贞《索隐》："身音捐，毒音笃。一本作'乾毒'。《汉书音义》一名'天竺'也。"

市。"或闻邛西可二千里有身毒国。骞因盛言大夏在汉西南,慕中国,患匈奴隔其道,诚通蜀,身毒国道便近,有利无害。于是天子乃令王然于、柏始昌、吕越人等,使间出西夷西①,指求身毒国。至滇,滇王尝羌②乃留,为求道西十余辈。岁余,皆闭昆明③,莫能通身毒国。

"大夏"据说"从东南身毒国,可数千里"能够"通蜀"。而可能来自蜀地的信息,言"邛西可二千里有身毒国"。张骞"盛言"这一方向"道便近",可以沟通"大夏"结成反匈奴的军事联盟。

这一交通开发的路径建议有重要的外交战略和军事战略意义。由于自然地理条件构成的艰险,"西夷西"方向的交通建设自然有显而易见的难度。但如果这条道路确实开通,将可能影响汉帝国"西南夷"地方以至南亚的历史文化进程乃至世界史的面貌。

不过,"天子""使间出西夷西,指求身毒国"的努力,却未能成功。其重要原因之一,在于这一地区纷杂的多民族势力的存在,致使"留""闭"现象发生,以至汉使不能"间出"。

蜀地出产见于"大夏",说明"大夏"通过身毒国"得蜀贾人市"的民间商贸通路的存在。这种自由贸易形成的商路,虽然未被汉帝国执政者利用,却应当是实际畅通的。张骞所谓"身毒国道便近,有利无害"的判断,应当是有可以说服汉武帝的确实依据的。就此《史记》其他篇章的表述是"去蜀不远","从蜀宜径,又无寇"。这一交通地理知识,应当来自"蜀贾"。

二 "因蜀犍为发间使,四道并出"

出现"去蜀不远","从蜀宜径,又无寇"字样的,是《史记》卷一二三《大宛列传》。关于"天子乃令王然于、柏始昌、吕越人等,使间出

---

① 《汉书》卷九五《西南夷传》作"间出西南夷"。颜师古注:"求间隙而出也。"
② 裴骃《集解》引徐广曰:"尝,一作'赏'。"
③ 裴骃《集解》:"如淳曰:'为昆明所闭道。'"张守节《正义》:"昆明在今嶲州南,昆县是也。"

西夷西，指求身毒国"，进而联系"大夏"事，同篇也有记述，而情节似更为具体。特别是指出了他们交通道路探索的路线：

> 大夏在大宛西南二千余里妫水南。其俗土著，有城屋，与大宛同俗。无大君长，往往城邑置小长。其兵弱，畏战。善贾市。及大月氏西徙，攻败之，皆臣畜大夏。大夏民多，可百余万。其都曰蓝市城，有市贩贾诸物。其东南有身毒国。①
>
> 骞曰："臣在大夏时，见邛竹杖、蜀布。②问曰：'安得此？'大夏国人曰：'吾贾人往市之身毒。身毒在大夏东南可数千里。其俗土著，大与大夏同，而卑湿暑热云。其人民乘象以战。其国临大水焉。'以骞度之，大夏去汉万二千里，居汉西南。今身毒国又居大夏东南数千里，有蜀物，此其去蜀不远矣。今使大夏，从羌中，险，羌人恶之；少北，则为匈奴所得；从蜀宜径③，又无寇。"天子既闻大宛及大夏、安息之属皆大国，多奇物，土著，颇与中国同业，而兵弱，贵汉财物；其北有大月氏、康居之属，兵强，可以赂遗设利朝也。且诚得而以义属之，则广地万里，重九译④，致殊俗，威德遍于四海。天子欣然，以骞言为然，乃令骞因蜀犍为⑤发间使，四道并出：出駹，出冉，出徙，出邛、僰，皆各行一二千里。其北方闭氐、筰，南方闭嶲、昆明。昆明之属无君长，善寇盗，辄杀略汉使，终莫得通。然闻其西可千余里有乘象国，名曰滇越，而蜀贾奸出物者或至焉，于是汉以求大夏道始通滇国。初，汉欲通西南夷，费多，道不通，罢之。及张骞言可以通大夏，乃复事西南夷。

---

① 裴骃《集解》引徐广曰："身，或作'乾'，又作'讫'。"司马贞《索隐》："身音乾，毒音笃。孟康云：'即天竺也，所谓浮图胡也。'"张守节《正义》："一名身毒，在月氏东南数千里。俗与月氏同，而卑湿暑热。其国临大水，乘象以战。其民弱于月氏。修浮图道，不杀伐，遂以成俗。土有象、犀、瑇瑁、金、银、铁、锡、铅。西与大秦通，有大秦珍物。"

② 张守节《正义》："邛都邛山出此竹，因名'邛竹'。节高实中，或寄生，可为杖。布，土芦布。"

③ 裴骃《集解》："如淳曰：'径，疾也。或曰径，直。'"

④ 张守节《正义》："言重九遍译语而致。"参看王子今《"重译"：汉代民族史与外交史中的一种文化现象》，《河北学刊》2010年第4期。

⑤ 张守节《正义》："犍，其连反。犍为郡今戎州也，在益州南一千余里。"

司马迁写道，"初，汉欲通西南夷，费多，道不通，罢之。及张骞言可以通大夏，乃复事西南夷"。可知这是汉武帝时代又一次西南夷经营。汉武帝"因蜀犍为发间使，四道并出"的决策，在中国古代交通史、边疆史、民族史及外交史上均有重要意义，亦值得世界文化交流史研究者关注。近年对于汉武帝开发西南夷的意义，多有学者讨论，往往有新见发表。① 有的研究者认为，"不是纯粹为了西南夷的经济发展"，"通西南夷"的目的"是为征讨南越寻找便捷通道，以及寻找通往大夏的交通线，而不是为了开发西南夷地区的经济资源"②。以为汉武帝时代在西南夷地方的努力主要出于交通目的。这样的意见值得重视。

据《史记》卷一一六《西南夷列传》，"及元狩元年，博望侯张骞使大夏来，言居大夏时见蜀布、邛竹杖"，《资治通鉴》卷一九"汉武帝元狩元年"系此事于公元前122年。

司马迁曾经有奉使前往巴蜀以南甚至抵达"邛、笮、昆明"等地方的亲身经历③，有关西南夷的记述，应当大体切实可信。

西汉犍为郡治在今四川宜宾。对于以"蜀犍为"为始发点的所谓"四道并出：出駹，出冄，出徙，出邛、僰"这种直接体现为交通进取的文化交流动向，应当予以民族历史地理的说明。

所谓"出駹，出冄"，张守节《正义》："茂州、向州等，冄、駹之地，在戎州西北也。"唐代戎州治所在今四川宜宾。④ 茂州治所在今四川

---

① 高荣：《汉代对西南边疆的经营》，《中国边疆史地研究》2000年第1期；黎小龙：《战国秦汉西南边疆思想的区域性特征初探》，《中国边疆史地研究》2004年第4期；武保宁、吴硕：《西汉经营西南地区的政策及其分析》，《延安大学学报》（社会科学版）2007年第2期；李正周：《两汉时期的"西南夷"民族政策》，《烟台大学学报》（哲学社会科学版）2008年第2期；李珍焱：《秦汉时期巴蜀地区通"西南"的道路及其意义》，《金卡工程经济与法》2009年第12期；罗亭：《论汉武帝时期对西南夷道路的开发》，《河南科技学院学报》2012年第5期。

② 郭筱磊：《浅探汉文帝开拓西南夷地区的根本目的》，《淮南工学院学报》（人文社会科学版）2014年第1期。

③ 《史记》卷一三〇《太史公自序》："奉使西征巴、蜀以南，南略邛、笮、昆明，还报命。"裴骃《集解》："徐广曰：'元鼎六年，平西南夷，以为五郡。其明年，元封元年是也。'"

④ 谭其骧主编：《中国历史地图集》第5册，地图出版社1982年版，第65—66页。

茂县。向州治所在今四川茂县西北或黑水、红原县境。①

所谓"出徙",裴骃《集解》:"徐广曰:'属汉嘉。'"司马贞《索隐》:"李奇云:'徙音斯。蜀郡有徙县也。'"张守节《正义》:"徙在嘉州。"所谓"蜀郡有徙县",据《汉书》卷二八上《地理志上》。谭其骧主编《中国历史地图集》标示,"徙"在今四川天全东南。②

所谓"出邛、僰",张守节《正义》:"邛,今邛州;僰,今雅州:皆在戎州西南也。"唐代邛州治所在今四川邛崃,雅州治所在今四川雅安。③有学者指出,唐代邛州"辖境相当今四川邛崃、大邑、蒲江等市县地",雅州"辖境相当今四川雅安、名山、荥经、天全、卢山、宝兴等市县地"④。

三 汉使见闭于夷

《大宛列传》说,"骞因蜀犍为发间使,四道并出:出駹,出冄,出徙,出邛、僰,皆各行一二千里。其北方闭氐、筰,南方闭嶲、昆明"。所谓"各行一二千里",言这种交通探索付出了艰辛,里程数目,则似乎未可确究。

所谓"北方闭氐、筰",裴骃《集解》引服虔曰:"皆夷名,汉使见闭于夷也。"司马贞《索隐》:"韦昭云:'筰县在越嶲,音昨。'案:南越破后杀筰侯,以筰都为沈黎郡,又有定筰县。"张守节《正义》:"氐,今成州及武等州也。筰,白狗羌也。皆在戎州西北也。""氐、筰",应是自犍为即今四川宜宾向北方探求交通身毒道路致使受阻的少数民族的概称。

属于益州刺史部北部的明确与"氐"有关的地名,据《汉书》卷二

---

① 史为乐主编:《中国历史地名大辞典》,中国社会科学出版社 2003 年版,下册第 1471 页,上册第 1027 页。有学者论述,"冉駹"即明清译作"日玛""日麦""尔玛"者,"是龙门山西侧、岷江上游地区一个历史悠久、超强稳定的族群"。耿少将:《冉駹历史沿革考》,《中华文化论坛》2014 年第 3 期。据饶宗颐《甲骨文中的冉与冉駹》说,甲骨文中"冉"(《诚斋殷墟文字》369)、"冉黾羌"(《甲骨文合集》451、452)等,都是关于"冉駹"的记载。《文物》1998 年第 1 期。

② 谭其骧主编:《中国历史地图集》第 2 册,第 29—30 页。

③ 同上书,第 65—66 页。

④ 史为乐主编:《中国历史地名大辞典》,上册第 539 页,下册第 2532 页。

八上《地理志》上，广汉郡有甸氐道、刚氐道，蜀郡有湔氐道。据《汉书》卷二八下《地理志》下，陇西郡有氐道。甸氐道在今甘肃文县西，湔氐道在今四川松潘，刚氐道在今四川平武，氐道在今甘肃岷县东。① 而马长寿曾有论说，指出氐族的分布地域相当宽广，一些氐人分布的地区，"不得以无氐道之名而忽略之"②。

韦昭说"筰县在越嶲"。《汉书》卷二八上《地理志上》越嶲郡有定筰、筰秦、大筰：

> 定筰，出盐。步北泽在南。都尉治……筰秦，大筰……

定筰在今四川盐源，筰秦在今四川冕宁，大筰在今四川盐边东南。③《汉书》卷二八下《地理志下》分析"巴蜀广汉"形势，说到"南贾滇、僰僮，西近邛、筰马旄牛"。颜师古注："言滇、僰之地多出僮隶也。""言

---

① 谭其骧主编：《中国历史地图集》第2册，第29—30、33—34页。

② 马长寿写道："氐族的原始分布地和秦汉时氐族分布中心大体是一致的。自冉駹（嘉戎）以东北，是西汉水、白龙江、涪水上游等地，这些地区自古就是氐族分布的所在。"他指出，"《汉书·地理志》记：武都郡的武都（治今甘肃西和西南）、故道（治今陕西宝鸡南）、河池（治今甘肃徽县北）、平乐道（治今甘肃武都东北）、沮（治今陕西略阳东）、嘉陵道（治今陕西略阳东北）、循成道（治今略阳县西北），皆为氐族所居。"马长寿还指出："汉时，'有蛮夷曰道'。上述诸道、县皆在武都郡治武都道的附近，其地自古为氐族所居。其不言氐道者为简文。例如故道，《北史·氐传》云：'自汧、渭抵于巴、蜀，种类实繁，或谓之白氐，或谓之故氐。'以此知故道实为'故氐道'的简文。武都为白马氐道，沮也有氐，《汉书·地理志》均不称为道者，疑有阙文。《后汉书·郡国志》以武都为'武都道'。《三国志·魏书·杨阜传》记'会刘备遣张飞、马超等从沮道趣下辩，而氐雷定等七部万余落反应之'。以此知沮也称沮道。又如河池，无氐道之名，然《后汉书·西南夷传》记氐人'居于河池，一名仇池'。仇池自古为氐人分布的中心区之一，不得以无氐道之名而忽略之。"《氐与羌》，上海人民出版社1984年版，第32—33页。"故道实为'故氐道'的简文。武都为白马氐道，沮也有氐，《汉书·地理志》均不称为道者，疑有阙文"句后，原注："《汉书补注》引齐召南曰：《汉书·地理志》于汶江、绵虒、武都'不言道，殆阙文耶？'"今按：《汉书》卷二八下《地理志下》："道三十二。"齐召南《前汉书》卷二八下《考证》："《志》中县邑之以'道'名者得二十九"，"尚缺其三。以《后书·郡国志》证之，则蜀郡之汶江道、绵虒道，武都之武都道，恰与三十二之数合。此《志》于汶江、绵虒、武都三县不言'道'，殆亦阙文耳。齐说有《续汉书·郡国志》为证。马说诸例"《汉书·地理志》均不称为道者，疑有阙文"，有些还需要更多论证。不能只根据"有氐"就做出"其地自古为氐族所居""其不言氐道者为简文"的判断。例如"故道实为'故氐道'的简文"的说法，即缺乏说服力。

③ 谭其骧主编：《中国历史地图集》第2册，第29—30页。

邛、筰之地出马及旄牛。"

所谓"北方闭氐、筰，南方闭巂、昆明"涉及的地方，正是《汉书》卷二八下《地理志下》所指出的："武都地杂氐、羌，及犍为、牂柯、越巂，皆西南外夷，武帝初开置。民俗略与巴、蜀同，而武都近天水，俗颇似焉。"其地杂有多种民族。"地杂氐、羌"，是汉武帝"因蜀犍为发间使，四道并出"之西路和北路面对的民族杂居形势。而治西南民族史研究者，称这一方向的少数民族为"氐羌族群"①。当然，理解"北方闭氐、筰"者，应当注意马长寿关于"汶江、绵虒"的论述。《汉书》卷二八上《地理志上》"蜀郡"条在"绵虒"之后说到"旄牛""徙""湔氐道"和"汶江"：

> 旄牛，鲜水出徼外，南入若水。若水亦出徼外，南至大筰入绳，过郡二，行千六百里。徙，湔氐道，《禹贡》崏山在西徼外，江水所出，东南至江都入海，过郡七，行二千六百六十里。汶江，渽水出徼外，南至南安，东入江，过郡三，行三千四十里。

"北方闭氐、筰"的"氐"，应指"湔氐道"等地方，恐不应至于武都。蜀郡"汶江"，谭其骧主编《中国历史地图集》的处理，即写作"汶江道"，位置标示于今四川茂汶羌族自治县。② 前引有关"蜀郡"的文字说到"鲜水出徼外"，"崏山在西徼"，"渽水出徼外"，"徼外""西徼"之说，均值得注意。③ 而水道里程的记录"行千六百里"，"行二千六百六十里"，"行三千四十里"等，可以理解为通过交通实践测定的数据。关于"鲜水"在上古交通史中的意义，可以通过地名的移用有所

---

① 马曜：《我国西南民族研究的回顾与展望》，中国西南民族研究学会编：《西南民族研究》，四川民族出版社 1983 年版，第 1 页。

② 谭其骧主编：《中国历史地图集》第 2 册，第 29—30 页。

③ 越巂郡、益州郡也有来自"徼外"的江流。如越巂郡"遂久"县条下："绳水出徼外，东至僰道入江，过郡二，行千四百里。""青蛉"县条下："临池泽在北。仆水出徼外，东南至来惟入劳，过郡二，行千八百八十里。"益州郡"巂唐"县条下："周水首受徼外。又有类水，西南至不韦，行六百五十里。""来唯"县条下："从徭山出铜。劳水出徼外，东至麋泠入南海，过郡三，行三千五百六十里。"

认识。①

西南夷道路的"闭"，后世看来只是西南交通发展史上短暂的停顿，但这一现象，在当时却伴随着铁与血的悲壮故事。不过，汉武帝和他的助手们并没有停歇开拓西南方向交通的艰苦探求，逐步为控制比较重要的交通枢纽和关隘设置了一些县级行政机构。②

关于"因蜀犍为发间使，四道并出"而"南方闭巂、昆明"，张守节《正义》解释说："巂州及南昆明夷也，皆在戎州西南。"

四 "王然于"事迹

其实，"四道并出"时虽然"南方闭巂、昆明"，但这一方向的道路探索是取得了一定进展的。《史记》卷一二三《大宛列传》在"南方闭巂、昆明"句后写道："昆明之属无君长，善寇盗，辄杀略汉使，终莫得通。然闻其西可千余里有乘象国，名曰滇越，而蜀贾奸出物者或至焉，于是汉以求大夏道始通滇国。""昆明"道路虽然"终莫得通"③，但是与"滇越"的联系终于得以实现。"汉以求大夏道"的努力，实际只取得了"始通滇国"的成效。而这一历史进步，在西南边疆史、西南民族关系史和西南交通开发史进程中，都有重要的意义。

《大宛列传》只言"因蜀犍为发间使，四道并出"，而《西南夷列传》的记载较为具体，说到使节姓名："王然于、柏始昌、吕越人等。"

《史记》卷一一六《西南夷列传》有关随后事态演变的记载，涉及西南方向诸部族与汉王朝的关系：

> 上使王然于以越破及诛南夷兵威风喻滇王入朝。滇王者，其众数万人，其旁东北有劳寖、靡莫④，皆同姓相扶，未肯听。劳寖、靡莫

---

① 参看王子今、高大伦《说"鲜水"：康巴草原民族交通考古札记》，《中华文化论坛》2006年第4期；《康巴地区民族考古综合考察》，天地出版社2008年版；《巴蜀文化研究集刊》第4卷，巴蜀书社2008年版。
② 参看刘弘《西南夷地区城市的形成及其功能》，《四川文物》2003年第7期。
③ 《史记》卷一一六《西南夷列传》："天子乃令王然于、柏始昌、吕越人等，使间出西夷西，指求身毒国。至滇，滇王尝羌乃留，为求道十余辈。岁余，皆闭昆明，莫能通身毒国。"
④ 司马贞《索隐》："劳寖、靡莫。二国与滇王同姓。"

数侵犯使者吏卒。元封二年，天子发巴蜀兵击灭劳寖、靡莫，以兵临滇。滇王始首善，以故弗诛。滇王离难西南夷，举国降，请置吏入朝。于是以为益州郡，赐滇王王印，复长其民。

西南夷君长以百数，独夜郎、滇受王印。滇小邑，最宠焉。

太史公曰：楚之先岂有天禄哉？在周为文王师，封楚。及周之衰，地称五千里。秦灭诸侯，唯楚苗裔尚有滇王。汉诛西南夷，国多灭矣，唯滇复为宠王。然南夷之端，见枸酱番禺，大夏杖邛竹①。西夷后揃②，剽分二方③，卒为七郡。④

"汉诛西南夷，国多灭矣"的结局，实现了汉文化在西南方向的扩张。"滇王之印"，已得到文物证明。⑤

《史记》卷一一七《司马相如列传》也说到这位"王然于"的事迹："相如为郎数岁，会唐蒙使略通夜郎西僰中，发巴蜀吏卒千人，郡又多为发转漕万余人，用兴法诛其渠帅，巴蜀民大惊恐。上闻之，乃使相如责唐蒙，因喻告巴蜀民以非上意。""相如还报。唐蒙已略通夜郎，因通西南夷道，发巴、蜀、广汉卒，作者数万人。治道二岁，道不成，士卒多物故，费以巨万计。蜀民及汉用事者多言其不便。是时邛筰之君长闻南夷与汉通，得赏赐多，多欲愿为内臣妾，请吏，比南夷。天子问相如，相如曰：'邛、筰、冉、駹者近蜀，道亦易通，秦时尝通为郡县，至汉兴而罢。今诚复通，为置郡县，愈于南夷。'天子以为然，乃拜相如为中郎将，建节往使。副使王然于、壶充国、吕越人驰四乘之传，因巴蜀吏币物以赂西夷。至蜀，蜀太守以下郊迎，县令负弩矢先驱，蜀人以为宠。于是卓王孙、临邛诸公皆因门下献牛酒以交驩。卓王孙喟然而叹，自以得使女尚司马长卿晚，而厚分与其女财，与男等同。司马长卿便略定西夷，邛、筰、冉、駹、斯榆之君皆请为内臣。除边关，关益斥，西至沫、若水，南

---

① 《史记》中华书局1959年9月标点本作"大夏杖、邛竹"，第9册第2998页。2013年9月"点校本二十四史修订本"作"大夏杖邛竹"，第9册第3608页。作"大夏杖邛竹"是。
② 裴骃《集解》："《汉书音义》曰：'音翦。'"司马贞《索隐》："音剪。揃谓被分割也。"
③ 司马贞《索隐》："剽音匹妙反。言西夷后被揃迫逐，遂剽居西南二方，各属郡县。剽亦分义。"
④ 裴骃《集解》："徐广曰：'犍为、牂柯、越巂、益州、武都、沈犁、汶山地也。'"
⑤ 云南省博物馆：《云南晋宁石寨山古墓群发掘报告》，文物出版社1959年版。

至牂牁为徼，通零关道，桥孙水以通邛都。还报天子，天子大说。"作为司马相如"副使"者，为"王然于、壶充国、吕越人"，而探求"西夷西"道路的使节，据《西南夷列传》的记载，为"王然于、柏始昌、吕越人等"。而《资治通鉴》卷一八"汉武帝元光五年"写作："天子以为然，乃拜相如为中郎将，建节往使，及副使王然于等乘传，因巴、蜀吏币物以赂西夷。"卷一九"汉武帝元狩元年"写作："乃令骞因蜀、犍为发间使王然于等四道并出，出駹，出冉，出徙，出邛、僰，指求身毒国。"突出了"王然于"，略去了"壶充国、吕越人"、"柏始昌、吕越人"。此"王然于"显然是一位处理"西南夷"方向边疆与民族问题的专家。后来"上使王然于以越破及诛南夷兵威风喻滇王入朝"，最终"唯滇复为宠王"，"滇王离难西南夷，举国降，请置吏入朝。于是以为益州郡，赐滇王王印，复长其民"。王然于稳定滇国取得了成功。

五　"西夷西"道路与向家坝考古收获

四川省文物考古研究院配合向家坝水电站建设工程进行文物保护抢救性发掘，取得重要收获。其中有关秦汉遗存的发现，值得我们注意。考古学者认为，秦灭蜀后，蜀人的一支南迁，极有可能沿岷江而下抵达早已有根基的僰地。此前在峨眉符溪和犍为金井等地已经发现了属于战国晚期的蜀人遗存，本次在屏山沙坝墓地、石柱地墓地发现的战国晚期至秦时期的墓葬，为典型的巴蜀文化墓葬，为研究蜀人南迁的路线提供了重要的实物证据。大量分布规律、形制多样的汉墓的集中发现，为研究"西夷西"地区的族群构成及文化风貌等，提供了珍贵的考古学的物证。

发掘者指出，向家坝考古工作的意义包括"极大地丰富了该地区的汉代考古资料"："淹没区内发掘所获汉墓在时代上贯穿两汉，形制多样。包括土坑墓、石室墓、砖室墓和瓮棺葬在内的一批墓葬以及这批墓葬内出土的数量巨大的随葬品，为我们研究本区域的丧葬习俗、生活习惯、人群活动、边疆地区与中原王朝之间的关系等等提供了不可多得的资料。"屏山县楼东乡沙坝墓地的考古发掘成果被国家文物局评选为"2010年全国重要考古发现"。其中战国至西汉墓葬的发现，可以反映地方文化构成的变化：

战国末期—秦：以 M10、M15 为代表，新见陶器包括壶、鍪以及小口瓮。铜器开始出现铜剑、铜矛等兵器以及铜带钩、铜环、铜钏和铜印章等装饰品。

西汉早期：以 M6 为代表，圜底罐的数量急剧下降，不见釜甑，而小口平底瓮开始大量出现。①

发掘简报也写道："第三期墓葬以 M6 为代表，陶器组合与前二期相比发生了较大变化。圜底罐的数量急剧下降，不见釜甑，而小口平底瓮开始大量出现。铜器和铁器的组合仍延续第二期的传统。推定本期墓葬的年代应该在西汉早期。"发掘简报执笔者写道：通过发掘资料可以说明，"沿岷江而下，抵达僰地，由此渡金沙江，而后溯江而上，抵达云南中部，是蜀人南迁的重要路线之一"②。屏山楼东的位置在谭其骧主编《中国历史地图集》中正当标示为犍为郡西"僰道"的地点③，或许还应当注意到，这一地方正是汉武帝时代"因蜀犍为发间使，四道并出：出駹，出冄，出徙，出邛、僰"的始发点，而"邛、僰"线路的考察，也应当关注"僰道"所在。

汉武帝因张骞的建议对于出发地点和线路方向的选定，必然考虑到地方汉文化集聚基础，也要考虑到使团装备与后援保障条件。沙坝 M6 "圜底罐的数量急剧下降，不见釜甑，而小口平底瓮开始大量出现"等文化迹象，可以反映汉文化在这一地区的扩张性影响。所谓"因蜀犍为发间使，四道并出"，可知汉武帝当时是把犍为作为外交努力的重要文化基地看待的。

对于向家坝的考古收获，赵化成指出，"重要点是在于文化交汇和结合部"，"处在重要文化交汇区域位置"。赵辉也认为，"这个地区文化特征很有特色"，研究应当关注"文化传播"的路径，关注"文化框架的体系"，以为以更宏观的眼光"研究横断山区文化交流的趋势"或许"会有更大突破"。他还注意到，"虽文化传播主要为顺水而下，但也有溯江而

---

① 四川省文物考古研究院、宜宾市博物院、屏山县文物保护管理所：《向家坝水电站淹没区（四川）考古工作主要成果》，《四川文物》2012 年第 1 期。

② 四川省文物考古研究院、宜宾市博物院、屏山县文物保护管理所：《四川宜宾沙坝墓地 2009 年发掘简报》，《文物》2013 年第 9 期。

③ 谭其骧主编：《中国历史地图集》第 2 册，第 29—30 页。

上的"。就向家坝的发现，刘庆柱强调宜宾在民族关系史、文化史和交通史上地位的重要，以为这里是"定格"的汉文化"最早进入的地区"，同时提示我们注意，"五尺道"等交通路线的考察和研究具有重要意义。信立祥也说，"五尺道不仅是政治之路，也是经济之路和文化之路，要把西南地区古往今来的社会情况说清楚，有赖于五尺道考古工作的进一步开展。因此，五尺道的价值不可估量"。李水城也指出，"作为南丝绸之路的必经之地，这里是一个重要的地区"。白云翔说，"中国的奠基主要是秦汉时期，在这个进程当中，宜宾的作用值得关注。在汉武帝时期基本形成当今版图，在此过程中，文化不断扩展，宜宾是一重要通道"①。这些认识的提出，充分重视了向家坝考古工作的收获。如果结合史籍记载的汉武帝时代通过这里寻求外交通道，曾经"为发间使，四道并出"的事实，可以更充分地理解宜宾在历史交通地理中的重要位置。

六　关于汉武帝"罢西夷""稍令犍为自葆就"

汉武帝经营西南夷多年，政策曾经有所反复。这是因为民族关系的复杂。《史记》卷一一六《西南夷列传》写道："西南夷君长以什数，夜郎最大；其西靡莫之属以什数，滇最大；自滇以北君长以什数，邛都最大：此皆魋结，耕田，有邑聚。其外西自同师以东，北至楪榆，名为嶲、昆明，皆编发，随畜迁徙，毋常处，毋君长，地方可数千里。自嶲以东北，君长以什数，徙、筰都最大；自筰以东北，君长以什数，冉駹最大。其俗或土著，或移徙，在蜀之西。自冉駹以东北，君长以什数，白马最大，皆氐类也。此皆巴蜀西南外蛮夷也。"在司马相如"以郎中将往喻"之后，公孙弘也曾经受命前往视察。"当是时，巴蜀四郡通西南夷道，戍转相饟。数岁，道不通，士罢饿离湿，死者甚众②；西南夷又数反，发兵兴击，耗费无功。上患之，使公孙弘往视问焉。还对，言其不便。及弘为御史大夫，是时方筑朔方以据河逐胡，弘因予言西南夷害，可且罢，专力事

---

① 本刊编辑部：《"向家坝水电站淹没区（四川）考古成果专家座谈会"专家发言纪要》，《四川文物》2012 年第 1 期。
② 《史记》中华书局 1959 年 9 月标点本作"士罢饿离湿死者甚众"，第 9 册第 2995 页。2013 年 9 月"点校本二十四史修订本"作"士罢饿离湿，死者甚众"，第 9 册第 3605 页。作"士罢饿离湿，死者甚众"较好。

匈奴。上罢西夷，独置南夷夜郎两县一都尉，稍令犍为自葆就。"因公孙弘"往视问"，"还对，言其不便"，致使汉武帝改变了西南夷政策，即所谓"上罢西夷"，只是在"南夷夜郎"置两县一都尉，采取保守态势。而"稍令犍为自葆就"，张守节《正义》："令犍为自葆守，而渐修成其郡县也。"体现"犍为"地位的特殊。

实际上，正是在犍为地方，后来又出现了民族战争中的危局。《史记》卷一一六《西南夷列传》："及至南越反，上使驰义侯因犍为发南夷兵。且兰君恐远行，旁国虏其老弱，乃与其众反，杀使者及犍为太守。"汉武帝使者和犍为太守竟然被杀害。直至南越平定后，汉王朝以另一轮军事高压，才使得这一地区重新平定。"汉乃发巴蜀罪人尝击南越者八校尉击破之。会越已破，汉八校尉不下，即引兵还，行诛头兰。头兰，常隔滇道者也。已平头兰，遂平南夷为牂柯郡。夜郎侯始倚南越，南越已灭，会还诛反者，夜郎遂入朝。上以为夜郎王。"

考古学者在研究向家坝发掘收获时，注意到这一地区的文化面貌体现出多种因素相互作用的历史表现。刘庆柱认为，向家坝地区看到的文化交融情景，"证实文化交流是双向的"。焦南峰指出，向家坝的文化遗存，"是文化交流和互动的成果"。郭伟民也说："这里的文化相对来说更开放，流行的元素更广泛。""文化在很早就有交流，在中华民族多元一体的形成过程中具有重要位置，在秦汉帝国中央政权建设与疆域巩固的过程中也有极其重要的地位。"白云翔有这样的分析：在研究秦汉历史时，应"关注秦汉文化统一性和多样性"，"这在库区体现明显"。"以前总讲当地汉化过程"，但现在看来，汉文化也受到"当地文化影响。"① 这些判断，来自向家坝考古发现，也完全符合当时这一地区历史文化进步的大趋势。

七 斑竹林汉画像石棺墓陶俑表现"僰僮"身份的可能性

从考古资料看，大致在西汉中期以后，犍为地方实现了汉文化与"巴蜀西南外蛮夷"文化的较好的融合。同样属于向家坝水电站库区的

---

① 《"向家坝水电站淹没区（四川）考古成果专家座谈会"专家发言纪要》，《四川文物》2012年第1期。

屏山福延镇斑竹林遗址较楼东稍偏西,而 M1 汉代画像石棺墓的文化内涵包括更典型的与内地类同的双阙、伏羲女娲、车马出行、狩猎、六博等画面。发掘者进行了与其他同类遗存的比较研究,以为其年代"应该是东汉晚期","墓主人应该是汉人,而非少数夷","生前可能是东汉汉族县级官吏,或为军事长官"。然而墓中出土陶俑(M1:22),据发掘简报描述:"束髻,着右衽素衫,踞坐,左手自然平放在膝盖上,头斜枕在右手下,眼睛微闭,作假寐歇息状,从外形看,似乎并非汉族。"① 也许"眼睛微闭,作假寐歇息状"的描述不尽妥当,陶俑低眉敛目,右手以袖拭泪的动作和表情,所表现的或许是在哀悼墓主场景中的伤泣情感。

发掘简报说,"墓主人应该是汉人,而非少数夷",而陶俑"从外形看,似乎并非汉族",体现出不同民族间的特殊关系。如果我们推想这一陶俑表现的是"僰僮"身份,或许是有一定道理的。

"僰僮"构成这一地区特殊的民族文化现象。《史记》卷一一六《西南夷列传》说"西南夷"诸族物资、人口遭受掠夺的情形:

> 秦时常頞略通五尺道,诸此国颇置吏焉。② 十余岁,秦灭。及汉兴,皆弃此国而开蜀故徼。巴蜀民或窃出商贾,取其笮马、僰僮、髦牛,以此巴蜀殷富。

"僰僮"的掠取,竟然被看作致使"巴蜀殷富"的直接因素之一。《史记》卷一二九《货殖列传》言巴蜀经济地理形势,也说道:

> 南则巴蜀。巴蜀亦沃野,地饶卮、姜、丹沙、石、铜、铁、竹、木之器。南御滇僰,僰僮。西近邛笮,笮马、旄牛。然四塞,栈道千里,无所不通,唯褒斜绾毂其口,以所多易所鲜。

---

① 四川省文物考古研究院、宜宾市博物院、屏山县文物保护管理所:《四川屏山县斑竹林遗址 M1 汉代画像石棺墓发掘简报》,《四川文物》2012 年第 5 期。
② 《汉书》卷九五《西南夷传》:"秦时尝破,略通五尺道,诸此国颇置吏焉。""五尺道",颜师古注:"其处险陁,故道才广五尺。"

同样强调"僰僮"对于巴蜀经济的意义。《汉书》卷二八下《地理志》下说巴蜀"南贾滇、僰僮,西近邛、筰马旄牛"。颜师古注:"言滇、僰之地多出僮隶也。""言邛、筰之地出马及旄牛。"关于《货殖列传》"僰僮",司马贞《索隐》:"韦昭云:'僰属犍为,音蒲北反。'服虔云:'旧京师有僰婢。'"张守节《正义》:"今益州南戎州北临大山,古僰国。"输出"僰僮"最集中的地方,可能正是今四川宜宾附近。

《华阳国志·蜀志》说,蜀地除物产之饶,又有"滇、獠、賨、僰,僮仆六百之富"。①《水经注·江水一》:"(江水)又东南过僰道县北,若水、淹水合从西来注之;又东,渚水北流注之。县,本僰人居之。《地理风俗记》曰:夷中最仁,有仁道,故字从人。《秦纪》所谓僰僮之富者也。"②《太平御览》卷一九七引《郡国志》:"西夷有荔支园、僰僮,施夷中最贤者,古所谓'僰僮之富'。多以荔支为业,园植万株,树收一百五十斛。"此"最贤"与《水经注》引《地理风俗记》"最仁"对照,可知其心性诚朴,因而为巴蜀人掠卖奴役。《史记》卷一一六《西南夷列传》"巴蜀民或窃出商贾,取其筰马、僰僮、髦牛,以此巴蜀殷富"的说法告知我们,巴蜀地方号称"天府""陆海"③之富足局面的实现,有最底层劳动者"僰僮"不可忽视的历史贡献。

---

① 任乃强解释说:"此言秦汉世蜀地奴隶贩卖之盛。""僮谓奴隶,当时的主要市场在滇国与僰侯的都邑。""僰即僰国土著,与賨同出于'百濮',因西徙时早,而形成为新族落也。獠、賨、僰颇习汉语汉俗,奴隶商购入即可转售。故称之为'僰僮',以别于'滇僮'。汉世奴隶商之分类如此。入魏晋世,蜀人皆乐购僰僮,賨与獠、僰之沦为奴隶者特多。"(晋)常璩撰,任乃强校注:《华阳国志校补图注》,上海古籍出版社 1987 年版,第 115—116 页。
② (北魏)郦道元著,陈桥驿校证:《水经注校证》,中华书局 2007 年版,第 770 页。
③ 《史记》卷五五《留侯世家》记载张良称关中"金城千里,天府之国"。又卷六九《苏秦列传》载苏秦语称燕为"天府",亦说秦为"天府",则是包括"巴蜀"的。卷九九《刘敬叔孙通列传》亦说秦地"天府"。《汉书》卷二八下《地理志下》说秦地"号称'陆海'"。据《汉书》卷六五《东方朔传》,东方朔称颂关中形势,言"此所谓天下'陆海'之地"。专说蜀地"天府""陆海"者,见《华阳国志》卷三《蜀志》:"(李)冰乃壅江作堋。穿郫江、捡江,别支流,双过郡下,以行舟船。岷山多梓、柏、大竹,颓随水流,坐致材木,功省用饶。又溉灌三郡,开稻田。于是蜀沃野千里,号为'陆海'。旱则引水浸润,雨则杜塞水门,故《记》曰:'水旱从人,不知饥馑。''时无荒年,天下谓之天府'也。"任乃强以为"皆引谯周《蜀记》"文"。《华阳国志校补图注》,第 133 页。

对向家坝水电站库区屏山福延镇斑竹林 M1 汉代画像石棺墓出土陶俑的进一步研究思考是必要的。如果这一艺术造型确实与"僰僮"有关，可以看作民族关系史考察中这一文化主题下珍贵的文物资料。

建安二十年米仓道战事

蜀道对于川陕之间文化的沟通、经济的交流、战争的攻守以及行政的实施，是基本的交通条件。① 联系汉中、巴蜀地方的米仓道，是蜀道的重要线路。建安二十年（215）在曹操军事压迫下张鲁的表现，影响了汉中和巴中局势。面对曹操军的进攻，张鲁在降与不降之间犹疑，遂由米仓道南下巴中。不久，很可能正是在张鲁的影响下，巴賨夷帅朴胡、杜濩、任约各举其众投降曹操，获得封赏。张鲁本人随即又率家属降曹，封阆中侯。曹操集团在占领汉中之后又成功控制了巴中地方。这一过程有张鲁主动提供助力的作用。而曹操集团越过米仓山向巴蜀地方的军事推进、行政影响和民族联络，都是通过米仓道实现的。刘备集团使黄权迎张鲁时，张鲁已降曹操。黄权于是击破朴胡、杜濩、任约。张郃督诸军"徇三巴，欲徙其民于汉中，进军宕渠"。张飞击败张郃，迫使其退回汉中。张郃军南进北退，都经由米仓道。有历史迹象表明，"三巴"民众确有徙汉中情形。其中包括米仓道于建安二十年战争中的作用，值得军事史和交通史研究者关注。

一　张鲁"走巴中"

清人毕沅撰《关中胜迹图志》卷二〇《汉中府·名山·石门山》记载了"汉中入蜀之道"的走向与功用。说到"金牛道"和"米仓道"：

> 石牛道，即金牛道。自沔县西南至四川之大剑关口，皆谓之金牛

---

① 参看王子今《秦兼并蜀地的意义与蜀人对秦文化的认同》，《四川师范大学学报》1998年第2期；《秦人的蜀道经营》，《咸阳师范学院学报》2012年第1期。

道。考汉中入蜀之道有二：其一即金牛；其一谓之米仓。自南郑而南，循山岭达于四川之巴州。曹操击张鲁，鲁奔南山入巴中，乃米仓道也。今驿路所趣，盖金牛道，而米仓为僻径焉。

米仓道虽然与"驿路"异趣，作为"僻径"，在清代依然通行，联系着汉中与蜀地。然而在早年，曾经发挥着更重要的作用。张鲁部众在曹操集团军事高压下南入巴中，"乃米仓道也"。

张鲁"奔南山入巴中"，一说是在阳平关失守之后。事见《三国志》卷八《魏书·张鲁传》：

> 建安二十年，太祖乃自散关出武都征之，至阳平关。鲁欲举汉中降，其弟卫不肯，率众数万人拒关坚守。太祖攻破之，遂入蜀。鲁闻阳平已陷，将稽颡归降，（阎）圃又曰："今以迫往，功必轻；不如依杜濩赴朴胡相拒，然后委质，功必多。"① 于是乃奔南山入巴中。

分析张卫和张鲁可能的行进路线，张卫"入蜀"，应从金牛道②。张鲁"入巴中"应由米仓道。

另一说法，则谓张鲁"走巴中"在阳平关失守之前。《三国志》卷八《魏书·张鲁传》裴松之注引《世语》曰：

> 鲁遣五官掾降，弟卫横山筑阳平城以拒，王师不得进。鲁走巴中。军粮尽，太祖将还。西曹掾东郡郭谌曰："不可。鲁已降，留使既未反，卫虽不同，偏携可攻。县军深入，以进必克，退必不免。"太祖疑之。夜有野麋数千突坏卫营，军大惊。夜，高祚等误与卫众遇，祚等多鸣鼓角会众。卫惧，以为大军见掩，遂降。

则"鲁走巴中"在"弟卫横山筑阳平城以拒，王师不得进"时。而在军

---

① 《通志》卷一一四《列传·魏·张鲁》作"然后委积功必多"。
② 《三国志》卷三一《蜀书·刘焉传》："张鲁母始以鬼道，又有少容，常往来焉家，故焉遣鲁为督义司马，住汉中，断绝谷阁，杀害汉使。焉上书言米贼断道，不得复通，又托他事杀州中豪强王咸、李权等十余人，以立威刑。"张鲁"断绝谷阁"，以及所谓"米贼断道"，应是断绝金牛道。

营意外破坏，魏军集结时，"卫惧，以为大军见掩，遂降"，并没有"入蜀"。

虽然关于张鲁"奔南山入巴中"具体时间的说法有异，然而通过这些记载，可知曹操入汉中并占有这一地区时，米仓道没有发生激烈战事。就张鲁"入巴中"的两种说法，《资治通鉴》卷六七"汉献帝建安二十年"取前说，即南下在"阳平已陷"之后：

> 张鲁闻阳平已陷，欲降。阎圃曰："今以迫往，功必轻。不如依杜濩，赴朴胡，与相拒，然后委质，功必多。"乃奔南山入巴中。

其中"乃奔南山入巴中"句，胡三省注：

> 今兴元府古汉中之地也。兴元之南，有大行路，通于巴州。其路险峻，三日而达于山顶。其绝高处谓之"孤云、两角，去天一握"。孤云、两角，二山名也。今巴州汉巴郡宕渠县之北界也。三巴之地，此居其中，谓之中巴。巴之北境有米仓山，下视兴元，实孔道也。

这里所说的"米仓山"，应当就是《三国志》卷八《魏书·张鲁传》所谓张鲁"于是乃奔南山入巴中"的"南山"。米仓山"下视兴元，实孔道也"，也就是可以"下视"米仓道的北段。这也很可能是米仓道得名的由来。至于米仓道、米仓山以及米仓关名称的共同缘由，不排除与张修、张鲁"五斗米道""五斗米师""米贼"等称谓有关的可能。①

---

① 参看王子今《古代蜀道的"关"》，《蜀道》2012 年第 1 期，《四川文物》2012 年第 3 期。《三国志》卷八《魏书·张鲁传》："张鲁字公祺，沛国丰人也。祖父陵，客蜀，学道鹄鸣山中，造作道书以惑百姓，从受道者出五斗米，故世号'米贼'。陵死，子衡行其道。衡死，鲁复行之。"裴松之注："《典略》：'熹平中，妖贼大起……汉中有张修。''修为五斗米道……使病者家出米五斗以为常，故号曰五斗米师。'后角被诛，修亦亡。及鲁在汉中，因其民信行修业，遂增饰之。教使作义舍，以米肉置其中以止行人……'臣松之谓张修应是张衡，非《典略》之失，则传写之误。"《三国志》卷三一《蜀书·刘焉传》也说"米贼断道"。又《三国志》卷三二《蜀书·先主传》裴松之注引《献帝春秋》曰："孙权欲与备共取蜀，遣使报备曰：'米贼张鲁居王巴、汉，为曹操耳目，规图益州。刘璋不武，不能自守……'"

二　巴賨夷帅朴胡、杜濩、任约北降

《三国志》卷八《魏书·张鲁传》："鲁闻阳平已陷，将稽颡归降，（阎）圃又曰：'今以迫往，功必轻；不如依杜濩赴朴胡相拒，然后委质，功必多。'于是乃奔南山入巴中。"《资治通鉴》卷六七"汉献帝建安二十年"："张鲁闻阳平已陷，欲降。阎圃曰：'今以迫往，功必轻。不如依杜濩，赴朴胡，与相拒，然后委质，功必多。乃奔南山入巴中。""依杜濩，赴朴胡"句，胡三省注：

> 杜濩，賨邑侯也。朴胡，巴七姓夷王也。余据板楯蛮渠帅有罗、朴、督、鄂、度、夕、龚七姓，不输租赋，此所谓"七姓夷王"也。其余户岁入賨钱口四十，故有賨侯。

《三国志》卷一《魏书·武帝纪》：

> （建安二十年）九月，巴七姓夷王朴胡、賨邑侯杜濩举巴夷、賨民来附，于是分巴郡，以胡为巴东太守，濩为巴西太守，皆封列侯。

这一行为，应是通过米仓道实现的。

朴胡、杜濩等北降，张鲁应当发挥了积极的作用。《华阳国志》卷五《公孙述刘二牧志》："（刘）璋字季玉，既袭位，懦弱少断。张鲁稍骄于汉中，巴夷杜濩、朴胡、袁约等叛诣鲁。璋怒，杀鲁母弟，遣和德中郎将庞羲讨鲁，不克，巴人日叛。"张鲁和巴夷领袖早先有密切关系，所以才可能有面临危难时"依杜濩赴朴胡"的决策。这种关系的形成，也是通过米仓道实现的。而所谓"巴夷杜濩、朴胡、袁约等叛诣鲁"以及"庞羲讨鲁，不克，巴人日叛"，也体现了刘璋和张鲁争战通过米仓道，以及巴人北上通过米仓道的情形。

我们还看到，"巴夷杜濩、朴胡、袁约等"终于降曹，还有值得注意的特殊的渊源。即他们曾经有洛阳之行①，与汉王朝正统有感情联络，和北方实力派军阀有合作的基础。

三 "巴夷"的迁徙

曹操任命朴胡为巴东太守，杜濩为巴西太守，可知他们的势力依然在巴中地方。然而当时已有不少"巴夷"向北移动。《三国志》卷一《魏书·武帝纪》说张郃"徇三巴，欲徙其民于汉中"。这应当是强制性的迁徙。而张郃的计划，其实又是与当时自发移民的方向大体一致的。据《华阳国志》卷二《汉中志》，这样的移民政策已经推行："魏武以巴夷王杜濩、朴胡、袁约为三巴太守，留征西将军夏侯渊及张合、益州刺史赵颙等守汉中，迁其民于关陇。"

《华阳国志》卷九《李特雄寿势志》记载："李特字玄休，略阳临渭人也。"然而其先世却来自巴山以南，"祖世本巴西宕渠賨民，种党劲勇，俗好鬼巫"。在五斗米道兴起的情势下，北上移居汉中：

> 汉末，张鲁居汉中，以鬼道教百姓，賨人敬信。值天下大乱，自巴西之宕渠移入汉中。魏武定汉中，曾祖父虎与杜朴、胡约、杨车、李黑等移于略阳。北土复号曰"巴人"。

《晋书》卷一二〇《李特载记》也记载了米仓道上的民族迁徙，情节略有不同："汉末，张鲁居汉中，以鬼道教百姓。賨人敬信巫觋，多往奉之。值天下大乱，自巴西之宕渠迁于汉中杨车坂，抄掠行旅。百姓患之，号为'杨车巴'。魏武帝克汉中，特祖将五百余家归之。魏武帝拜为将军，迁于略阳，北土复号之为'巴氏'。"《资治通鉴》卷八二"晋惠帝元康八年"记述巴氐流民入蜀事，追述巴賨北上汉中、略阳情形："初，张鲁在汉中，賨人李氏自巴西宕渠往依之。魏武帝克汉中，李氏将五百余家归之，拜为将军，迁于略阳。北土号曰'巴氐'。"胡三省注："宕渠县，汉属巴郡。蜀先主分置宕渠郡。晋属巴西郡，唐为渠州。今渠州流江县东北

---

① 《三国志》卷四三《蜀书·王平传》："王平字子均，巴西宕渠人也。本养外家何氏，后复姓王。随杜濩、朴胡诣洛阳，假校尉，从曹公征汉中，因降先主，拜牙门将、裨将军。"

七十里有古賨国城。李氏之先,廪君之苗裔也,世居巴中。秦并天下,以为黔中郡。薄赋敛之,口岁出钱四十。巴人呼赋为'賨',因谓之'賨人'焉。又按《晋志》,刘璋分巴郡垫江置巴西郡。刘备割巴郡之宕渠、宣汉、汉昌三县,置宕渠郡。寻省以县并属巴西郡。则宕渠之属巴西,盖晋时也。"在东汉末年,经米仓道北徙的巴人至少有两批,一为张鲁控制汉中时,賨人"多往奉之";一为曹操占据汉中之后,又有"巴夷、賨民来附"。而张郃主持的强制性移民,"徙其民于汉中","迁其民于关陇",也都可以理解为米仓道交通效能的体现。

《十六国春秋》卷七六《蜀录一·李特》写道:"汉末,张鲁居汉中,以鬼道教百姓。賨民敬信,多往奉之。值天下大乱,李氏自巴西之宕渠迁入汉中杨车坂,抄掠行旅,百姓患之,号为'杨车巴'。其后繁昌,分为数十姓。魏武克汉中,特祖父虎与杜朴、胡约、杨车、李黑等将五百余家归魏。魏武嘉之,拜虎等为将军,迁于略阳。后徙关内,亦万余家。散居陇右诸郡及三辅弘农。所在北地,复号之为'巴氐'。"后来影响中国文化史方向的"巴氐",是经由米仓道进入黄河流域的。"晋惠帝元康八年,巴氐流人李特等自略阳入蜀。"① 然而这次"巴氐"的回流,似乎并没有行经米仓道。②

四 张鲁"自巴中将其余众降"

建安二十年(325),张鲁在曹操军进逼汉中时态度犹疑。据《三国志》卷八《魏书·张鲁传》记载,阳平关失陷,张鲁南下时,有意保存物资不予破坏,得到曹操赞许,最后终于归降:

左右欲悉烧宝货仓库。鲁曰:"本欲归命国家而意未达,今之走

---

① (宋)郭允蹈:《蜀鉴》卷四"李特入蜀"条。
② 《晋书》卷一二〇《李特载记》:"元康中,氐齐万年反,关西扰乱。频岁大饥,百姓乃流移就谷,相与入汉川者数万家。特随流人,将入于蜀,至剑阁,箕踞太息,顾盼险阻曰:'刘禅有如此之地,而面缚于人,岂非庸才邪!'同移者阎式、赵肃、李远、任回等咸叹异之。初流人既至汉中,上书求寄食巴蜀,朝议不许,遣侍御史李苾持节慰劳且监察之,不令入剑阁。苾至汉中,受流人货赂,反为表曰:'流人十万余口,非汉中一郡所能振赡。东下荆州,水湍险远,又无舟船。蜀有仓储,人复丰稔,宜令就食。'朝廷从之。由是散在益梁,不可禁止。"

避锐锋，非有恶意。宝货仓库，国家之有。"遂封藏而去。太祖入南郑，甚嘉之。又以鲁本有善意，遣人慰喻。鲁尽将家出。太祖逆拜鲁镇南将军，待以客礼，封阆中侯，邑万户。封鲁五子及阎圃等皆为列侯。

《三国志》卷一《魏书·武帝纪》："（建安二十年）十一月，鲁自巴中将其余众降。封鲁及五子皆为列侯。"《资治通鉴》卷六七"汉献帝建安二十年"记载，事在"十一月"：

> 十一月，张鲁将家属出降。魏公操逆，拜鲁镇南将军，待以客礼，封阆中侯，邑万户。封鲁五子及阎圃等皆为列侯。

我们注意到，曹操"以鲁本有善意，遣人慰喻"和张鲁"尽将家出"或说"张鲁将家属出降"，一往一来，都应当是经行米仓道的。所谓"本有善意"，即张鲁在汉中时即曾"欲""降""将""降"。

《文选》卷四四陈琳《檄吴将校部曲》以曹操军在汉中的战功威慑孙吴军事集团，其中写道：

> 张鲁逋窜走入巴中，怀恩悔过，委质还降；巴夷王朴胡、賨邑侯杜濩各帅种落，共举巴郡，以奉王职。

言张鲁"委质还降"在先，朴胡等"以奉王职"在后，与《三国志》记载朴胡"九月""来附"而张鲁"十一月""降"时序相反。这很可能是因为，朴胡等是在张鲁的作用下"来附"的。

所谓"张鲁逋窜走入巴中，怀恩悔过，委质还降"，吕向注："逋，亦窜也。巴中，地名也。鲁初欲走入巴中，曹公遣人慰喻，尽家属出降也。"以为张鲁只是"欲走入巴中"，此说与距此事时隔最近的陈琳"张鲁逋窜走入巴中"的说法相抵触，似是误解。

五　张郃"徇三巴"

《三国志》卷一《魏书·武帝纪》记载，刘备占据巴中后，米仓道的军事意义益为重要：

> （建安二十年十一月）刘备袭刘璋，取益州，遂据巴中；遣张郃击之。

张郃南击巴中，应经行米仓道。《资治通鉴》卷六七"汉献帝建安二十年"记述建安二十年最后发生的战事，又说到张郃"徇三巴，欲徙其民于汉中"的移民计划，也与米仓道有关：

> 张鲁之走巴中也，黄权言于刘备曰："若失汉中，则三巴不振。此为割蜀之股臂也。"备乃以权为护军，率诸将迎鲁。鲁已降。权遂击朴胡、杜濩、任约，破之。魏公操使张郃督诸军徇三巴，欲徙其民于汉中，进军宕渠。

所谓"三巴"，胡三省注："三巴：巴东、巴西、巴郡也。"关于"宕渠"，胡三省的解释是：

> 宕渠县本属巴郡，时属巴西郡。贤曰："宕渠故城在今渠州流江县东北。"杜佑曰："俗号'车骑城'是也。"宋白曰："宕渠城，汉车骑将军冯绲增修，俗名'车骑城'。"

《大清一统志》卷一八六《汉中府·古迹》"关隘"条写道："米仓道。在南郑县，南通四川巴州境。《图经》：汉末曹操击张鲁于汉中，张鲁奔南山入巴中。又张郃守汉中进宁军宕渠，皆由此道。自兴元径此达巴州不过五百里。"

六　张郃"走还南郑"

据《三国志》卷一《魏书·武帝纪》，在张郃控制三巴，即"督诸军徇三巴，欲徙其民于汉中，进军宕渠"之后，刘备有对应军事部署。其重要举措，是派遣名将张飞击张郃：

> 刘备使巴西太守张飞与郃相拒五十余日。飞袭击郃，大破之。郃走还南郑，备亦还成都。

张飞和张郃"相拒五十余日"，张郃被张飞击破，被迫"走还南郑"，则时已在建安二十年（215）年底。张郃北退的路线，应亦循行米仓道。

《华阳国志》卷六《刘先主志》记述，在曹操、孙权、刘备三个军事集团战略争夺背景下的米仓道战事：

> （建安）二十年，孙权使使报先主，欲得荆州。先主报曰："吾方图凉州。凉州定，以荆州相与。"孙权怒遣吕蒙袭夺长沙、零陵、桂阳三郡。先主下公安，令关侯入益阳。会曹公入汉中，张鲁定巴西。黄权进曰："若失汉中，则三巴不振。此割蜀人股臂也。"于是先主与吴连和，分荆州江夏、长沙、桂阳东属，南郡、零陵、武陵西属，引军还江夏。以权为护军迎鲁，鲁已北降曹公。权破公所署三巴太守杜濩、朴胡、袁约等。公留征西将军夏侯渊、益州刺史赵颙及张郃守汉中，公东还。郃数犯掠巴界。先主率张飞等进军宕渠之蒙头，拒郃，相持五十余日。飞从他道邀郃战于阳石，遂大破郃军。郃失马缘山，独与麾下十余人从间道还南也。

所谓"郃数犯掠巴界"，体现米仓道当时曾经被曹军频繁利用。而"（张）飞从他道邀郃战于阳石"之"他道"，张郃"从间道还南"之"间道"，具体所指，是不明确的。可能并非米仓道主线。但是这种并非主道的"他道"和"间道"，有可能也可以归入米仓关整体交通系统之中。我们在考察米仓道的历史作用时，也不应当有所忽视。

米仓道"韩溪"考论

作为蜀道重要线路的米仓道,对于川陕之间文化联系和经济往来作用突出。有关韩信故事的"韩溪"遗存,对于认识米仓道的交通结构有重要意义。南江"韩溪"在2011年米仓道考察中的发现,是值得重视的交通考古收获。联系考古发现和文献记载,进一步的工作当有益于认识和理解米仓道的走向和作用。对于米仓道和金牛道的关系,或许也可以有切近历史真实的理解。

一 以韩信为主角的交通史故事

韩信起初曾追随项梁,后属项羽,然而建议多不采用,于是在刘邦被迫南下汉中,其政治影响处于低潮时竟"亡楚归汉",然而仍没有显著表现。《史记》卷九二《淮阴侯列传》记载:"及项梁渡淮,信杖剑从之,居戏下,无所知名。项梁败,又属项羽,羽以为郎中。数以策干项羽,羽不用。汉王之入蜀,信亡楚归汉,未得知名,为连敖。坐法当斩,其辈十三人皆已斩,次至信,信乃仰视,适见滕公,曰:'上不欲就天下乎?何为斩壮士!'滕公奇其言,壮其貌,释而不斩。与语,大说之。言于上,上拜以为治粟都尉,上未之奇也。"远处汉中,刘邦部众多怀乡思归,人心动摇,出现陆续逃亡现象。韩信的表现因萧何的激烈反应形成深刻的历史记忆。韩信后来登坛拜将、破敌立功事与悲剧结局的鲜明对照,使得人们对他的这一经历多所关注。

> 信数与萧何语,何奇之。至南郑,诸将行道亡者数十人,信度何等已数言上,上不我用,即亡。何闻信亡,不及以闻,自追之。人有言上曰:"丞相何亡。"上大怒,如失左右手。居一二日,何来谒上,

> 上且怒且喜，骂何曰："若亡，何也？"何曰："臣不敢亡也，臣追亡者。"上曰："若所追者谁何？"曰："韩信也。"上复骂曰："诸将亡者以十数，公无所追；追信，诈也。"何曰："诸将易得耳。至如信者，国士无双。王必欲长王汉中，无所事信①；必欲争天下，非信无所与计事者。顾王策安所决耳。"王曰："吾亦欲东耳，安能郁郁久居此乎？"何曰："王计必欲东，能用信，信即留；不能用，信终亡耳。"王曰："吾为公以为将。"何曰："虽为将，信必不留。"王曰："以为大将。"何曰："幸甚。"于是王欲召信拜之。何曰："王素慢无礼，今拜大将如呼小儿耳，此乃信所以去也。王必欲拜之，择良日，斋戒，设坛场，具礼，乃可耳。"王许之。诸将皆喜，人人各自以为得大将。至拜大将，乃韩信也，一军皆惊。

这是一个人才史上著名的破格识拔的史例，也导致了后来战争史上著名的以弱胜强的史例。在交通史上，这又可以看作一个著名的很可能有助于考察古代道路线路走向的史例。

有人以为，说服刘邦挽留和任用韩信，是萧何对汉王朝最重要的贡献。② 然而在司马迁笔下，萧何追韩信的故事只有十数字的记述："何闻信亡，不及以闻，自追之。""居一二日，何来谒上。"即终于使出亡的韩信得以挽留。③ 这一故事虽情节简单，却因涉及君臣之义、友好之交④，

---

① 裴骃《集解》："文颖曰：'事犹业也。'张晏曰：'无事用信。'"
② 李商隐《四皓庙二首》之二："本为留侯慕赤松，汉庭方识紫芝翁。萧何只解追韩信，岂得虚当第一功。"《万首唐人绝句》卷四一。宋人就此有所评论："李义山诗云：'本为留侯慕赤松，汉庭方识紫芝翁。萧何只解追韩信，岂得虚当第一功。'是以萧何功在张良下也。王元之诗云：'纪信生降为沛公，草荒孤垒想英风。汉家青史缘何事，却道萧何第一功。'是以萧何功在纪信下也。余谓炎汉创业，何为宗臣，高祖设指纵之喻尽之矣。他人岂容议耶？"（宋）阮阅《诗话总龟》后集卷一四《评史门》。又见（宋）葛立方《韵语阳秋》卷九。
③ 有人赞赏韩愈《送孟东野序》"一'鸣'字成文，乃独倡机轴命世笔力也。前此惟《汉书》叙萧何追韩信，用数十'亡'字"。（明）茅坤：《唐宋八大家文钞》卷七《昌黎文钞七·序》。其实，《汉书》卷三四《韩信传》"叙萧何追韩信"与《史记》略同，自"信亡楚归汉"至"不能用信，信终亡耳"，用十"亡"字。
④ （宋）刘克庄：《后村诗话》卷四言及萧何与韩信的关系，涉及韩信最终人生悲剧，有高层政治生活中人际关系之观察的重要发现，颇见史识："张文潜《咏淮阴侯》云：'平生萧相真知己，何事还同女子谋？'巨山代萧相答云：'当日追亡如不及，岂于今日故相图。身如累卵君知否，方买民田欲自污。'亦前人所未发。世好巨山诗者绝少，惟余与汤伯纪尔。"

以及权力者识才用才的眼光和有志才士之"遇"与"不遇"的人生走向①等多方面的问题，于是千百年来为世人关注，成为小说戏曲的重要题材。② 据明人林廷㭿《题萧何夜追韩信便面》诗③，可知亦曾作为绘画作品主题。

二 2012年米仓道考察"韩溪"发现

四川省文物考古研究所组织的2012年米仓道考察，在四川南江传"韩溪"谷口获得了重要的古代道路遗迹的发现。考古工作者和交通史研究者对于密集的古代栈道、桥梁和砭石遗存进行了勘测，可以初步判定为其年代很可能早至战国秦汉时期。这一发现，可以看作极有价值的交通考古收获。

古桥梁和其他渡河方式遗存并见数处，体现这一古代道路跨越"韩溪"因地貌和水文条件的变化而数度移动改建。可以说明这条古路长期沿用，有重要的交通作用。

通过方志等资料和民间之传言，可知关于南江"韩溪"，当地曾经长期流布着有意思的历史传说，以为这里就是秦汉之际萧何追韩信著名故事发生的现场。"韩溪"正是因此得名。

"韩溪"发现应与米仓道有关。

有关米仓道较早较重要的历史记录，是汉末汉中实力派地方割据者张鲁在曹操军进逼的形势下被迫"奔南山入巴中"事。据《三国志》卷八

---

① 《艺文类聚》卷三〇有"汉董仲舒《士不遇赋》""汉司马迁《悲士不遇赋》"，可知"士不遇"是秦汉有志向的知识人普遍关切的社会问题和人生问题。
② 如庄一拂编著《古典戏曲存目汇考》著录"元代作品"有金仁杰《萧何月下追韩信》："《录鬼簿》著录。《元刊古今杂剧三十种》本。简名《追韩信》。《太和正音谱》《元曲选目》均题简名。元刊本题目作'霸王垓下别虞姬，高皇亲挂元戎印'；正名作'漂母风雪叹王孙，萧何月下追韩信'。本事见《汉书》本传：韩信亡楚归汉。度上不用，即亡。萧何闻信亡，不及以闻，自追之。亦见《史记》。演韩信戏剧，宋、元戏文有《十大功劳》《淮阴记》《登坛拜将》。明初有《韩信筑坛拜将》（亦即沈采《千金记》本）。元杂剧有武汉臣《穷韩信登坛拜将》等……"上海古籍出版社1982年版，第318—319页。
③ 《石仓历代诗选》卷四六三。其诗亦有特别意境："午夜松风荡九围，英雄何事任奔驰。可怜云梦伤心处，应根当年匹马迟。"据乾隆《御定历代题画诗类》卷三四著录，作者为"明林廷锦"。

《魏书·张鲁传》："建安二十年，太祖乃自散关出武都征之，至阳平关。鲁欲举汉中降，其弟卫不肯，率众数万人拒关坚守。太祖攻破之，遂入蜀。鲁闻阳平已陷，将稽颡归降，（阎）圃又曰：'今以迫往，功必轻；不如依杜濩赴朴胡相拒，然后委质，功必多。'① 于是乃奔南山入巴中。"此说张鲁南下在"闻阳平已陷"之后。分析张卫和张鲁可能的行进路线，张卫"入蜀"，应从金牛道。② 张鲁"入巴中"应由米仓道。另一说法，则以为张鲁"走巴中"在阳平关失守之前。《三国志》卷八《魏书·张鲁传》裴松之注引《世语》曰："鲁遣五官掾降，弟卫横山筑阳平城以拒，王师不得进。鲁走巴中。军粮尽，太祖将还。西曹掾东郡郭谌曰：'不可。鲁已降，留使既未反，卫虽不同，偏携可攻。县军深入，以进必克，退必不免。'太祖疑之。夜有野麋数千突坏卫营，军大惊。夜，高祚等误与卫众遇，祚等多鸣鼓角会众。卫惧，以为大军见掩，遂降。"则"鲁走巴中"在"弟卫横山筑阳平城以拒，王师不得进"时。这是关于米仓道通行的比较明确的历史记录。当然，张鲁从阎圃建议"依杜濩赴朴胡"，体现与杜濩、朴胡的交情。这一情好关系的建立，应当也是以米仓道交通实践为条件的。

我们还看到，杜濩、朴胡曾经有洛阳之行。《三国志》卷四三《蜀书·王平传》记载，王平为"巴西宕渠"人，曾经"随杜濩、朴胡诣洛阳"。他们当时从巴中往洛阳，应当也行经米仓道北上。

然而这些史迹，都晚于萧何追韩信事。

《史记》卷五三《萧相国世家》："汉王引兵东定三秦，何以丞相留收巴蜀，填抚谕告，使给军食。""巴蜀""军食"的北运，米仓道有可能是主要通行路线之一。其事在萧何追韩信事之后，但时间相当接近。

如果萧何追韩信故事确实发生在南江"韩溪"，可以看作最早的关于米仓道通行的比较明确的历史记录。

不过，人们注意到，传说与萧韩故事有关的"韩溪"在蜀道上汉中南北分别存在。对于韩信"亡"与萧何"追亡"方向的不同理解，涉及

---

① 《通志》卷一一四《列传·魏·张鲁》作"然后委积功必多"。
② 《三国志》卷三一《蜀书·刘焉传》："张鲁母始以鬼道，又有少容，常往来焉家，故焉遣鲁为督义司马，住汉中，断绝谷阁，杀害汉使。焉上书言米贼断道，不得复通，又托他事杀州中豪强王咸、李权等十余人，以立威刑。"张鲁"断绝谷阁"，以及所谓"米贼断道"，应是断绝金牛道。

蜀道研究的一个重要问题。

三　南北"韩溪"之一：米仓道"韩溪"

宋人祝穆撰《方舆胜览》卷六八《大安军·山川》写道："韩溪。源出昆仑山，里人以萧何追韩信至此得名。考之唐碑，当以巴州为是。"这是关于"萧何追韩信"地点"韩溪"在汉中之南的比较早的记载。同卷《巴州·形胜》言"名因古巴国"，又说：

> 包错万山。水成巴字。控扼南郑。掎角利阆。

所谓"控扼南郑"，有注文："绍兴张忠献奏疏：'巴州云云要路，乃命知州兼管内安抚。'"所谓"掎角利阆"，注："王子明作《高士瑰画像记》：'巴蜀扼梁洋，吾蜀孔道，形势绝剑关之险，飞磴逾栈道之危，云云，连衡绵剑，遮蔽东西川，最为襟喉要地。'李石《与太守郭郊书》：'三巴吾蜀要地。'"这里说到了米仓道形势。又《巴州·山川》写道：

> 米仓山。《系年录·绍兴三年》云："巴之北境即米仓山，下视兴元，出兵之孔道。"
> 孤云山。与两角山相连，在难江县北九十里，又见兴元府。王子韶诗："孤云、两角，去天一握。"有石刻云："汉相国邀韩信至此。大唐集州刺史杨师谋记。"

关于米仓道形胜，也有真确的说明。所谓署"大唐集州刺史杨师谋记"的明确标志"汉相国邀韩信至此"的"石刻"，即前引《大安军·山川》所说的"唐碑"："韩溪。源出昆仑山，里人以萧何追韩信至此得名。考之唐碑，当以巴州为是。"

可知唐时巴州人确信"汉相国邀韩信"，"萧何追韩信"的"韩溪"，就在被看作"出兵之孔道"的米仓道上。

《方舆胜览》卷六八《巴州·四六》："维三巴之旧域，控全蜀之左隅。后连延于秦陇，前迤逦于荆吴。"可以理解为对米仓道走向和作用的概括性描述。宋郭允蹈《蜀鉴》卷一"汉高帝由蜀汉定三秦"

条写道：

> 汉王至南郑拜韩信为大将
>
> 诸将及士卒皆歌思东归，多道亡。韩信亦去，萧何追之。信说汉王还定三秦，遂听信计。今兴元南郑县米仓山有截贤岭、韩信庙。或云萧何追信于此。

元方回《续古今考》卷九"汉王从杜南入蚀中"条也说："米仓山在南郑县南一百九里，南连大巴山，有路通蜀。或云萧何追韩信于此，亦未可晓。"

明曹学佺撰《蜀中广记》卷二五《名胜记第二十五·川北道·南江县》写道："《寰宇记》云：南江县，后周天和五年置，以江水难涉为名。《通志》云：国初始易为南江也。南江出米仓山，经当县前，下与巴江合。""《碑目》云：《唐难江公山威惠庙记》，天宝改元田彦识撰。神乃汉张鲁后。"这种对张鲁的特殊纪念方式，体现了米仓道的文化作用。《蜀中广记》同卷同条又写道：

> 《碑目》又云：《集州两角山记》，唐集州刺史杨师谋书。今在难江县。《志》云：南三里孤云、两角二山。王子韶诗：孤云、两角，去天一握。有石刻："萧何追韩信处。"下有溪，是名"韩溪"。按孤云、两角山及截贤岭，俱在栈道，去县二百余里。其碑刻则移近县耳。

明确说到石刻"萧何追韩信处"及其与"韩溪"的关系。与《方舆胜览》同样说到"唐集州刺史杨师谋"的文字遗存，但是内容有所不同。

乾隆《陕西通志》卷一一《山川四·汉中府南郑县》"仙台山"条也说到相关传说和米仓道的关系：

> 仙台山在南廉水县，一名米仓山，与大巴山相连。有韩信庙及截贤岭。云萧何追韩信至此。《舆地纪胜》。廉水县今属褒城界。米仓

山高耸摩云，登其巅，则褒沔洋凤俱归一览。《县志》。①

乾隆《陕西通志》卷一一《山川四·汉中府褒城县》也记载有关传说萧何追韩信的地点。其所在位于"通巴州"路上：

> 孤云山在县南百二十里，与两角山相连。上有石刻云"汉相国何追韩信至此"。《府志》。"孤云不掩兴亡事②，两角曾悬去住心。"王仁裕诗。兴元南有路通巴州，其路深溪峭岩，扪萝摸石，一上三日。达于山顶，行人止宿，则以绠蔓系腰，萦树而寝。不然则堕深涧，如沦黄泉也。复登措大岭，盖有稍似平处。徐步而进，若儒之布武。其绝顶谓之孤云、两角。彼中谚云："孤云、两角，去天一握。"淮阴侯庙在焉。《玉堂闲话》。③

所说也是米仓道。此说未言"韩溪"。而石刻文字"汉相国何追韩信至此"的存在，应是可信记录。王仁裕诗"兴亡事"④"去住心"显然是说萧何、韩信故事。关于孤云、两角有"淮阴侯庙"的记录，也是值得珍视的。

乾隆《四川通志》卷二三《山川·巴州南江县》也说到南江萧何追韩信纪念遗存：

> 孤云山。在县北五十里，与两角山相连。行者必三日始达于岭。王子韶所谓"孤云、两角，去天一握"也。上有石刻，即萧何追韩

---

① （清）毕沅《关中胜迹图志》卷二〇《名山》："仙台山，在南郑县南百九十里。《太平寰宇记》：一名玉女山，高峻不可登。上有古城三门。《道经》云：玉女所居之地，故名。《舆地纪胜》：一名米仓山，与大巴山相连。有韩信庙及截贤岭，云萧何追韩信至此。《县志》：米仓山高耸摩云，登其巅，则褒沔洋凤俱归一览。"

② 《天中记》卷七引《玉堂闲话》作"孤云不掩兴亡策"。《渊鉴类函》卷二四、《五代诗话》卷二引文同。

③ （清）毕沅《关中胜迹图志》卷二〇《名山》："孤云山，在褒城县南百二十里。《通志》：与两角山相连，上有石刻云'汉相萧何追韩信至此'。《玉堂闲话》：兴元南有路通巴州，其路深溪峭岩，扪萝摸石，一上三日。达于山顶，行人止宿，则绠蔓系腰，萦树而寝。不然则堕深涧。其绝顶谓之孤云、两角。彼中谚云：'孤云、两角，去天一握。'淮阴侯庙在焉。"

④ 或"兴亡策"。

信处。亦名"韩山"。

　　截贤岭。在县北一百余里。亦以韩信得名。旧《志》：与孤云、两角，俱有栈道。

川陕方志均记录了所谓"萧何追韩信处"。所在方位均在米仓道上。

四　南北"韩溪"之二：褒斜道"韩溪"

"难江"即"南江"的"韩溪"，是汉中以南米仓道上传说中"汉相国邀韩信""萧何追韩信"的地点。另外，我们还看到，在蜀道上离行当时刘邦军的相反方向，还有一处汉中以北褒斜道上的"韩溪"。

乾隆《陕西通志》卷一六《关梁一·汉中府褒城县》：

　　樊河桥。在县东北九十里跨马道河上。府志。在马道驿北，汉将樊哙所建。岁久倾圮，太守苏公捐修，路通秦蜀，民甚便。《李良汉修桥记》。

"樊河"可能因此桥得名。"汉将樊哙所建"者，年代自然在刘邦为汉王，刘邦集团在汉中积蓄力量等待北进机会之时。乾隆《陕西通志》卷一一《山川四·汉中府褒城县》称其水为"寒溪"：

　　马道河。即寒溪，又名樊河。在县北九十里，源出马道驿西山峡中，东流至樊桥，合褒水。古名寒溪，今又名樊河。又北岔河，在马道西十里迤南流入寒溪。又西河，在马道西五里自五井沟流入于寒溪。《府志》。

此"寒溪"也被读作"韩溪"，以为与萧何追韩信故事有关。日本明治初期汉学家竹添井井著《栈云峡雨稿》说到他所行历之马道河的传说："马道驿北一水曰樊河，相传酂侯追淮阴，至此及之。"他于此有诗作："隆准是盲龙，重瞳乃沐猴。天下几人识英雄，独有漂母与酂侯。一夜东遁鞭匹马，非我负汉汉负我。樊河水涨不可行，下马河上藉草坐。无端听取碧蹄声，何人履我呼我名。厚意未报一饭德，回鞭且酬知己情。却有神骏留化石，祸机似讽狗烹客。千载钟室有谁吊，石马不嘶山月白。"自注："山上有石，状似马，传为淮阴所乘马所化。"批注有："隐畊曰：起势超脱。""磐溪曰：忽取俗说，化为好典故，节促意足，古乐府妙诀。"① 所谓"俗说"的判断，应当说是准确的。

明世秦王朱诚泳《汉中八景为朱景云宪副作》之《韩沟晓月》称"萧相追韩处"为"韩沟"。其中写道：

> 萧相追韩处，遗踪尚可攀。拏云龙易失，出柙虎重还。曙色催飞骑，清光照壮颜。向来非国士，何意出秦关。②

"韩沟"有别于"韩溪"，是比较特殊的说法。③ 而其中所谓"出秦关"，似暗示韩信北行走向。当然，这一说法也可能与朱诚泳"秦王"身份有关。

所谓"萧相追韩"，有人分析刘邦的心理，以为不追萧何，显然有特殊用意。甚至断言是刘邦与萧何共同的阴谋："韩信初亡，萧何追之，高祖'如失左右手'，却两日不追。及萧何反，问之曰：'何亡也？'曰：'臣非亡，乃追亡者也。'当时高祖岂不知此二人，乃肯放与项羽，两日不追邪？乃是萧何与高帝二人商量，做来欲致韩信之死尔。当时史官已被高祖瞒过，后人又被史官瞒。"④ 刘邦"用萧何追亡臣为将"，确实表现出政治家的特殊心意和非常胸怀⑤，然而以为"乃是萧何与高帝二人商量"的阴谋说，恐是没有根据的主观臆断。

《史记》言"追韩"事，有"何闻信亡，不及以闻，自追之"之说，

---

① ［日］竹添井井：《栈云峡雨稿》，冯岁平点校，三秦出版社2006年版，第237—238页。
② （明）朱诚泳：《小鸣稿》卷四《五言律诗》。
③ 又前引乾隆《四川通志》以"韩山"名"萧何追韩信处"，也是类同情形。
④ 《二程遗书》卷一九。
⑤ （宋）李邦献《省心杂言》："伊吕起耕钓，傅说举版筑，汤、文、高宗致治之本也。汉高祖得先圣之心，故用萧何追亡臣为将，削平祸乱，与黼藻太平举措不同。"

可知其行急迫。随后"居一二日，何来谒上"①，就行程而言，米仓道"韩溪"和褒斜道"韩溪"的位置都大致是合理的。但是就方向来说，人们直接的判断，似乎"韩亡"北上较为合理。

五 韩信南行的可能性探索

多数有关"韩溪"方位的记忆，在米仓道上，即由汉中南行方向。似乎年代更早的纪念遗存，也取这一倾向。

《史记》卷八《高祖本纪》："诸侯各就国。汉王之国，项王使卒三万人从，楚与诸侯之慕从者数万人，从杜南入蚀中。去辄烧绝栈道，以备诸侯盗兵袭之，亦示项羽无东意。至南郑，诸将及士卒多道亡归，士卒皆歌思东归。""东归"，应是刘邦军"诸将及士卒多道亡归"的主要取向。韩信离开刘邦军，可能性更大的"亡"的方向选择似乎也应当与《史记》卷九二《淮阴侯列传》所说"诸将行道亡者数十人"一致，即北上。如果东行循"汉王之国"路线返回关中，可能会考虑此前"从杜南入蚀中"时"烧绝栈道"导致的通行障碍。而如若南下，则看来与"东归"的目的南辕北辙。

据《史记》卷八《高祖本纪》，"韩信说汉王曰：'项羽王诸将之有功者，而王独居南郑，是迁也。军吏士卒皆山东之人也，日夜跂而望归，及其锋而用之，可以有大功。天下已定，人皆自宁，不可复用。不如决策东乡，争权天下。'"可见韩信对于刘邦军中"山东之人""日夜跂而望归"的心理倾向是深刻理解，并有意利用的，于是方有"决策东乡，争权天下"建议。他当时个人"亡"的方向，应当也是"东归"。朱诚泳所谓欲行"出秦关"的"韩沟"的位置，符合这样的判断。

然而，如果全面考察当时政治局势和米仓道通行条件，可以发现韩信经米仓道南行的可能性是确实存在的。

韩信可能与"诸将行道亡者数十人"有所不同，他原本为项羽属下

---

① 另一说法即荀悦《前汉纪》卷二《高祖二》"汉元年"所谓"三日"："萧何知其贤。王不能用，信亡。萧何遽自追之，不及以闻。三日乃至。"《通志》卷五上《前汉纪第五上·高祖》取此说："汉王既至南郑，诸将及士卒皆歌讴思东归，多道亡还者。韩信为治粟都尉，亦亡去。萧何追还之，三日乃至。"

军官,是在"汉王之入蜀"时"亡楚归汉"的。这种身份,从项羽对刘邦敌对和提防的立场出发,韩信不仅仅是"亡"者,而是"叛"者。韩信如果考虑以此身份经关中"东归",穿越项羽"三分关中",封立章邯、司马欣、董翳以"距塞汉王"的地方①,艰险和危难的程度是可以想见的。通过"后连延于秦陇,前迤逦于荆吴"的米仓道迂回"东归",或许是合理的选择。

现在我们亦难以排除韩信往义帝所居方向靠拢,以寻求新的发展机会的可能。据《史记》卷七《项羽本纪》,当时项羽"徙义帝长沙郴县",而"义帝柱国共敖""为临江王,都江陵"。在米仓道可以联络"荆吴"的条件下,韩信由此正可以得到交通的便利。韩信有可能欲接近的实力派军事领袖,也许还有位于"荆吴"方向"为九江王,都六"的黥布,以及"为衡山王,都邾",与越人有密切关系,曾经"率百越佐诸侯"的吴芮。②

六 米仓道和金牛道的关系

关于与萧何追韩信故事相关的"韩溪",后人多有议论和题咏。然而有的评论似乎并不注意确认其地理位置。如宋人许顗《彦周诗话》写道:"蜀陕路间有溪曰'韩溪',萧酂侯追淮阴处也。刘泾巨济题诗一绝云:'豪杰相从意气中,怜才倾倒独萧公。后来可是无奇客,东阁投名尚不通。'"③ 这里只说"韩溪"在"蜀陕路间",没有明确是褒斜道"韩溪"还是米仓道"韩溪"。又宋人李新《题韩溪》诗甚至没有言及"蜀陕路":"云梦擒王终猎狗,芒砀龙子讵蟠泥。前知妇女磨英气,亦率萧公早过溪。"④

---

① 《史记》卷七《项羽本纪》。
② 同上。
③ 《说郛》卷八二下许顗《许彦周诗话》:"蜀陕路间有溪曰韩溪。萧文终追淮阴处也。刘泾巨济题诗一绝云:'豪杰相从意气中,怜才倾倒独萧公。后来可是无奇客,东合投名尚不通。'""萧酂侯"作"萧文终"。清厉鹗编《宋诗纪事》卷二五据《许彦周诗话》引刘泾诗《题韩溪》,题下注:"在陕蜀路间,萧酂侯追淮阴侯处。"亦作"萧酂侯"。而"蜀陕路"作"陕蜀路"。
④ (宋)李新:《跨鳌集》卷一一《七言绝句》。

宋人文彦博《潞公文集》卷三《古诗》有《题韩溪诗四章》，所说涉及具体地理位置。其序文曰："三泉县近郊之一水，清泚可爱。问诸水滨，曰'韩溪'。取《地志》验之而信，且曰：韩信去汉，而萧何追及于此，因以名溪。予以韩事于史甚显，而溪并通邑，其名独晦，故诗以题之。"其诗曰："韩信未遭英主顾，萧何亲至此中追。君王有意争天下，不得斯人未可知。""平日渔樵皆病涉，当年将相尽成功。淮阴未济鄫侯识，留得雄才归汉中。""水滨山曲暂盘桓，盛事临风一据鞍。莫讶史君频叹咏，古来君相受知难。""途中胜迹尽留题，独有韩溪未有诗。直把芜词重迭咏，只图流播路人知。""通邑""路人"之说，又强调"韩溪"与交通道路的特殊关系。所说"三泉"道路，也是古蜀道。《元和郡县图志》卷二五《山南道·兴元府》言"金牛县""三泉县"：

> 金牛县次畿，东至府一百八十里。
> 本汉葭萌县地，东晋孝武分置绵谷县。武德二年分绵谷县通谷镇置金牛县。取秦五丁力士石牛出金为名。
> 嶓冢山，县东二十八里，汉水所出。
> 嘉陵江，经县西去县三十里。
> 故关城，俗名"张鲁城"，在县西三十八里。
> 三泉县次畿，东北至府二百五十里。
> 本汉葭萌县地，蜀先主改为汉寿县。武德四年置南安州，又置三泉县。八年州废，以县属梁州。

可知"三泉"在金牛道上。唐宋"三泉"在今陕西宁强西，临嘉陵江。[①]"三泉县近郊之一水""曰'韩溪'"，又传"韩信去汉，而萧何追及于此，因以名溪"，值得注意。乾隆《陕西通志》卷一一《山川四·汉中府宁羌州》可以看到关于"韩溪"的文字记录：

> 西流河，即寒水，一名韩溪。在州南六十里，其水西流入川江。《府志》。寒水东出寒川，西流入汉。《水经注》。韩溪水源出昆山里

---

① 谭其骧主编：《中国历史地图集》，地图出版社1982年版，第5册第52—53页，第6册第29—30、69—70页。

鳌洞山下，俗传萧何追韩信至此，因名"韩溪"，盖即寒水，以声近而误也。《舆地纪胜》。

所说"韩溪"，应确实是"俗传"之"误"。祝穆《方舆胜览》卷六八《大安军·山川》"当以巴州为是"的意见，看来是正确的。《大清一统志》卷一八五《汉中府》"米仓山"条讨论了此"距米仓绝远"的"韩溪"："米仓山。在南郑县南，一名玉女山。……《舆地胜记》：仙台山一名米仓山，与大巴山相连，有韩信庙及截贤岭。云萧何追韩信至此。《府志》：米仓山在县西南一百四十里。按《舆地纪胜》：大安军有韩溪水，俗传萧何追韩信之此，故名韩溪。即寒水。今在宁羌州西南，距米仓绝远，此必流传之讹，附辨于此。"也以为"韩溪"应在米仓道上，远离米仓道的"韩溪""必流传之讹"。

然而，历史故事的"俗传""流播"也许透露出不同交通线路之间存在的联系。《华阳国志》卷六《刘先主志》记述建安二十年（215）米仓道战事："（张）郃数犯掠巴界。先主率张飞等进军宕渠之蒙头，拒郃，相持五十余日。飞从他道邀郃战于阳石，遂大破郃军。郃失马缘山，独与麾下十余人从间道还南也。"属于米仓道交通系统的"他道""间道"，应当有沟通金牛道者。

分析张卫和张鲁可能的行进路线，张鲁"入巴中"应由米仓道。而张卫"入蜀"，应当经由金牛道。《三国志》卷三一《蜀书·刘焉传》说："张鲁母始以鬼道，又有少容，常往来焉家，故焉遣鲁为督义司马，住汉中，断绝谷阁，杀害汉使。焉上书言米贼断道，不得复通，又托他事杀州中豪强王咸、李权等十余人，以立威刑。"当时张鲁"断绝谷阁"，以及所谓"米贼断道"，很可能是断绝金牛道。但是张鲁和张卫南下通路的选择，说明汉中在蜀道交通系统中的枢纽地位。由此推知米仓道和金牛道可以相互沟通的思路，或许是可以成立的。有学者认为南江"韩溪"即由米仓道通往金牛道的路线，这样的判断自有区域交通结构认识的基础。

米仓道与金牛道有密切的关系。相互的沟通和联络，体现这两条道路都属于称为"陕蜀路"或"蜀陕路"的交通体系之中。关于米仓道所谓"连衡绵剑，遮蔽东西川，最为襟喉要地"，所谓"三巴吾蜀要地"等具有战略眼光的军事交通理念，是符合交通史的真实的。

试说"江阳之盐"

《太平御览》卷八六五引崔骃《博徒论》有"江阳六盐"语。有学者推断应为"江阳之盐"的误写。《北堂书钞》卷一四六引崔骃《博徒论》正作"江阳之盐"。《博徒论》文字残缺，目前尚不能明确"江阳之盐"在文中的位置。汉代"江阳"地位重要，但是其盐产明确记载，崔骃《博徒论》言"江阳之盐"，说明"江阳"在当时盐业史中的特殊地位。相关信息补充了我们对汉代巴蜀地方井盐生产规模和运输形式的认识。分析《元和郡县图志》的相关内容，可知所谓"江阳之盐"或许指通过"江阳"即今泸州运输至广大消费区的盐业产品。这一盐运系统的货源包括自贡盐产。汉代即已得到广泛传播的所谓"江阳之盐"，很可能就是这一曾经以沱江为主要运输系统的重要盐产区的产品的共有名号。

一 《博徒论》"江阳之盐"

《太平御览》卷八六五《饮食部》二十三"盐"题下，可以看到如下有关盐产的信息：

> 崔骃《博徒论》曰："江阳六盐。"[①]

这一说法被有的著作沿承。如清人丁宝桢《四川盐法志》卷四《井厂四》写道：

[①] 《四部丛刊》三编景宋本。中华书局用上海涵芬楼影印宋本1960年2月复制重印版同，第4册，第3841页。

> 江阳县今泸州等境　崔骃《博徒论》曰："江阳六盐。"《御览》八百六十五。①

"江阳"被判定为"今泸州等境","江阳六盐"被看作"井厂"出产。这样的认识，也值得盐业史学者注意。

有盐业史学者在讨论"秦汉时期食盐产地"时指出，"东汉崔骃《博徒论》提到'江阳六盐'。何谓六盐？令人费解。笔者认为，这里'六'字可能是'之'字的误写，因形近而误；'江阳六盐'可能原为'江阳之盐'"②。

以为"江阳六盐"应即"江阳之盐"的判断是正确的。我们看到，《北堂书钞》卷一四六引崔骃《博徒论》正作"江阳之盐"。

《渊鉴类涵》卷三九一《食物部四·盐三》有关崔骃《博徒论》涉及"盐"的内容则是这样显示的：

> 江阳之盐。崔骃《博徒论》曰：江阳六盐。③

引文同《太平御览》卷八六五作"江阳六盐"，文题则作"江阳之盐"。

《北堂书钞》卷一四六《酒食部五·盐三十三》可以看到崔骃《博徒论》"江阳之盐"引文：

> 江阳之盐。崔骃《博徒论》云：江阳之盐。○今案陈俞本及严辑《崔骃集》同。④

作为唐代类书，较《太平御览》和《渊鉴类涵》成书年代早得多，可知崔骃《博徒论》中"江阳之盐"是正字，"江阳六盐"确实是讹写。

严可均辑《全上古三代秦汉三国六朝文》中《全后汉文》卷四四《博徒论》即作：

---

① 清光绪刻本。
② 吉成名：《中国古代食盐产地分布和变迁研究》，中国书籍出版社 2013 年版，第 31 页。
③ 文渊阁《四库全书》本。
④ 《北堂书钞》，中国书店据光绪十四年南海孔氏刊本 1989 年 7 月影印版，第 616 页。

江阳之盐。《书钞》一百四十六。①

所据也是《北堂书钞》。

二 《博徒论》有关"盐"的文字的复原

明人张溥《汉魏六朝一百三家集》卷一二汉《崔骃集》中《博徒论》的内容是这样的：

《博徒论》：

> 博徒见农夫，戴笠持耨，以芸蓼荼，面色骊黑，手足胼胝，肤如桑朴，足如熊蹄，蒲望垄亩，汗出调泥，乃谓曰：子触热耕耘，背上生盐，胫如烧椽，皮如领革，锥不能穿，行步狼跋，蹄戾胫酸，谓子草木，支体屈伸，谓子禽兽，形容似人，何受命之薄，禀性不纯。

又：

> 牛臞羊脍，炙雁煮凫，鸡寒狗热，重案满盈。【中阙】适逢长史，抚绥于车。蒸羔炰鳖，饪鹄煎鱼。但到酒垆，不醉无归。②

然而，严可均辑《全上古三代秦汉三国六朝文》中《全后汉文》卷四四崔骃《博徒论》：

> 博徒见农夫戴笠持耨，以芸蓼荼，面色骊黑，手足胼胝，肤如桑朴，足如熊蹄，蒲望陇亩，汗出调泥。乃谓曰："子触热耕耘，背上生盐，胫如烧椽，皮如领革，锥不能穿，行步狼跋，蹄戾胫酸。谓子草木，支体屈伸；谓子禽兽，形容似人。何受命之薄，禀性不纯。"《御览》三百八十二。

---

① 民国十九年景清光绪二十年黄冈王氏刻本。（清）严可均校辑：《全上古三代秦汉三国六朝文》，中华书局1958年版，第1册，第713页。

② 文渊阁《四库全书》本。

> 紫唇素齿，雪白玉晖。《御览》三百六十八。
>
> 燕臞羊残，炙雁煮鳧。《书钞》一百四十二，《文选·七命》注。又《御览》八百六十一。鸡寒狗热。《书钞》一百四十五作"寒鸡热狗"。重案满俎。《书钞》一百四十二。
>
> 适逢长吏，膏卫东显，抚绥下车，但到酒垆烂燀。同上。
>
> 江阳之盐。《书钞》一百四十六。①

胡长青整理《两汉全书》崔骃论著，指出"燕臞羊残"，《北堂书钞》卷一四二引作"鹜臞羊残"②，"重案满俎"，《北堂书钞》卷一四二引作"重案满盈"，"适逢长吏"，《北堂书钞》卷一四二引作"适逢长史"③。

现在看来，由于文辞残碎，难以判断"江阳之盐"的原来位置。也就是说，要完整准确地复原《博徒论》中有关盐的文字的原有次序，是难以实现的。但是，"江阳之盐"很可能与饮食方面的内容，如"牛臞羊脍，炙雁煮鳧，鸡寒狗热，重案满盈"，"蒸羔炰鳖，饪鹄煎鱼。但到酒垆，不醉无归"等文句有关。考虑韵文要求，则很可能与"背上生盐，胫如烧橡，皮如领革，锥不能穿，行步狼跋，蹄戾胫酸"连文。然而"盐"字在邻近内容中重复出现，似亦不合理。

三 "江阳"盐产考议

吉成名在"秦汉时期食盐产地"的论说中有"井盐产地"一节。其中指出，"汉代井盐产地分布于南、蜀、犍为、越巂、益州、江阳、巴、巴东、牂柯、永昌十郡。"关于"江阳郡江阳县"，又有如下内容：

> 西汉设江阳县，属犍为郡。东汉建安十八年（213）改枝江都尉为江阳郡，治江阳县。④

---

① （清）严可均校辑：《全上古三代秦汉三国六朝文》第1册，中华书局1958年版，第713页。

② 《北堂书钞》卷一四四亦引作"鹜臞羊残"。《北堂书钞》，中国书店据光绪十四年南海孔氏刊本1989年影印版，第604页。

③ 董治安主编：《两汉全书》，第16册，山东大学出版社2009年版，第9334页。

④ 论者或据《水经注》。

……《汉书·地理志》未载江阳产盐，可能是西汉时期尚未产盐或产盐不多的缘故。据《博徒论》称赞江阳之盐可知，东汉时期江阳县（治所即今四川泸州市）井盐生产可能已经比较繁荣了。①

不知吉书何以判定"江阳"是指"江阳县"而非"江阳郡"。东汉晚期，江阳是蜀中重郡②。据《三国志》记载，任江阳太守者曾有彭羕③、王山④、向条⑤、刘南和⑥、程畿⑦等。李严曾据兵"江阳"⑧，也体现"江阳"的重要。"江阳"在这里应当是郡名，而非指县⑨。《三国志》卷三三《蜀书·后主传》裴松之注引《汉晋春秋》曰："（建兴九年）冬十月，江阳至江州有鸟从江南飞渡江北，不能达，堕水死者以千数。"⑩"江阳"与"江州"并列，应当也是郡名。《晋书》卷一四《地理志上》"蜀章武元年""分犍为立江阳郡"之说，似言立郡过晚。《华阳国志》卷三《蜀志》说："江阳郡，本犍为枝江都尉，建安十八年置郡。汉安程征、石谦白州牧刘璋，求立郡。璋听之，以都尉广汉成存为太守。属县四，户

---

① 吉成名：《中国古代食盐产地分布和变迁研究》，第29—31页。
② 《三国志》卷三二《蜀书·先主传》：刘备入蜀，"分遣诸将平下属县，诸葛亮、张飞、赵云等将兵泝流定白帝、江州、江阳，惟关羽留镇荆州"。据《三国志》卷三六《蜀书·赵云传》，进击江阳的主将是赵云："先主自葭萌还攻刘璋，召诸葛亮。亮率云与张飞等俱泝江西上，平定郡县。至江州，分遣云从外水上江阳，与亮会于成都。"
③ 《三国志》卷四〇《蜀书·彭羕传》。
④ 《三国志》卷四一《蜀书·王连传》。
⑤ 《三国志》卷四一《蜀书·向朗传》。
⑥ 《三国志》卷四五《蜀书·刘南和赞》。
⑦ 《三国志》卷四五《蜀书·程畿赞》。
⑧ 《三国志》卷四〇《蜀书·李严传》裴松之注引亮公文上尚书曰："平为大臣，受恩过量，不思忠报，横造无端，危耻不办，迷罔上下，论狱弃科，导人为奸，情狭志狂，若无天地。自度奸露，嫌心遂生，闻军临至，西向托疾还沮、漳，军临至沮，复还江阳，平参军狐忠勤谏乃止。"
⑨ "江阳"为县名之例，有《三国志》卷四五《蜀书·张翼传》："先主定益州，领牧，翼为书佐。建安末，举孝廉，为江阳长，徙涪陵令，迁梓潼太守，累迁至广汉、蜀郡太守。"据《晋书》卷一四《地理志上》："江阳郡，蜀置，统县三，户三千一百。江阳，符，汉安。"是江阳县为江阳郡属县。
⑩ 《晋书》卷二八《五行志中》"羽虫之孽"条："蜀刘禅建兴九年十月，江阳至江州，有鸟从江南飞渡江北，不能达，堕水死者以千数。是时诸葛亮连年动众，志吞中夏，而终死渭南，所图不遂。又诸将分争，颇□徒旅。鸟北飞不能达，堕水死者，皆有其象也。亮竟不能过渭，又其应乎此，与汉时楚国乌斗堕泗水粗类矣。"

五千，去洛四千八十里。东接巴郡，南接牂柯，西接广汉、犍为，北接广汉。"① 明确言"建安十八年置郡"。任乃强则以为应为"建安八年"②。

虽然确实"《汉书·地理志》未载江阳产盐"，但是有关"江阳之盐"的信息并非仅见于《博徒论》。《华阳国志》卷三《蜀志》明确写道：

> 江阳县，郡治……有富义盐井。

任乃强说，"本名富世盐井，后周因之置富世县。唐人避讳作'富义'"③。这应当是有关"江阳之盐"的明确资料。所谓"富世盐井"或"富义盐井"，指出了盐产地点④，也说明了盐产形式。又写道：

> 汉安县……有盐井。
> 新乐县……有盐井。

也都记述了"江阳之盐"的生产性质均为井盐。同样可以说明这一地区的"井盐生产"确实"已经比较繁荣了"。据谭其骧主编《中国历史地图集》，三国蜀汉以及西晋时，江阳郡包括今四川自贡市区。当时的汉安县，在今四川内江西。⑤ 而两汉时期，位于今四川泸州的江阳以及今四川自贡地方，均属于犍为郡。⑥

---

① "江阳郡"后，原有"先有王延世著勋河平，后有董钧为汉定礼，王、董、张、赵为四族。二县在中，多山田，少种稻之地"。任乃强以为"旧刻本此下错入资中县'先有王延年'至'种稻之地'三十六字。《函海》本与廖本先已移正"。（晋）常璩撰，任乃强校注：《华阳国志校补图注》，上海古籍出版社1987年版，第180页。

② （晋）常璩撰，任乃强校注：《华阳国志校补图注》，第181页。

③ 同上书，第180页。《隋书》卷二九《地理志上》"泸川郡"条下："富世，后周置，及置洛源郡。开皇初郡废。"

④ "富义"或"富世"，在今富顺，其地属四川自贡市。

⑤ 谭其骧主编：《中国历史地图集》第3册，地图出版社1990年版，第22—23、47—48页。

⑥ 谭其骧主编：《中国历史地图集》第2册，第29—30、53—54页。

四 "江阳"盐运推想

《续汉书·郡国志五》"益州犍为郡"下"江阳"条刘昭注补:"《华阳国志》曰:'江雒会,有方兰祀,江中有大阙、小阙。'《蜀都赋》注云:'沱潜既道,从县南流至汉嘉县,入大穴中通刚山下,因南潜出,今名复出水是也。'"今本《华阳国志》卷三《蜀志》:

> 江阳县,郡治。江雒会,有方山兰祠。江中有大阙、小阙。季春黄龙堆没,阙即平。……又郡下百二十里者曰伯涂鱼梁。六伯氏女为涂氏妇造此梁。

所谓"江中有大阙、小阙",而"季春黄龙堆没,阙即平",暗示"阙"有航标的性质。"梁"的存在,也可能与水文标记有关。

又"符县"条讲述了这样的故事:"符县,郡东二百里,元鼎二年置治。安乐水会。东接巴蜀乐城南,水通平羌鳖县。永建元年十二月,县长赵祉遣吏先尼和拜檄巴蜀守,过成瑞滩,死。子贤求丧不得。女络年二十五,乃分金珠作二锦囊,系儿头下,至二年二月十五日,女络乃乘小船至父没所,哀哭自沉。见梦告贤曰:至二十一日,与父尸俱出。至日,父子浮出。县言,郡太守萧登高之上尚书,遣户曹掾为之立碑。人为语曰:符有先络,螇道张帛求其夫,天下无有其偶者矣。"西晋"符县",在今四川合江①。

虽有"成瑞滩"之险,但可利用"水通"之利。由"江阳"地方"江中"航路的畅通,可以推想,"江阳之盐"的运输方式,航运应是比较方便的通道。

很可能《博徒论》保留的"江阳之盐"的响亮名声,与借用江航条件形成的盐运便利相关。也就是说,"江阳之盐"因"水通"之利,享有了北方名士崔骃亦得以知晓的知名度②。

---

① 谭其骧:《中国历史地图集》第 3 册,第 47—48 页。
② 《后汉书》卷五二《崔骃传》:"崔骃字亭伯,涿郡安平人也。"崔骃生平事迹,并没蜀地的生活经历。

五　自贡井盐与"江阳之盐"的关系

宋郭允蹈《蜀鉴》卷四"李雄伪定蜀地"条:"雄遣师攻僰道,犍为太守魏纪弃城走,江阳太守姚袭死之。僰道,今叙州犍为治。今叙州犍为县,资中、牛鞞、南安诸邑皆隶焉。江阳,今泸州。雄始定其地。""江阳"虽然在"泸州",但是与"犍为""僰道"有着密切的关系。

所谓"江阳之盐",应当包括今自贡地方的盐产。讨论自贡盐产和盐运的历史,不应当忽略有关"江阳之盐"的历史文化信息。

唐代地理书《元和郡县图志》出现"盐井"字样,计卷二二《山南道三》1次,卷三一《剑南道上》7次,卷三二《剑南道中》1次,卷三三《剑南道下》26次,卷三九《陇右道上》1次。最为密集的是卷三三《剑南道下》。

《元和郡县图志》卷三三《剑南道下》"荣州"条说到唐代公井县与汉代江阳县有渊源关系:

> 公井县,中下。西北至州九十里。本汉江阳县地,属犍为郡。周武帝于此置公井镇。隋因之。武德元年于镇置荣州,因改镇为公井县。
> ……
> 县有盐井十所。又有大公井,故县镇因取为名。

唐代公井县,在今四川自贡西。《元和郡县图志》"公井县,本汉江阳县地,属犍为郡"之说,明确了这一地区盐产与"江阳之盐"的关系。

荣州"管县六",其他五县,如:"旭川县,本汉南安县地。贞观元年于此置旭川县,因县有盐井号旭井,取以名县。""和义县,以招和夷獠,故以和义为名。""县有盐井五所。""威远县,本汉资中县地。隋开皇三年于此置威远戍以招抚生獠。十一年改戍为县,属资州。武德元年,改属荣州。""县有盐井七所。""应灵县,本汉南安县地。隋开皇十年于此置大牢镇,十三年改镇为县。县界有大牢溪,因取为名。天宝元年改为应灵。县有盐井四所。"① 荣州"管县六"中,除亦"本汉南安县地"的

---

① (唐)李吉甫撰,贺次君点校:《元和郡县图志》上册,中华书局1983年版,第859—861页。

"咨官县"未注明"有盐井"外，其余五县均"有盐井"，至少计 27 所。旭川县"因县有盐井，号旭井，取以名县"，县中盐井未必只有"旭井"一所。因而二十七所的数字合计，很可能是不完全的。

六 "江阳""水通"之利：沱江盐运体系

我们可以将《元和郡县图志》卷三一《剑南道上》简州、资州，与卷三三《剑南道下》普州、荣州、陵州、泸州所记录可能利用"江阳""水通"之利的盐井分布的信息列表如下：

简州	阳安县	阳明盐井，在县北十四里。又有牛鞞等四井，公私仰给
	平泉县	上军井、下军井，并盐井也，在县北二十里，公私资以取给①
资州	内江县	盐井二十六所，在管下
	银山县	盐井一十一所，在管下②
普州	安岳县	县有盐井一十所
	普康县	县有盐井四所
	普慈县	县有盐井一十四所③
荣州	旭川县	因县有盐井号旭川，取以名县。
	和义县	县有盐井五所
	威远县	县有盐井七所
	公井县	县有盐井十所，又有大公井，因改镇以为公井县
	应灵县	县有盐井四所
陵州		晋孝武帝太元中，益州刺史毛璩置西城戍以防盐井，周闵帝元年又于此置陵州，因陵井以为名。陵井者，本沛国张道陵所开，故以"陵"为号。晋太元中，刺史毛璩乃于东西两山筑城，置主将防卫之。后废陵井，更开狼毒井，今之煮井是也，居人承旧名，犹曰陵井，其实非也。今按州城南北两面斗绝，四面显敞，南临井

---

① （唐）李吉甫撰，贺次君点校：《元和郡县图志》上册，第 783—784 页。
② 同上书，第 785—786 页。
③ 同上书，第 858—859 页。

续表

	仁寿县	陵井,纵广三十丈,深八十余丈。益部盐井甚多,此井最大。以大牛皮囊盛水,引出之役甚苦,以刑徒充役。中有祠,盖井神。 张道陵祠,在县西南百步。陵开凿盐井,人得其利,故为立祠。
	贵平县	平井盐井,在县东南七步
	井研县	井研盐井,在县南七里。镇及县皆取名焉。又有思稜井、井镬井①
泸州	江安县	可盛盐井,在县西北一十一里
	富义县	富义盐井,在县西南五十步。月出盐三千六百六十石,剑南盐井,唯此为大。其余亦有井七所②

我们应当注意到,唐代属于泸州的富义县,在今四川富顺县,现在属于四川自贡市。

这些盐井的产品,都可以通过沱江水道运送到泸州(州治在今四川泸州),然后进入长江航道。

汉代即已得到广泛传播的所谓"江阳之盐",很可能就是这一可以归入一个盐运系统的重要盐产区的产品的共有名号。其得名,应与"江阳"位于沱江汇入长江这一重要地点的空间位置有关。"江阳"于是成为包括自贡在内的盐产区盐运的中转站和集散点。前引盐业史学者言"东汉时期江阳县(治所即今四川泸州市)井盐生产可能已经比较繁荣了","井盐生产可能已经比较繁荣了"的判断,或许不宜限定于"江阳县",应当扩展到沿沱江更宽广的地区。

---

① (唐)李吉甫撰,贺次君点校:《元和郡县图志》上册,第861—864页。
② 同上书,第864—865页。

秦汉"五岭"交通与"南边"行政

秦始皇和汉武帝两次对五岭以南用兵，实现了中土对岭南地区的武装控制与文化沟通。南海置郡对于中原帝国大一统的规模和效能有非常重要的意义。这一局势的形成，五岭交通是必不可少的条件。秦时五岭"新道"的开通与汉武帝出兵五路征服南越的军事交通行为在中国古代交通史上有特殊的地位。而逐步向南扩展的汉代称作"南边"地方的行政效率，也因交通建设的努力得到保证。

一 秦始皇五岭"新道"与灵渠工程

兼并六国，是秦始皇时代意义重大的历史变化，后人或称为"六王毕，四海一"①，"六王失国四海归"②。其实，秦始皇实现的统一，并不仅仅限于对黄河流域和长江流域的控制，亦包括向北河的军事拓进以及征服岭南之后南海等郡的设置。而秦帝国版图的规模，于是也远远超越了秦本土与"六王"故地。《史记》卷六《秦始皇本纪》记"西北斥逐匈奴"与"略取陆梁地"事，系于秦始皇三十三年（前214）。然而据《史记》卷八八《蒙恬列传》"秦已并天下，乃使蒙恬将三十万众北逐戎狄，收河南"及《秦始皇本纪》在二十六年（前221）记述中已言"南至北向户"，二十八年（前219）琅邪刻石有"皇帝之土……南尽北户"语，可知这两个方向的拓进在兼并六国后随即开始。秦军远征南越的军事行动较早开始，可以引为助证的又有《史记》卷七三《白起王翦列传》的记载："（王翦）大破荆军，至蕲南，杀其将军项燕。荆兵遂败走。秦因乘胜略

---

① （唐）杜牧：《阿房宫赋》，《樊川集》卷一。
② （宋）莫济：《次韵梁尉秦碑》，《宋诗纪事》卷四七。

定荆地城邑。岁余,虏荆王负刍,竟平荆地为郡县。因南征百越之君,而王翦子王贲与李信破定燕齐地。秦始皇二十六年,尽并天下。"此说以为在"秦始皇二十六年"之前,秦军在灭楚即"平荆地为郡"之后,随即已经开始"南征百越之君"。① 而灭楚的战争历程,据《史记》卷六《秦始皇本纪》:"二十三年,秦王复召王翦,强起之,使将击荆。取陈以南至平舆,虏荆王。秦王游至郢陈。荆将项燕立昌平君为荆王,反秦于淮南。二十四年,王翦、蒙武攻荆,破荆军,昌平君死,项燕遂自杀。""(二十五年)王翦遂定荆江南地;降越君,置会稽郡。"

中原帝国开始面对南海,是东亚史乃至世界史上的一件大事。② 这一历史进步,是在"五岭"道路开通的条件下实现的。《史记》卷一一八《淮南衡山列传》称为"(秦皇帝)使尉佗逾五岭攻百越"。"逾五岭",是秦交通史册辉煌的一页。《史记》卷六《秦始皇本纪》:"三十三年,发诸尝逋亡人、赘婿、贾人略取陆梁地,为桂林、象郡、南海,以適遣戍。"裴骃《集解》:"徐广曰:'五十万人守五岭。'"张守节《正义》:"《广州记》云:'五岭者,大庾、始安、临贺、揭杨、桂阳。'《舆地志》云:'一曰台岭,亦名塞上,今名大庾;二曰骑田;三曰都庞;四曰萌诸;五曰越岭。'"据《史记》卷一一三《南越列传》,秦二世时,中原动荡,南海尉任嚣召龙川令赵佗语曰:"南海僻远,吾恐盗兵侵地至此,吾欲兴兵绝新道,自备,待诸侯变。"这里所说的"新道",就是南岭新开通的道路。赵佗在实际掌握南海郡军权之后,"即移檄告横浦、阳山、湟溪关曰:'盗兵且至,急绝道聚兵自守!'"要求"急绝道"。也说到南

---

① 王云度、张文立主编《秦帝国史》说,"始皇统一六国的次年,即始皇二十七年(前220年),秦王朝开始大规模平定百越的战略行动。"论者依据《史记》卷一一三《南越列传》"与越杂处十三岁"上推十三年,确定"伐越年代在始皇二十七年"。又说:"林剑鸣《秦汉史》第二章中,依据后世《乐昌县志》的资料,将秦伐岭南年代定在始皇二十八年(前219年),可备一说。"陕西人民教育出版社1997年版,第55、74页。二十八年之说,可能由自二十八年琅邪刻石"皇帝之土……南尽北户"文句。据贾谊《过秦论》:"及至秦王,续六世之余烈,振长策而御宇内,吞二周而亡诸侯,履至尊而制六合,执棰拊以鞭笞天下,威振四海。南取百越之地,以为桂林、象郡,百越之君俛首系颈,委命下吏。乃使蒙恬北筑长城而守藩篱,却匈奴七百余里,胡人不敢南下而牧马,士不敢弯弓而报怨。于是废先王之道,焚百家之言,以愚黔首。堕名城,杀豪俊,收天下之兵聚之咸阳,销锋铸锯,以为金人十二,以弱黔首之民。"则"南取百越"和"北筑长城",在秦始皇二十六年(前221)"收天下兵,聚之咸阳,销以为钟锯,金人十二,重各千石,置廷宫中"之前。《史记》卷六《秦始皇本纪》。

② 参看王子今《秦统一局面的再认识》,《辽宁大学学报》2013年第1期。

岭道路对于联系中原与"南海"的意义。①

灵渠遗存，提供了秦人在征服岭南的战争期间开发水利资源以水力用于军运的确定的实例，可以看作在交通和水利方面均曾在技术上占据历史制高点的伟大工程。据严安上书："使尉屠睢将楼船之士南攻百越，使监禄凿渠运粮，深入越，越人遁逃。"② 这一工程沟通了长江水系和珠江水系，体现了水利史上具有世界历史意义的伟大发明。有学者推断，灵渠宽度5—7米，水深1—2米，当时可以航行宽5米，装载500—600斛粮食的运船。"用这样的船只运粮，无疑比人力、畜力的运输能力提高了许多倍。这对保证秦军岭南战争的胜利，无疑起着不可估量的作用。"③ 有学者分析说，灵渠工程成功，"水路的畅通使得秦军增援的楼船之士乘水路而至，军粮的供给也得以解决"④。可能灵渠水路对于兵员运输实际意义并不突出，主要作用在于军粮运输⑤。

二　汉武帝用兵岭南

据《史记》卷一一三《南越列传》记载，汉高祖初定天下，因为久经战乱，"中国劳苦"的缘故，当时以宽宏的态度容忍了赵佗政权在岭南的割据。又曾经派遣陆贾出使南越，承认了赵佗"南越王"的地位，希望他能够安定百越，并且保证"南边"的和平。在高后专制的时代，"有司请禁南越关市铁器"，似乎曾经采取了与南越实行文化隔闭、文化封锁的政策。赵佗因此被激怒："高帝立我，通使、物，今高后听谗臣，别异蛮夷，隔绝器物，此必长沙王计也，欲倚中国，击灭南越而并王之，自为功也。"所谓"隔绝"，涉及交通史的动态。赵佗"乃自尊号为南越武帝，发兵攻长沙边邑，败数县而去焉"。南越与汉中央王朝正式进入交战状态

---

① 参看王子今《秦汉时期南岭道路开通的历史意义》，《中国社会科学报》2012年12月28日。
② 《史记》卷一一二《平津侯主父列传》。
③ 《广西航运史》编委会编：《广西航运史》，人民交通出版社1991年版，第4—7页；蔡万进：《秦国粮食经济研究》，内蒙古人民出版社1996年版，第89页。
④ 张卫星：《秦战争述略》，三秦出版社2001年版，第130页。
⑤ 参看王子今《秦军事运输略论》，《秦始皇帝陵博物院》总第3辑，三秦出版社2013年版。

的标志，是吕后专政时代派周灶发军击南越。对于周灶南征战事，司马迁在《史记》卷一一三《南越列传》中只有如下简单的记述："高后遣将军隆虑侯灶①往击之。会暑湿，士卒大疫，兵不能逾岭。岁余，高后崩，即罢兵。"所谓"兵不能逾岭"，言五岭交通阻滞导致周灶南进的失败。汉与南越两军事实上在南岭一线相持了一年之久，吕后去世方才罢兵，于是出现了司马迁所谓"隆虑离湿疫，（赵）佗得以益骄"的局面："（赵）佗因此以兵威边，财物赂遗闽越、西瓯、骆，役属焉，东西万余里。乃乘黄屋左纛，称制，与中国侔。"汉文帝即位，对于吕后时代政治多所否定。据《汉书》卷九五《南粤传》，又派陆贾为使者出使南越，赐书致意，文辞颇为诚挚："皇帝谨问南粤王，甚苦心劳意。朕，高皇帝侧室之子，弃外奉北藩于代，道里辽远，壅蔽朴愚，未尝致书。"说到"北藩"与南越"道里辽远"的交通条件，又写道："朕欲定地犬牙相入者，以问吏，吏曰：'高皇帝所以介长沙土也'，朕不得擅变焉。吏曰：'得王之地不足以为大，得王之财不足以为富，服岭以南，王自治之。'虽然，王之号为帝，两帝并立，亡一乘之使以通其道，是争也；争而不让，仁者不为也。愿与王分弃前患，终今以来，通使如故。"所谓"服岭以南，王自治之"，"一乘之使以通其道"，都强调了南岭道路的重要。赵佗于是"乃顿首谢，愿长为藩臣，奉贡职"②。

汉武帝元鼎五年（前112），南越国相吕嘉弑王及太后，另立赵建德为王。汉武帝以此为契机，派伏波将军路博德和楼船将军杨仆等率部分五路南下，平定南越，以其地为儋耳、珠崖、南海、苍梧、郁林、合浦、交阯、九真、日南九郡③。南越地区于是成为汉王朝中央政府直属的地域。在汉武帝对南越用兵之前，淮南王刘安曾为言"南方地形"："南方暑湿，近夏瘅热，暴露水居，蝮蛇蠚生，疾疠多作，兵未血刃而病死者什二三，

---

① 司马贞《索隐》："韦昭曰：'姓周。'"
② 《汉书》卷九五《南粤传》的记载则更为详细，说到吕后时"隔绝"情状："高后自临用事，近细士，信谗臣，别异蛮夷，出令曰：'毋予蛮夷外粤金铁田器，马牛羊即予，予牡，毋予牝。'老夫处僻，马牛羊齿已长，自以祭祀不修，有死罪，使内臣藩、中尉高、御史平凡三辈上书谢过，皆不反。又风闻老夫父母坟墓已坏削，兄弟宗族已诛论。吏相与议曰：'今内不得振于汉，外亡以自高异。'故更号为'帝'，自帝其国，非敢有害于天下也。高皇后闻之大怒，削去南粤之籍，使使不通。"
③ 《史记》卷三〇《平准书》裴骃《集解》引晋灼曰："元鼎六年，定越地，以为南海、苍梧、郁林、合浦、交阯、九真、日南、珠崖、儋耳郡。"

虽举越国而虏之，不足以偿所亡。"所谓"举越国而虏之，不足以偿所亡"，说明这一地区经济生活的落后①。刘安说到其他人情风土"与中国异"，特别强调交通的困难："限以高山，人迹所绝，车道不通，天地所以隔外内也。"他指出："越，方外之地，剪发文身之民也。不可以冠带之国法度理也。""以为不居之地，不牧之民，不足以烦中国也。"除指出文化传统的界隔之外，又以所谓"越非有城郭邑里也，处溪谷之间，篁竹之中"，"地深昧而多水险"②，描述其文化形态之原始性，也涉及交通条件的恶劣。

三　交通的发展和"南边"的移动

"（秦皇帝）使尉佗逾五岭攻百越"之后，即致力于"初郡"的行政③。《史记》卷六《秦始皇本纪》："三十四年，適治狱吏不直者，筑长城及南越地。"张守节《正义》："谓戍五岭，是南方越地。"《史记》卷二五《律书》："二世宿军无用之地，连兵于边陲，力非弱也；结怨匈奴，絓祸于越……"司马贞《索隐》："谓常拥兵于郊野之外也。"张守节《正义》："谓三十万备北边，五十万守五岭也。云连兵于边陲，即是宿军无用之地也。"所谓"戍五岭""守五岭"，其实是指以军事管制的方式推行对"南方越地"的控制。张荣芳、黄淼章著《南越国史》写道：虽时间短暂，"但秦对岭南的开发和经营，对岭南地区社会经济的发展却有着重大的意义"④。

汉武帝征南越的出发点，可能更注重政治方面的收益。"南越已平矣，遂为九郡。"⑤汉帝国的行政控制区向南扩展。平定南越的胜利使汉武帝异常兴奋，时正值元鼎六年（前111）东巡途中，"至左邑桐乡，闻

---

① 《汉书》卷六四上《严助传》记载刘安所谓"越人名为藩臣，贡酎之奉，不输大内"，也有贬低其经济文化水准的含义。《资治通鉴》卷一七"汉帝建元六年"胡三省注："言越国僻远，既不输土贡，又不输酎金于中国，得其地无益也。"

② 《汉书》卷六四上《严助传》。颜师古注："昧，暗也。言多草木。"

③ "初郡"称谓见《史记》卷三〇《平准书》及卷一三〇《大宛列传》。汉武帝重新控制岭南之后，这里仍是又一意义的"初郡"。王国维说："是史公足迹殆遍宇内，所未至者，朝鲜、河西、岭南诸初郡耳。"《观堂集林》卷一一《史林三·太史公行年考》。

④ 张荣芳、黄淼章：《南越国史》，广东人民出版社1995年版，第31页。

⑤ 《史记》卷一一三《南越列传》。

南越破，以为闻喜县。春，至汲新中乡，得吕嘉首，以为获嘉县"①。南越前线因交通条件实现的军事胜利，使得国家面临新的行政任务。

《史记》卷一七《汉兴以来诸侯年表》言削藩的历史作用："齐分为七，赵分为六，梁分为五，淮南分三，及天子支庶子为王，王子支庶为侯，百有余焉。吴楚时，前后诸侯或以适削地，是以燕、代无北边郡，吴、淮南、长沙无南边郡，齐、赵、梁、楚支郡名山陂海咸纳于汉。"可见"北边郡""南边郡"的政治地理概念当时习用。就高层执政集团和社会各阶层的关注程度而言，"南边"仅次于"北边"。②《史记》卷一一三《南越列传》："高帝已定天下，为中国劳苦，故释佗弗诛。汉十一年，遣陆贾因立佗为南越王，与剖符通使，和集百越，毋为南边患害，与长沙接境。"③ 也说到"南边"。《后汉书》卷八六《西南夷列传·邛都夷》："（建武）十九年，武威将军刘尚击益州夷，路由越巂。长贵闻之，疑尚既定南边，威法必行，己不得自放纵，即聚兵起营台，招呼诸君长，多酿毒酒，欲先以劳军，因袭击尚。"是"南边"概念的使用又扩展至西南夷地区。

《史记》卷一七《汉兴以来诸侯年表》裴骃《集解》："如淳曰：'长沙之南更置郡，燕代以北更置缘边郡，其所有饶利兵马器械，三国皆失之也。'"张守节《正义》："景帝时，汉境北至燕、代，燕、代之北未列为郡。吴、长沙之国，南至岭南；岭南、越未平，亦无南边郡。"汉武帝时代远征南越的成功，其文化意义，其实可能并不亚于政治意义。此后，新的"南边"，即汉朝统一的文化共同体的南界又进一步向南推进，真正至于所谓"北向户"地区④。

东汉初，马援南出交趾，"缘海而进，随山刊道千余里"，又进军九真，致使"峤南悉平"⑤。在军事进击的同时，注重中原政治文化传统与当地政治文化现状的结合。"南边"随着国家实际版图的拓展，又进一步

---

① 《汉书》卷六《武帝纪》。
② "南边"概念的使用，亦有历史传承关系。《史记》卷三三《鲁周公世家》："（鲁哀公）十年，伐齐南边。"
③ 《汉书》卷九五《南粤传》："十一年，遣陆贾立佗为南粤王，与剖符通使，使和辑百粤，毋为南边害，与长沙接境。"
④ 《史记》卷六《秦始皇本纪》："南至北向户。""南尽北户。"
⑤ 《后汉书》卷二四《马援传》。

向南推进。

四 历史比照之一："南山"道路和"五岭"道路

在中国统一历程中，南下跨越山岭障碍，以交通行为实现军事征服和行政控制，秦史中自有先例。秦人克服秦岭阻障占有巴蜀地方，奠定了统一事业的早期基础。[①] 当时称作"南山"的秦岭是几大基本文化区之间相互联系的最大的天然阻障。可以说，穿越秦岭的早期道路，是我们民族文化显现出超凡创造精神和伟大智慧和勇力的历史纪念。[②]

秦岭古道路系统中，自东而西，主要有武关道、子午道、傥骆道、褒斜道和故道五条主线。秦始皇远征南越，有"为五军"的说法。《淮南子·人间》："（秦皇）乃使尉屠睢发卒五十万，为五军，一军塞镡城之岭，一军守九疑之塞，一军处番禺之都，一军守南野之界，一军结余干之水，三年不解甲弛弩，使监禄无以转饷，又以卒凿渠而通粮道，以与越人战，杀西呕君译吁宋。"[③] 我们看到，汉武帝时代南越远征军穿越"五岭"时也是分五路进军，《史记》卷一一三《南越列传》记载："元鼎五年秋，卫尉路博德为伏波将军，出桂阳，下汇水；主爵都尉杨仆为楼船将军，出豫章，下横浦；故归义越侯二人为戈船、下厉将军，出零陵，或下离水，或柢苍梧；使驰义侯因巴蜀罪人，发夜郎兵，下牂牁江；咸会番禺。"战后，"戈船、下厉将军兵及驰义侯所发夜郎兵未下，南越已平矣。遂为九郡。伏波将军益封。楼船将军兵以陷坚为将梁侯"。五路并进的战略规划，可能并不是偶然的。

《汉书》卷六四上《严助传》言越地"地深昧而多水险"。汉武帝于

[①] 参看王子今《秦兼并蜀地的意义与蜀人对秦文化的认同》，《四川师范大学学报》1998年第2期。

[②] 参看王子今《秦人的蜀道经营》，《咸阳师范学院学报》2012年第1期。

[③] 高诱注解释"五军"："镡城，在武陵西南，接郁林。九疑，在零陵。番禺，南海。南野，在豫章。余干，在豫章。""在豫章"的2处，"南野"，明确可知地在今江西南康南；"余干之水"，则明指水路，所谓"干"，很可能与"赣"有关，而"余"，若理解为与大庾岭（今江西大余南）之"庾"有关，则与"余干之'水'"文义相悖，且余干之军亦与南野之军的作用相重叠，那么，这里所谓"余"，是否与"雩都"（今江西于都）之"雩"有关呢？参看王子今《龙川秦城的军事交通地位》，《佗城开基客安家：客家先民首批南迁与赵佗建龙川2212年纪念学术研讨会论文集》，中国华侨出版社1997年版。

是"令罪人及江淮以南楼船十万师往讨之"。裴骃《集解》引应劭曰："时欲击越，非水不至，故作大船。船上施楼，故号曰'楼船'也。"所谓"多水险"，所谓"非水不至"，体现出南越战事与"水"路交通条件的特殊关系。"击越"军事交通要克服和利用"水险"，秦代南岭灵渠水利工程具有创始性的意义。汉武帝时代意在克服"南山"交通阻障的褒斜道漕运设计出自水运和陆运相结合的考虑①，尽管实施行为最终失败，起初的规划似乎不能排除受到"五岭"交通与灵渠工程启示的可能。

五　历史比照之二：海陆并进的军事交通记录

如果我们以汉武帝"击越"战争形式比照此后其他几次沿海战事，可以发现战略设计的类同。

汉武帝元鼎五年（前112）远征南越之战，"令罪人及江淮以南楼船十万师往讨之。"师称"楼船"，体现出对南越"多水险""非水不至"交通条件的重视。据司马迁记载："元鼎六年冬，楼船将军将精卒先陷寻陕，破石门，得越船粟，因推而前，挫越锋，以数万人待伏波。伏波将军将罪人，道远，会期后，与楼船会乃有千余人，遂俱进。楼船居前，至番禺。建德、嘉皆城守。楼船自择便处，居东南面；伏波居西北面。会暮，楼船攻败越人，纵火烧城。越素闻伏波名，日暮，不知其兵多少。伏波乃为营，遣使者招降者，赐印，复纵令相招。楼船力攻烧敌，反驱而入伏波营中。犁旦，城中皆降伏波。吕嘉、建德已夜与其属数百人亡入海，以船西去。伏波又因问所得降者贵人，以知吕嘉所之，遣人追之。以其故校尉司马苏弘得建德，封为海常侯；越郎都稽得嘉，封为临蔡侯。"② 又据《史记》卷一一四《东越列传》记载，"至元鼎五年，南越反，东越王余

---

① 《史记》卷二九《河渠书》："其后人有上书欲通褒斜道及漕，事下御史大夫张汤。汤问其事，因言：'抵蜀从故道，故道多阪，回远。今穿褒斜道，少阪，近四百里；而褒水通沔，斜水通渭，皆可以行船漕。漕从南阳上沔入褒，褒之绝水至斜，间百余里，以车转，从斜下下渭。如此，汉中之谷可致，山东从沔无限，便于砥柱之漕。且褒斜材木竹箭之饶，拟于巴蜀。'天子以为然，拜汤子卬为汉中守，发数万人作褒斜道五百余里。道果便近，而水湍石，不可漕。"参看王子今《两汉漕运经营与水资源形势》，《陕西历史博物馆馆刊》第13辑，三秦出版社2006年版。

② 《史记》卷一一三《南越列传》。

善上书，请以卒八千人从楼船将军击吕嘉等。兵至揭阳，以海风波为解，不行，持两端，阴使南越。及汉破番禺，不至"。可知楼船将军杨仆所部应当有一部分是从东越海面南下进攻南越的。伏波将军路博德的部队循北江南进，虽不由海路，然而吕嘉、建德等"亡入海，以船西去"，汉军"追之"得获，只能使用舰船入海逐捕。战后"伏波将军益封"①，说明其功绩受到肯定。

汉武帝元封元年（前110）征伐东越，同样采取海陆同时并进的攻击方式。"天子遣横海将军韩说出句章，浮海从东方往；楼船将军杨仆出武林；中尉王温舒出梅岭；越侯为戈船、下濑将军，出若邪、白沙。元封元年冬，咸入东越。东越素发兵距险，使徇北将军守武林，败楼船军数校尉，杀长吏。楼船将军率钱唐辕终古斩徇北将军，为御儿侯。自兵未往。"战事记录所谓"横海将军先至"②，体现海上一路实现了较快的进军速度。

汉武帝元封三年（前108）征服朝鲜的军事计划也取海路和陆路并进的方式，一路"浮渤海"，一路"出辽东"。《史记》卷一一五《朝鲜列传》中有如下记述："天子募罪人击朝鲜。其秋，遣楼船将军杨仆从齐浮渤海；兵五万人，左将军荀彘出辽东：讨右渠。右渠发兵距险。左将军卒正多率辽东兵先纵，败散，多还走，坐法斩。楼船将军将齐兵七千人先至王险。右渠城守，窥知楼船军少，即出城击楼船，楼船军败散走。将军杨仆失其众，遁山中十余日，稍求收散卒，复聚。左将军击朝鲜浿水西军，未能破自前。"楼船将军杨仆率军"从齐浮渤海"，而由陆路进击的是"出辽东"的"左将军荀彘"的部队。杨仆军"先至王险"，遭到"右渠"的攻击，"楼船军败散走"，将军杨仆"遁山中十余日，稍求收散卒，复聚"。海陆两军进军速度不同，与灭南越时"伏波"军与"楼船"军情形类同，由于抵达作战地点的时间差，导致不能圆满配合，因使攻势受挫③。

汉光武帝刘秀"玺书拜援伏波将军，以扶乐侯刘隆为副，督楼船将

---

① 《史记》卷一一三《南越列传》。
② 《史记》卷一一四《东越列传》。
③ 参看王子今《论杨仆击朝鲜楼船军"从齐浮渤海"及相关问题》，《鲁东大学学报》（哲学社会科学版）2009年第1期。汉武帝时代三次海路征伐，成为大规模海上用兵的壮举。每间隔两年即一发军的战争节奏，也值得我们注意。

军段志等南击交阯"①，明确马援是主将，在段志意外死亡之后又"诏援并将其兵"，应有避免诸军并进互不统属，又未能配合默契，如"楼船力攻烧敌，反驱而入伏波营中"等教训的用意。特别是击朝鲜时杨仆、荀彘"两将不相能"②，荀彘"争功相嫉，乖计"，借口疑心杨仆"有反计"，竟与受命"往正之"的济南太守公孙遂合谋，"执捕楼船将军，并其军"。这一情形激怒汉武帝③，可能也使得规划马援击交阯、九真战略时，刘秀内心有所警惕。

马援远征军的陆路部队特意"缘海"行进，虽然符合秦及西汉重视"并海""傍海"交通的传统④，但是在千里赴戎机，"兵之情主速"⑤的情况下艰苦开辟新的通路，甚至不惜付出"随山刊道千余里"的交通建设成本，应当有特别的缘由。这一举措，或许有"交阯女子征侧及女弟征贰反"，"合浦蛮夷皆应之"，合浦地区陆路一时未能畅通的因素。但是更重要的原因，很可能出于力求不再发生此前作战史上海路进攻部队

---

① 楼船将军段志进军，应当与"吕嘉、建德已夜与其属数百人亡入海，以船西去"以及"伏波又因问所得降者贵人，以知吕嘉所之，遣人追之"航线大体一致。

② 王念孙《读书杂志》志三之六《史记·朝鲜列传》"朝鲜不肯心附楼船"条："此言楼船不会左将军，左将军亦不肯心附楼船，故曰'两将不相能'。"江苏古籍出版社1985年版，第155页。

③ 关于杨仆和荀彘在前线不能较好配合的情形，《史记》卷一一五《朝鲜列传》写道："左将军素侍中，幸，将燕代卒，悍，乘胜，军多骄。楼船将齐卒，入海，固已多败亡；其先与右渠战，因辱亡卒，卒皆恐，将心惭，其围右渠，常持和节。左将军急击之，朝鲜大臣乃阴间使人私约降楼船，往来言，尚未肯决。左将军数与楼船期战，楼船欲急就其约，不会；左将军亦使人求间郄降下朝鲜，朝鲜不肯，心附楼船：以故两将不相能。左将军心意楼船前有失军罪，今与朝鲜私善而又不降，疑其有反计，未敢发。天子曰将率不能，前乃使卫山谕降右渠，右渠遣太子，山使不能剸决，与左将军计相误，卒沮约。今两将围城，又乖异，以故久不决。使济南太守公孙遂往正之，有便宜得以从事。遂至，左将军曰：'朝鲜当下久矣，不下者有状。'言楼船数期不会，具以素所意告遂，曰：'今如此不取，恐为大害，非独楼船，又且与朝鲜共灭吾军。'遂亦以为然，而以节召楼船将军入左将军营计事，即命左将军麾下执捕楼船将军，并其军，以报天子。天子诛遂。"战后，"左将军征至，坐争功相嫉，乖计，弃市。楼船将军亦坐兵至洌口，当待左将军，擅先纵，失亡多，当诛，赎为庶人。"《资治通鉴》卷二一"汉武帝元封三年"记载"天子诛遂"事，胡三省注："《考异》曰：《汉书》'许遂'。按左将军亦以'争功相嫉，乖计''弃市'，则武帝必以遂执楼船为非。《汉书》作'许'，盖字误。今从《史记》。""两将不相能"导致"两军俱辱"，即"太史公曰"所谓："右渠负固，国以绝祀。涉何诬功，为兵发首。楼船将狭，及难离咎。悔失番禺，乃反见疑。荀彘争劳，与遂皆诛。两军俱辱，将率莫侯矣。"

④ 参看王子今《秦汉时代的并海道》，《中国历史地理论丛》1988年第2期。

⑤ 《孙子·九地》。

"先至",而陆路进攻部队"会期后""数期不会"诸失误的考虑。

六　岭南新区的交通与行政

汉武帝时代对于岭南"初郡"的控制,中央王朝曾经实行特殊的政策。《史记》卷三〇《平准书》记载:"汉连兵三岁,诛羌,灭南越,番禺以西至蜀南者置初郡十七,且以其故俗治,毋赋税……而初郡时时小反,杀吏,汉发南方吏卒往诛之,间岁万余人,费皆仰给大农。大农以均输调盐铁助赋,故能赡之。然兵所过县,为以赀给毋乏而已,不敢言擅赋法矣。"这里又出现了"汉发南方吏卒往诛之"和"兵所过县"的说法,也就是说,这种军事控制,是要通过交通方式实现的。

《后汉书》卷七六《循吏列传·卫飒》记载卫飒在"桂阳"任职时管理"越之故地"的行政表现:"迁桂阳太守。郡与交州接境,颇染其俗,不知礼则。飒下车,修庠序之教,设婚姻之礼。""先是含洭、浈阳、曲江三县,越之故地,武帝平之,内属桂阳。民居深山,滨溪谷,习其风土,不出田租。去郡远者,或且千里。吏事往来,辄发民乘船,名曰'传役'。每一吏出,徭及数家,百姓苦之。飒乃凿山通道五百余里,列亭传,置邮驿。于是役省劳息,奸吏杜绝。流民稍还,渐成聚邑,使输租赋,同之平民。"

所谓"先是含洭、浈阳、曲江三县,越之故地,武帝平之,内属桂阳",可以明确含洭(今广东英德西)、浈阳(今广东英德)、曲江(今广东韶关)三县是南越旧地,为汉武帝"击越"后正式归入汉帝国版图。所谓"武帝平之,内属桂阳",说明跨五岭为治的行政史事实。这自然反映了五岭交通建设的进步。起先,"去郡远者,或且千里。吏事往来,辄发民乘船,名曰'传役'。每一吏出,徭及数家,百姓苦之"。卫飒为治,"乃凿山通道五百余里,列亭传,置邮驿",于是显著提升了行政效能,"役省劳息,奸吏杜绝",管理质量也随即得到改善,"流民稍还,渐成聚邑,使输租赋,同之平民"。

马援破交阯后,又南进击九真。"援将楼船大小二千余艘,战士二万余人,进击九真贼征侧余党都羊等,自无功至居风①,斩获五千余人,峤

---

① 李贤注:"无功、居风,二县名,并属九真郡。居风,今爱州。"

南悉平。援奏言西于县户有三万二千，远界去庭千余里，请分为封溪、望海二县①，许之。援所过辄为郡县治城郭，穿渠灌溉，以利其民。条奏越律与汉律驳者十余事，与越人申明旧制以约束之，自后骆越奉行马将军故事。"② 其地言"峤南"，其行曰"所过"，都涉及交通实践。而分析马援关于西于县"分为封溪、望海二县"建议的动机，除考虑到人口因素之外③，"远界去庭千余里"的交通条件，应当也是重要因素。

---

① 据谭其骧主编《中国历史地图集》第 2 册，西于，在今越南民主共和国河内市东英西；封溪，在永富省福安；望海，在河北省北宁西北。地图出版社 1982 年版，第 63—64 页。
② 《后汉书》卷二四《马援传》。
③ 《续汉书·郡国志五》列"交趾郡"所属"十二城"："龙编，羸陵，安定，苟漏，麓泠，曲阳，北带，稽徐，西于，朱䳒，封溪（建武十九年置），望海（建武十九年置）。""西于县户有三万二千"，与马援家乡右扶风相比悬殊。右扶风这一位列三辅，拥有 15 县的郡级行政单位，只有"户万七千三百五十二"，仅仅只相当于"西于"一个县户数的 54.22%。西于县户数，可以作为我们考察汉代岭南开发程度的重要信息。分析这一历史变化，当然不能忽略户口显著增长有当地土著部族归附汉王朝管理之因素的可能性，而这种归附，也是开发成功的重要标志。即使户口增长有可能部分由当地人附籍，人口密度竟然超过中原富足地区的情形，依然值得研究者重视。参看王子今《岭南移民与汉文化的扩张——考古资料与文献资料的综合考察》，《中山大学学报》2010 年第 4 期。

西汉辽西郡的防务与交通

辽东郡承担"北边"长城防线重要区段的守备。在这样的条件下，也为了适应长城防务以及对辽东和朝鲜控制的战略需要，辽西交通在战国环渤海地区文化发展的基础上得到发展。考察秦汉辽西防务的构成，应当重视并海交通条件的意义。秦二世曾经巡行辽东。这一交通实践有继承秦始皇"北边"战略构想的意义。秦二世时代又有继续"治直道、驰道"的历史记录。两者之间的关系不宜忽视。史称"傍海道"的辽西并海交通道路建设，利用了辽西走廊"地势平衍"的自然地理条件①。生态环境的变化对辽西交通的严重影响，表现于"此道，秋夏每常有水"，"大水，傍海道不通"，"时方夏水雨，而滨海洿下，泞滞不通"等历史记录②。分析这一情形，也应当联系到对海侵的历史记忆。

一 辽西郡与北边防务体系

战国时期，燕国在辽西西北方向构筑长城。《史记》卷一二九《货殖列传》言燕地"东北"边防："东北边胡。上谷至辽东，地踔远，人民希，数被寇。"说到了包括辽西在内的区域形势。辽宁战国燕长城的遗存，是当时农耕民族与草原游牧民族军事抗争的纪念。秦统一后，燕长城、赵长城和秦长城连接为一体。自战国至西汉，辽西长城防卫在当时"北边"军事防线中居于十分重要的地位。这一地位的形成，与交通条件

---

① 史念海：《秦汉时期国内之交通路线》，《河山集》第四集，陕西师范大学出版社1991年版，第573页。

② 《三国志》卷一《魏书·武帝纪》及裴松之注引《曹瞒传》。

有关①。

《史记》卷二八《封禅书》记述汉武帝东巡"封泰山"又"并海上"的事迹:"天子既已封泰山,无风雨灾,而方士更言蓬莱诸神若将可得,于是上欣然庶几遇之,乃复东至海上望,冀遇蓬莱焉。奉车子侯暴病,一日死。上乃遂去,并海上,北至碣石,巡自辽西,历北边至九原。五月,反至甘泉。"汉武帝"封泰山"与"东至海上望,冀遇蓬莱"的意识基础是齐地信仰传统的影响,以及对燕齐方士学说的轻信。然而所谓"去,并海上,北至碣石,巡自辽西,历北边至九原","反至甘泉",则是承担着政治军事责任的对长城和直道的视察。所谓"并海"行程,是明确的经历并海道的交通史记录②。

《史记》卷三〇《平准书》的记录是"天子北至朔方,东到太山,巡海上,并北边以归",则北边道的某些路段,汉武帝可能曾两次经历③。

汉武帝视察"北边"之所谓"巡自辽西",体现了这一地方在长城防务体系中的重要战略地位。

《汉书》卷七《昭帝纪》:"(元凤三年)冬,辽东乌桓反,以中郎将范明友为度辽将军,将北边七郡郡二千骑击之。"《汉书》卷一〇《成帝纪》又说到"北边二十二郡"。《汉书》所见"北边七郡"和"北边二十二郡",应当都是包括辽西郡的。而前例《昭帝纪》与"辽东乌桓"战争相关的"北边七郡郡二千骑"的集结,"辽西"最为邻近,"北边"东段防区中"辽西"的军事意义和战略位置尤其可以得到鲜明的显现。

二 辽西郡战事

《盐铁论·险固》论"关梁者邦国之固",说战国时代各国凭险筑关情形,言及"燕塞碣石,绝邪谷,绕援辽"。辽西地方的交通形势受到重视。而"关梁"设置和"塞""绝"行为,都强调了长城的作用。

秦实现统一的战争历程中,有远征军通过辽西道路灭燕的战役记录。

---

① 参看王子今《交通史视角的秦汉长城考察》,《石家庄学院学报》2013年第2期。
② 参看王子今《秦汉时代的并海道》,《中国历史地理论丛》1988年第2期。
③ 《史记》卷八八《蒙恬列传》:"太史公曰:吾适北边,自直道归,行观蒙恬所为秦筑长城亭障,堑山堙谷,通直道,固轻百姓力矣。"司马迁可能随从汉武帝行历北边。

《史记》卷六《秦始皇本纪》写道："二十年，燕太子丹患秦兵至国，恐，使荆轲刺秦王。秦王觉之，体解轲以徇，而使王翦、辛胜攻燕。燕、代发兵击秦军，秦军破燕易水之西。二十一年……遂破燕太子军，取燕蓟城，得太子丹之首。燕王东收辽东而王之。"燕王放弃了辽西地方，以辽东为国。"二十五年，大兴兵，使王贲将，攻燕辽东，得燕王喜。"① 也就是说，在统一天下的前一年，秦军通过辽西道路的胜利进击，强行迫使燕国的政治史剧仓促落幕。

《史记》卷五七《绛侯周勃世家》记载了汉初"北边"防区发生的战争："燕王卢绾反，勃以相国代樊哙将，击下蓟，得绾大将抵、丞相偃、守陉、太尉弱、御史大夫施，屠浑都。破绾军上兰，复击破绾军沮阳。追至长城，定上谷十二县，右北平十六县，辽西、辽东二十九县，渔阳二十二县。"所谓周勃军功记录所谓"追至长城"，指出了平定卢绾叛乱之战场空间条件的复杂。周勃的部队平定上谷、右北平、渔阳均分郡指出控制的县数，然而"辽西、辽东二十九县"则两郡并说。而《汉书》卷四〇《周勃传》作"追至长城，定上谷十二县，右北平十六县，辽东二十九县，渔阳二十二县"，不言"辽西"，与《史记》不同。然而下文言"定郡五，县七十九"，如果不包括"辽西"，则与"定郡五"数目不合。可知《史记》"辽西、辽东二十九县"的说法是正确的。两郡合说，应体现了辽西对于控制辽东的意义。《汉书》遗漏"辽西"二字，容易引起对辽西地位判断的误解。

在汉与匈奴的战争中，辽西的军事作用亦有突出的显现。《史记》卷一一〇《匈奴列传》记载："（元朔元年）秋，匈奴二万骑入汉，杀辽西太守，略二千余人。胡又入败渔阳太守军千余人，围汉将军安国。安国时千余骑亦且尽，会燕救至，匈奴乃去。""匈奴大入边，杀辽西太守。"② 匈奴骑兵突破"北边"防线，对辽西的严重侵害，有撼动全局的作用。

然而这次战役之后，似乎汉王朝与匈奴的战争中，并没有再次出现胡骑自辽西南下的危局。也许可以得出这样的认识，即辽西地区的交通结构

---

① 秦始皇初并天下，曾经这样总结灭燕战事："燕王昏乱，其太子丹乃阴令荆轲为贼，兵吏诛，灭其国。"
② 《史记》卷一〇八《韩长孺列传》："匈奴二万骑入汉，杀辽西太守，略二千余人。又败渔阳太守军千余人，围将军安国。"《史记》卷一〇九《李将军列传》："匈奴入，杀辽西太守。"

的完善，应当表现出了强化"北边"防务的积极作用。

据《后汉书》卷九〇《乌桓传》记载："……及武帝遣骠骑将军霍去病击破匈奴左地，因徙乌桓于上谷、渔阳、右北平、辽西、辽东五郡塞外，为汉侦察匈奴动静。其大人岁一朝见，于是始置护乌桓校尉，秩二千石，拥节监领之，使不得与匈奴交通。"所谓控制乌桓，"使不得与匈奴交通"的作用，体现"北边"防务的意义，除军事之外，亦有民族控制和行政管理的作用①。而长城辽西郡防区的作用因民族分布环境之特殊环境，尤其值得重视。东汉时期，民族构成和军事格局又发生了重大变化。辽西郡的重要作用仍有表现。②

---

① 关于长城对于民政管理和户口控制的作用，见于《汉书》卷九四下午《匈奴传下》记载。呼韩邪单于"上书愿保塞上谷以西至敦煌，传之无穷，请罢边备塞吏卒，以休天子人民"。于是，"天子令下有司议，议者皆以为便"。而"郎中侯应习边事，以为不可许"。他提出了十条长城不可撤防的理由，其中第四条、第五条、第六条、第七条、第八条，都指出了长城防务对内的功效。特别是：第六条"往者从军多没不还者，子孙贫困，一旦亡出，从其亲戚"；第七条"又边人奴婢愁苦，欲亡者多，曰'闻匈奴中乐，无奈候望急何！'然时有亡出塞者"；第八条"盗贼桀黠，群辈犯法，如其窘急，亡走北出，则不可制。"所谓"亡出""亡出塞""亡走北出"，显然都是针对"亡人"的。而国务军务最高决策集团对于北边的经营，是有控制境内编户齐民"亡出"，"亡出塞"，"亡走北出"的考虑的。居延汉简所见"逐捕搜索部界中听亡人所隐匿处"（179.9），"捕验亡人所依倚匿处"、"搜索部界中□亡人所依匿处"（255.27）等，都体现了长城防务的这一功能。参看王子今《汉代北边"亡人"：民族立场与文化表现》，《南都学坛》2008年第2期。

② 《后汉书》卷九〇《鲜卑传》记载，"（元初四年）辽西鲜卑连休等遂烧塞门，寇百姓。乌桓……共郡兵奔击，大破之，斩首千三百级，悉获其生口牛马财物。""（熹平六年）冬，鲜卑寇辽西。"都是辽西军事史的重要一页。《后汉书》卷八一《独行列传·赵苞》："（赵苞）迁辽西太守……遣使迎母及妻子，垂当到郡，道经柳城，值鲜卑万余人入塞寇钞，苞母及妻子遂为所劫质，载以击郡。苞率步骑二万，与贼对阵……即时进战，贼悉摧破，其母妻皆为所害。"赵苞"甘陵东武城人"，由广陵令迁辽西太守，"苞母及妻子"应当经行辽西道路到郡。辽西郡治阳乐在今辽宁义县西，柳城则在今辽宁朝阳南。所谓"垂当到郡，道经柳城"，所行或即王海所谓"'白狼水—渝水'谷道"。参看王海《燕秦汉时期辽西走廊与东北民族关系》，《南都学坛》2013年第1期。但是亦未可排除行经并海道部分路段的可能。辽西郡人公孙瓒、辽东郡人公孙度都曾经以强大的军事实力雄踞辽河流域。这种割据的实现，都与控制辽西走廊为条件。东汉末年，曹操平定乌丸，显然应当经历辽西并海道。然而因为出现了异常情况，不得不由山路突击。"九月，公引兵自柳城还"。战胜后回军，应当由所谓"傍海道"通行。《三国志》卷一《魏书·武帝纪》裴松之注引《曹瞒传》。

三　辽西地位与朝鲜形势

秦统一后，分天下三十六郡。《史记》卷六《秦始皇本纪》分析天下形势，有"地东至海暨朝鲜"的说法。张守节《正义》："海谓渤海南至扬、苏、台等州之东海也。暨，及也。东北朝鲜国。《括地志》云：'高骊治平壤城，本汉乐浪郡王险城，即古朝鲜也。'"所谓"地东至海暨朝鲜"，在渤海与朝鲜之间，有辽东相联系，而辽东正是通过辽西与王朝中枢地方实现信息沟通，政令传达和经济联系的。

《史记》卷一一五《朝鲜列传》记载："朝鲜王满者，故燕人也。自始全燕时尝略属真番、朝鲜，为置吏，筑鄣塞。秦灭燕，属辽东外徼。汉兴，为其远难守，复修辽东故塞，至浿水为界，属燕。燕王卢绾反，入匈奴，满亡命，聚党千余人，魋结、蛮夷服而东走出塞，渡浿水，居秦故空地上下鄣，稍役属真番、朝鲜蛮夷及故燕、齐亡命者王之，都王险。"所谓"汉兴，为其远难守，复修辽东故塞，至浿水为界"，应当理解为由秦王朝"地东至朝鲜"的版图有所退缩。所谓"满亡命"以及役属"故燕、齐亡命者"，都说明这一政权的最高首领和主要骨干都是"故燕、齐"的"亡人"。《汉书》卷九五《朝鲜传》记载："朝鲜王满，燕人。自始燕时，尝略属真番、朝鲜，为置吏筑障。秦灭燕，属辽东外徼。汉兴，为远难守，复修辽东故塞，至浿水为界，属燕。燕王卢绾反，入匈奴，满亡命，聚党千余人，椎结蛮夷服而东走出塞，度浿水，居秦故空地上下鄣，稍役属真番、朝鲜蛮夷及故燕、齐亡在者王之，都王险。"《史记》"亡命者"，《汉书》作"亡在者"。颜师古注是这样解释的："燕、齐之人亡居此地，及真番、朝鲜蛮夷皆属满也。""亡在者"，颜师古解释为"亡居此地"者①。

"辽东外徼""辽东故塞"的说法，"朝鲜""筑鄣塞"的说法，"浿水"以外"秦故空地上下鄣"的说法，都体现辽东长城伸入至浿水以远。如此，则"北边"防线最东段与辽西防务区的密切关系，是不言而喻的。

汉武帝发起征伐朝鲜的战争，远征军由海陆两路分军合击。《史记》卷一一五《朝鲜列传》中有如下记述："天子募罪人击朝鲜。其秋，遣楼船将军杨仆从齐浮渤海；兵五万人，左将军荀彘出辽东：讨右渠。"荀彘

---

① 参看王子今《略论秦汉时期朝鲜"亡人"问题》，《社会科学战线》2008年第1期。

所部自陆路进击,虽说"出辽东",当然有经过"辽西"的行军路程。《史记》卷三〇《平准书》写道,"彭吴贾灭朝鲜,置沧海之郡,则燕、齐之间靡然发动"。朝鲜之战因兵员调动、财政筹集以及军需物资的转运,牵动"燕、齐之间"相当辽阔的区域,"辽西"并海道路必然承担了重要的军运任务。

朝鲜征服之后设立的"初郡"①,均需通过辽西郡领受政令军令,收转钱货物资,迎运粮食军需。

四 辽西郡:"燕、齐之间"的文化枢纽

《淮南子·道应》说,"卢敖游乎北海。"高诱注:"卢敖,燕人,秦始皇召以为博士,亡而不反也。"所说即《史记》卷六《秦始皇本纪》中燕人"卢生"受秦始皇指令入海求仙,曾经以鬼神事奏录图书,又劝说秦始皇"时为微行以辟恶鬼",后来终于亡去的故事。卢生逃亡事件,据说竟然成为"坑儒"历史悲剧的直接起因。这位颇有影响的所谓"方士"或"方术士",《史记》卷六《秦始皇本纪》及《淮南子·道应》高诱注皆说是"燕人",而《说苑·反质》则说是"齐客"。对于记载的这一分歧,有学者曾经指出,其发生的原因在于燕、齐两国都有迷信神仙的文化共同性:"盖燕、齐二国皆好神仙之事,卢生燕人,曾为齐客,谈者各就所闻称之。"② 看来,"燕、齐二国皆好神仙之事",形成了显著的文化共性。顾颉刚曾经分析神仙学说出现的时代背景和这种文化现象发生的地域渊源。他写道:"鼓吹神仙说的叫做方士,想是因为他们懂得神奇的方术,或者收藏着许多药方,所以有了这个称号。《封禅书》说'燕、齐海上之方士',可知这班人大都出在这两国。"③《史记》卷二八《封禅书》的原文是:"燕、

---

① 《史记》卷三〇《平准书》较早称新征服地方为"初郡":"汉连兵三岁,诛羌,灭南越,番禺以西至蜀南者置初郡十七,且以其故俗治,毋赋税。南阳、汉中以往郡,各以地比给初郡吏卒奉食币物,传车马被具。而初郡时时小反,杀吏,汉发南方吏卒往诛之,闲岁万余人,费皆仰给大农。"《史记》卷一二三《大宛列传》:"是时汉既灭越,而蜀、西南夷皆震,请吏入朝。于是置益州、越巂、牂柯、沈黎、汶山郡,欲地接以前通大夏。乃遣使柏始昌、吕越人等岁十余辈,出此初郡抵大夏……"王国维说到司马迁的行旅经历,"是史公足迹殆遍宇内,所未至者,朝鲜、河西、岭南诸初郡耳"。《观堂集林》卷一一。

② 黄晖:《论衡校释》引《梧丘杂札》,中华书局1990年版,第2册第321页。

③ 顾颉刚:《秦汉的方士与儒生》,群联出版社1955年修正版,第10—11页。

齐海上之方士传其术不能通,然则怪迂阿谀苟合之徒自此兴,不可胜数也。"燕、齐神仙迷信在汉武帝时代又曾经出现"震动海内"的热潮①。

扬雄《方言》列举的方言区划,是包括"燕、齐"或"燕、齐之间"的。如《方言》卷三:"燕、齐之间养马者谓之娠。官婢女厮谓之娠。"②卷五:"飤马橐,自关而西谓之裺囊,或谓之裺篼,或谓之䑛篼。燕、齐之间谓之帳。"③卷六:"抠揄,旋也。秦晋凡物树稼早成熟谓之旋。燕、齐之间谓之抠揄。"卷七:"希、铄,摩也。燕、齐摩铝谓之希。"④

《盐铁论·本议》关于经济区域划分,有"燕、齐之鱼盐旃裘"的说法,指出其物产的同一性。而"鱼盐"即海洋资源开发的收获。战国时期的燕国和齐国都通行刀钱,反映了两地经济形式的接近以及经济联系的密切。辽宁朝阳、锦州、沈阳、抚顺、辽阳、鞍山、营口、旅大等地出土的钱币窖藏,有大量战国时期赵、魏、韩诸国铸造的布币⑤,又可以证明在环渤海地区许多地方,与中原地区长期保持着比较密切的经济交易关系。当时"辽西"地区以及经过"辽西"实现的辽东地区与中原地区之间,有频繁的商业往来⑥。

---

① 据《史记》卷二八《封禅书》,自方士李少君之后,"海上燕、齐怪迂之方士多更来言神事矣"。胶东人栾大亦曾经以方术贵宠,"佩六印,贵震天下,而海上燕、齐之间,莫不搤捥而自言有禁方,能神仙矣"。《汉书》卷二五下《郊祀志下》则有这样的记载:"元鼎、元封之际,燕、齐之间方士瞋目扼掔,言有神仙祭祀致福之术者以万数。"

② 《初学记》卷一九引《方言》:"燕、齐之间养马者及奴婢女厮皆谓之娠。"

③ 清人钱铎说,"养马者谓之娠,飤马橐亦谓之帳,义相因也"。《方言笺疏》,李发舜、黄建中点校,中华书局1991年版,第99、194页。

④ 周振鹤、游汝杰《方言与中国文化》在"两汉时代方言区划的拟测"一节写道:"林语堂曾根据《方言》所引地名的分合推测汉代方言可分为十二个区域,即秦晋、郑韩周、梁西楚、齐鲁、赵魏之西北、魏卫宋、陈郑之东郊、楚之中部、东齐与徐、吴扬越、楚(荆地)、南楚、西秦、燕代。今按:所列实为 14 个区域。周振鹤、游汝杰又分析:"《说文解字》中指出使用地点的方言词共有一百九十一条,每条的解说体例和《方言》相仿。这些条目中与《方言》重出的有六十多条,不过互有详略,并不尽相同。这些条目所提到的方言区域或地点共六十八个",其中涉及燕、齐地方的,有齐(16)、齐鲁(2)、东齐(2)、海岱之间(2)、青齐沇冀(1)、宋齐(1)、燕代(1)。上海人民出版社1986年版,第86—87页。但是没有关于"燕、齐之间"方言区划的分析。图4-2"汉代方言区划拟测图"中,环渤海地区分为北燕、赵、齐、东齐四个方言区。图4-3"西晋方言区划拟测图"中,环渤海地区分为河北、中原、东齐三个方言区。

⑤ 金德宣:《朝阳县七道岭发现战国货币》,《文物》1962年第3期;邹宝库:《辽阳出土的战国货币》,《文物》1980年第4期。

⑥ 参看王子今《秦汉时期的环渤海地区文化》,《社会科学辑刊》2000年第5期。

辽西走廊的交通条件，应当是维持这种经济文化联系的重要保障。

五　辽西地方的"濒海之观"

据《史记》卷六《秦始皇本纪》记载，秦始皇二十七年（前220），"治驰道"。驰道的修筑，在秦汉行政史和秦汉工程史上有重要意义，也是秦汉交通建设事业中最具时代特色的成就。通过秦始皇和秦二世出巡的路线，可以知道秦驰道已经结成全国陆路交通网的基本要络。李斯被赵高拘执，在狱中上书自陈，历数功绩有七项，其中包括"治驰道，兴游观，以见主之得意"①。身为左丞相的李斯有如此表述，可知修治驰道是秦王朝行政活动的主要内容之一。工程的设计和组织，由最高执政集团主持。

秦始皇统一天下后凡五次出巡，其中四次行至海滨，往往"并海"而行，多行历燕、齐之地。其中三十二年（前215）出巡，"之碣石"，"刻碣石门"。已经行临辽西。辽宁绥中发现分布较为密集的秦汉建筑遗址，其中占地达15万平方米的石碑地遗址，有人认为"很可能就是秦始皇当年东巡时的行宫"，即所谓"碣石宫"②。也有学者指出，河北北戴河金山嘴到横山一带发现的秦行宫遗址，与辽宁绥中的建筑遗址都是碣石宫的一部分③。不同意见也是存在的④。对于碣石宫的争论可能还不能得出最终的确定结论。现在把这些考古发现所获得的秦汉宫殿遗址的资料，都归于"渤海湾西岸秦行宫遗址"的处理方式⑤，可能是比较适宜的。秦二世和汉武帝巡行辽西，也可能利用过这些宫廷建筑群。

《汉书》卷五一《贾山传》中说到秦驰道的建设："（秦）为驰道于天下，东穷燕、齐，南极吴、楚，江湖之上，濒海之观毕至。道广五十步，三丈而树，厚筑其外，隐以金椎，树以青松。为驰道之丽至于此，使

---

① 《史记》卷八七《李斯列传》。
② 辽宁省文物考古研究所：《辽宁绥中县"姜女坟"秦汉建筑遗址发掘简报》，《文物》1986年第8期。
③ 河北省文物研究所：《河北省新近十年的文物考古工作》，《文物考古工作十年（1979—1989）》，文物出版社1991年版，第31页。
④ 董宝瑞：《"碣石宫"质疑》，《河北大学学报》1987年第4期；《"碣石宫"质疑：兼与苏秉琦先生商榷》，《河北学刊》1987年第6期。
⑤ 刘庆柱、白云翔主编：《中国考古学·秦汉卷》，中国社会科学出版社2010年版，第55—70页。

其后世曾不得邪径而托足焉。"这是有关秦驰道形制和规模的唯一历史记录。所谓"濒海之观毕至",颜师古注:"濒,水涯也。濒海,谓缘海之边也。毕,尽也。濒音频,又音宾,字或作滨,音义同。"贾山所言,作为汉代政论家对秦驰道的记述,不能排除论者通过对西汉驰道交通形式的观察追忆秦驰道制度的可能。

据《史记》卷六《秦始皇本纪》记载,秦二世元年(前209),亦曾经由李斯、冯去疾等随从,往东方巡行。这次时间虽然颇为短暂,行程却甚为辽远的出行,也经历燕、齐之地:"二世东行郡县,李斯从。到碣石,并海,南至会稽,而尽刻始皇所立刻石。""遂至辽东而还。"《史记》卷二八《封禅书》也有"二世元年,东巡碣石,并海南,历泰山,至会稽,皆礼祠之"的记述。如果秦二世确实"到碣石,并海,南至会稽","遂至辽东而还",则应当两次全程行历辽西驰道,三次抵临碣石。所谓"渤海湾西岸秦行宫遗址",应当也有这位秦王朝最高统治者活动的痕迹①。秦二世元年东巡有各地刻石遗存,可知司马迁的记载基本可信。《史记会注考证》于《史记》卷六《秦始皇本纪》有关秦二世刻石的记载之后引卢文弨曰:"今石刻犹有可见者,信与此合。前后皆称'二世',此称'皇帝',其非别发端可见。"② 关于秦二世的辽东之行,史念海曾经写道:"始皇崩后,二世继立,亦尝遵述旧绩,东行郡县,上会稽,游辽东。然其所行,率为故道,无足称者。"③ 其实,秦二世"游辽东",似不

---

① 王子今:《秦二世元年东巡史事考略》,《秦文化论丛》第3辑,西北大学出版社1994年12月。

② 陈直也说:"秦权后段,有补刻秦二世元年诏书者,文云:'元年制诏丞相斯、去疾,法度量,尽秦始皇为之,皆有刻辞焉。今袭号而刻辞不称始皇帝,其于久远也,如后嗣为之者,不称成功盛德,刻此诏,故刻左,使毋疑。'与本文前段相同,而峄山、琅邪两石刻,后段与本文完全相同(之罘石今所摹存者为二世补刻之诏书,泰山刻石,今所摹存者,亦有二世补刻之诏书)。知太史公所记,本于秦纪,完全正确。"《史记新证》,天津人民出版社1979年版,第26页。马非百也指出:"《史记》载二世巡行,'尽刻始皇所立刻石,石旁著大臣从者名',可知至二世时,始皇原刻石后面皆加刻有二世诏书及大臣从者名。今传峄山、泰山、琅邪台、之罘、碣石刻石拓本皆有'皇帝曰'与大臣从者名,即其明证。"《秦集史》,中华书局1982年版,下册第768页。王蘧常《秦史》卷六《二世皇帝本纪》也取信司马迁关于秦二世"到碣石,并海,南至会稽","遂至辽东而还"的记载。上海古籍出版社2000年版,第49页。王云度《秦汉史编年》也持同一态度。凤凰出版社2011年版,上册第29页。

③ 史念海:《秦汉时期国内之交通路线》,《河山集》四集,陕西师范大学出版社1991年版,第546页。

曾循行始皇"故道"。然而秦始皇三十七年（前210）出巡，"至平原津而病"，后来在沙丘平台逝世，乘舆车队驶向回归咸阳的行途。可是这位有志于"览省远方""观望广丽"①，绝没有想到人生会在行途终止的帝王，在"至平原津"之前，是不是曾经有巡察辽东的计划呢？此后帝车"遂从井陉抵九原"，"行从直道至咸阳"，只不过行历了"北边"长城防线的西段，而如果巡视整个"北边"，显然应当从辽东启始。或许在秦始皇最后一次出巡时曾追随左右的秦二世了解这一计划，于是有自会稽北折，辗转至于辽东的巡行实践。如此则秦二世"游辽东"的行程，确实有"遵述旧绩"的意义。有学者对有关秦二世出行速度与效率的历史记录的真实性表示怀疑②。但是这种疑虑其实可以澄清。③ 而轻易否定《史记》的记载似乎是不妥当的。而且应当知道，秦二世时代交通条件已经

---

① 《史记》卷六《秦始皇本纪》。
② 刘敏、捝金荣《宫闱腥风——秦二世》写道："浩浩荡荡的巡行大军为什么要在同一条巡游路线上来回往返？秦二世此次东巡的目的，一是立威，二是游玩，不论是立威也好，还是游玩也好，都应尽量避免往返走同一条路，所到之处越多越好，皇威覆盖面越大越好。而按《史记》记载却恰好相反。从碣石所在的辽西郡南下到会稽，然后又北上返回辽西，再至辽东。这似乎是无任何意义的重复。这里的原因到底是什么？我们百思不得其解，禁不住怀疑'遂至辽东而还'几个字是否是错简衍文？""据《史记·秦始皇本纪》，秦二世是在元年的春天从咸阳出发东巡的，四月又返回了咸阳，这样算来，此次巡游满打满算是三个多月。在三个多月的时间里，二世君臣们从咸阳到碣石，从碣石到会稽，从会稽又返至辽东，从辽东又回到咸阳，加之中间还要登山观海，刻石颂功，游山玩水，秦朝那古老的车驾是否有如此的速度，三个多月辗过如此漫长的行程。这里我们可以同秦始皇第五次巡游作个对比。秦始皇最后一次巡游是十月从咸阳出发的，先到云梦，然后顺江东下至会稽，从会稽北上，最远到之罘，然后西归，至沙丘驾崩，是七月分（份）。这条路线明显短于二世东巡的路线，但秦始皇却走了十个月，而胡亥仅用三个多月，着实让人生疑。"四川人民出版社1996年版，第148—149页。今按：所谓"游玩""游山玩水"的想象，均无依据。而"遂至辽东而还"与辽西与会稽间的所谓"在同一条巡游路线上来回往返"完全无关，因而"错简衍文"之说无从谈起。辽西至辽东之间的路线"在同一条巡游路线上来回往返"则是可以理解的。
③ 其实，据《史记》卷六《秦始皇本纪》，秦始皇二十八年（前219）第一次出巡，"上自南郡由武关归"，与秦始皇三十七年（前210）最后一次出巡，"十一月，行至云梦"，很可能也经由武关道，也是"同一条巡游路线"。这两次出巡经行胶东半岛沿海的路线，也是同样。秦二世以一次出巡复行"先帝巡行郡县，以示强，威服海内"的路线，出现"在同一条巡游路线上来回往返"的情形是可以理解的。而秦二世各地刻石的实际存在，证明了"二世东行郡县"历史记录的可靠性。以现今公路营运里程计，西安至秦皇岛1379公里，秦皇岛至绍兴1456公里，秦皇岛至辽阳416公里，均以"在同一条巡游路线上来回往返"计，共6502公里。"春，二世东行郡县"，"四月，二世至咸阳"，以100日计，每天行程65公里，并不是不可能的。

与秦始皇出行时有所不同。《史记》卷八七《李斯列传》写道：秦二世执政之后，"法令诛罚日益刻深，群臣人人自危，欲畔者众。又作阿房之宫，治直道、驰道，赋敛愈重，戍徭无已"。于是导致陈胜暴动及"山东""杰俊"反秦武装起义。可知秦二世执政时代仍然在进行直道和驰道的修筑工程。辽西道路因皇帝车队两次通行，在这一时期应当又有所完善。

汉武帝多次行至海上。《史记》卷二八《封禅书》记载，元封元年（前110），"东巡海上，行礼祠'八神'。齐人之上疏言神怪奇方者以万数，然无验者。乃益发船，令言海中神山者数千人求蓬莱神人"。"宿留海上，予方士传车及间使求仙人以千数。"此后又再次东行海上，"复东至海上望，冀遇蓬莱焉"。"遂去，并海上，北至碣石，巡自辽西，历北边至九原。"也是明确的行历辽西的历史记录。

史念海曾经论述秦汉交通路线，指出："东北诸郡濒海之处，地势平衍，修筑道路易于施工，故东出之途此为最便。始皇、二世以及武帝皆尝游于碣石，碣石临大海，为东北诸郡之门户，且有驰道可达，自碣石循海东行，以至辽西辽东二郡。"① 辽西道路即"自碣石循海东行"的交通干线。

六　并海道与北边道的交接

"自碣石循海东行"的辽西道路，实现了并海道与北边道的交接，从而具有重要的战略意义。

对于秦始皇、秦二世和汉武帝出巡海滨的历史记录，往往说到"并海"的交通方式②。显然，沿渤海、黄海海滨，当时有一条交通大道。当时沿渤海西岸有秦二世和汉武帝"并海"行迹的大道，就是东汉所谓

---

① 史念海：《秦汉时期国内之交通路线》，《河山集》第四集，陕西师范大学出版社1991年版，第573页。

② 如《史记》卷六《秦始皇本纪》：二十八年（前219）第二次出巡，上泰山，又"并勃海以东，过黄、腄，穷成山，登之罘……"三十七年（前210）第五次出巡，"还过吴，从江乘渡，并海上，北至琅邪"，又由之罘"并海西至平原津"。秦二世巡行郡县，曾"到碣石，并海，南至会稽"。《史记》卷二八《封禅书》说，汉武帝也曾自泰山"并海上，北至碣石"。《汉书》卷六《武帝纪》记载，元封五年（前110），由江淮"北至琅邪，并海，所过礼祠其名山大川"。

"傍海道"①。秦统一后，在战国长城基础上营建新的长城防线。因施工与布防的需要，沿长城出现了横贯东西的交通大道。《史记》卷六《秦始皇本纪》：秦始皇三十二年（前215），"巡北边，从上郡入"。三十七年（前210），秦始皇出巡途中病故，棺载辒辌车中，"从井陉抵九原"而归，也特意绕行"北边"，说明此次出巡的既定路线是巡行"北边"后回归咸阳。后来，汉武帝亦曾巡行"北边"。《史记》卷二八《封禅书》：汉武帝元封元年（前110）"自辽西历北边至九原"。显然，北边道自有可以适应帝王乘舆通过的规模②。

以往北边道和并海道被忽视的主要原因，在于传统对秦交通建设的解说往往从秦帝国中央集权的特点出发，过分强调了所谓以咸阳为中心向四方辐射（或者说向东作折扇式展开）的道路规划方针③。其实，这两条道路的通行状况，对于秦汉大一统帝国的生存和发展，具有非常重要的意义。

"自碣石循海东行"的辽西道路，既属于并海道交通体系，也可以看作北边道交通格局中的重要线路。辽西道路实现了并海道与北边道两组交通系统的沟通，在秦汉帝国连通全国的交通网络中，成为体现出关键性意义的重要路段。王海认为，河西走廊通路主要由"卢龙—平刚"道、"白狼水—渝水"谷道和辽西"傍海道"三干道组成，形成多线并行、主次分明、布局合理的高效交通网。④ 而辽西"傍海道"是"中原政权处理东北民族关系的'高速路'，是走廊通行效率最高的交通线"⑤。所谓"高速路"，正大致符合借用《说文·马部》"驰，大驱也"对"驰道"的解说。段玉裁注："驰亦驱也，较大而疾耳。"

---

① 《三国志》卷一《魏书·武帝纪》。参看王子今《秦汉时代的并海道》，《中国历史地理论丛》1988年第2辑。
② 王子今：《秦汉长城与北边交通》，《历史研究》1988年第6期。
③ 研究秦汉交通的论著大多持与此类同的见解，一些国外学者也赞同这一观点，例如汤因比《历史研究》一书中就写道："古代中国统一国家的革命的建立者秦始皇帝，就是由他的京城向四面八方辐射出去的公路的建造者。"曹未风等译节录本，上海人民出版社1966年版，下册第25—26页。
④ 王海：《燕秦汉时期辽西走廊考》，待刊稿。
⑤ 王海：《燕秦汉时期辽西走廊与东北民族关系》，《南都学坛》2013年第1期。

七 "傍海道不通"交通史事与海侵记忆

辽西并海道路较卢龙平冈山路显然便捷平易，因而长期作为联系中原与辽河地区的主要交通线路。然而往往受季节性水害影响，难以通行。① 《三国志》卷一《魏书·武帝纪》："（建安十二年）北征三郡乌丸……夏五月，至无终。秋七月，大水，傍海道不通，田畴请为乡导，公从之。引军出卢龙塞，塞外道绝不通，乃堑山堙谷五百余里，经白檀，历平冈，涉鲜卑庭，东指柳城。未至二百里，虏乃知之。"

对乌丸的远征进展顺利。九月，曹操回军。据裴松之注引《曹瞒传》，"时寒且旱，二百里无复水，军又乏食，杀马数千匹以为粮，凿地入三十余丈乃得水"。井深"三十余丈"，可知"旱"是确凿的史实。"秋七月，大水，傍海道不通"，至九月之"旱"导致行军的另一种困难，这条道路经历的生态环境变化的两个极端，似乎都严重影响了曹操部队的运动。在刘备等敌对势力可能自后偷袭的背景下，曹操在郭嘉的微弱支持下冒险出军，反对意见甚多。战后曹操亦肯定这些反对意见的合理性②。后人评价曹操此战，称"徼幸一胜"③，如果注意到进军与退军的交通艰难，或许会有更多的感叹。

"大水，傍海道不通"这一军事史和交通史的重要记录，使人们很容易联想到西汉时期渤海湾西岸曾经发生的大规模的海侵。

《汉书》卷二九《沟洫志》记载："大司空掾王横言：河入勃海，勃海地高于韩牧所欲穿处。往者，天尝连雨，东北风，海水溢，西南出，浸数百里；九河之地，已为海所渐矣。"有学者注意到考古发现的渤海湾西

---

① 王子今：《秦汉时代的并海道》，《中国历史地理论丛》1988年第2辑。
② 《三国志》卷一《魏书·武帝纪》裴松之注引《曹瞒传》："既还，科问前谏者，众莫知其故，人人皆惧。公皆厚赏之，曰：'孤前行，乘危以徼幸，虽得之，天所佐也，故不可以为常。诸君之谏，万安之计，是以相赏，后勿难言之。'"
③ 宋代学者李弥逊说："魏武行三郡如归市，致（袁）熙、（袁）尚如拉枯，可谓英武矣。然天下未定，勒兵远掠，深入它人之境，乘危攻坚，徼幸一胜，亦兵家之所忌，有德者所不为也。"《筠溪集》卷一〇《议古》"魏武征三郡乌丸"条。"乘危""徼幸"，都是《三国志》卷一《魏书·武帝纪》裴松之注引《曹瞒传》所见曹操自己的话。

岸的贝壳堤及其他文物遗迹，认为可以证明海岸的推移①。谭其骧指出，"发生海侵的年代约当在西汉中叶，距离王横时代不过百年左右。沿海人民对于这件往事记忆犹新，王横所说的，就是根据当地父老的传述"②。

---

① 李世瑜：《古代渤海湾西部海岸遗迹及地下文物的初步调查研究》，《考古》1962年第12期；王颖：《渤海湾西部贝壳堤与古海岸线问题》，《南京大学学报》（自然科学版）1964年第3期；天津市文化局考古发掘队：《渤海湾西岸古文化遗址调查》，《考古》1965年第2期。

② 谭其骧：《历史时期渤海湾西岸的大海侵》，《人民日报》1965年10月8日，收录《长水集》下册，人民出版社1987年版。《三国志》卷一一《魏书·田畴传》关于"大水，傍海道不通"事，是这样记述的："（畴）随军次无终。时方夏水雨，而滨海洿下，泞滞不通，虏亦遮守蹊要，军不得进。太祖患之，以问畴。畴曰：'此道，秋夏每常有水，浅不通车马，深不载舟船，为难久矣。'"于是别走他径，"引军出卢龙塞"。虽然敌方"遮守蹊要"也是重要因素，但是"军不得进"的主要障碍，似是季节性的水害，即所谓"时方夏水雨，而滨海洿下，泞滞不通"。东汉晚期所谓"滨海洿下""每常有水"，成为常识性判断，或许有可能与"父老的传述"体现的对于海侵"往事"的记忆有某种关系。而海侵时可能导致"傍海道不通"的推想，也可以帮助我们理解辽西道路的通行史。

秦汉时期政治危局应对的交通控制策略

秦汉时期应对政治危局的方式与成效，历史记录各见成败得失。亦有清醒的执政者思考和实践预防危机发生的尝试。注意相关现象，可以发现交通条件的控制，是受到高度重视的策略。秦汉时期是交通建设取得空前成就的历史阶段。大一统政体的成立，必然以交通效率作为行政基础。当时的社会流动获得空前便利的条件，身份不同，职业不同的许多人都有涉足相当广阔地理空间的交通实践。① 通过政治史的记录分析生成危局的动因，可以看到敌对力量利用交通条件集结并冲击正统政治格局的教训。正是以交通条件受到充分重视的社会意识为背景，交通控制成为政治危局应对的通常方式。

一 "交通"：治与乱的共有条件

秦汉时期"交通"这一语汇往往有近似现代语"交往"的含义。但是我们今天所说"交通"的意义也包容其中。《史记》卷二四《乐书》载录孔子语，颂扬周武王"克殷反商"之后政治建设的成功："周道四达，礼乐交通，则夫武之迟久，不亦宜乎？"② 此所谓"四达""交通"，

---

① 孙毓棠曾经指出："交通的便利，行旅安全的保障，商运的畅通，和驿传制度的方便，都使得汉代的人民得以免除固陋的地方之见，他们的见闻比较广阔，知识易于传达。汉代的官吏士大夫阶级的人多半走过很多的地方，对于'天下'知道得较清楚，对于统一的信念也较深。这一点不仅影响到当时人政治生活心理的健康，而且能够加强了全国文化的统一性，这些都不能不归功于汉代交通的发达了。"《汉代的交通》，《中国社会经济史集刊》第 7 卷第 2 期。

② 《礼记·乐记》："周道四达，礼乐交通。"

指政教和洽，威权普及，但是现今"交通"一语显示的条件，无疑是发挥了作用的。①《史记》卷九《吕太后本纪》载吕后语："凡有天下治为万民命者，盖之如天，容之如地，上有欢心以安百姓，百姓欣然以事其上，欢欣交通而天下治。"②也说到"交通"与"治"的关系。秦始皇"治驰道"以及出巡刻石所谓"堕坏城郭，决通川防，夷去险阻"，就是要通过交通条件的完善实现"天下咸抚""莫不安所"的局面，成就所谓"远迩同度""远近毕清"的"大治"。③

另一方面，"交通"也可以为"乱"的发生准备条件。《史记》卷九一《黥布列传》记述黥布早期经历："布已论输丽山，丽山之徒数十万人，布皆与其徒长豪桀交通，乃率其曹偶，亡之江中为群盗。"所谓"曹偶"，司马贞《索隐》："曹，辈也。偶，类也。谓徒辈之类。"其政治影响的扩展和武装集团的形成，与"交通"行为有关。当然，这里所说的"交通"是广义的"交通"，可以理解为交往。《史记》卷一○七《魏其武安侯列传》说灌夫的表现："（灌）夫不喜文学，好任侠，已然诺。诸所与交通，无非豪桀大猾。""交通"一语也取大致相同的意义。④《史记》卷一二九《货殖列传》列述区域文化特点，说道："颍川、南阳，夏人之居也。夏人政尚忠朴，犹有先王之遗风。颍川敦愿。秦末世，迁不轨之民于南阳。南阳西通武关、郧关，东南受汉、江、淮。宛亦一都会也。俗杂好事，业多贾。其任侠，交通颍川，故至今谓之'夏人'。""交通颍川"之"交通"，明确涉及"西通武关、郧关，东南受汉、江、淮"的交通形势，已经值得交通史研究者认真关注。《汉书》卷七《昭帝纪》：

---

① 周王朝是依靠在各地分封诸侯，设置政治军事据点以为藩屏，来维护中央政权的统治的。这种政治体制要求各地与周王室保持密切的联系。以车兵为军队主力的特点也要求各地有平阔的大道相通。西周青铜器铭文和文献称当时由周王室修筑，通往各地的大路为"周行"或"周道"。顾颉刚：《周道与周行》，《史林杂识初编》，中华书局1963年版，第121—124页；杨升南：《说"周行""周道"——西周时期的交通初探》，《西周史研究》（人文杂志丛刊第二辑）。《诗·小雅·大东》："佻佻公子，行彼周行。""周道如砥，其直如矢。"《诗·小雅·何草不黄》："有栈之车，行彼周道。"西周晚期青铜器散氏盘铭文："封于𦥑道，封于原道，封于周道。"《左传·襄公五年》也说到"周道挺挺，我心扃扃"。

② 《汉书》卷三《高后纪》："（皇太后）诏曰：'凡有天下治万民者，盖之如天，容之如地；上有驩心以使百姓，百姓欣然以事其上，驩欣交通而天下治。……'"

③ 《史记》卷六《秦始皇本纪》。

④ 《汉书》卷四四《淮南王传》言反叛活动说到"阴结交"，颜师古注"与外人交通为援"的解释，可以帮助我们理解这种"交通"。

"（元凤元年）冬十月，诏曰：'左将军安阳侯桀、票骑将军桑乐侯安、御史大夫弘羊皆数以邪枉干辅政，大将军不听，而怀怨望，与燕王通谋，置驿往来相约结。燕王遣寿西长、孙纵之等赂遗长公主、丁外人、谒者杜延年、大将军长史公孙遗等，交通私书，共谋令长公主置酒，伏兵杀大将军光，征立燕王为天子，大逆毋道。'"虽然"交通私书"之"交通"语义稍狭窄，但是"置驿往来"，属于现今语义理解的"交通"行为是没有疑议的。大致类似，《汉书》卷二四上《食货志上》载晁错对商人在经济生活中威胁国家权力的批评："因其富厚，交通王侯，力过吏势，以利相倾；千里游敖，冠盖相望，乘坚策肥，履丝曳缟。"其中"交通王侯"的"交通"可以理解为交往，但是所谓"千里游敖，冠盖相望，乘坚策肥"，则明确强调了他们拥有的"交通"能力方面的优势。《汉书》卷四五《江充传》言赵太子丹"交通郡国豪猾，攻剽为奸，吏不能禁"，系狱"法至死"，则明确体现这种"交通"为最高执政者深心忧虑。

二 交通史视角的政治危局考察

执政集团面对的最严重的政治危局，即民众武装暴动的发生。政府不能实现有效的交通控制，以致无法及时扑灭反抗，可能迅速走向溃灭。如秦末陈涉起义爆发，"山东郡县少年苦秦吏，皆杀其守尉令丞反，以应陈涉，相立为侯王，合从西乡，名为伐秦，不可胜数也"。"合从西乡"，言其交通行为政府已经无法遏止，以致"（秦二世）二年冬，陈涉所遣周章等将西至戏，兵数十万"①。秦王朝最终为刘邦、项羽灭亡。

大规模的流民运动，是严重政治危局形成的典型征象。汉哀帝时曾经发生以"祠西王母"为主题的民变。《汉书》卷一一《哀帝纪》记载："（建平）四年春，大旱。关东民传行西王母筹，经历郡国，西入关至京师。民又会聚祠西王母，或夜持火上屋，击鼓号呼相惊恐。"《汉书》卷二六《天文志》中有这样的记载："（建平）四年正月、二月、三月，民相惊动，讙讙奔走，传行诏筹祠西王母……"《汉书》卷二七下之上《五行志下之上》又写道："哀帝建平四年正月，民惊走，持稾或棷一枚，传相付与，曰'行诏筹'。道中相过逢多至千数，或被发徒践，或夜折关，

---

① 《史记》卷六《秦始皇本纪》。

或逾墙入，或乘车骑奔驰，以置驿传行，经历郡国二十六，至京师。其夏，京师郡国民聚会里巷仟佰，设张博具，歌舞祠西王母。又传书曰：'母告百姓，佩此书者不死。不信我言，视门枢下，当有白发。'至秋止。"汉哀帝时代以西王母迷信为意识基础，以"祠'西王母'"为鼓动口号，以"传行'西王母'筹"为组织形式而发生的表现为千万民众"会聚""惊动""奔走"的大规模骚乱，从关东直至京师，从正月直至秋季，政府实际上已经失控。而此次流民运动的发生，是通过"西入关"，"或夜折关，或逾墙入，或乘车骑奔驰"的交通行为最终"至京师"，形成对王朝政治中枢的严重冲击的。①

推翻王莽的农民暴动，起先就因"诸亡命"聚集流民，成为强大的武装。② 东汉末年政治动荡中，黄巾起义军据说就是以流民为主体成分，有的官僚于是建议妥善解决"流民""流人"问题，"以孤弱其党"。③ 黄巾军部众往往携"妇子"作战④，也表现出流民的特征。

外族军事力量的侵犯，也往往是导致政治危局的重要因由。"关塞不严"，则难以遏制外力侵夺。《后汉书》卷九〇《鲜卑传》："自匈奴遁逃，鲜卑强盛，据其故地，称兵十万，才力劲健，意智益生。加以关塞不严，禁网多漏，精金良铁，皆为贼有；汉人逋逃，为之谋主，兵利马疾，过于匈奴。"所谓"关塞""禁网"，是对于"强盛""劲健"的外"贼"的防备形式。而后者，涉及内外危局动因的结合。对于"汉人逋逃"，汉宣帝时"习边事"的"郎中侯应"曾经发表过有关"关塞"功能的见解，除了指出"自中国尚建关梁以制诸侯，所以绝臣下之觊欲也"之外，又强调"关塞"亦有防止内地人偷渡亡出的作用。"汉人逋逃"，包括"往者从军多没不还者，子孙贫困，一旦亡出，从其亲戚"，"又边人奴婢愁苦，欲亡者多，曰'闻匈奴中乐，无奈候望急何！'然时有亡出塞者"，特别是"盗贼桀黠，群辈犯法，如其窘急，亡走北出，则不可制"⑤。对于有关"盗贼""亡走北出，则不可制"的担忧，应当在理解当时执政者政治危机防范意识时予以关注。

---

① 王子今、周苏平：《汉代民间的西王母崇拜》，《世界宗教研究》1999 年第 2 期。
② 《后汉书》卷一一《刘玄传》。
③ 《后汉书》卷五七《刘陶传》，卷五四《杨赐传》。
④ 《后汉书》卷七一《皇甫嵩传》。
⑤ 《汉书》卷九四下《匈奴传下》。

三 "关": 国家的"门户"

"关"本身是控制和管理交通的重要设置。《说文·门部》:"关,以木横持门户也。"① 《史记》卷七《项羽本纪》记载刘邦对项羽的辩解之辞:"所以遣将守关者,备他盗之出入与非常也。"② "备""盗之出入与非常",即防备政治危局出现时敌对武装的通行及相关种种"非常",是"关"的重要职能。很可能是汉代人使用的海中星占书《海中占》③说:"荧惑出入天关左右,必有置立关塞之事。一曰必有逆兵不顺者。"④ 强调了"置立关塞"以防备"逆兵不顺者"的作用。

《史记》卷一一三《南越列传》记载,秦末政治动荡中,南海实力派人物任嚣、赵佗策划"自备,待诸侯变":"(赵)佗,秦时用为南海龙川令。至二世时,南海尉任嚣病且死,召龙川令赵佗语曰:'闻陈胜等作乱,秦为无道,天下苦之,项羽、刘季、陈胜、吴广等州郡各共兴军聚众,虎争天下,中国扰乱,未知所安,豪杰畔秦相立。南海僻远,吾恐盗兵侵地至此,吾欲兴兵绝新道,自备,待诸侯变,会病甚。且番禺负山险,阻南海,东西数千里,颇有中国人相辅,此亦一州之主也,可以立国。郡中长吏无足与言者,故召公告之。'即被佗书,行南海尉事。嚣死,佗即移檄告横浦、阳山、湟溪关曰:'盗兵且至,急绝道聚兵自守!'因稍以法诛秦所置长吏,以其党为假守。秦已破灭,佗即击并桂林、象郡,自立为南越武王。"后来南越国得以割据成功。岭南地方的局部安

---

① 段玉裁注:"《通俗文》作樌。引申之,《周礼注》曰关,畍上之门。又引申之,凡曰'关闭',曰'机关',曰'关白',曰'关藏'皆是。凡立乎此而交彼曰'关'。《毛诗传》曰:关关,和声也。又曰:闲关,设辖兒。皆于音得义者也。"

② 项羽军"行略定秦地,函谷关有兵守关,不得入","项羽大怒,使当阳君等击关,项羽遂入"。刘邦对张良这样解释派部队守备函谷关的考虑:"鲰生说我曰:'距关毋内诸侯,秦地可尽王也。'故听之。"《史记》卷八《高祖本纪》:"或说沛公曰:'秦富十倍天下,地形强。今闻章邯降项羽,项羽乃号为雍王,王关中。今则来,沛公恐不得有此。可急使兵守函谷关,无内诸侯军,稍征关中兵以自益,距之。'沛公然其计,从之。十一月中,项羽果率诸侯兵西,欲入关,关门闭。闻沛公已定关中,大怒,使黥布等攻破函谷关。"

③ 《汉书》卷三〇《艺文志》"天文"题下著录《海中星占验》等6种著作共136卷。题名均首言"海中"。

④ 《唐开元占经》卷三五"荧惑犯天关"条,文渊阁《四库全书》本。

定,是由"横浦、阳山、湟溪关"的控制得以实现的。①

汉初政治结构实态可见中央王朝与诸侯王国的对立。张家山汉简《二年律令》中的《津关令》严格规定了关津控制人员和物资出入的制度。② 其中有涉及具体关名的内容,如"扞关、郧关、武关、函谷、临晋关"五关。很可能是张家山汉简《二年律令》中《津关令》的法律条文所体现的区域地理观,是使用了"大关中"的概念的。也就是说,以"扞关、郧关、武关、函谷、临晋关"划定界限的"关中",是包括了"天水、陇西、北地、上郡"地方,也包括了"巴、蜀、汉中"地方的。现在看来,在司马迁著作《史记》的时代,广义的"关中"即"大关中"的概念,可能是得到社会较宽广层面共同认可的。③ 而张家山汉简《二年律令·津关令》中五关的列定,则说明汉初这种"大关中"观已经得到法律的支持和确认。④

"关"的控制对于保障"关中"安全的意义,是非常重要的。这种控制,对政治危局的发生,有预防的作用。西汉时期关禁之严,见于终军故事。《汉书》卷六四下《终军传》:"初,军从济南当诣博士,步入关,关吏予军繻。军问:'以此何为?'吏曰;'为复传,还当以合符。'军曰:'大丈夫西游,终不复传还。'弃繻而去。军为谒者,使行郡国,建节东出关,关吏识之,曰:'此使者乃前弃繻生也。'"繻是通过"关"的符信。⑤ 关禁控制手段之严厉,又有宁成事迹可以反映。《史记》卷一二二《酷吏列传》记载,宁成为关都尉,"岁余,关东吏隶郡国出入关者,号曰'宁见乳虎,无值宁成之怒'"。

对于"关"的武装冲击,导致王朝颠覆的政治危局的发生,史例可见刘邦入武关、峣关,项羽反秦联军入函谷关,绿林军、赤眉军入函谷关等。而控制"关"以稳定局势,挽救危局的努力,有黄巾暴动发生后东

---

① 王子今:《秦汉时期"中土"与"南边"的关系及南越文化的个性》,《秦汉史论丛》第7辑,中国社会科学出版社1998年版。
② 李均明:《汉简所反映的关津制度》,《历史研究》2002年第3期。
③ 参看林甘泉主编《中国经济通史·秦汉经济卷》,经济日报出版社1999年版,第40—46页。
④ 王子今、刘华祝:《说张家山汉简〈二年律令·津关令〉所见五关》,《中国历史文物》2003年第1期;王子今:《秦汉区域地理学的"大关中"概念》,《人文杂志》2003年第1期。
⑤ 颜师古注:"张晏曰:'繻音须。繻,符也。书帛裂而分之,若券契矣。'苏林曰:'繻,帛边也。旧关出入皆以传。传烦,因裂繻头合以为符信也。'师古曰:'苏说是也。'"

汉王朝置八关都尉事。《后汉书》卷八《灵帝纪》："中平元年春二月，巨鹿人张角自称黄天，其部师有三十六万，皆着黄巾，同日反叛。安平甘陵人各执其王以应之。三月戊申，以河南尹何进为大将军，将兵屯都亭，置八关都尉官。"李贤注："都亭在洛阳。八关谓函谷、广城、伊阙、大谷、轘辕、旋门、小平津、孟津也。"

四　"道"与"摧虏""填戎""致治"

秦汉时期，级别与规模与县相当的地方行政机构"道"，其定名也直接与交通有关。

《汉书》卷一九上《百官公卿表上》："（县）有蛮夷曰道。"就是说，"道"一般设置于少数民族聚居地区。秦时陇西》：郡有狄道、绵诸道、獂道；蜀郡有湔氏道、僰道、严道等。根据《汉书》卷二八《地理志》的记载，西汉时"道"的设置又有增加：左冯翊：翟道；南郡：夷道；零陵郡：营道、泠道；广汉郡：甸氏道、刚氏道、阴平道；蜀郡：严道、湔氏道；犍为郡：僰道；越嶲郡：灵关道；武都郡：故道、平乐道、嘉陵道、循成道、下辨道；陇西郡：狄道、氐道、予道、羌道；天水郡：戎邑道、绵诸道、略阳道、獂道；安定郡：月氏道；北地郡：除道、略畔道、义渠道；上郡：雕阴道；长沙国：连道。[①]《史记》卷一二九《货殖列传》"督道仓吏"，长沙马王堆3号汉墓出土古地图所见"箭道"[②]，天津艺术博物馆藏"昫衍道尉"印[③]，故宫博物院藏"建伶道宰印"[④]，《封泥汇编》"青衣道令"封泥[⑤]，又说明秦汉所设置的"道"有《汉书》卷二

[①]　汉官印及封泥有"夷道长印"（《昔则庐古玺印存》），"夷道之印"，"夷道丞印""刚氐道长""阴平道印"，"严道长印""严道令印""严道丞印""严道左尉""严道橘园"，"严道橘丞""僰道右尉""灵关道长"，"灵关道丞"（《封泥汇编》）、"故道令印"（《汉铜印丛》）、"义沟道宰印"（《讱庵集古印存》）、"连道长印"（《待时轩印存》）等可以为文物之证。

[②]　邢义田《论马王堆汉墓"驻军图"应正名为"箭道封域图"》认为，"箭道是县一级单位"。《湖南大学学报》2007年第5期。这一意见还可以讨论。

[③]　昫衍，《汉书》卷二八下《地理志下》北地郡属县。

[④]　《汉书》卷二八上《地理志上》益州郡有健伶县，"健"，或作"建"。《续汉书·郡国志五》作建伶县。《后汉书·西南夷传》列"建伶"为西南夷诸种之一。

[⑤]　青衣，《汉书》卷二八上《地理志上》蜀郡县，

八《地理志》未载者。①

严耕望《唐代交通图考》在《序言》中指出，"汉制，县有蛮夷曰道，正以边疆少数民族地区，主要行政措施惟道路之维持与控制，以利政令之推行，物资之集散，祈渐达成民族文化之融合耳"②。我们注意到，"道"之所在，大都处于交通条件恶劣的山区。很可能"道"之得名，正在于强调交通道路对于在这种特殊地理条件和特殊民族条件下实施政治管理的重要作用。也可能在这种交通条件较为落后的少数民族聚居地区，政府当时所能够控制的，仅仅限于联系主要政治据点的交通道路。即中央政府在这些地区实际只控制着若干点与线，尚无能力实施全面的统治。王莽大规模更改地名时，对西汉"道"确定的新名称多体现在这种"有蛮夷"的地区对少数民族的管理和镇压。如广汉甸氏道改称"致治"，阴平道改称"摧虏"，蜀郡严道改称"严治"，犍为僰道改称"僰治"，武都故道改称"善治"，陇西狄道改称"操虏"，天水戎邑道改称"填戎亭"，安定月氏道改称"月顺"等。"致治""严治""僰治"以及"善治"之"治"与"道"形成对应关系，正体现出"道"对于"治"的作用。

王莽更改"道"名也有仍强调"道"的交通作用的，如南郡夷道改称"江南"，可能即标志这是由南阳南下游历江南首先进入的行政区。此外陇西氐道改称"亭道"，北地除道改称"通道"，仍强调"道"这一行政设置的交通意义。

对于"道"的控制，有强化"有蛮夷"地区行政效能的目的。与此相关，另一出发点，即防止"蛮夷"的反叛。

---

① 就《汉书》卷二八下《地理志下》"道三十二"，齐召南《考证》："按《百官公卿表》：'邑有蛮夷曰道'，《志》中县邑之以道名者得二十九。南郡一，夷道也；零陵二，营道、泠道也；广汉三，甸氏道、刚氐道、阴平道也；蜀郡二，严道、湔氐道也；犍为一，僰道也；越巂一，灵关道也；武都五，故道、平乐道、嘉陵道、循成道、下辩道也；陇西四，狄道、氐道、羌道、予道也；天水四，戎邑道、绵诸道、略阳道、豲道也；安定一，月氏道也；北地三，除道、略畔道、义渠道也；上郡一，雕阴道也；长沙国一，连道。尚缺其三。以《后汉书·郡国志》证之，则蜀郡之汶江道、绵虒道、武都之武都道，恰与三十二之数合。此《志》于汶江、绵虒、武都三县不言道，殆亦阙文。"《〈前汉书〉卷二八下〈考证〉》，文渊阁《四库全书》本。

② 严耕望：《唐代交通图考》，"中央"研究院历史语言研究所1985年版，第1册，第1页。

五　山险要隘控制

对于外族强大军事力量进犯导致的危局对应，选择交通干道屯军备战也是必然的选择。

《史记》卷一〇《孝文本纪》记载："后六年冬，匈奴三万人入上郡，三万人入云中。以中大夫令勉为车骑将军，军飞狐；故楚相苏意为将军，军句注；将军张武屯北地；河内守周亚夫为将军，居细柳；宗正刘礼为将军，居霸上；祝兹侯军棘门：以备胡。数月，胡人去，亦罢。"飞狐、句注、北地，都是防御匈奴军的战略要地，均有军事交通地理的重要位置。如"句注"，裴骃《集解》："应劭曰：'山险名也，在雁门阴馆。'"所谓"山险"，即山地交通的要隘。而细柳、霸上、棘门，都是控制长安附近交通要道的重要军事据点。①

飞狐、句注等是抗击匈奴军南下的"山险"。细柳、霸上、棘门屯兵，则有防止汉地内乱的考虑。汉文帝三年（前177）太原之行，曾发生济北王刘兴居叛乱。《史记》卷一〇《孝文本纪》："济北王兴居闻帝之代，欲往击胡，乃反，发兵欲袭荥阳。于是诏罢丞相兵，遣棘蒲侯陈武为大将军，将十万往击之。祁侯贺为将军，军荥阳。"② 细柳、霸上、棘门

---

① 细柳，裴骃《集解》："徐广曰：'在长安西。'骃按：如淳曰'《长安图》细柳仓在渭北，近石徼'。张揖曰'在昆明池南，今有柳市是也'。"司马贞《索隐》："按：《三辅故事》细柳在直城门外阿房宫西北维。又《匈奴传》云'长安西细柳'，则如淳云在渭北，非也。"据谭其骧主编《中国历史地图集》，细柳在便门桥北，控制着长安西北方向交通要隘。地图出版社1982年版，第15—16页。霸上，有刘邦屯兵故事。其地正当轵道，控制着长安东向交通要隘。棘门，裴骃《集解》："徐广曰：'在渭北。'骃案：孟康曰'在长安山，秦时宫门也。'如淳曰'《三辅黄图》棘门在横门外'。"《史记》卷五七《绛侯周勃世家》张守节《正义》："孟康云：秦时宫也。《括地志》云：棘门在渭北十余里，秦王门名也。"棘门营屯，应意在控制长安北向交通要隘。

② 济北王叛乱很快平定。《史记》卷一〇《孝文本纪》："七月辛亥，帝自太原至长安。乃诏有司曰：'济北王背德反上，诖误吏民，为大逆。济北吏民兵未至先自定，及以军地邑降者，皆赦之，复官爵。与王兴居去来，亦赦之。'八月，破济北军，虏其王。赦济北诸吏民与王反者。"《汉书》卷四《文帝纪》记载："济北王兴居闻帝之代，欲自击匈奴，乃反，发兵欲袭荥阳。于是诏罢丞相兵，以棘蒲侯柴武为大将军，将四将军十万众击之。祁侯缯贺为将军，军荥阳。秋七月，上自太原至长安。诏曰：'济北王背德反上，诖误吏民，为大逆。济北吏民兵未至先自定及以军城邑降者，皆赦之，复官爵。与王兴居去来者，亦赦之。'八月，虏济北王兴居，自杀。赦诸与兴居反者。"

的军事设置，可能主要是防止内乱，"以制诸侯，所以绝臣下之觊欲"的部署，应与济北王刘兴居叛乱事件有关。

前引任嚣"南海僻远，吾恐盗兵侵地至此，吾欲兴兵绝新道，自备"史例，所谓"兴兵绝新道"，也反映了控制交通以安定地方的情形。

六　长安"武库"与雒阳"武库"的空间定位

"武库"或曰"兵库"这种军械库藏对于政治成功至关重要。正如《吴越春秋》卷二《阖闾内传》载伍子胥言："凡欲安君治民，兴霸成王，从近制远者，必先立城郭、设守备、实仓廪、治兵库，斯则其术也。""武库"空间位置的设定，亦考虑到交通因素。西汉长安"武库"与雒阳"武库"的空间定位，均体现出执政集团交通地理意识的作用。

有学者发现，汉长安城武库位于长安南北超长建筑基线上。[①] 从这一意义说来，武库是国家政治中心象征的重要坐标。武库居中，也许体现出某种政治文化与军事文化理念。所在空间位置确定于交通中枢的意义[②]，是值得重视的。

《史记》卷六〇《三王世家》褚少孙补述，言王夫人为刘闳求封雒阳遭到拒绝。汉武帝提出不予允诺的首要原因即"雒阳有武库"，"天下冲扼"："王夫人者，赵人也，与卫夫人并幸武帝，而生子闳。闳且立为王，时其母病。武帝自临问之，曰：'子当为王，欲安所置之？'王夫人曰：'陛下在，妾又何等可言者？'帝曰：'虽然，意所欲，欲于何所王之？'王夫人曰：'愿置之雒阳。'武帝曰：'雒阳有武库、敖仓，天下冲扼，汉国之大都也。先帝以来，无子王于雒阳者。去雒阳，余尽可。'"雒阳武库即居于"天下冲扼""天下之中"的位置。[③] 所谓"冲扼"，直接体现了交通地位的重要。

---

① 秦建明、张在明、杨政：《陕西发现以汉长安城为中心的西汉南北向超长建筑基线》，《文物》1995 年第 3 期。

② 参看王子今《西汉帝陵方位与长安地区的交通形势》，《唐都学刊》1995 年第 3 期。

③ 《史记》卷四《周本纪》："成王在丰，使召公复营洛邑，如武王之意。周公复卜申视，卒营筑，居九鼎焉。曰：'此天下之中，四方入贡道里均。'"《史记》卷九九《刘敬叔孙通列传》："成王即位，周公之属傅相焉，乃营成周洛邑，以此为天下之中也，诸侯四方纳贡职，道里均矣。"所谓"四方入贡道里均"，"诸侯四方纳贡职，道里均矣"，均言其交通形势。

七　东海郡"武库"与并海道及近海交通

尹湾六号汉墓出土六号木牍，题《武库永始四年兵车器集簿》。其"库存量大"令人惊异。以可知数量的常见兵器为例，"弩"的'总数达 537707 件，"矛"的总数达 52555 件，"有方"数达 78392 件。有学者曾经指出，"仅这几项所见，足可装备五十万人以上的军队，远远超出一郡武装所需"。论者又推测，"其供应范围必超出东海郡范围，亦受朝廷直接管辖，因此它有可能是汉朝设于东南地区的大武库"①。也有学者指出，东海郡武库容量之大，是"弱化地方势力、防止民众谋反、强化中央集权的表现"②。为什么东海郡设有如此规模的"受朝廷直接管辖"的"大武库"？推想或许是因为这里是帝国的"东门"③，同时更大的可能，是因为东海郡的位置，正大致在汉王朝控制的海岸线的中点。④

也可以说，东海郡所在，亦控制着沿海交通道路"并海道"的大致中点⑤，同时，在近海交通航路上也据有重要的意义。

秦汉时期，沿海地方及近海岛屿多次发生抵制中央王朝行政的割据现象。《史记》卷九四《田儋列传》记载了田横在齐地"海中"形成武装割据形势的情形："汉灭项籍，汉王立为皇帝，以彭越为梁王。田横惧诛，而与其徒属五百余人入海，居岛中。高帝闻之，以为田横兄弟本定齐，齐人贤者多附焉，今在海中不收，后恐为乱，乃使使赦田横罪而召之。"汉并天下，刘邦击灭项羽，实现统一，但是对于所谓"入海，居岛中"的田横，担心得到"齐人贤者"支持，如果不能收伏，则"后恐为乱"。田横"请为庶人，守海岛中"的请求遭到拒绝，面对"不来，且举兵加诛焉"的威胁，被迫在限定交通速度的情况下"乘传诣雒阳"。

---

① 李均明：《尹湾汉墓出土"武库永始四年兵车器集簿"初探》，《尹湾汉墓简牍综论》，科学出版社1999年版，第95页。

② 杜亚辉：《从尹湾汉简武库集簿看西汉对武库的掌控》，《广东第二师范学院学报》2013年第1期；《从尹湾汉简武库集簿看西汉的武备建设》，《华北水利水电学院学报》（社会科学版）2013年第2期。

③ 《史记》卷六《秦始皇本纪》："（三十五年）立石东海上朐界中，以为秦东门。"

④ 王子今：《秦汉帝国执政集团的海洋意识与沿海区域控制》，《白沙历史地理学报》（台湾）第3期（2007年4月）。

⑤ 王子今：《秦汉时代的并海道》，《中国历史地理论丛》1988年第2期。

滨海地方远离政治重心,有"海濒仄陋"之说。① 对于陆上行政主宰来说,海可以看作游离于权力辐射圈之外的特殊的空间。孔子曾经有"道不行,乘桴浮于海"的感叹。② 《史记》卷四一《越王勾践世家》:"范蠡浮海出齐。"是典型的"浮海"流亡事迹。又如《史记》卷八三《鲁仲连邹阳列传》:"鲁连逃隐于海上。"也可以作同样的理解。③ 较田横稍后的历史例证,又有《史记》卷一一四《东越列传》记载闽粤王弟余善面对汉军事压力,曾与宗族相谋:"今杀王以谢天子,天子听,罢兵,固一国完;不听,乃力战;不胜,即亡入海。"又据《史记》卷一〇六《吴王濞列传》,吴楚七国之乱发起时,刘濞集团中也有骨干分子在谋划时说:"击之不胜,乃逃入海,未晚也。"④

刘邦在汉并天下之后忧虑田横避居海中可能形成政治威胁,不是没有根由的。西汉末年琅邪吕母起义曾经以"海上"作为活动基地。《汉书》卷九九下《王莽传下》记述吕母起义情节:"……引兵入海,其众浸多,后皆万数。"海上反政府武装,东汉以来,普遍称之为"海贼"。如《后汉书》卷五《安帝纪》:"(永初三年)秋七月,海贼张伯路等寇略缘海九郡。遣侍御史庞雄督州郡兵讨破之"。四年(110)春正月,"海贼张伯路复与勃海、平原剧贼刘文河、周文光等攻厌次,杀县令。遣御史中丞王宗督青州刺史法雄讨破之"。又《后汉书》卷六《顺帝纪》:阳嘉元年(132)二月,"海贼曾旌等寇会稽,杀句章、鄞、鄮三县长,攻会稽东部都尉。诏缘海县各屯兵戍"。河西汉简可见通缉"海贼"的诏令,体现了"海贼"对于治安的严重危害。⑤ 《后汉书》卷五《安帝纪》"海贼张伯路复与勃海、平原剧贼刘文河、周文光等攻厌次,杀县令,遣御史中丞王宗督青州刺史法雄讨破之"的记载,更指出了"海贼"和陆上"剧贼"联

---

① 鲍宣上书:"高门去省户数十步,求见出入,二年未省,欲使海濒仄陋自通,远矣!"《汉书》卷七二《鲍宣传》。

② 《论语·公冶长》。

③ 《后汉书》卷五三《姜肱传》:"……肱得诏,乃私告其友曰:'吾以虚获实,遂藉声价,明明在上,犹当固其本志。况今政在阉竖,夫何为哉?乃隐身遯命,远浮海滨。'"王先谦《后汉书集解》:"惠栋曰:'《风俗通》:遂乘桴浮于海,莫知其极。时人以为非凡。'"民国王氏虚受堂刻本。

④ 《汉书》卷三五《荆燕吴传·吴王刘濞》写作:"击之不胜而逃入海,未晚也。"《资治通鉴》卷一六"汉景帝前三年"取《汉书》说。

⑤ 王子今:《居延简文"临淮海贼"考》,《考古》2011年第1期。

合作战的情形。① 《续汉书·天文志中》言"会稽海贼曾旅等千余人",《后汉书》卷一一《刘盆子传》言"与吕母入海中"的"亡命""众至数千",前引《汉书》卷九九下《王莽传下》说"其众浸多,后皆万数",都是体现"海贼"集团规模的史例。②《三国志》卷七《魏书·陈登传》裴松之注引《先贤行状》说:"太祖以登为广陵太守,令阴合以图吕布。登在广陵,明审赏罚,威信宣布。海贼薛州之群万有余户,束手归命。"③"海贼"拥众竟然至于"万有余户",规模已经相当惊人。④ 东海郡武库的惊人规模,很可能与防备"海贼"有关。

八 "上郡库""北边郡库"与"北边道"交通

可以与东海郡武库相互对应的另一处等级比较高,地位比较重要的"武库",位于"北边道"的大致中心位置。即上郡武库。《汉官》称"北边郡库"。

"北边道"东西贯通长城防线,其畅通与否,关系到匈奴军事压力是否可以克服。⑤ 秦始皇直道的起点九原大致空间位置正当北边道的中点。在这里"北边道"与"直道"相交,形成"T"形结构的枢纽。

《汉书》卷一〇《成帝纪》记载:"(建始元年春正月)立故河间王弟上郡库令良为王。"颜师古注:"如淳曰:'《汉官》北边郡库,官之兵器所藏,故置令。'"《汉书》卷五三《景十三王传·河间献王德》也说:"成帝建始元年,复立元帝上郡库令良,是为河间惠王。"颜师古注:"如淳曰:'《汉官》北边郡库,官兵之所藏,故置令。'"如淳引《汉官》的说法略异,一说"官之兵器所藏",一说"官兵之所藏",都指明这里是"北边郡"的武库,一如东海郡的武库同样重要。收藏兵器的"北边郡

---

① 《太平御览》卷八八〇引《后汉书》:"安帝时……郡国九地震。明年,海贼张伯路与平原刘文何、周文光等叛,攻杀令长。"
② 《三国志》卷四七《吴书·孙权传》中"会稽妖贼许昌"与"海贼胡玉"事连说,这一武装集团"众以万数"的情形也值得重视。
③ 元人郝经《郝氏续后汉书》卷一四《汉臣列传·陈登》:"登赴广陵,治射阳,明审赏罚,宣布威信。海贼薛州以万户归命。未及期年,政化大行,百姓畏而爱之。"
④ 王子今、李禹阶:《汉代的"海贼"》,《中国史研究》2010年第1期。
⑤ 王子今:《秦汉长城与北边交通》,《历史研究》1988年第6期。

库""上郡库"设在五原郡以南不远的地方，体现出五原郡重要的战略地位。① 之所以没有设置在五原，可能是因为那里过于临近边防前沿，而由于直道通行效率较高，上郡与五原郡之间军运方便的缘故。这一判断，可以统领北边防务的蒙恬"居上郡"，以及"扶苏北监蒙恬于上郡"作为旁证。②

东海郡库既位于"并海道"交通体系的重心位置，同时亦位于近海交通体系的重心位置。所谓"北边郡库"的设置，亦在"北边道"交通体系的重心位置。通过这样的设计，明显可以体会到从交通结构角度考虑部署防备军事政治威胁的战略意图。③

---

① 据《汉书》卷二八《地理志》，卷六《武帝纪》所谓元朔二年置五原郡，只是"元朔二年更名"。辛德勇参据张家山汉简《二年律令》认真考论，认为汉初"很可能一直保持九原郡的既有建置"。辛德勇：《张家山汉简所示汉初西北隅边境解析——附论秦昭襄王长城走向与九原云中两郡战略地位》，《历史研究》2006年第1期；收入氏著《秦汉政区与边界地理研究》，中华书局2009年版，第265—268页。这一论点大致可信，然而所谓"很可能"，似乎尚有待于确证的坚强支持。

② 《史记》卷八八《蒙恬列传》："秦已并天下，乃使蒙恬将三十万众北逐戎狄，收河南。筑长城，因地形，用制险塞，起临洮，至辽东，延袤万余里。于是渡河，据阳山，逶蛇而北。暴师于外十余年，居上郡。"《史记》卷六《秦始皇本纪》记载，扶苏对秦始皇迫害"诸生"提出不同意见，"始皇怒，使扶苏北监蒙恬于上郡。"也说蒙恬的指挥机构设在上郡。王子今：《秦汉"北边"交通格局与九原的地位》，《2012·中国"秦汉时期的九原"学术论坛专家论文集》，内蒙古人民出版社2012年版。

③ 还应当注意到，这两处重要的武库又分别位于长安南北轴线和东西轴线上。其空间位置的设定，也许还有更深层的考虑。讨论相关现象的神秘主义文化背景，看来还需要做进一步的工作。

汉代的"海人"

汉代文献所谓"海人之占",说明"海人"称谓指代的人群有关海洋的知识总结已经达到相当成熟的程度。"海人"作为社会身份符号,反映以"海"作为基本生活环境,以海上劳作作为基本营生方式的职业已经出现。《说苑》所见情节明朗的齐"海人"故事,体现了汉代社会对齐人海洋开发成就的认识。仙人传说、神异故事中所见"海人"事迹,也可以理解为对海洋神秘世界的探索中"海人"之贡献的一种特殊形式的肯定。汉代齐地的"习船者"及其相关信息,应当可以看作解说"海人"身份与技能的标本之一。"海人"与"山客"往往并说,体现"海人"称谓作为专门职业代号具有鲜明的典型性。分析所谓"海人之仄陋",有助于我们理解"海人"的社会形象以及"海濒"地方区域文化的特色。

一 "海人之占":海洋学的进步

东汉学术家张衡《灵宪》写道:"中外之官,常明者百有二十四,可名者三百二十,为星二千五百,而海人之占未存焉。"①《续汉书·天文志上》刘昭注补引用这一说法,并注意张衡的如下意见:"众星列布,其以神著……庶物蠢蠢,咸得系命。不然,何以总而理诸!"《汉书》卷三〇《艺文志》有"天文二十一家,四百四十五卷"。其中可见题名"海中"的文献:"《海中星占验》十二卷。《海中五星经杂事》二十二卷。《海中五星顺逆》二十八卷。《海中二十八宿国分》二十八卷。《海中二十八宿臣分》二十八卷。《海中日月彗虹杂占》十八卷。"宋人王应麟《汉艺文

---

① 《汉魏六朝百三家集》卷一四《汉张衡集》,文渊阁《四库全书》本。

志考证》卷九《天文》认为这些以"海中"为题的文献,就是张衡所谓"海人之占"①。顾炎武《日知录》卷三〇"海中五星二十八宿"条则写道:"'海中'者,中国也。故《天文志》曰:'甲、乙,海外日月不占。'盖天象所临者广,而二十八宿专主中国,故曰'海中二十八宿'。"按照顾炎武的判断,这些"海中星占"之书,是与海上生活、海上航行完全无关的。

其实,《汉书》说到的"海中",语义均十分明确,都是指海上,并不是指中国、中原、中土。《汉书》卷二五上《郊祀志上》记载,自齐威王、齐宣王和燕昭王时代,派人入海求蓬莱、方丈、瀛洲。"此三神山者,其传在勃海中。""船交海中,皆以风为解,曰未能至,望见之焉。"又说,秦始皇南巡后,"并海上,几遇海中三神山之奇药,不得"。汉武帝时代,方士李少君说,以丹沙化黄金,用黄金为饮食器,"益寿而海中蓬莱仙者乃可见之"。方士栾大也说:"臣常往来海中",会见仙人安期、羡门等。汉武帝于是东巡海上,"齐人之上疏言神怪奇方者以万数,乃益发船,令言海中神山者数千人求蓬莱神人"。《汉书》卷二五下《郊祀志下》又记载,汉武帝在宫中营造大池,池中有蓬莱、方丈、瀛州、壶梁,"象海中神山龟鱼之属"。显然,《汉书》多次说到的"海中",都是指海上,而并非大陆的"中国"。

《汉书》卷二六《天文志》的说法可能有益于理解《艺文志》著录冠名"海中"的"天文"家的学术收获:"汉兵击拔朝鲜,以为乐浪、玄菟郡。朝鲜在海中,越之象也;居北方,胡之域也。"《汉书》卷二八下《地理志下》又说:"乐浪海中有倭人,分为百余国,以岁时来献见云。"则曰"乐浪海中"。所谓"朝鲜在海中"以及"倭人"在"乐浪海中",都说明"海中"一语体现的空间距离已经并非近海。

前引诸例,似乎可以说明"海中"语的使用,较早或与李少君、栾大一类"燕齐海上方士"的航海实践有关。王应麟还明确说到"海中""望"星"测"星事:"《唐·天文志》:开元十二年诏太史交州测景,以八月自海中南望老人星殊高,老人星下众星粲然,其明大者甚,众图所不

---

① (宋)王应麟《汉艺文志考证》卷九《天文》:"《后汉·天文志》注引《海中占》,《隋志》有《海中星占星图》《海中占》各一卷,即张衡所谓'海人之占'也。"

载，莫辨其名。"① 所说虽是唐代故事，也可以引为参考。考索汉代史迹，在《淮南子·齐俗》中可以明确看到海上航行时观星象测定方位的情形：

> 夫乘舟而惑者，不知东西，见斗极则寤矣。

推想张衡所说"众星列布，其以神著"，"庶物蠢蠢，咸得系命"，应当也为航海者所认同。

张衡"海人之占"所谓"海人"，应当是以"海"为基本生计条件的人们。三民书局《大辞典》解释"海人"词义："【海人】①古时指中国以外的海岛居民。《南史·夷貊传·倭国》：'又西南万里，有海人，身黑眼白，裸而丑，其肉没，行者或射而食之。'②在海上捕鱼的人。《述异记·下》：'东海有牛鱼，其形如牛，海人采捕。'"② 考察汉代"海人"语义，很可能是指海洋渔业或海洋航运业的从业人员。

二 《说苑》"海人"故事

刘向撰《说苑·君道》记述了一则齐国故事，其中出现了"海人"称谓。"海人"是怎样的社会角色呢？故事开篇，说到齐景公对于晏婴的怀念：

> 晏子没十有七年，景公饮诸大夫酒。公射出质，堂上唱善，若出一口。公作色太息，播弓矢。弦章入，公曰："章，自吾失晏子，于今十有七年，未尝闻吾过不善，今射出质而唱善者，若出一口。"弦章对曰："此诸臣之不肖也，知不足知君之善，勇不足以犯君之颜

---

① （宋）王应麟《汉艺文志考证》卷九《天文》。清代学者徐文靖《管城硕记》卷三〇《杂述》也写道："张衡《灵宪》曰：'微星之数万一千五百二十。海人之占所未详也。'按：唐开元中，测影使者太相元太云：'交州望极才出地三十余度，以八月自海中望老人星殊高。老人星下，众星粲然，其明大者甚众，图所不载，莫辨其名。大率去南极二十度以上，其星皆见。乃自古浑天以为常没地中，伏而不见之所也。'今西洋《南极星图》有火马、金鱼、海石、十字架之类，即《灵宪》所云海人之占，《唐志》所云莫辨其名者也。《坤舆图说》曰：'天下有五大州，利未亚州其地南至大浪山。航海过大浪山，已见南极出地三十五度矣。'"（清）徐文靖著，范祥雍点校：《管城硕记》，中华书局1998年版，第550页。

② 三民书局辞典编辑委员会编辑：《大辞典》，台北三民书局1985年版，中册第2648页。

色。然而有一焉,臣闻之:君好之,则臣服之;君嗜之,则臣食之。夫尺蠖食黄,则其身黄,食苍则其身苍;君其犹有谄人言乎?"公曰:"善!今日之言,章为君,我为臣。"

是时海人入鱼,公以五十乘赐弦章归,鱼乘塞涂,抚其御之手,曰:"曩之唱善者,皆欲若鱼者也。"昔者晏子辞赏以正君,故过失不掩,今诸臣谄谀以干利,故出质而唱善如出一口,今所辅于君,未见众而受若鱼,是反晏子之义而顺谄谀之欲也,固辞鱼不受。

宋人刘恕编《资治通鉴外纪》卷九引录《说苑》记载以为信史。《说苑·君道》在讲述这一故事之后又以"君子曰"形式发表的"弦章之廉,乃晏子之遗训也"的表扬,随后又有关于"人主"应当"自省"的政论。而我们更为注意的,是"海人"称谓的出现。

《说苑》讲述的虽然是先秦故事,作为汉代著述,其中许多文化信息体现了汉代社会风貌。其中关于"海人入鱼"的记载,可以作为海洋渔业史料理解。体现了齐人海洋开发的成就。

三 "海人"传递的神异知识

《太平御览》卷一四引《汉武内传》:"员峤之山名环丘,有冰蚕,以霜雪覆之,然后作茧。其色五采,织为衣裳,入水不濡,以投火,经宿不燎。唐尧之代,海人献,以为黼黻。"所谓"海人献",体现有关海外这些具有神异色彩的物品的知识,是由"海人"传递,为中原人所逐步接受的。"入水不濡","投火""不燎"的织品,可能就是所谓"火浣布"。《三国志》卷四《魏书·三少帝纪·齐王芳》:景初三年(239)二月,"西域重译献火浣布,诏大将军、太尉临试以示百寮"。裴松之注引《异物志》曰:"斯调国有火州,在南海中。其上有野火,春夏自生,秋冬自死。有木生于其中而不消也,枝皮更活,秋冬火死则皆枯瘁。其俗常冬采其皮以为布,色小青黑;若尘垢污之,便投火中,则更鲜明也。"又引《傅子》曰:"汉桓帝时,大将军梁冀以火浣布为单衣,常大会宾客,冀阳争酒,失杯而污之,伪怒,解衣曰:'烧之。'布得火,炜晔赫然,如烧凡布,垢尽火灭,粲然絜白,若用灰水焉。"又引《搜神记》曰:"昆仑之墟,有炎火之山,山上有鸟兽草木,皆生于炎火之中,故有火浣布,非此山草木之皮枲，则其鸟兽之毛也。"裴松之写道："又东方朔《神异经》曰：'南荒之外有火山，长三十里，广五十里，其中皆生不烬之木，昼夜火烧，得暴风不猛，猛雨不灭。火中有鼠，重百斤，毛长二尺余，细如丝，可以作布。常居火中，色洞赤，时时出外而色白，以水逐而沃之即死，续其毛，织以为布。'"火浣布产地，一说"西域"，一说"南荒""南海"。后者应经历南洋航路传至中土。

"海人"进献的，还有神奇的"龙膏"。《太平御览》卷八引王子年《拾遗》曰："燕昭王二年，海人乘霞舟，然龙膏。"卷一七六引《拾遗记》曰："海人献龙膏为灯，于燕昭王王坐通云之堂。"卷一七八引《述征记》曰："燕昭王二年，海人乘霞舟以雕壶盛数斗膏献王。王坐通云堂，亦曰通霞之台，以龙膏为灯，光耀百里。"所谓"以龙膏为灯，光耀百里"之说，反映以鱼类或海洋哺乳动物脂肪作照明燃料的情形。有关鲸鱼死亡"膏流九顷"的记载①，说明鲸鱼脂肪受到的重视。人类利用鲸鱼脂肪的历史相当久远。② 而关于鲸鱼集中死于海滩这种海洋生物生命现象的明确记载，最早见于中国古代文献《汉书》卷二七中之上《五行志中之上》："成帝永始元年春，北海出大鱼，长六丈，高一丈，四枚。哀帝建平三年，东莱平度出大鱼，长八丈，高丈一尺，七枚。皆死。"《太平御览》卷七二引《孙绰子》曰："海人曰：'横海有鱼，一吸万顷之陂。'"这种或许有关鲸鱼生态的知识，很可能来自"海人"的航海经验。其表述有所夸张，与中国早期海洋文化往往神秘色彩的风格也是一致的。

晋人嵇含《南方草木状》卷下引《南越行纪》说："罗浮山顶有胡杨梅，山桃绕其际，海人时登采拾，止得于上饱噉，不得持下。"③《艺文类聚》卷八七引裴氏《广州记》曰："庐山顶有湖杨梅，山桃绕其际，海人

---

① 《太平御览》卷九三八引《魏武四时食制》曰："东海有大鱼如山，长五六丈，谓之鲸鲵。次有如屋者。时死岸上，膏流九顷，其须长一丈，广三尺，厚六寸，瞳子如三升碗大，骨可为方白。"文渊阁《四库全书》本。中华书局1960年2月用上海涵芬楼影印宋本复制重印版"膏流九顷"作"毫流九顷"，"骨可为方白"作"骨可为矛矜"。

② 《辞海·生物分册》"鲸目"条："皮肤下有一层厚的脂肪，借此保温和减少身体比重，有利浮游。""鲸"条写道："脂肪是工业原料。"上海辞书出版社1975年版，第561页。《简明不列颠百科全书》"鲸油"条："主要从鲸鱼脂肪中提取的水白色至棕色的油。16—19世纪，鲸油一直是制造肥皂的重要原料和重要的点灯油。"中国大百科全书出版社1985年版，第4册第439页。今按：滨海居民以鲸鱼脂肪作"重要的点灯油"的年代，其实要早得多。

③ 宋《百川学海》本。

时登采拾,止得于上饱,不得持下。"故事情节相近,"庐山"应是"罗浮山"之误。这些可能并非汉代文献记录的"海人"奇异经历,可以作为我们认识"海人"称谓继续沿用体现的海洋探索持久努力的参考。

又如《太平御览》卷七〇九引《汉武帝内传》写道:"方丈山有草,名濡□,叶色如绀,茎色如漆,细软可萦。海人织以为荐席,卷之不盈一手,舒之列丈。"这种特别的"草"的发现和利用,与前引《汉武内传》"火浣布"故事类似,可能是"海人"切实体验。

四 齐"习船者"与"海人"的技能

《史记》卷三〇《平准书》记述,南越战事发生,卜式上书请战,说到"齐习船者":"齐相卜式上书曰:'臣闻主忧臣辱。南越反,臣愿父子与齐习船者往死之。'"《汉书》卷五八《卜式传》写道:"会吕嘉反,式上书曰:'臣闻主愧臣死。群臣宜尽死节,其驽下者宜出财以佐军,如是则强国不犯之道也。臣愿与子男及临菑习弩博昌习船者请行死之,以尽臣节。'"《史记》所谓"齐习船者",《汉书》更具体地称为"博昌习船者"。博昌,在今山东广饶西。有关"博昌习船者""齐习船者"的信息,告知我们当时齐地沿海地方有比较集中的技能熟练的专业航海人员。

秦汉社会语言习惯,"习"有时言熟悉①,有时言对某事有一定经验②,有时指称比较全面的知识③。然而"习"更多则肯定某方面能力的

---

① 如《史记》卷八《高祖本纪》:"齐王韩信习楚风俗。"卷一一〇《匈奴列传》:"王乌,北地人,习胡俗。"第2913页。卷一二二《酷吏列传》:"素习关中俗。"又如卷四九《外戚世家》褚少孙补述:"褚先生曰:臣为郎时,问习汉家故事者钟离生。"卷一二五《佞幸列传》:"(韩)嫣先习胡兵,以故益尊贵,官至上大夫,赏赐拟于邓通。"卷九三《韩信卢绾列传》:"公所以重于燕者,以习胡事也。"卷一〇八《韩长孺列传》:"大行王恢,燕人也,数为边吏,习知胡事。"卷九六《张丞相列传》:"张苍乃自秦时为柱下史,明习天下图书计籍。""习"的意义也大致如此。

② 如《史记》卷一一三《南越列传》:"好畤陆贾,先帝时习使南越。"

③ 如言"习事""习于事"之类,《史记》卷七二《穰侯列传》:"穰侯智而习于事。"卷二〇《建元以来侯者年表》:"谨厚习事。"卷一〇四《田叔列传》褚少孙补述:"将军呼所举舍人以示赵禹。赵禹以次问之,十余人无一人习事有智略者。"卷一二六《滑稽列传》褚少孙补述:"问群臣习事通经术者,莫能知。"卷一二八《龟策列传》褚少孙补述:"问掌故文学长老习事者,写取龟策卜事。"卷一二九《货殖列传》:"其俗纤俭习事。"

高强和技艺的精熟。汉武帝派遣贰师将军李广利远征大宛，又发天下七科適，及载糒给贰师，一充实前线军力物力。《史记》卷一二三《大宛列传》记载："转车人徒相连属至敦煌。而拜习马者二人为执驱校尉，备破宛择取其善马云。"① 其中"习马者"与我们讨论的"习船者"的构词形式十分相似，都可以作称谓理解。类似文例，又有《汉书》卷六《武帝纪》"发习战射士诣朔方"的"习战射士"。《汉书》卷八《宣帝纪》"大发兴调关东轻车锐卒，选郡国吏三百石伉健习骑射者，皆从军"，《汉书》卷九四上《匈奴传上》"大发关东轻锐士，选郡国吏三百石伉健习骑射者，皆从军"的"习骑射者"也是类似例证。

所谓"习船者"，应当是指善于驾驶、操纵船舶，海上航行经验丰富的人员。汉武帝"大为发兴""诛闽越"，淮南王刘安上书谏止，言越人优势之所谓"习于水斗，便于用舟"②，可以为我们理解"习船"一语提供参考。《史记》卷三二《齐太公世家》记述了齐国与蔡国发生战争的特殊缘由："（桓公）二十九年，桓公与夫人蔡姬戏船中。蔡姬习水，荡公，公惧，止之，不止，出船，怒，归蔡姬，弗绝。蔡亦怒，嫁其女。桓公闻而怒，兴师往伐。"这一发生在齐国，事起于"蔡姬习水"的故事，情节与"船"有密切关系，对于我们理解"习船者"的语义也可以有所启示。

"习船"，应当是"海人"必然掌握的技艺。或者至少可以这样说，"习船者"是"海人"之中对于他们出航的成败乃至群体的生死具有决定性意义的具备特殊技能的专业人员。

五 "海人"与"山客"

嵇康《嵇中散集》卷九《答释难宅无吉凶摄生论》写道："吾见沟浍，不疑江海之大；睹丘陵，则知有泰山之高也。若守药则弃宅，见交则非赊，是海人所以终身无山，山客曰无大鱼也。"③ 嵇康讲述了一个关于

---

① 对于《汉书》卷六一《李广利传》同样记述，颜师古注："习犹便也。一人为执马校尉，一人为驱马校尉。"《汉书》卷二八下《地理志下》："至周有造父，善驭习马，得华骝、绿耳之乘，幸于穆王。"亦言"习马"。
② 《汉书》卷六四上《严助传》。
③ 《四部丛刊》景明嘉靖本。

认识论的道理，主张摒除狭隘经验对于世界认识的阻障。他认为，在"山客"的知识结构中，既包括对"丘陵"的了解，也包括对"泰山"的认识。而"海人"也是有关水的世界，有关"海"的知识的比较全面的掌握者。然而"海人"未知"山"，"山客"也不识"大鱼"。值得我们特别注意的，是"海人"与"山客"并说的情形。

类似的情形还有许多。如唐释道世《法苑珠林》卷三八引《孙绰子》写道："海人与山客辩其方物。海人曰：'横海有鱼，额若华山之顶，一吸万顷之波。'山客曰：'邓林有木，围三万寻，直上千里，旁荫数国。'"①《太平御览》卷三七七、卷八三四、卷九五二引《孙绰子》内容大致相同，然而又有这样的情节："有人曰：'东极有大人，斩木为策，短不可支，钓鱼为鲜，不足充饥。'"明杨慎《丹铅续录》卷九"渔樵"条也写道："有瀛海之涉人，晤昆仑之木客，各陈风土并其物色。海人曰：'横海有鱼，厥大不知其几何，额若三山之顶，一吸万顷之波。'山客曰：'邓林有木，围三万寻，直穿星汉而无杪，旁荫八夤而交阴。'齐谐氏曰：'微尔渔暨樵，邈矣其貌，不见吾国之大人过山海于一饷，折木为策，短不可杖，钓鱼为泪，不足充餔馁。'海人俛廉，山客胶颐。齐谐忽而去矣，夷坚闻而志之。"

杨慎纪事载于"渔樵"题下，则"海人"是"渔"，"山客"即"樵"，也就是以"海""山"为营生条件的劳动者。

文献屡见"海人"与"山客"并说的现象，可以说明"海人"称谓作为专门职业的指代符号，具有鲜明的典型性意义。

六　关于"海人之仄陋"

南朝人江淹作《石劫赋并序》，其中说到"海人"。序文写道："海人有食石劫，一名紫蓓，蚌蛤类也。春而发华，有足异者。戏书为短赋。"其赋曰：

> 我海若之小臣，具品色于沧溟。既炉天而铜物，亦禽化而染灵。比文豹而无恤，方珠蛤而自宁。冀湖涛之蔽迹，愿洲渚以沦形。故其

---

① 《四部丛刊》景明万历本。

所巡，左委羽，右穷发。日照水而东升，山出波而隐没。光避伏而不耀，智埋冥而难发。何弱命之不禁，遂永至于夭阏？

已矣哉！请去海人之仄陋，充公子之嘉客。傥委身于玉盘，从风雨而可惜。

全文两次出现"海人"。关于"请去海人之仄陋"，有学者作注："张平子《思玄赋》曰：独幽守此仄陋兮，敢怠遑而舍勤。"① 以汉赋解说江淹赋作，是因为六朝赋家多继承汉赋作者风格。其实汉代文献出现"仄陋"一语者，还有《汉书》卷八六《循吏传》"宣帝繇仄陋而登至尊"等。另一例即谏大夫鲍宣上言汉哀帝："高门去省户数十步，求见出入，二年未省，欲使海濒仄陋自通，远矣！愿赐数刻之间，极竭毣毣之思，退入三泉，死亡所恨。"② 鲍宣"海濒仄陋"的说法，可以帮助我们理解江淹"请去海人之仄陋"的语义。鲍宣，渤海高城人，地在今河北盐山东，正位于"海濒"。而"仄陋"一语的较早使用，见于《晏子春秋》卷八《外篇下》。同样可以看作出身"海濒"的齐国名臣晏子自称"婴者，仄陋之人也"。

也许"海濒仄陋""海人""仄陋"，体现了沿海地区在一定历史时期因距离国家政治重心比较偏远，文化亦未能领先。前引《孙绰子》所谓"微尔渔暨樵，邈矣其貊"，体现了对"海人"和"山客"共同的蔑视。曹植《与杨德祖书》："人各有好，尚兰茝荪蕙之芳，众人所好；而海畔有逐臭之夫。"③ 故事出自《吕氏春秋·遇合》："人有大臭者，其亲戚兄弟妻妾，知识无能与居者，自苦而居海上。海上人有说其臭者，昼夜随之而弗能去。"《吕氏春秋》所谓"说其臭"的"海上人"，曹植所谓"海畔""逐臭之夫"，南北朝刘昼《刘子》卷八《殊好》就直接称为"海人"："众鼻之所芳也，海人悦至臭之夫，不爱芳馨之气。海人者，其人在海畔住，乐闻死人极臭之气。有一人独来海边，其人受性，身作死人臭。海人闻之，竞逐死人臭，竟日闻气不足也。"④ "海人""逐臭"的故

---

① （明）胡之骥注，李长路、赵威点校：《江文通集汇注》，中华书局1984年版，第23页。
② 《汉书》卷七二《鲍宣传》。
③ 《文选》卷四二。
④ 明正统《道藏》本。

事，或许反映了内地人对"海人"性情的生疏，也体现了对"海人"的某种歧视。而事实上"海人"对海洋探索和海洋开发的贡献，是我们总结中国海洋史和中国海洋学史时不应当忽视的。

东海的"琅邪"和南海的"琅邪"

据《史记》卷二八《封禅书》记载，秦始皇即帝位不久，即出巡远方，曾经"东游海上，行礼祠名山大川及八神，求仙人羡门之属"。这里所说的"八神"，即一曰"天主"，祠天齐；二曰"地主"，祠泰山梁父；三曰"兵主"，祠蚩尤；四曰"阴主"，祠三山；五曰"阳主"，祠之罘；六曰"月主"，祠之莱山；七曰"日主"，祠成山；第八处，则祀所在"琅邪"："八曰'四时主'，祠琅邪。琅邪在齐东方，盖岁之所始。"司马贞《索隐》："案：《山海经》云'琅邪台在勃海闲'。案：是山如台。《地理志》琅邪县有四时祠也。"① 汉武帝东巡海上，同样"行礼祠'八神'"。这样的仪式似不止一次："至如他名山川诸鬼及八神之属，上过则祠。"② 这一行为，体现出来自西部高原的帝王对东方神学传统的全面承

---

① 所谓"琅邪台在勃海闲"，《汉书》卷五七上《司马相如传上》颜师古注引张揖曰也有同样的说法："琅邪，台名也，在勃海间。"不仅"'四时主'祠琅邪"，在滨海方术文化体系中，琅邪还另有特殊地位。《史记》卷二八《封禅书》："公玉带曰：'黄帝时虽封泰山，然风后、封巨、岐伯令黄帝封东泰山，禅凡山，合符，然后不死焉。'天子既令设祠具，至东泰山，东泰山卑小，不称其声，乃令祠官礼之，而不封禅焉。"《史记》卷一二《孝武本纪》相同的记载，对于"东泰山"，裴骃《集解》："徐广曰：'在琅邪朱虚县，汶水所出。'"对于"凡山"，裴骃《集解》："徐广曰：'凡山亦在朱虚。'"《汉书》卷二五下《郊祀志下》颜师古注："臣瓒曰：'东泰山在琅邪朱虚界，中有小泰山是。'"据《汉书》卷二八上《地理志上》"琅邪郡"条，琅邪郡有多处祠所："不其，有太一、仙人祠九所，及明堂，武帝所起。""朱虚，凡山，丹水所出，东北至寿光入海。东泰山，汶水所出，东至安丘入维。有三山、五帝祠。""琅邪，越王句践尝治此，起馆台。有四时祠。""长广，有莱山莱王祠。""昌，有环山祠。"颜师古注："五帝祠在汶水之上。""《山海经》云琅邪台在琅邪之东。"又《汉书》卷二五《郊祀志下》："祠四时于琅邪。"

② 《史记》卷二八《封禅书》。

认和充分尊重。① 而"琅邪"受到特殊重视,不仅在于作为"四时主"祀所,"在齐东方,盖岁之所始",还由于作为"东海"大港的地位。"琅邪"被看作"东海"重要的出航起点。南海海港以"琅邪"地名为称的说法如得以证实,亦可以指示当时海上航路开拓的路径,应当看作早期中外文化交流的纪念。

一 越王勾践"治琅邪"

《汉书》卷二八上《地理志上》"琅邪郡"条关于属县"琅邪"写道:"琅邪,越王句践尝治此,起馆台。有四时祠。"《史记》卷六《秦始皇本纪》说到"琅邪台",张守节《正义》引《括地志》云:"密州诸城县东南百七十里有琅邪台,越王句践观台也。台西北十里有琅邪故城。《吴越春秋》云:'越王句践二十五年,徙都琅邪,立观台以望东海,遂号令秦、晋、齐、楚,以尊辅周室,歃血盟。'即句践起台处。"所引《吴越春秋》,《太平御览》卷一六〇引异文:"越王句践二十五年,徙都琅琊,立观台,周旋七里,以望东海。"

今本《吴越春秋》卷一〇《勾践伐吴外传》有"越王既已诛忠臣,霸于关东,从琅邪起观台,周七里,以望东海"的记载,又写道:"越王使人如木客山,取元常之丧,欲徙葬琅邪。三穿元常之墓,墓中生飙风,飞砂石以射人,人莫能入。勾践曰:'吾前君其不徙乎!'遂置而去。"勾践以后的权力继承关系是:勾践—兴夷—翁—不扬—无强—玉—尊—亲。"自勾践至于亲,共历八主,皆称霸,积年二百二十四年。亲众皆失,而去琅邪,徙于吴矣。""尊、亲失琅邪,为楚所灭。"可知"琅邪"确实是越国后期的政治中心。

历史文献所见勾践都琅邪事,有《竹书纪年》卷下:"(周)贞定王元年癸酉,于越徙都琅琊。"《越绝书》卷八《外传记地传》:"亲以上至句践凡八君,都琅琊,二百二十四岁。"《后汉书》卷八五《东夷列传》:"越迁琅邪。"《水经注》卷二六《潍水》:"琅邪,山名也。越王句践之故国也。句践并吴,欲霸中国,徙都琅邪。"又卷四〇《浙江水》:"句践

---

① 王子今:《泰山:秦汉时期的文化制高点》,《光明日报》2010年12月2日。

都琅邪。"顾颉刚予相关历史记录以特殊重视①。辛德勇《越王句践徙都琅邪事析义》就越"徙都琅邪"事有具体考论②。

其实,早在越王勾践活动于吴越地方时,相关历史记录已经透露出勾践身边的执政重臣对"琅邪"的特殊关注。《吴越春秋》卷八《勾践归国外传》有范蠡帮助越王勾践"树都"也就是规划建设都城的故事:"越王曰:'寡人之计,未有决定,欲筑城立郭,分设里闾,欲委属于相国。'于是范蠡乃观天文拟法,于紫宫筑作小城,周千一百二十一步,一圆三方。西北立龙飞翼之楼,以象天门。东南伏漏石窦,以象地户。陵门四达,以象八风。外郭筑城而缺西北,示服事吴,也不敢壅塞。内以取吴,故缺西北,而吴不知也。北向称臣,委命吴国,左右易处,不得其位,明臣属也。城既成,而怪山自生者,琅琊东武海中山也。一夕自来,故名怪山。""范蠡曰:'臣之筑城也,其应天矣。'昆仑即龟山也,在府东南二里。一名飞来,一名宝林一名怪山。《越绝》曰:'龟山,勾践所起游台也。'《寰宇记》:"龟山即琅琊东武山,一夕移于此。"③

越国建设都城的工程中,传说"琅琊东武海中山""一夕自来",这一神异故事的生成和传播,暗示当时勾践、范蠡谋划的复国工程,是对"琅邪"予以特别关注的。而后来不仅勾践有"琅邪"经营,《史记》卷四一《越王勾践世家》记载:"范蠡浮海出齐,变姓名,自谓鸱夷子皮,耕于海畔,苦身戮力,父子治产。居无几何,致产数十万。齐人闻其贤,以为相。范蠡喟然叹曰:'居家则致千金,居官则至卿相,此布衣之极也。久受尊名,不祥。'乃归相印,尽散其财,以分与知友乡党,而怀其重宝,间行以去,止于陶,以为此天下之中,交易有无之路通,为生可以

---

① 顾颉刚《林下清言》写道:"琅邪发展为齐之商业都市,奠基于勾践迁都时","《孟子·梁惠王下》:'昔者齐景公问于孟子曰:吾欲观于转附、朝儛,遵海而南,放于琅邪。吾何修而可以比于先王观也?'以齐手工业之盛,'冠带衣履天下',又加以海道之通(《左》哀十年,'徐承帅舟师,将自海入齐',吴既能自海入齐,齐亦必能自海入吴),故滨海之转附(之罘之转音)、朝儛、琅邪均为其商业都会,因为齐君所愿游观。《史记》,始皇二十八年'南登琅邪,大乐之,留三月,乃徙黔(今按:应为黔)首三万户琅邪台下',正以有此大都市之基础,故乐于发展也。司马迁作《越世家》乃不言勾践迁都于此,太疏矣!"《顾颉刚读书笔记》第10卷,台北联经出版事业公司1990年版,第8045—8046页。

② 《文史》2010年第1辑。

③ 周生春:《吴越春秋辑校汇考》,上海古籍出版社1997年版,第176—179、131页。

致富矣。"① 虽然史籍记录没有明确指出范蠡"浮海出齐""耕于海畔"的具体地点，但是可以看到，他北上的基本方向和勾践控制"琅邪"的努力，其思路可以说是大体一致的。

二 秦皇汉武"琅邪"之行

秦实现统一，"琅邪"列为"三十六郡"之一②。秦始皇二十八年（前219）"东行郡县"，"上泰山""禅梁父"之后，"于是乃并勃海以东，过黄、腄，穷成山，登之罘，立石颂秦德焉而去。"随后，"南登琅邪，大乐之，留三月。乃徙黔首三万户琅邪台下，复十二岁。作琅邪台，立石刻，颂秦德，明得意"。刻石内容明确说到"琅邪"："维秦王兼有天下，立名为皇帝，乃抚东土，至于琅邪。"③ 秦始皇"南登琅邪，大乐之，留三月"，是在咸阳以外地方居留最久的记录，在出巡途中尤其异常。"徙黔首三万户琅邪台下，复十二岁"，在秦强制移民的行为中，是组织向东方迁徙的唯一一例。其规模，也仅次于"徙天下豪富于咸阳十二万户"。而"复十二岁"者④，也是仅见于秦史的优遇。

秦始皇二十九年（前218），"始皇东游"，于"登之罘，刻石"之后，"旋，遂之琅邪，道上党入"⑤。再一次来到琅邪。

秦始皇三十七年（前210），"还过吴，从江乘渡。并海上，北至琅

---

① 参看王子今《关于"范蠡之学"》，《光明日报》2007年12月15日；《"千古一陶朱"：范蠡兵战与商战的成功》，《河南科技大学学报》（社会科学版）2008年第1期；《范蠡"浮海出齐"事迹考》，《齐鲁文化研究》2009年第8辑，泰山出版社2009年版。

② 《史记》卷六《秦始皇本纪》"分天下以为三十六郡"裴骃《集解》。第239—240页。据辛德勇《秦始皇三十六郡新考》，"综合诸家考证，得到大多数人认同的"，"确实可信"的"三十六郡"名单中，都包括"琅邪"。《秦汉政区与边界地理研究》，中华书局2009年版，第5、59页。

③ 《史记》卷六《秦始皇本纪》。《史记》卷一五《六国年表》："（二十八年）帝之琅邪，道南郡入。"

④ 《史记》卷六《秦始皇本纪》。《史记》卷一五《六国年表》："（二十九年）帝之琅邪，道上党入。"《史记》卷二八《封禅书》："始皇复游海上，至琅邪，过恒山，从上党归。"

⑤ 《史记》卷六《秦始皇本纪》。

邪。① 方士徐市等入海求神药，数岁不得，费多，恐谴，乃诈曰：'蓬莱药可得，然常为大鲛鱼所苦，故不得至，愿请善射与俱，见则以连弩射之。'始皇梦与海神战，如人状。问占梦，博士曰：'水神不可见，以大鱼蛟龙为候。今上祷祠备谨，而有此恶神，当除去，而善神可致。'乃令入海者赍捕巨鱼具，而自以连弩候大鱼出射之。自琅邪北至荣成山，弗见。至之罘，见巨鱼，射杀一鱼。遂并海西。"② 这是秦始皇最后一次出行，也是他海洋探索的热忱和海洋挑战的意志体现最充分的表演。"自琅邪北至荣成山"，似可理解为航海记录。"琅邪"作为出发点，是值得重视的。

《史记》卷二八《封禅书》记载汉武帝六次行至海滨的经历，除了《封禅书》的记录外，《汉书》卷六《武帝纪》还记载了晚年汉武帝四次出行至海滨的情形。秦始皇统一天下后凡五次出巡，其中四次行至海滨。汉武帝则远远超过这一纪录，一生中至少十次至于海上。他最后一次行临东海，已经是六十八岁的高龄。其中两次：（1）元封五年（前106），"北至琅邪，并海上"；（2）太始三年（前94），"行幸东海，获赤雁，作《朱雁之歌》。幸琅邪，礼日成山。登之罘，浮大海"。是明确的到达"琅邪"的记录，另外尚有一次：（3）"（太始四年）夏四月，夏四月，幸不其，祠神人于交门宫，若有乡坐拜者。作《交门之歌》。"对于"祠神人于交门宫"，颜师古注："应劭曰：'神人，蓬莱仙人之属也。'晋灼曰：'琅邪县有交门宫，武帝所造。'"如果晋灼所说不误，则又是一条汉武帝来到琅邪的记录。而汉武帝在琅邪造交门宫，亦体现了对这一地方的特殊重视。

三 "填夷"命名与"亶洲""东夷"航路

秦始皇二十八年（前219）第一次东巡时来到琅邪，有一非常特殊的举动，即与随行权臣"与议于海上"。琅邪刻石记录："维秦王兼有天下，

---

① 《史记》卷一五《六国年表》："（三十七年）十月，帝之会稽、琅邪，还至沙丘崩。"《史记》卷八七《李斯列传》："始皇三十七年十月，行出游会稽，并海上，北抵琅邪。"《史记》卷八八《蒙恬列传》："始皇三十七年冬，行出游会稽，并海上，北走琅邪。"

② 《史记》卷六《秦始皇本纪》。

立名为皇帝，乃抚东土，至于琅邪。列侯武城侯王离、列侯通武侯王贲、伦侯建成侯赵亥、伦侯昌武侯成、伦侯武信侯冯毋择、丞相隗林、丞相王绾、卿李斯、卿王戊、五大夫赵婴、五大夫杨樛从，与议于海上。曰：'古之帝者，地不过千里，诸侯各守其封域，或朝或否，相侵暴乱，残伐不止，犹刻金石，以自为纪。古之五帝三王，知教不同，法度不明，假威鬼神，以欺远方，实不称名，故不久长。其身未殁，诸侯倍叛，法令不行。今皇帝并一海内，以为郡县，天下和平。昭明宗庙，体道行德，尊号大成。群臣相与诵皇帝功德，刻于金石，以为表经。"张守节《正义》："言王离以下十人从始皇，咸与始皇议功德于海上，立石于琅邪台下，十人名字并刻颂。"秦始皇为什么集合十数名文武权臣"与议于海上"，发表陈明国体与政体的政治宣言呢？对照《史记》卷二八《封禅书》汉武帝"宿留海上"的记载，可以推测这里"与议于海上"之所谓"海上"，很可能并不是指海滨，而是指海面上。"海上"与"琅邪台下"并说，应当也可以支持此"海上"是指海面上的意见。这里所谓"与议于海上"，已经显现出"琅邪"作为海港的意义。秦始皇三十七年（前210）"北至琅邪。方士徐市等入海求神药，数岁不得，费多，恐谴"，以"大鲛鱼"诈语相欺，于是"始皇梦与海神战"，又"自以连弩候大鱼出射之"，然而，"自琅邪北至荣成山，弗见。至之罘，见巨鱼，射杀一鱼"。所谓"射杀""巨鱼"情节发生于海上，"自琅邪北至荣成山"又"至之罘"，应是秦始皇亲行航路，"琅邪"则是起航的港口。

据《史记》卷二八《封禅书》："自威、宣、燕昭使人入海求蓬莱、方丈、瀛洲。此三神山者，其傅在勃海中，去人不远；患且至，则船风引而去。盖尝有至者，诸仙人及不死之药皆在焉。其物禽兽尽白，而黄金银为宫阙。未至，望之如云；及到，三神山反居水下。临之，风辄引去，终莫能至云。世主莫不甘心焉。及至秦始皇并天下，至海上，则方士言之不可胜数。始皇自以为至海上而恐不及矣，使人乃赍童男女入海求之。船交海中，皆以风为解，曰未能至，望见之焉。其明年，始皇复游海上，至琅邪，过恒山，从上党归。后三年，游碣石，考入海方士，从上郡归。后五年，始皇南至湘山，遂登会稽，并海上，冀遇海中三神山之奇药。不得，还至沙丘崩。"《史记》卷一五《六国年表》："（三十七年）十月，帝之会稽、琅邪，还至沙丘崩。"可知他"冀遇海中三神山之奇药"的最后一次出行，也经过琅邪。方士们对海上"蓬莱、方丈、瀛洲""三神山"情状和"且至，则船风引而去"，"临之，风辄引去，终莫能至"的描述，以及得秦始皇指令"船交海中，皆以风为解，曰未能至，望见之焉"的新的探索，都体现方士群体可以称作海上航行事业的先行者。而"琅邪"，应是自齐威王、齐宣王至秦始皇时代入海寻求"三神山"的出发港之一。《史记》卷二八《封禅书》："少君言上曰：'祠灶则致物，致物而丹沙可化为黄金，黄金成以为饮食器则益寿，益寿而海中蓬莱仙者乃可见，见之以封禅则不死，黄帝是也。臣尝游海上，见安期生，安期生食巨枣，大如瓜。安期生仙者，通蓬莱中，合则见人，不合则隐。'于是天子始亲祠灶，遣方士入海求蓬莱安期生之属，而事化丹沙诸药齐为黄金矣。"① 而记述相同史事的《史记》卷一二《孝武本纪》，司马贞《索隐》："服虔曰：'古之真人。'案：《列仙传》云：'安期生，琅邪人，卖药东海边，时人皆言千岁也。'"张守节《正义》引《列仙传》云："安期生，琅邪阜乡亭人也。卖药海边。秦始皇请语三夜，赐金数千万，出，于阜乡亭，皆置去，留书，以赤玉舄一量为报，曰'后千岁求我于蓬莱山下。'"可以"通蓬莱中"的"海上""真人""仙者"安期生传说出身"琅邪"，也暗示"琅邪"在当时滨海地区方术文化中的地位，以及"琅邪"是此类航海行为重要出发点之一的事实。

又《史记》卷六《秦始皇本纪》张守节《正义》引《括地志》云："亶洲在东海中，秦始皇使徐福将童男女入海求仙人，止在此州，共数万家。至今洲上人有至会稽市易者。吴人《外国图》云亶洲去琅邪万里。"② 也说往"亶洲"的航路自"琅邪"启始③。又《汉书》卷二八上《地理志上》："琅邪郡，秦置。莽曰填夷。"而关于琅邪郡属县临原，又有这样的文字："临原，侯国。莽曰填夷亭。"以所谓"填夷"即"镇夷"命名地方，亦体现其联系外洋的交通地理地位。

《后汉书》卷八五《东夷列传》说到"东夷""君子、不死之国"。对于"君子"国，李贤注引《外国图》曰："去琅邪三万里。"也指出了"琅邪"往"东夷"航路开通，已经有相关里程记录。

---

① 又记载："居久之，李少君病死。天子以为化去不死，而使黄锤史宽舒受其方。求蓬莱安期生莫能得，而海上燕齐怪迂之方士多更来言神事矣。"
② 《史记》卷六《秦始皇本纪》。
③ 同上。

对于"琅邪"与朝鲜半岛之间的航线,《后汉书》卷七六《循吏列传·王景》提供了"琅邪不其人"王仲"浮海"故事的线索:"王景字仲通,乐浪䛁邯人也。八世祖仲,本琅邪不其人。好道术,明天文。诸吕作乱,齐哀王襄谋发兵,而数问于仲。及济北王兴居反,欲委兵师仲,仲惧祸及,乃浮海东奔乐浪山中,因而家焉。"王仲"浮海东奔乐浪山中",不排除自"琅邪"直航"乐浪"的可能。

四 南洋"琅邪"记忆的可能性

《左传·昭公十二年》说到周穆王"周行天下"的事迹。《竹书纪年》也有周穆王西征的明确记载。司马迁在《史记》卷五《秦本纪》和卷四三《赵世家》中,也记述了造父为周穆王驾车西行巡狩,见西王母,乐而忘归的故事。关于周穆王西行事迹记录最详尽、最生动的,是《穆天子传》。《穆天子传》记载周穆王率领有关官员和七萃之士,驾乘八骏,由最出色的驭手造父等御车,由伯夭担任向导,从处于河洛之地的宗周出发,经由河宗、阳纡之山、西夏氏、河首、群玉山等地,西行来到西王母的邦国,与西王母互致友好之辞,宴饮唱和,并一同登山刻石纪念,又继续向西北行进,在大旷原围猎,然后千里驰行,返回宗周的事迹。许多研究者认为,周穆王西巡行程的终极,按照这部书的记述,大致已经到达中亚吉尔吉斯斯坦的草原地区。有的学者甚至认为,穆天子西行可能已经在欧洲中部留下了足迹①。

顾实研究《穆天子传》,在论证"上古东西亚欧大陆交通之孔道"时,提到孙中山与他涉及"琅邪"的交谈:"犹忆先总理孙公告余曰:'中国山东滨海之名胜,有曰琅邪者,而南洋群岛有地曰琅琊(Langa),波斯湾有地亦曰琅琊(Linga),此即东西海道交通之残迹,故三地同名也。'"他回忆说,孙中山当时"并手一册英文地图,一一指示余"。顾实感叹道:"煌煌遗言,今犹在耳,勿能一日忘。"他说:"上古东西陆路之

---

① 顾实《穆天子传西行讲疏》写道,《穆天子传》记述周穆王西行至于"羽岭","惟此羽岭以下文东归所经乙地而证之,当在今波兰 Poland 华沙 Warsaw 之间乎? 穆王踰春山而西,有两大都会,第一都会在郼韩氏,今中亚细亚也。第二都会在此,今欧洲大平原也。此亦天然之形势,古今不变者也"。中国书店出版社1990年版,第175页。

交通，见于《穆传》者，既已昭彰若是。则今言东西民族交通史者，可不郑重宝视之乎哉！"顾实随即又指出："然上古东西海道之交通，尚待考证。"①

关于"琅邪"地名体现的"东西海道交通之残迹"，确实值得注意。

印度尼西亚的林加港（Lingga），或有可能是孙中山与顾实说到的"南洋群岛有地曰琅玡（Langa）"。而菲律宾又有林加延港（Lingayen），或许也有可能是"琅玡（Langa）"的音转。

"大约写于九世纪中叶到十世纪初"的"阿拉伯作家关于中国的最早著作之一"《中国印度见闻录》说到"朗迦婆鲁斯岛"（Langabalous）。中译者注："Langabalous 中前半部 Langa 一词，在《梁书》卷五四作狼牙修；《续高僧传·拘那罗陀传》作棱加修；《隋书·赤土传》作狼牙须；义静《大唐西域求法高僧传》作朗迦戍；《岛夷志略》作龙牙犀角；印度尼西亚古代碑铭中作 Llangacogam，或 Lengkasuka Balus 即贾耽书中的婆露国。"② 有学者说，"《梁书》之狼牙修，自为此国见于我国著录最早之译名。次为《续高僧传·拘那罗陀传》之棱加修。次为《隋书》狼牙须，义静书之朗迦戍，《诸蕃志》之凌牙斯加，《事林广记》与《大德南海志》之凌牙苏家。《苏莱曼东游记》作 Langsakā，则为此国之阿拉伯名"。这就是《岛夷志略》作"龙牙犀角"者。然而《岛夷志略》又有"龙牙门"。苏继庼《岛夷志略校释》写道："《诸蕃志》与《事林广记》二书三佛齐条皆有凌牙门一名。格伦维尔以其指林加海峡（Notes，p. 99，N. 2）。夏德与柔克义亦以其指林加海峡与林加岛（Chao Ju-kua，p. 63，N. 2）。案：林加岛，《东西洋考》作龙雅山，以凌牙当于 Lingga，对音自极合。惟鄙意凌牙门或亦一汉语名，而非音译。疑龙牙门一名，宋代即已有之，讹作凌牙门也。"又说："龙牙门一名在元明时又成为新加坡岛与其南之广阔海峡称。至于本书龙牙门一名，殆指新嘉坡岛。"论者以为"凌牙犀角"地名有可能与《马可波罗行纪》"载有 Locac 一名"或"Lochac"，及"《武备志·航海图》之狼西加"有关③，也是值得注意的

---

① 《穆天子传西征讲疏》，第 24 页。
② 《中国印度闻见录》，穆根来、汶江、黄倬汉译，中华书局 1983 年版，第 1、5、36 页。
③ （元）汪大渊原著，苏继庼校释：《岛夷志略校释》，中华书局 1981 年版，第 181—182、184、215 页。

意见。论者以为"凌牙门或亦一汉语名，而非音译"，其来自"汉语"的推想，或许比较接近历史真实。

有学者解释《西洋朝贡典录》卷上《满剌加国》之"龙牙山门"："《岛夷志略》作龙牙门，云：'门以单马锡番两山相交若龙牙状，中有水道以间之。'龙牙门在今新加坡南海峡入口处，今称石叻门，此为沿马来半岛东部至马六甲海峡所必经，故曰'入由龙牙山门'。"① 所谓"两山相交若龙牙状"，"龙牙"是神话传说境像，无确定形式，以"龙牙"拟状似不合乎情理。"龙牙"来自汉地地名的可能性，似未可排除。

也许"林加"地名是我们考虑南洋地方与"琅玡（Langa）"或"琅玡（Linga）"之对应关系时首先想到的。陈佳荣、谢方、陆峻岭《古代南海地名汇释》"Lingga"条写道："名见《Pasey诸王史》，谓为满者伯夷之诸国。《南海志》龙牙山，《东西洋考》两洋针路条之龙雅山、龙雅大山，《顺风相送》龙雅大山，《指南正法》之龙牙大山，皆其对音，即今印度尼西亚之林加岛（Lingga Ⅰ.）。《海路》之龙牙国，亦指此岛。"② 冯承钧《中国南洋交通史》说："龙牙门，《诸蕃志》作凌牙门（Linga），星加坡之旧海岬也。"又《诸蕃志》卷上"三佛齐国"条所见"凌牙门"，冯承钧又写作"凌牙（Linga）门"③。关于其国情，《诸蕃志》说，"经商三分之一"，"累甓为城，周数十里。国王出入乘船"。其情形似与古"琅玡"颇类似。

向达整理《郑和航海图》就"狼西加"言："据图，狼西加在孙姑那与吉兰丹之间，或谓此应作狼牙西加，为Langka-suka对音，即为大泥地方。"④ 所谓"狼牙西加"之"狼牙"，确实与"琅玡"音近。

另一能够引起我们联想的是《隋书》卷八二《南蛮传·真腊》的记载："近都有陵伽钵婆山，上有神祠，每以兵五千人守卫之。城东有神名婆多利，祭用人肉。其王年别杀人，以夜祀祷，亦有守卫者千人。其敬鬼如此。多奉佛法，尤信道士，佛及道士并立像于馆。"冯承钧《中国南洋交通史》引文作"每以兵二千人守卫之"，"陵伽钵婆山"作"陵伽钵婆

---

① （明）黄省曾著，谢方校注：《西洋朝贡典录》，中华书局1982年版，第38页。
② 陈佳荣、谢方、陆峻岭：《古代南海地名汇释》，中华书局1986年版，第983页。
③ 冯承钧：《中国南洋交通史》，谢方导读，上海古籍出版社2005年版，第62、118页。
④ 向达整理：《郑和航海图》，中华书局1961年版，第30页。

（Lingaparvata）山"①。其中关于"神祠"及"信道士"等信息，也使人想到与战国秦汉"琅邪"的相近之处。

寻找波斯湾地区的"Linga"或"Langa"，只有伊朗的伦格港（Lingah）或称作林格港（Lingoh）比较接近。这一港口，有的地图上标注的名称是"Bandar lengeh"。Bandar 即波斯语"港口"。然而这处海港是否孙中山所指"琅玡（Linga）"，同样尚不能确定。

移民将家乡的地名带到新居住地，是很普遍的情形②。航海者也往往习惯以旧有知识中的地名为新的地理发现命名。"琅邪"地名在秦代已经十分响亮。不能排除"琅邪"地名在秦代起就因这里起航的船队传播至远方的可能。对于南海"琅邪"的讨论虽然尚未能提出确定的结论，但还是应当肯定相关探索对于说明自秦汉时期形成重要影响的海上航运和中外文化交流之历史进步的意义。

---

① 《中国南洋交通史》，第 90 页。
② 参看王子今、高大伦《说"鲜水"：康巴草原民族交通考古札记》，《中华文化论坛》2006 年第 4 期；王子今《客家史迹与地名移用现象——由杨万里〈竹枝词〉"大郎滩""小郎滩""大姑山""小姑山"说起》，《客家摇篮赣州》，江西人民出版社 2004 年版。

秦汉闽越航海史略

考察闽南文化在秦汉时期的面貌，不能忽略闽越在航海史上的贡献。① 闽越航海条件与航海传统的优越，使得与东越和南越的海上往来似较内地联系更为方便。闽越人借助海上航行技术的优势，当时在中国东南地区有活跃的表演。秦汉时期几次重要战事借助航海条件实现了远征的成功。古代中国因风浪影响航运的最早的历史记录，也发生在闽越。闽越人的突出贡献，在东方海洋开发史上书写了引人注目的篇章。

一 越人航海传统

史称"百越"的古代部族主要生存活动于东南沿海。然而也有依恃近海航行能力北行的经历。浙江温岭发现的越王城，当地方志称"徐偃王城"。而传说徐偃王立国之地远在淮北。《史记》卷五《秦本纪》："徐偃王作乱，造父为缪王御，长驱归周，一日千里以救乱。"裴骃《集解》："骃案《地理志》曰：临淮有徐县。云故徐国。"张守节《正义》："《括地志》云：大徐城在泗州徐城县北三十里，古徐国也。"张守节《正义》又写道："《括地志》又云：徐城在越州鄮县东南入海二百里。《夏侯志》云：翁洲上有徐偃王城。传云昔周穆王巡狩，诸侯共尊偃王。穆王闻之，

---

① 秦汉时期"闽越"作为区域政治实体的称谓使用或有模糊混淆情形。如《汉书》卷二《惠帝纪》："（三年）夏五月立闽越君摇为东海王。"颜师古注："应劭曰：摇，越王勾践之苗裔也。帅百越之兵助高祖，故封东海，在吴郡东南滨海云。师古曰：即今泉州是其地。"据文渊阁《四库全书》本《前汉书卷二考证》，齐召南曰："按师古说非也。闽越王无诸都冶则泉州地，属闽越矣。东海王摇都东瓯，亦号东瓯王，即温州永嘉地，非泉州地也。"《史记》言闽越事，多系于卷一一四《东越列传》中。本文使用"闽越"一语，指当时存在于今福建大部分地域的政权。

令造父御乘騕褭之马，日行千里，自还讨之。或云命楚王帅师伐之。偃王乃于此处立城以终。"① 温岭发现或许与越州"徐城"有关。而南北"徐城"共见于地理文献，可以看作越人曾经活跃于苏北地方的迹象。

东周时期，越王勾践迁都琅邪。《汉书》卷二八上《地理志上》"琅邪郡"条关于属县"琅邪"写道："琅邪，越王句践尝治此，起馆台。有四时祠。"今本《吴越春秋》卷一〇《勾践伐吴外传》有"越王既已诛忠臣，霸于关东，从琅邪起观台，周七里，以望东海"的记载，又写道："越王使人如木客山，取元常之丧，欲徙葬琅邪。三穿元常之墓，墓中生燂风，飞砂石以射人，人莫能入。勾践曰：'吾前君其不徙乎！'遂置而去。"勾践以后的权力继承关系是：勾践—兴夷—翁—不扬—无强—玉—尊—亲。"自勾践至于亲，共历八主，皆称霸，积年二百二十四年。亲众皆失，而去琅邪，徙于吴矣。""尊、亲失琅邪，为楚所灭。"可知"琅邪"确实是越国后期的政治中心。历史文献所见勾践都琅邪事，有《竹书纪年》卷下："（周）贞定王元年癸酉，于越徙都琅琊。"《越绝书》卷八《外传记地传》："亲以上至句践凡八君，都琅琊，二百二十四岁。"《后汉书》卷八五《东夷列传》："越迁琅邪。"《水经注》卷二六《潍水》："琅邪，山名也。越王句践之故国也。句践并吴，欲霸中国，徙都琅邪。"又卷四〇《浙江水》："句践都琅邪。"

其实，早在越王勾践活动于吴越地方时，相关历史记录已经透露出勾践身边的执政重臣对"琅邪"有所关切。《吴越春秋》卷八《勾践归国外传》有范蠡帮助越王勾践"树都"也就是规划建设都城的故事："越王曰：'寡人之计，未有决定，欲筑城立郭，分设里闾，欲委属于相国。'于是范蠡乃观天文拟法，于紫宫筑作小城……外郭筑城而缺西北，示服事吴，也不敢壅塞……城既成，而怪山自生者，琅琊东武海中山也。一夕自来，故名怪山。""范蠡曰：'臣之筑城也，其应天矣。'"越国建设都城的工程中，传说"琅琊东武海中山""一夕自来"，这一神异故事的生成和传播，暗示当时勾践、范蠡谋划的复国工程，是对北方大港"琅邪"予以特别关注的。

范蠡本人在灭吴之后离开权力争夺旋涡，避处齐地，《史记》卷四一

---

① 又《史记》卷四三《赵世家》："徐偃王反，缪王日驰千里马，攻徐偃王，大破之。"张守节《正义》："《括地志》云：大徐城在泗州徐城县北三十里，古之徐国也。"

《越王勾践世家》谓"范蠡浮海出齐",说他流亡的路程是航海北上[①]。越人徙都琅邪,很可能亦经历"浮海"交通过程。或说灭吴后"遂渡淮,迁都琅邪",似有并非经由海路或者全程经由海路的可能[②],然而《吴越春秋》"从琅邪起观台,周七里,以望东海"句后言"死士八千人,戈船三百艘"[③],这些"戈船",很可能是自会稽驶来。《越绝书》卷八《外传记地传》:"初徙琅琊,使楼船卒二千八百人伐松柏以为桴。""楼船卒二千八百人"也不大可能是徒步北上。勾践迁都琅邪事,是可以看作反映越人航海能力的例证的。

二 闽越王"阴计奇策,入燔寻阳楼船"

闽越与汉王朝中央政权关系微妙。这表现在与皇帝离心的诸侯势力往往联络闽越,以谋求策应。《史记》卷一〇《孝文本纪》:"六年,有司言淮南王长废先帝法,不听天子诏,居处毋度,出入拟于天子,擅为法令,与棘蒲侯太子奇谋反,遣人使闽越及匈奴,发其兵,欲以危宗庙社稷。"[④]《史记》卷一〇六《吴王濞列传》:"七国之发也,吴王悉其士卒,下令国中曰:'寡人年六十二,身自将。少子年十四,亦为士卒先。诸年上与寡人比,下与少子等者,皆发。'发二十余万人。南使闽越、东越,东越亦发兵从。"叛军被击败后,吴王刘濞被东越所杀,他的两个儿子在流亡中为闽越所收留。"吴大败,士卒多饥死,乃畔散。于是吴王乃与其麾下壮士数千人夜亡去,度江走丹徒,保东越。东越兵可万余人,乃使人收聚亡卒。汉使人以利啖东越,东越即绐吴王,吴王出劳军,即使人䤴杀吴王,盛其头,驰传以闻。吴王子子华、子驹亡走闽越。"

闽越对长安政权的这种态度,与背靠外海的地理形势有关。《史记》

---

① 参看王子今《范蠡"浮海出齐"事迹考》,《齐鲁文化研究》2009 年第 8 辑,泰山出版社 2009 年版;《东海的"琅邪"和南海的"琅邪"》,《文史哲》2012 年第 1 期。
② 《元和郡县图志》卷二七《江南道·越州》写道:"句践复伐吴,灭之,并其地。遂渡淮,迁都琅邪。"似是说自陆路至琅邪。
③ 《越绝书》卷八《外传记地传》同。
④ 《史记》卷一一八《淮南衡山列传》:"六年,令男子但等七十人与棘蒲侯柴武太子奇谋,以辇车四十乘反谷口,令人使闽越、匈奴。事觉,治之,使使召淮南王。淮南王至长安。大夫但、士五开章等七十人与棘蒲侯太子奇谋反,欲以危宗庙社稷。使开章阴告长,与谋使闽越及匈奴发其兵。"

卷一一四《东越列传》记载，闽粤王弟余善面对汉军事压力，与宗族相谋："今杀王以谢天子。天子听，罢兵，固一国完；不听，乃力战；不胜，即亡入海。"可知有依恃滨海地理条件争取政治抗衡地位的考虑。①

闽越又曾经取与汉王朝完全敌对的立场。《汉书》卷六四上《严助传》："今闽越王狼戾不仁，杀其骨肉，离其亲戚，所为甚多不义，又数举兵侵陵百越，并兼邻国，以为暴强，阴计奇策，入燔寻阳楼船，欲招会稽之地，以践句践之迹。今者，边又言闽王率两国击南越。陛下为万民安危久远之计，使人谕告之曰：'天下安宁，各继世抚民，禁毋敢相并。'有司疑其以虎狼之心，贪据百越之利，或于逆顺，不奉明诏，则会稽、豫章必有长患。且天子诛而不伐，焉有劳百姓苦士卒乎？故遣两将屯于境上，震威武，扬声乡。屯曾未会，天诱其衷，闽王陨命，辄遣使者罢屯，毋后农时。"这段文字，是站在汉王朝立场上对闽越外交军事行为的指责。

"闽越王"或说"闽王"的进取，包括对汉王朝的侵犯，"阴计奇策，入燔寻阳楼船，欲招会稽之地，以践句践之迹"。此说未可判断是已经破坏了寻阳楼船基地，还是仅仅只是"阴计奇策"，只是"欲"，而尚未实施。

关于"寻阳楼船"，颜师古注："汉有楼船贮在寻阳也。"闽越王"入燔寻阳楼船"，即使只是策划，也体现出对航运特别是军事航运能力的重视。推想闽越王考虑的出发点，应有维护自我航海优势的因素。

三　闽越王"侵陵百越，并兼邻国"

《汉书》卷六四上《严助传》所见对"闽越王"或称"闽王"的指

---

① 《汉书》卷二五下《郊祀志下》说："海广大无限界。"海上，长期是中原内陆王朝控制力所不及的空间，而沿海地方的行政机能亦比较落后。《盐铁论·险固》所谓"藩臣海崖"，《汉书》卷七二《鲍宣传》载鲍宣上书所谓"海濒仄陋"，《说苑·臣术》所谓"处海垂之际"，都指出这些地方的边缘化地位。孔子曾经有"道不行，乘桴浮于海"的感叹（《论语·公冶长》）。《史记》卷四一《越王勾践世家》："范蠡浮海出齐。"是一具体的"浮海"流亡事迹。又如《史记》卷八三《鲁仲连邹阳列传》："鲁连逃隐于海上。"另一属于秦汉时期的典型的例证，是田横及其五百士的故事。据《史记》卷一〇六《吴王濞列传》，吴楚七国之乱发起时，刘濞集团中也有骨干分子在谋划时说："击之不胜，乃逃入海，未晚也。"《汉书》卷三五《荆燕吴传·吴王刘濞》："不胜而逃入海，未晚也。"

责，较直接冒犯汉王朝更为严重的，可能是对"百越"其他政治实体的进攻，"又数举兵侵陵百越，并兼邻国，以为暴强"。另一明确的罪责，是"闽王率两国击南越"。

《史记》卷一一四《东越列传》记述了闽越对东瓯的侵犯，较具体地涉及严助论说："孝景三年，吴王濞反，欲从闽越。闽越未肯行，独东瓯从吴。及吴破，东瓯受汉购，杀吴王丹徒。以故皆得不诛，归国。吴王子子驹亡走闽越，怨东瓯杀其父，常劝闽越击东瓯。至建元三年，闽越发兵围东瓯。东瓯食尽，困，且降，乃使人告急天子。天子问太尉田蚡。蚡对曰：'越人相攻击，固其常。又数反复，不足以烦中国往救也。自秦时弃弗属。'于是中大夫庄助诘蚡曰：'特患力弗能救，德弗能覆，诚能，何故弃之？且秦举咸阳而弃之，何乃越也。今小国以穷困来告急天子，天子弗振，当安所告愬？又何以子万国乎？'上曰：'太尉未足与计。吾初即位，不欲出虎符发兵郡国。'乃遣庄助以节发兵会稽。会稽太守欲距，不为发兵，助乃斩一司马，谕意指。遂发兵浮海救东瓯。未至，闽越引兵而去。东瓯请举国徙中国，乃悉举众来处江淮。"①闽越对东瓯的武力压迫，致使这一部族联盟或国家已经不能在原先的居地自存。②

所谓"率两国击南越"，应当说意味着汉王朝绝对不能容忍的对"百越"控制权的争夺。闽越曾经附从南越。《史记》卷一一三《南越列传》："（赵）佗乃自尊号为南越武帝，发兵攻长沙边邑，败数县而去焉。高后遣将军隆虑侯灶往击之。会暑湿，士卒大疫，兵不能逾岭。岁余，高后崩，即罢兵。佗因此以兵威边，财物赂遗闽越、西瓯、骆，役属焉，东西万余里。乃乘黄屋左纛，称制，与中国侔。"然而后来闽越发起了对南越的军事攻击。"佗孙胡为南越王。此时闽越王郢兴兵击南越边邑，胡使人上书曰：'两越俱为藩臣，毋得擅兴兵相攻击。今闽越兴兵侵臣，臣不敢兴兵，唯天子诏之。'于是天子多南越义，守职约，为兴师，遣两将军往讨闽越。③兵未逾岭，闽越王弟余善杀郢以降，于是罢兵。"汉王朝对南越的解救，体现了中央权力居高临下安定国家的效能。"天子使庄助往谕

---

① 裴骃《集解》："徐广曰：'《年表》云东瓯王广武侯望，率其众四万余人来降，家庐江郡。'"司马贞《索隐》："徐广据《年表》而为说。"
② 《史记》卷一一四《东越列传》："天子曰东越狭多阻，闽越悍，数反复，诏军吏皆将其民徙处江淮间。东越地遂虚。"
③ "两将军"，司马贞《索隐》："王恢、韩安国。"

意南越王，胡顿首曰：'天子乃为臣兴兵讨闽越，死无以报德！'"

闽越"举兵侵陵百越，并兼邻国"，"率两国击南越"，应充分利用了近海航运的便利。据《史记》卷一一四《东越列传》传留的文献，司马迁所谓"越虽蛮夷……何其久也！历数代常为君王……越世世为公侯矣"，汉武帝所谓"闽越悍，数反复"，都无疑依恃海上航行能力的强大。

四　汉王朝"事两越"

汉武帝建元三年（前138），闽越围东瓯，东瓯告急，汉武帝"遣中大夫严助持节发会稽兵，浮海救之。未至，闽越走，兵还"。建元六年（前135），"闽越王郢攻南越，遣大行王恢将兵出豫章，大司农韩安国出会稽，击之。未至，越人杀郢降，兵还"[①]。《史记》卷一〇八《韩长孺列传》的记载是："建元中……闽越、东越相攻，安国及大行王恢将。未至越，越杀其王降，汉兵亦罢。"

汉武帝时代由会稽发兵南下凡三次：（1）建元三年（前138）严助浮海救东瓯；（2）建元六年（前135）韩安国出会稽击闽越；（3）元鼎六年（前111）韩说、王温舒出会稽击东越。其中1、3二次史籍明确记载经由海路。第2次很可能亦泛海南下。然而《汉书·闽粤传》记载，"上遣大行王恢出豫章，大司农韩安国出会稽，皆为将军。兵未隃领，闽粤王郢发兵距险"。"兵未隃领"若兼指王恢、韩安国二军，则皆由陆路行。看来元鼎六年韩安国军行进路线的确定，当期待更详尽的资料的发现。

《史记》卷二〇《建元以来侯者年表》言汉王朝决心"南诛劲越"的背景，是因为闽越与匈奴的威胁，形成"二夷交侵"的危害："太史公曰：匈奴绝和亲，攻当路塞；闽越擅伐，东瓯请降。二夷交侵，当盛汉之隆，以此知功臣受封侔于祖考矣。何者？自《诗》《书》称三代'戎狄是膺，荆荼是征'，齐桓越燕伐山戎，武灵王以区区赵服单于，秦缪用百里霸西戎，吴楚之君以诸侯役百越。况乃以中国一统，明天子在上，兼文武，席卷四海，内辑亿万之众，岂以晏然不为边境征伐哉！自是后，遂出师北讨强胡，南诛劲越，将卒以次封矣。"

[①]　《汉书》卷六《武帝纪》。

所谓"闽越擅伐",是利用了优越的航海能力的。而汉军"浮海"行为,应继承了闽越人开辟航线等海洋开发的成就。①

《史记》卷三〇《平准书》写道:"严助、朱买臣等招来东瓯,事两越,江淮之间萧然烦费矣。"关于所谓"事两越",张守节《正义》解释说:"南越及闽越。南越,今广州南海也。闽越,今建州建安也。"对南越的征伐,调动了楼船军。《史记》卷一一三《南越列传》:"令罪人及江淮以南楼船十万师往讨之。"裴骃《集解》引应劭曰:"时欲击越,非水不至,故作大船。船上施楼,故号曰'楼船'也。""江淮以南楼船十万师"南下,通过闽越海域,应当也借用了闽越海上航行力量。

五　闽越海境的"海风波"

据《史记》卷一一四《东越列传》记载,"至元鼎五年,南越反,东越王余善上书,请以卒八千人从楼船将军击吕嘉等。兵至揭阳,以海风波为解,不行,持两端,阴使南越。及汉破番禺,不至"。《汉书》卷九五《闽粤传》:"至元鼎五年,南粤反,余善上书请以卒八千从楼船击吕嘉等。兵至揭阳,以海风波为解,不行,持两端,阴使南粤。及汉破番禺,楼船将军仆上书愿请引兵击东粤。上以士卒劳倦,不许。罢兵,令诸校留屯豫章梅领待命。"元鼎五年(前112)汉军击南越,闽粤贵族余善上书请以卒八千从楼船将军杨仆部作战,虽"兵至揭阳",终竟"以海风波为解",战事结束时仍"不至"。这样的情形,是有可能危及战局形势的。所以当时军官楼船将军杨仆"上书愿请引兵击东粤"。

所谓"以海风波为解",颜师古注:"解者,自说也,若今言分疏。"所谓"阴使南粤",颜师古注:"遣使与相知。"闽越和南越之间的"使",不能排除循海上航路往来的可能。

余善"兵至揭阳,以海风波为解",是中国古代最早的关于航海行为遭遇"海风波"不得不终止航行的最早的文字记录。虽然我们现在还不清楚此"海风波"的性质和强度,但是这一事实在航海史上依然有特别值得重视的意义。

平定南越后楼船将军杨仆"上书愿请引兵击东粤,上以士卒劳倦,

---

①　参看王子今《秦汉时期的近海航运》,《福建论坛》1991年第5期。

不许",说明今福建广东沿海海面的航线已经开通,并可通过大型舰船组成的水军。元鼎六年(前111),余善反,汉武帝发数军合攻,"遣横海将军韩说出句章,浮海从东方往","元封元年冬,咸入东越"①。这是闽越海面行驶汉军大型船队的有代表性的史例。

六 "横海将军"战功

《史记》卷一一四《东越列传》记载了闽越与汉王朝的直接的军事冲突,战事包括"横海"情节。"元鼎六年秋,余善闻楼船请诛之,汉兵临境,且往,乃遂反,发兵距汉道。号将军驺力等为'吞汉将军',入白沙、武林、梅岭,杀汉三校尉。是时汉使大农张成、故山州侯齿将屯,弗敢击,却就便处,皆坐畏懦诛。余善刻'武帝'玺自立,诈其民,为妄言。"

这就是《盐铁论·备胡》指为"四夷俱强,并为寇虐"表现之一的"东越越东海,略浙江之南"。所谓"越东海",明确指出是航海北侵。

汉王朝给予强硬的回应:"天子遣横海将军韩说出句章,浮海从东方往;楼船将军杨仆出武林;中尉王温舒出梅岭;越侯为戈船、下濑将军,出若邪、白沙。元封元年冬,咸入东越。"汉王朝向南方远征,又一次施行多路并进的战略。其中"浮海从东方往"的"横海将军"部应是主力。

"东越素发兵距险,使徇北将军守武林,败楼船军数校尉,杀长吏。楼船将军率钱唐辕终古斩徇北将军,为御儿侯。自兵未往。故越衍侯吴阳前在汉,汉使归谕余善,余善弗听。及横海将军先至,越衍侯吴阳以其邑七百人反,攻越军于汉阳。从建成侯敖,与其率,从繇王居股谋曰:'余善首恶,劫守吾属。今汉兵至,众强,计杀余善,自归诸将,傥幸得脱。'乃遂俱杀余善,以其众降横海将军,故封繇王居股为东成侯,二万户;封建成侯敖为开陵侯;封越衍侯吴阳为北石侯;封横海将军说为案道侯;封横海校尉福为缭嫈侯。福者,成阳共王子,故为海常侯,坐法失侯。旧从军无功,以宗室故侯。诸将皆无成功,莫封。"《史记》卷一一七《司马相如列传》言"喻告巴蜀民"时颂扬"陛下即位,存抚天下,辑安中国"的功德,所谓"移师东指,闽越相诛"应当就是指此次军事

---

① 《史记》卷一一四《东越列传》。

胜利。所谓"横海将军先至",指出海上进攻的一路承担了主攻任务,且及时实现了战役目标。横海将军部得到"吴阳"部的策应,对方降众"降横海将军",体现这支部队已经独力基本控制战局。战后"横海将军""横海校尉"封侯,其他"诸将皆无成功,莫封",说明汉王朝海路主攻部队实际已经实现了平定余善叛乱军事行为的主要目的。

"横海将军韩说出句章,浮海从东方往"取得的战功,应以利用这一海域可能主要由闽越人积累的海上航行经验为技术基础。

据《汉书》卷六四上《朱买臣传》,"是时东越数反复,买臣因言:'故东越王居保泉山,一人守险,千人不得上。今闻东越王更徙处南行,去泉山五百里,居大泽中。今发兵浮海,直指泉山,陈舟列兵,席卷南行,可破灭也。'上拜买臣会稽太守"。"诏买臣到郡治楼船,备粮食,水战具,须诏书到,军与俱进。"可知战役策划的起初的设计,就是以"浮海"进攻为主。

所谓"泉山",颜师古注:"泉山即今泉州之山也,临海,去海十余里。"

《盐铁论·地广》言"横海征南夷,楼船戍东越,荆、楚罢于瓯、骆",这是当时南中国政治经济生活中的一件大事,也是中国航海史进程中的鲜明记录。

七　城村城址水门发现

福建武夷山城村汉城遗址已经考古发掘,学界多同意闽越国都城的判断。遗址的城垣、城门、水井、宫殿建筑遗存等发现都有值得重视的价值。城址考古收获显示的建设规划,东西两面的河道富有启示意义,可以看作这一国度特别重视航运的提示。

城址发现的几处发掘者称作"水门"的遗存,体现了都市规划者对于水道交通控制和管理的考虑。1959年发掘简报中关于一件铁质齿轮的介绍,反映了闽越生产技术的先进。据闽越都城博物馆工作人员说明,这件重要文物发现在水门附近。这一信息可以支持城村闽越城水门交通控制当时可能已经使用机械方式提升闸门的推想。

八 "东冶"的地位

《史记》卷一一四《东越列传》:"汉五年,复立无诸为闽越王,王闽中故地,都东冶。"① 东冶在今福建福州。《汉书》卷九五《闽粤传》:"汉五年,复立无诸为闽粤王,王闽中故地,都冶。"《汉书》卷二八上《地理志上》颜师古注:冶,"本闽越地。"汉武帝建元三年(前138),"闽粤发兵围东瓯",六年(前135),"闽粤击南粤。闽粤贵族余善后又立为东粤王"。元鼎五年(前112),南粤反,"余善上书请以卒八千从楼船击吕嘉等"。会稽与闽越之间的海上联系,由会稽至东冶的航线沟通。东冶与会稽联系之紧密,又见于《水经注·河水二》引《汉官》言秦郡名"或以号令",如:"禹合诸侯,大计东冶之山,因名会稽是也。"②

《三国志》卷一三《魏书·王朗传》记载,王朗为会稽太守,"孙策渡江略地,朗功曹虞翻以为力不能拒,不如避之。朗自以身为汉吏,宜保城邑,遂举兵与策战。败绩,浮海至东冶。策又追击,大破之"。王朗"浮海至东冶"③ 以及孙策"追击",都应当由这一航线南下。《三国志》卷四六《吴书·孙讨逆传》的记载是:"遂引兵渡浙江,据会稽,屠东冶。"《三国志》卷六〇《吴书·吕岱传》:"会稽东冶五县贼吕合、秦狼等为乱,权以岱为督军校尉,与将军蒋钦等将兵讨之,遂禽合、狼,五县平定,拜昭信中郎将。"同卷又说到"会稽东冶贼随春",也体现"会稽东冶"交通是比较便利的。

东冶作为大港的地位,又体现于北上"浮海",亦多由东冶起航。《后汉书》卷三三《郑弘传》说,"旧交阯七郡贡献转运,皆从东冶泛海而至"。李贤注:"东冶县,属会稽郡。《太康地理志》云:汉武帝名为东冶,后改为东侯官。今泉州闽县是。"东冶长期被作为由南海北上的重要的中间转运港。

---

① (宋)祝穆:《方舆胜览》卷一〇《福建路·福州》:"东冶,汉立冶县,以越王冶铸得名。"

② 《太平御览》卷一五七引应劭《汉官仪》同。又如《太平御览》卷九九〇引《吴氏本草》曰:"秦钩吻,一名毒根","有毒杀人,生南越山或益州。""或生会稽东冶,正月采。"也连说"会稽东冶"。

③ 《三国志》卷六〇《吴书·贺齐传》称为"王朗奔东冶"。

东冶又曾经是造船基地。宋乐史《太平寰宇记》卷一〇〇《江南东道十二·福州》："福州长乐郡今理闽县古闽越地。""秦并天下，为闽中。即汉高祖立无诸为闽越王，国都于此地。及武帝时闽越反，因灭之，徙其人于江淮间，尽虚其地。后有遁逃山谷者颇出，因立为冶县以理之。其道盖以越王冶铸为名，属会稽郡，寻为东冶县，后汉改为侯官都尉，属不改。后分冶地为会稽郡东南二都尉，此为南部都尉。东部今临海是也。吴于此立曲郍都尉，主谪徙之人作船于此。"

九　关于闽越东洋航路

《后汉书》卷八五《东夷传》关于"倭"的记述中，以"东冶"作为方位标志："倭在韩东南大海中，依山岛为居，凡百余国。自武帝灭朝鲜，使驿通于汉者三十许国，国皆称王，世世传统。其大倭王居邪马台国，乐浪郡徼去其国万二千里。去其西北界拘邪韩国七千余里。其地大较在会稽东冶之东，与朱崖儋耳相近。"

《三国志》卷三〇《魏书·乌丸鲜卑东夷传》裴松之注引《魏略》也写道："今倭水人好沉没捕鱼蛤，文身亦以厌大鱼水禽，后稍以为饰。诸国文身各异，或左或右，或大或小，尊卑有差。计其道里，当在会稽东冶之东。"

这两处"会稽东冶"，或当理解为会稽郡东冶县。东冶作为东洋远航的方位标志，又有"道里"参照值，可知东冶在两汉和魏晋时期很可能具有东洋航运重要起航港的地位。

马援楼船军击交阯九真与刘秀的南海经略

汉光武帝建武十八年（42）夏，马援受命以伏波将军名义率军平定征侧、征贰武装暴动，又进而南下九真，到达上古时代中原王朝军事力量南进的极点。这次成功的远征，由海陆两道并进。楼船军经海路南下，战争规模、进军效率以及与陆路部队的配合都超过汉武帝时代楼船军浮海击南越、击东越、击朝鲜故事，成为战争史中新的航海记录。刘秀西北政策的保守和南海经略的积极，值得军事史、外交史以及区域经济文化史研究者关注。这一情形与东汉以后全国经济重心向东南的转移呈示方向共同的历史趋势。而讨论汉代海洋探索和海洋开发的进步，尤其应当重视这一史实。南海海面马援军"楼船""伏波"的成功，有汉武帝时代数次海上远征经验以及不同民族不同身份的南海航行者艰险的海洋探索所提供的技术基础。

一 马援"破交阯""击九真"与楼船军战功

《后汉书》卷一下《光武帝纪下》记载，天下初定①，"（建武）十六年春二月，交阯女子征侧反，略有城邑"。"（建武十八年夏四月）遣伏波

---

① 《后汉书》卷一下《光武帝纪下》：建武十三年（37），"夏四月，大司马吴汉自蜀还京师，于是大飨将士，班劳策勋。""十四年春正月……匈奴遣使奉献""秋九月，平城人贾丹杀卢芳将尹由来降。""莎车国、鄯善国遣使奉献。"十五年（39）十二月，"卢芳自匈奴入居高柳"。十六年（40），"卢芳遣使乞降。十二月甲辰，封芳为代王"。

将军马援率楼船将军段志等击交阯贼征侧等。"① "（建武十九年春正月）伏波将军马援破交阯，斩征侧等。因击破九真贼都阳等，降之。"《后汉书》卷二二《刘隆传》："以中郎将副伏波将军马援击交阯蛮夷征侧等，隆别于禁溪口破之，获其帅征贰，斩首千余级，降者二万余人。"② 由此可大致得知战役的规模和进程。

《后汉书》卷二四《马援传》关于伏波将军马援率军远征交阯、九真事，有这样的记载：

> ……又交阯女子征侧及女弟征贰反，攻没其郡，九真、日南、合浦蛮夷皆应之，寇略岭外六十余城，侧自立为王。于是玺书拜援伏波将军，以扶乐侯刘隆为副③，督楼船将军段志等南击交阯。军至合浦而志病卒，诏援并将其兵。遂缘海而进，随山刊道千余里。十八年春，军至浪泊上，与贼战，破之，斩首数千级，降者万余人。援追征侧等至禁溪，数败之，贼遂散走。明年正月，斩征侧、征贰，传首洛阳。④ 封援为新息侯，食邑三千户。

于是，"援乃击牛酾酒，劳飨军士"。又从容与官属就此战功言及人生志向："吾从弟少游常哀吾慷慨多大志，曰：'士生一世，但取衣食裁足，乘下泽车，御款段马，为郡掾史，守坟墓，乡里称善人，斯可矣。致求盈余，但自苦耳。'当吾在浪泊、西里间，虏未灭之时，下潦上雾，毒气重蒸，仰视飞鸢跕跕墯水中，卧念少游平生时语，何可得也！今赖士大夫之力，被蒙大恩，猥先诸君纡佩金紫，且喜且惭。"马援的感叹引致吏士欢呼。马援随即又进军九真：

> 援将楼船大小二千余艘，战士二万余人，进击九真贼征侧余党

---

① 马援、段志远征，有刚刚经历皖城之战平定李广的背景。《后汉书》卷一下《光武帝纪下》：建武十七年（41），"秋七月，妖巫李广等群起据皖城，遣虎贲中郎将马援、骠骑将军段志讨之。九月，破皖城，斩李广等"。"击交阯贼征侧等"与平定皖城，仅仅间隔六个月。
② 又《后汉书》卷二四《马援传》："斩首数千级，降者万余人。"
③ 李贤注："扶乐，县名，属九真郡。"
④ 李贤注："《越志》云：'征侧兵起，都麓泠县。及马援讨之，奔入金溪究中，二年乃得之。'"

都羊等，自无功至居风①，斩获五千余人，峤南悉平。援奏言西于县户有三万二千，远界去庭千余里，请分为封溪、望海二县②，许之。援所过辄为郡县治城郭，穿渠灌溉，以利其民。条奏越律与汉律驳者十余事，与越人申明旧制以约束之，自后骆越奉行马将军故事。

前后历时不过一年半，马援班师，"二十年秋，振旅还京师，军吏经瘴疫死者十四五。赐援兵车一乘，朝见位次九卿"。据说主要由于"瘴疫"③，部队减员数量甚多，然而战事顺利，马援受到嘉奖。

关于"征侧"身世行迹，李贤注有所说明："征侧者，麓泠县雒将之女也，嫁为朱鸢人诗索妻，甚雄勇。交阯太守苏定以法绳之，侧怨怒，故反。"《马援传》"都羊"，或作"都阳"。《后汉书》卷一下《光武帝纪下》："因击破九真贼都阳等，降之。"《后汉书》卷八六《南蛮传》："进击九真贼都阳等，破降之。徙其渠帅三百余口于零陵，于是领表悉平。"④

与其他军事征服行为有异，马援"破交阯，斩征贰等"之后，我们又看到他在当地进行行政建设、法制宣传和经济开发等"以利其民"的工作的历史记录。

---

① 李贤注："无功、居风，二县名，并属九真郡。居风，今爱州。"
② 据谭其骧主编《中国历史地图集》，西于，在今越南民主共和国河内市东英西；封溪，在永富省福安；望海，在河北省北宁西北。地图出版社1982年版，第2册第63—64页。
③ 理解所谓"瘴疫"，应注意马援"下潦上雾，毒气重蒸，仰视飞鸢跕跕堕水中"语。"毒气重蒸"，《后汉纪》写作"毒气浮蒸"。参看王子今《汉晋时代的"瘴气之害"》，《中国历史地理论丛》2006年第3期。又《后汉书》卷八六《南蛮传》记载，汉顺帝永和二年（137）"日南、象林徼外蛮夷"反，"烧城寺，杀长吏。交阯刺史樊演发交阯、九真二郡兵万余人救之。兵士惮远役，遂反，攻其府。二郡虽击破反者，而贼势转盛。会侍御史贾昌使在日南，即与州郡并力讨之，不利，遂为所攻。围岁余而兵谷不继，帝以为忧"。明年，议发荆、杨、兖、豫四万人赴之。大将军从事中郎李固提出七条反驳意见，其中所谓"南州水土温暑，加有瘴气，致死亡者十必四五"，也可以参考。此所谓"加有瘴气，致死亡者十必四五"，应是记取了马援事迹所谓"军吏经瘴疫死者十四五"的历史教训。
④ 考察马援击九真事，应注意这一背景：《后汉书》卷一下《光武帝纪下》：建武十二年（公元36年），"九真徼外蛮夷张游率种人内属，封为归汉里君"。《后汉书》卷八六《南蛮传》："光武中兴，锡光为交阯，任延守九真，于是教其耕稼，制为冠履，初设媒娉，始知姻娶，建立学校，导之礼义。建武十二年，九真徼外蛮里张游，率种人慕化内属，封为归汉里君。""蛮里张游"，李贤注："里，蛮之别号，今呼为俚人。"

马援受命"督楼船将军段志等南击交阯",然而"军至合浦而志病卒,诏援并将其兵"。随后的进军路线,据《后汉书》卷二四《马援传》记述,"遂缘海而进,随山刊道千余里"。主力似是由陆路"缘海"行军,有"随山刊道"的情节。"十八年春,军至浪泊上,与贼战,破之。"①

然而马援进一步平定九真,则由海路南下,"援将楼船大小二千余艘,战士二万余人,进击九真贼征侧余党都羊等,自无功至居风,斩获五千余人,峤南悉平"。无功和居风都距离海岸数十公里,然而均临江河。《汉书》卷二八上《地理志上》"益州郡"题下"来唯"条:"劳水出徼外,东至麊泠入南海,过郡三,行三千五百六十里。"② 劳水至麊泠后分两流,南流一支过"无功"。今称马江者流经"居风"③。马援"进击九真贼征侧余党都羊等,自无功至居风",楼船军可以由海入江,实施军事进攻。例如,龙编东汉时曾经是交阯郡治所在。在秦汉南洋贸易中,龙编又始终是重要的中间转运港。船队可以乘潮迎红河直抵城下。郡属有定安县。《续汉书·郡国志五》交阯郡定安条下刘昭注引《交州记》曰:"越人铸铜为船,在江潮退时见。"这种当地人铸造的铜船,可能是与航运有关的水文标记。

这支战功致使"峤南悉平"的楼船军舰队,不可能在交阯生成,应当就是"楼船将军段志"的部队。所谓"军至合浦而志病卒",继续向西南进军,应当由合浦沿海岸取近海航路。楼船军与"缘海而进,随山刊道千余里"陆路行进的部队,应当呈互相策应的态势。

---

① 清人吴裕垂《史案》卷一五"始海运"条:"马伏波讨交阯,缘海而进。厥后交阯贡献皆从东治泛海而至,尔时海运之行概可知也。"清道光六年大成堂刻本。薛福成亦言马援开辟的通路后世长期沿用:"昔汉伏波将军马援南征交阯,由合浦缘海而进,大功以成。厥后水军入交,皆用此道。诚以廉州北海一日形势稳便,海道顺利,驶往越南各海口皆不过一二日海程,必以此为会师之地也。"《庸庵文编》外编卷三,清光绪刻《庸庵全集》本。然而前者言"泛海而至""海运之行",后者言"水军""海程""海道顺利",均理解"缘海而进"为循近海航道航行。如此则不合"随山刊木"文意。薛福成所谓"会师之地",似说海陆两军在合浦"会师",随后皆由"海道""入交"。这也是对"遂缘海而进,随山刊道千余里"的误解。明人唐胄《琼台志》卷六"儋州"引王桐乡的说法是正确的:"史称'缘海而进',乃循北海以进,道非渡海也。"明正德刻本。

② 言水路"行"若干"里"者,通常可以理解为航程数据。

③ 谭其骧主编:《中国历史地图集》第2册,第63—64页。

这种战略安排，与汉武帝时代此前三次调发楼船军作战的前例看来有因袭继承的关系。

二 "楼船""横海""伏波"事业

在马援南征 154 年之前，汉武帝元鼎五年（前 112）发起远征南越之战，"令罪人及江淮以南楼船十万师往讨之"。据司马迁记载："元鼎五年秋，卫尉路博德为伏波将军，出桂阳，下汇水；主爵都尉杨仆为楼船将军，出豫章，下横浦；故归义越侯二人为戈船、下厉将军，出零陵，或下离水，或抵苍梧；使驰义侯因巴蜀罪人，发夜郎兵，下牂牁江：咸会番禺。""元鼎六年冬，楼船将军将精卒先陷寻陕，破石门，得越船粟，因推而前，挫越锋，以数万人待伏波。伏波将军将罪人，道远，会期后，与楼船会乃有千余人，遂俱进。楼船居前，至番禺。建德、嘉皆城守。楼船自择便处，居东南面；伏波居西北面。会暮，楼船攻败越人，纵火烧城。越素闻伏波名，日暮，不知其兵多少。伏波乃为营，遣使者招降者，赐印，复纵令相招。楼船力攻烧敌，反驱而入伏波营中。犁旦，城中皆降伏波。吕嘉、建德已夜与其属数百人亡入海，以船西去。伏波又因问所得降者贵人，以知吕嘉所之，遣人追之。以其故校尉司马苏弘得建德，封为海常侯；越郎都稽得嘉，封为临蔡侯。"①又据《史记》卷一一四《东越列传》，"至元鼎五年，南越反，东越王余善上书，请以卒八千人从楼船将军击吕嘉等。兵至揭阳，以海风波为解，不行，持两端，阴使南越。及汉破番禺，不至"。可知楼船将军杨仆所部应当是从东越海面南下进攻南越的②。伏波将军路博德的部队循北江南进，虽不由海路，然而吕嘉、建德等"亡入海，以船西去"，汉军"追之"得获，只能使用舰船入海逐捕。战后"伏波将军益封"③，说明其功绩受到肯定。

破南越三年之后，汉武帝元封元年（前 119）征伐东越，同样采取海

---

① 《史记》卷一一三《南越列传》。
② 参看王子今《秦汉闽越航海史略》，《南都学坛》2013 年第 5 期。
③ 《史记》卷一一三《南越列传》。

陆同时并进的攻击方式。战事记录所谓"横海将军先至"①，也体现海上一路实现了较快的进军速度。

在马援进军交阯、九真150年之前，汉武帝元封三年（前108）征服朝鲜的军事计划也取海路和陆路并进的方式。《史记》卷一一五《朝鲜列传》中有如下记述："天子募罪人击朝鲜。其秋，遣楼船将军杨仆从齐浮渤海；兵五万人，左将军荀彘出辽东：讨右渠。右渠发兵距险。左将军卒正多率辽东兵先纵，败散，多还走，坐法斩。楼船将军将齐兵七千人先至王险。右渠城守，窥知楼船军少，即出城击楼船，楼船军败散走。将军杨仆失其众，遁山中十余日，稍求收散卒，复聚。左将军击朝鲜浿水西军，未能破自前。"楼船将军杨仆率军"从齐浮渤海"，而由陆路进击的是"出辽东"的"左将军荀彘"的部队。杨仆军"先至王险"，遭到"右渠"的攻击，"楼船军败散走"，将军杨仆"遁山中十余日，稍求收散卒，复聚"。海陆两军进军速度不同，与灭南越时"伏波"军与"楼船"军情形类同，由于抵达作战地点的时间差，导致不能圆满配合，因使攻势受挫。

汉武帝时代三次海路征伐，成为大规模海上用兵的壮举②。每间隔两年即一发军的战争节奏，也值得我们注意。

汉光武帝刘秀"玺书拜援伏波将军，以扶乐侯刘隆为副，督楼船将军段志等南击交阯"③，明确马援是主将，在段志意外死亡之后又"诏援并将其兵"，应有避免诸军并进互不统属，又未能配合默契，如"楼船力攻烧敌，反驱而入伏波营中"等教训的用意。特别是击朝鲜时杨仆、荀彘"两将不相能"④，荀彘"争功相嫉，乖计"，借口疑心杨仆"有反计"，竟与受命"往正之"的济南太守公孙遂合谋，"执捕楼船将军，并

---

① 《史记》卷一一四《东越列传》。
② 参看王子今《汉武帝时代的海洋探索与海洋开发》，《中国高校社会科学》2013年第4期。
③ 楼船将军段志进军，应当与"吕嘉、建德已夜与其属数百人亡入海，以船西去"以及"伏波又因问所得降者贵人，以知吕嘉所之，遣人追之"航线大体一致。
④ 王念孙《读书杂志》志三之六《史记·朝鲜列传》"朝鲜不肯心附楼船"条："此言楼船不会左将军，左将军亦不肯心附楼船，故曰'两将不相能'。"江苏古籍出版社1985年版，第155页。

其军"。这一情形激怒汉武帝①,也使得刘秀内心有所警惕。

马援的陆路部队特意"缘海"行进,虽然符合秦及西汉重视"并海""傍海"交通的传统②,但是在万里赴战,"兵之情主速"③的情况下艰苦开辟道路,甚至不惜付出"随山刊道千余里"的交通建设成本,应当有特别的缘由。这一举措,或许有"交阯女子征侧及女弟征贰反","合浦蛮夷皆应之",合浦地区陆路未能畅通的因素。但是更重要的原因,很可能出于记取历史教训,力求不再发生此前作战史海上进攻部队"先至",而陆路进攻部队"会期后""数期不会"等失误的考虑。

马援指挥的楼船部队由海路南下,战事规模、进军效率以及与陆路部队的完好配合,都超过汉武帝时代浮海击南越、击东越与击朝鲜故事,成为战争史中新的航海记录,也书写了边疆史、民族史与海洋开发史新的一页。

---

① 关于杨仆和荀彘在前线不能较好配合的情形,《史记》卷一一五《朝鲜列传》写道:"左将军素侍中,幸,将燕代卒,悍,乘胜,军多骄。楼船将齐卒,入海,固已多败亡;其先与右渠战,因辱亡卒,卒皆恐,将心惭,其围右渠,常持和节。左将军急击之,朝鲜大臣乃阴间使人私约降楼船,往来言,尚未肯决。左将军数与楼船期战,楼船欲急就其约,不会;左将军亦使人求间郤降下朝鲜,朝鲜不肯,心附楼船:以故两将不相能。左将军心意楼船前有失军罪,今与朝鲜私善而又不降,疑其有反计,未敢发。天子曰将率不能,前乃使卫山谕降右渠,右渠遣太子,山使不能剸决,与左将军计相误,卒沮约。今两将围城,又乖异,以故久不决。使济南太守公孙遂往正之,有便宜得以从事。遂至,左将军曰:'朝鲜当下久矣,不下者有状。'言楼船数期不会,具以素所意告遂,曰:'今如此不取,恐为大害,非独楼船,又且与朝鲜共灭吾军。'遂亦以为然,而以节召楼船将军入左将军营计事,即命左将军麾下执捕楼船将军,并其军,以报天子。天子诛遂。"战后,"左将军征之,坐争功相嫉,乖计,弃市。楼船将军亦坐兵至洌口,当待左将军,擅先纵,失亡多,当诛,赎为庶人。"参看王子今《论杨仆击朝鲜楼船军"从齐浮渤海"及相关问题》,《鲁东大学学报》(哲学社会科学版)2009年第1期。《资治通鉴》卷二一"汉武帝元封三年"记载"天子诛遂"事,胡三省注:"《考异》曰:《汉书》'许遂'。按左将军亦以'争功相嫉,乖计''弃市',则武帝必以遂执楼船为非。《汉书》作'许',盖字误。今从《史记》。""两将不相能"导致"两军俱辱",即"太史公曰"所谓:"右渠负固,国以绝祀。涉何诬功,为兵发首。楼船将狭,及难离咎。悔失番禺,乃反见疑。荀彘争劳,与遂皆诛。两军俱辱,将率莫侯矣。"

② 参看王子今《秦汉时代的并海道》,《中国历史地理论丛》1988年第2期。

③ 《孙子·九地》。注家对"速"的解释,有李筌曰:"不虞不戒,破敌之速。"陈皞曰:"须速进,不可迟疑也。"王晳曰:"兵上神速。"何氏引李靖曰:"兵贵神速,机不可失。"又引《卫公兵法》:"兵用上神,战贵其速。"张预曰:"用兵之理,惟尚神速。所贵乎速者,乘人之仓卒,使不及为备也。"《十一家注孙子》,中华书局1962年版,第192—193页。

三　刘秀南海经略与西域政策的对比

东汉初年，西域地方民族关系与行政控制出现复杂情势。汉光武帝刘秀的政策呈现与汉武帝时代的显著变化。"王莽篡位，贬易侯王，由是西域怨叛，与中国遂绝，并复役属匈奴。匈奴敛税重刻，诸国不堪命，建武中，皆遣使求内属，愿请都护。光武以天下初定，未遑外事，竟不许之。"《后汉书》卷八八《西域传》又记载，"（建武）十七年，（莎车王）贤复遣使奉献，请都护……帝乃因其使，赐贤西域都护印绶，及车旗黄金锦绣。敦煌太守裴遵上言：'夷狄不可假以大权，又令诸国失望。'诏书收还都护印绶，更赐贤以汉大将军印绶。其使不肯易，遵迫夺之，贤由是始恨。而犹诈称大都护，移书诸国，诸国悉服属焉，号贤为单于。贤浸以骄横，重求赋税，数攻龟兹诸国，诸国愁惧。"汉光武帝刘秀对西域采取倾向于消极保守的政策。"二十一年冬，车师前王、鄯善、焉耆等十八国俱遣子入侍，献其珍宝。及得见，皆流涕稽首，愿得都护。"这一请求遭到拒绝，"天子以中国初定，北边未服，皆还其侍子，厚赏赐之。是时贤自负兵强，欲并兼西域，攻击益甚。诸国闻都护不出，而侍子皆还，大忧恐，乃与敦煌太守檄，愿留侍子以示莎车，言侍子见留，都护寻出，冀且息其兵。裴遵以状闻，天子许之。"实际上诸国侍子只是留居敦煌。"二十二年，贤知都护不至，遂遗鄯善王安书，令绝通汉道。安不纳而杀其使。贤大怒，发兵攻鄯善。安迎战，兵败，亡入山中。贤杀略千余人而去。其冬，贤复攻杀龟兹王，遂兼其国。鄯善、焉耆诸国侍子久留敦煌，愁思，皆亡归。鄯善王上书，愿复遣子入侍，更请都护。都护不出，诚迫于匈奴。"刘秀的答复即后人所谓"辞而未许"，"任其所从"，"天子报曰：'今使者大兵未能得出，如诸国力不从心，东西南北自在也。'于是鄯善、车师复附匈奴，而贤益横。"[①]

《汉书》卷九六下《西域传下》班固赞语有对于当时形势和刘秀态度的历史评论："西域诸国，各有君长，兵众分弱，无所统一，虽属匈奴，不相亲附。匈奴能得其马畜旃罽，而不能统率与之进退。与汉隔绝，道里

[①] "东西南北自在也"，王先谦《后汉书集解》："言任所归向。'自在'语未明显，亦疑'在'为'任'之讹。"中华书局1984年版，第1029页。

又远，得之不为益，弃之不为损。盛德在我，无取于彼。故自建武以来，西域思汉威德，咸乐内属。唯其小邑鄯善、车师，界迫匈奴，尚为所拘。而其大国莎车、于窴之属，数遣使置质于汉，愿请属都护。圣上远览古今，因时之宜，羁縻不绝，辞而未许。虽大禹之序西戎，周公之让白雉，太宗之却走马，义兼之矣，亦何以尚兹！"①班固对汉光武帝冷漠回复西域诸国"遣使""请属"之"辞而未许"的态度予以高度肯定。刘秀所谓"如诸国力不从心，东西南北自在也"，表现出极端退让的表态，可以理解为对汉武帝以来西域经营成果的全面放弃。其原因，似可以"中国初定"，"使者大兵未能得出"，于是不得不"因时之宜"作以解释。

然而与西域决策形成鲜明对照的史实，是马援率领的"大兵"远征南海②。

刘秀为什么在西域取保守政策，在南海却坚定地决策远征呢？如果说"交阯女子征侧及女弟征贰反，攻没其郡，九真、日南、合浦蛮夷皆应之，寇略岭外六十余城"，可以看作严重的危局，不能不认真对待，但是莎车王贤在西域与汉帝国对抗，"诸国悉服属焉"，"诸国愁惧"，又策划"绝通汉道"，"攻杀龟兹王，遂兼其国"，而"鄯善、车师复附匈奴"等动态，其实体现出其实更为危急的形势。

进行汉光武帝南海经略和西域政策的对比，也许应当从国家防务重心的认识③、区域经济形势的判断④等方面综合理解西域方向"辞""让"

---

① 《资治通鉴》卷四三"汉光武帝建武二十二年"于叙"帝报曰：'今使者大兵未能得出，如诸国力不从心，东西南北自在也。'于是鄯善、车师复附匈奴"事后引"班固论曰"删略"唯其小邑鄯善、车师，界迫匈奴，尚为所拘。而其大国莎车、于窴之属"及"亦何以尚兹"数字。"东西南北自在也"，胡三省注："任其所从。"王先谦《后汉书集解》以为"东西南北自在也""言任所归向"，"疑'在'为'任'之讹"，与胡三省理解接近。

② 班固参与编写的《东观汉记》，其中《马援传》记载马援"击交阯，谓官属曰"诸语，言"吾从弟少游尝哀吾慷慨多大志"。又记录"马援于交阯铸铜马"，"诏置马德阳殿下。""马援振旅还京师，赐衣服、酒、床、仕器，粟五百斛，侯车一乘。"马援"男儿要当死于边野，以马革裹尸还墓耳，何能卧床上在儿女子手中耶"等壮语在班固等笔下闪射英雄主义光彩，也反映了当时时代精神积极的一面。《东观汉记校注》卷一二，吴树平校注，中州古籍出版社1987年版，第422页。

③ 如班固言西域形势所谓"与汉隔绝，道里又远"。

④ 如班固所谓"得之不为益，弃之不为损"，"盛德在我，无取于彼"。

"却"的原因。西汉晚期王莽的东都经营①，已经显现关东地方的经济文化实力受到重视，而两汉之际黄河流域大批移民南下的史实，已经开启了全国经济文化重心向东南方向转移的历史变化②。我们也应当注意，海洋开发意识的成熟，或许对于南海方向的进取战略有积极的影响③。

扬雄《解嘲》称颂汉帝国"明盛之世"的文化强势时所谓"今大汉左东海，右渠搜，前番禺，后陶涂，东南一尉，西北一候"④，言"东南""西北"两个军事外交重心。而刘秀一时轻忽"西北"而倾重"东南"，是历史上值得特别注意的情形。当然，刘秀的政策择定，绝不是出于一己私意，而与当时社会的经济动态、移民方向和普遍的关注倾重相趋同。正是在这一时期启动的历史演进，即全国经济重心向东南方向的转移，对中

---

① 参看王子今《西汉末年洛阳的地位和王莽的东都规划》，《河洛史志》1995年第4期。
② 以《续汉书·郡国志五》提供的汉顺帝永和五年（140）户口数字和《汉书》卷二八《地理志》提供的汉平帝元始二年（2）户口数字相比较，可以在看到全国户口呈负增长形势（分别为 -20.7% 与 -17.5%）的情况下，丹阳、吴郡、会稽、豫章、江夏、南郡、长沙、桂阳、零陵、武陵等郡国户口增长的幅度达到户数为140.50%，口数为112.13%。其中豫章郡户数增长502.35%，口数增长374.17%；零陵郡户数增长906.47%，口数增长618.61%。参看王子今《秦汉时期生态环境研究》，北京大学出版社2007年版，第458页。岭南户口亦有增长，在永和五年缺郁林、交阯郡户口数的情况下，岭南户数增长25.67%，口数则只下降了18.79%。王先谦《后汉书集解》引陈景云曰："交阯、郁林二郡，皆阙户口之数。建武中，马援平交阯，请分西于县为封溪、望海二县。时西于一县，户已有三万二千。合余数计之，户口之繁，必甲岭表诸郡矣。"前引《后汉书》卷二四《马援传》"援奏言西于县户有三万二千，远界去庭千余里，请分为封溪、望海二县"，李贤注："西于县属交阯郡，故城在今交州龙编县东也。""封溪、望海，县，并属交阯郡。"顾炎武《日知录》卷八《州县税赋》引此以为"远县之害"一例。《日知录集释》，（清）黄汝成集释，秦克诚点校，岳麓书社1994年版，第276页。《续汉书·郡国志五》列"交阯郡"所属"十二城"："龙编，羸陵，安定，苟漏，麊泠，曲阳，北带，稽徐，西于，朱䳒，封溪（建武十九年置），望海（建武十九年置）。""西于县户有三万二千"，与马援家乡右扶风相比悬殊。右扶风这一位列三辅，拥有15县的郡级行政单位，只有"户万七千三百五十二"，仅仅只相当于"西于"一个县户数的54.22%。《后汉书》，第3531—3532、3406页。西于县户数，可以作为我们考察汉代岭南开发程度的重要信息。分析这一历史变化，当然不能忽略户口显著增长有当地土著部族归附汉王朝管理之因素的可能性，而这种归附，也是开发成功的重要标志。即使户口增长有可能部分由自当地人附籍，人口密度竟然超过中原富足地区的情形，依然值得研究者重视。参看王子今《岭南移民与汉文化的扩张——考古资料与文献资料的综合考察》，《中山大学学报》2010年第4期。
③ 参看王子今《秦汉时期的海洋开发与早期海洋学》，《社会科学战线》2013年第7期。
④ 《汉书》卷八七下《扬雄传下》。

国历史文化的走向产生了显著的影响①。对于马援平定"武溪蛮"暴动的军事行为以及其他相关历史迹象，也应当置于这一历史观察的大背景下分析。

四 交州军事征服的航海技术基础

马援交州军事征服充分利用了航海能力方面的优越条件。马援楼船军利用的航海技术基础的形成有诸多条件，包括多年的历史积累，以及民族构成不同的航海家们的共同贡献。

《史记》卷一一四《东越列传》记载，因东越王余善"持两端，阴使南越"，平定南越后，"楼船将军杨仆使使上书，愿便引兵击东越。上曰士卒劳倦，不许"②。说明今杨仆及其楼船军对于福建广东沿海海面的航线已经相当熟悉。随即发生东越与汉王朝的直接的军事冲突。汉军进击，最以"横海"情节令史家瞩目。"元鼎六年秋，余善闻楼船请诛之，汉兵临境，且往，乃遂反，发兵距汉道。""余善刻'武帝'玺自立，诈其民，为妄言。"这就是《盐铁论·备胡》以为导致汉王朝边境压力的"四夷俱强，并为寇虐"表现之一的所谓"东越越东海，略浙江之南"③。言"越东海"者，明确指出是通过海域侵扰。汉王朝立即以强硬的态度武力回应："天子遣横海将军韩说出句章，浮海从东方往；楼船将军杨仆出武林；中尉王温舒出梅岭；越侯为戈船、下濑将军，出若邪、白沙。元封元年冬，咸入东越。"汉王朝向南方远征，又一次施行海陆结合的多路并进战略。其中"浮海从东方往"的"横海将军"部应作为主力。

"及横海将军先至，越衍侯吴阳以其邑七百人反，攻越军于汉阳。"所谓"横海将军先至"，指出海上一路进军速度最快，并承担了主攻任务，基本实现了战役目标。横海将军部得到"吴阳"部的策应，对方降

---

① 正如傅筑夫所指出的，"从这时起，经济重心开始南移，江南经济区的重要性亦即从这时开始以日益加快的步伐迅速增长起来，而关中和华北平原两个古老的经济区则在相反地日益走向衰退和没落。这是中国历史上一个影响深远的巨大变化，尽管表面上看起来并不怎样显著"。《中国封建社会经济史》第 2 卷，人民出版社 1982 年版，第 25 页。

② 《汉书》卷九五《闽粤传》："及汉破番禺，楼船将军仆上书愿请引兵击东粤，上以士卒劳倦，不许。"第 3861 页。

③ 《盐铁论校注》，王利器校注，中华书局 1992 年版，第 445 页。

众"降横海将军"的记录，体现"横海将军"统率的这支部队能够独力控制战局。战后"横海将军""横海校尉"均得封侯，而其他各路"诸将皆无成功，莫封"，说明"横海将军"的主攻部队实际已经实现平定余善叛乱军事行为的主要目的。

据《汉书》卷六四上《朱买臣传》，"是时东越数反复，买臣因言：'故东越王居保泉山，一人守险，千人不得上。今闻东越王更徙处南行，去泉山五百里，居大泽中。今发兵浮海，直指泉山，陈舟列兵，席卷南行，可破灭也。'上拜买臣会稽太守"。"诏买臣到郡治楼船，备粮食，水战具，须诏书到，军与俱进。"通过朱买臣"发兵浮海，直指泉山，陈舟列兵，席卷南行"的军事设计以及"治楼船，备粮食，水战具"的备战实践，可知起初的战役策划，就是以"浮海"进攻为主。所谓"泉山"，即泉州港的山地屏障。颜师古注："泉山即今泉州之山也，临海，去海十余里。"王先谦《汉书补注》解释《朱买臣传》"买臣受诏，将兵与横海将军韩说等俱击破东越"，引用齐召南说："按说出句章，浮海从东方往，即前买臣所画'浮海，直指泉山'之策也。"① 《盐铁论·地广》所谓"横海征南夷，楼船戍东越，荆、楚罢于瓯、骆"②，说到这次海上征伐的胜利。这是影响当时南中国政治走向的一件大事，也是体现中国航海能力进步的明确的记录③。

"伏波将军"马援指挥的击交阯、九真的战争能够取胜，"楼船"部队航海能力的优越是决定性的条件。其技术基础，应以沿海越人和汉人海洋探索的积年经验为条件。

全面考察马援"破交阯""击九原"海上进军的技术能力，还应当重视开辟南海航路的先行者们的历史功绩。

《汉书》卷一二《平帝纪》记载，"（元始）二年春，黄支国献犀牛"。颜师古注："黄支在日南之南，去京师三万里。"犀牛经海路进献的可能性很大。《汉书》卷二八下《地理志下》也说到黄支国献犀牛事，同时记述了南洋航路开通的情形："自日南障塞、徐闻、合浦船行可五月，有都元国；又船行可四月，有邑卢没国；又船行可二十余日，有谌离国；

---

① 王先谦：《汉书补注》，中华书局 1983 年版，第 1259 页。
② 《盐铁论校注》，第 308—309 页。
③ 参看王子今《秦汉闽越航海史略》，《南都学坛》2013 年第 5 期。

步行可十余日，有夫甘都卢国。自夫甘都卢国船行可二月余，有黄支国，民俗略与珠厓相类。其州广大，户口多，多异物，自武帝以来皆献见。有译长，属黄门，与应募者俱入海市明珠、璧流离、奇石异物，赍黄金杂缯而往。所至国皆禀食为耦，蛮夷贾船，转送致之。亦利交易，剽杀人。又苦逢风波溺死，不者数年来还。大珠至围二寸以下。平帝元始中，王莽辅政，欲耀威德，厚遗黄支王，令遣使献生犀牛。自黄支船行可八月，到皮宗；船行可二月，到日南、象林界云。黄支之南，有已程不国，汉之译使自此还矣。"谢承《后汉书》说，孟尝为合浦太守，"被征当还，吏民攀车请之，不得进，乃附商人船遁去"①。合浦港的"商人船"应当也有远航南洋者。认识汉代南洋航海事业的规模，还需要多方面的研究。当时民间力量的海洋开发值得重视。

又所谓"蛮夷贾船，转送致之"，可知推进航海史的这种进步，有多民族的共同贡献。而所谓"汉之译使"及"应募者"的活动，则体现中原人有颇为主动的历史表现。

---

① （清）姚之骃：《后汉书补逸》卷一〇《谢承后汉书·孟尝》，文渊阁《四库全书》本。

伏波将军马援的南国民间形象

马援是古代军人中罕见的功名卓著、声威显赫者，在文化史上也有重要的影响。"伏波"成为他历史贡献的标志性符号，是因为楼船军交州之战在他军事生涯中有特别的地位。考察相关现象，有益于增进对中国古代边疆史、海洋史以及社会意识史的理解。而后世"伏波将军"作为南国民间纪念对象备受尊崇，也是值得重视的历史文化现象。若干自然地理标志被冠以"伏波"名号，各地有关马援的纪念性建筑及祭祀场所，马援本人形象的英雄化表现，都值得历史学者和社会学、文化学研究者关注。

一　楼船远征

据《后汉书》卷一下《光武帝纪下》，建武十六年（40），天下初定①，"春二月，交阯女子征侧反，略有城邑"。"（建武十八年夏四月）遣伏波将军马援率楼船将军段志等击交阯贼征侧等。"②"（建武十九年春正月）伏波将军马援破交阯，斩征侧等。因击破九真贼都阳等，降之。"《后汉书》卷二二《刘隆传》："以中郎将副伏波将军马援击交阯蛮夷征侧

---

① 《后汉书》卷一下《光武帝纪下》：建武十三年（37），"夏四月，大司马吴汉自蜀还京师，于是大飨将士，班劳策勋"。"十四年春正月……匈奴遣使奉献"，"秋九月，平城人贾丹杀卢芳将尹由来降"。"莎车国、鄯善国遣使奉献。"十五年（39）十二月，"卢芳自匈奴入居高柳"。十六年（40），"卢芳遣使乞降。十二月甲辰，封芳为代王。"

② 马援、段志远征，有刚刚经历皖城之战平定李广的背景。《后汉书》卷一下《光武帝纪下》：建武十七年（41），"秋七月，妖巫李广等群起据皖城，遣虎贲中郎将马援、骠骑将军段志讨之。九月，破皖城，斩李广"。"击交阯贼征侧等"与平定皖城，仅仅间隔六个月。

等，隆别于禁溪口破之，获其帅征贰，斩首千余级，降者二万余人。"①由此可大致得知战役的规模和进程。

《后汉书》卷二四《马援传》关于伏波将军马援率军远征交阯、九真事，有这样的记载："……又交阯女子征侧及女弟征贰反，攻没其郡，九真、日南、合浦蛮夷皆应之，寇略岭外六十余城，侧自立为王。于是玺书拜援伏波将军，以扶乐侯刘隆为副②，督楼船将军段志等南击交阯。军至合浦而志病卒，诏援并将其兵。遂缘海而进，随山刊道千余里。十八年春，军至浪泊上，与贼战，破之，斩首数千级，降者万余人。援追征侧等至禁溪，数败之，贼遂散走。明年正月，斩征侧、征贰，传首洛阳。③封援为新息侯，食邑三千户。"于是，"援乃击牛酾酒，劳飨军士"。又有就此战功与属下有关人生志向的从容言谈："吾从弟少游常哀吾慷慨多大志，曰：'士生一世，但取衣食裁足，乘下泽车，御款段马，为郡掾史，守坟墓，乡里称善人，斯可矣。致求盈余，但自苦耳。'当吾在浪泊、西里间，虏未灭之时，下潦上雾，毒气重蒸，仰视飞鸢跕跕堕水中，卧念少游平生时语，何可得也！今赖士大夫之力，被蒙大恩，猥先诸君纡佩金紫，且喜且惭。"马援的真诚感叹据说引致吏士欢呼。

马援随即又进军九真："援将楼船大小二千余艘，战士二万余人，进击九真贼征侧余党都羊等，自无功至居风④，斩获五千余人，峤南悉平。援奏言西于县户有三万二千，远界去庭千余里，请分为封溪、望海二县⑤，许之。援所过辄为郡县治城郭，穿渠灌溉，以利其民。条奏越律与汉律驳者十余事，与越人申明旧制以约束之，自后骆越奉行马将军故事。"

前后历时不过一年半，马援班师，"二十年秋，振旅还京师，军吏经

---

① 又《后汉书》卷二四《马援传》："斩首数千级，降者万余人。"
② 李贤注："扶乐，县名，属九真郡。"
③ 李贤注："《越志》云：'征侧兵起，都麊泠县。及马援讨之，奔入金溪究中，二年乃得之。'"第839页。
④ 李贤注："无功、居风，二县名，并属九真郡。居风，今爱州。"
⑤ 据谭其骧主编《中国历史地图集》，西于，在今越南民主共和国河内市东英西；封溪，在永富省福安；望海，在河北省北宁西北。地图出版社1982年版，第2册第63—64页。

瘴疫死者十四五。赐援兵车一乘，朝见位次九卿"。据说主要由于"瘴疫"①，部队减员数量甚多，然而战事顺利，马援受到嘉奖②。

与其他军事征服行为有异，马援"破交阯，斩征贰等"之后，我们又看到他在当地进行行政建设、法制宣传和经济开发等"以利其民"的工作的历史记录。

马援受命"督楼船将军段志等南击交阯"，然而"军至合浦而志病卒，诏援并将其兵"。随后的进军路线，据《后汉书》卷二四《马援传》记述，"遂缘海而进，随山刊道千余里"。主力似是由陆路"缘海"行军，有"随山刊道"的情节。"十八年春，军至浪泊上，与贼战，破之。"③

---

① 理解所谓"瘴疫"，应注意马援"下潦上雾，毒气重蒸，仰视飞鸢跕跕堕水中"语。"毒气重蒸"，《后汉纪》写作"毒气浮蒸"。参看王子今《汉晋时代的"瘴气之害"》，《中国历史地理论丛》2006年第3期。又《后汉书》卷八六《南蛮传》记载，汉顺帝永和二年（137）"日南、象林徼外蛮夷"反，"烧城寺，杀长吏。交阯刺史樊演发交阯、九真二郡兵万余人救之。兵士惮远役，遂反，攻其府。二郡虽击破反者，而贼势转盛。会侍御史贾昌使在日南，即与州郡并力讨之，不利，遂为所攻。围岁余而兵谷不继，帝以为忧"。明年，议发荆、扬、兖、豫四万人赴之。大将军从事中郎李固提出七条反驳意见，其中所谓"南州水土温暑，加有瘴气，致死亡者十必四五"，也可以参考。此所谓"加有瘴气，致死亡者十必四五"，应是记取了马援事迹所谓"军吏经瘴疫死者十四五"的历史教训。

② 关于"征侧"身世行迹，李贤注有所说明："征侧者，麓泠县雒将之女也，嫁为朱䳒人诗索妻，甚雄勇。交阯太守苏定以法绳之，侧怨怒，故反。"《马援传》"都羊"，或作"都阳"《后汉书》卷一下《光武帝纪下》："因击破九真贼都阳等，降之。"《后汉书》卷八六《南蛮传》："进击九真贼都阳等，破降之。徙其渠帅三百余口于零陵，于是领表悉平。"考察马援击九真事，应注意这一背景：《后汉书》卷一下《光武帝纪下》：建武十二年（36），"九真徼外蛮夷张游率种人内属，封为归汉里君"。《后汉书》卷八六《南蛮传》："光武中兴，锡光为交阯，任延守九真，于是教其耕稼，制为冠履，初设媒娉，始知姻娶，建立学校，导之礼义。建武十二年，九真徼外蛮里张游，率种人慕化内属，封为归汉里君。""蛮里张游"，李贤注："里，蛮之别号，今呼为俚人。"

③ 清人吴裕垂《史案》卷一五"始海运"条："马伏波讨交阯，缘海而进。厥后交阯贡献皆从东冶泛海而至，尔时海运之行概可知也。"清道光六年大成堂刻本。薛福成亦言马援开辟的通路后世长期沿用："昔汉伏波将军马援南征交阯，由合浦缘海而进，大功以成。厥后水军入交，皆用此道。诚以廉州北海一日形势稳便，海道顺利，驶往越南各海口皆不过一二日海程，必以此为会师之地也。"《庸庵文编》外编卷三，清光绪刻《庸庵全集》本。然而前者言"泛海而至""海运之行"，后者言"水军""海程""海道顺利"，均理解"缘海而进"为循近海航道航行。如此则不合"随山刊木"文意。薛福成所谓"会师之地"，似说海陆两军在合浦"会师"，随后皆由"海道""入交"。这也是对"遂缘海而进，随山刊道千余里"的误解。明人唐胄《琼台志》卷六《儋州》引王桐乡的说法是正确的："史称'缘海而进'，乃循北海以进，道非渡海也。"明正德刻本。

马援进一步平定九真,则由海路南下,"援将楼船大小二千余艘,战士二万余人,进击九真贼征侧余党都羊等,自无功至居风,斩获五千余人,峤南悉平"。无功和居风都距离海岸数十公里,然而均临江河。《汉书》卷二八上《地理志上》"益州郡"题下"来唯"条:"劳水出徼外,东至麊泠入南海,过郡三,行三千五百六十里。"① 劳水至麊泠后分两流,南流一支过"无功"。今称马江者流经"居风"②。马援"进击九真贼征侧余党都羊等,自无功至居风",楼船军可以由海入江,实施军事进攻。例如,龙编东汉时曾经是交阯郡治所在。在秦汉南洋贸易中,龙编又始终是重要的中间转运港。船队可以乘潮迎红河直抵城下。郡属有定安县。《续汉书·郡国志五》交阯郡定安条下刘昭注引《交州记》曰:"越人铸铜为船,在江潮退时见。"这种当地人铸造的铜船,可能是与航运有关的水文标记。

二 "伏波将军"名号

汉武帝时代的名将路博德曾经称"伏波将军"。《史记》卷二二《汉兴以来将相名臣年表》:"(元鼎五年)卫尉路博德为伏波将军,出桂阳;主爵杨仆为楼船将军,出豫章,皆破南越。"《史记》卷一一一《卫将军骠骑列传》:"将军路博德,平州人,以右北平太守从骠骑将军有功,为符离侯。骠骑死后,博德以卫尉为伏波将军,伐破南越,益封。其后坐法失侯,为强弩都尉屯居延卒。"《史记》卷一一三《南越列传》:"元鼎五年秋,卫尉路博德为伏波将军,出桂阳,下汇水③;主爵都尉杨仆为楼船将军,出豫章,下横浦;故归义越侯二人为戈船、下厉将军,出零陵,或下离水,或抵苍梧;使驰义侯因巴蜀罪人,发夜郎兵,下牂牁江:咸会番禺。"路博德得"伏波将军"称号,设定进军路线却是"出桂阳,下汇水",不由海路。然而楼船将军杨仆"出豫章,下横浦",其实仍然是利用海上航路进击的。路博德的"伏波"军号,可能体现了战略策划者在

---

① 言水路"行"若干"里"者,通常可以理解为航程数据。
② 谭其骧主编:《中国历史地图集》第2册,第63—64页。
③ 裴骃《集解》:"徐广曰:一作湟。骃案:《地理志》曰:桂阳有汇水,通四会,或作淮字。"司马贞《索隐》:"刘氏云:汇当作湟。《汉书》云'下湟水'也。"今按《汉书》卷九五《南粤传》作"下湟水"。

这支部队南下临海之后发挥海战能力的战略期待。而南越割据势力败亡，吕嘉、建德等"亡入海，以船西去"，确是伏波将军属下成功执行追捕。

马援是继路博德之后又一位特别能够克服交通险阻的名臣，又是名声最为响亮的"伏波将军"。马援指挥海上远征的成功，使得"伏波将军"名号有了特定的军事史意义和航海史意义。

两汉有"两伏波"[①]。而后世"伏波将军"益多。三国时曹魏政权和孙吴政权得"伏波将军"名号者，有夏侯惇[②]、甄像[③]、陈登[④]、孙礼[⑤]、满宠[⑥]、孙匡[⑦]、孙秀[⑧]等。晋"伏波将军"则有卢钦[⑨]、陶延[⑩]、葛洪[⑪]、郑攀[⑫]等。此后自南北朝至五代，历朝多有"伏波将军"。后世许多军人虽然获有"伏波将军"名号，其实并没有水战和海上航行的经历。考后世所谓"伏波将军"，"伏波"语义或已有变化。而起初称"伏波将军"者其"伏波"名号，应是强调对海上风浪的征服。

《史记》卷一一四《东越列传》记载，平定南越时，"东越王余善上书，请以卒八千人从楼船将军击吕嘉等。兵至揭阳，以海风波为解，不行，持两端，阴使南越。及汉破番禺，不至"。《汉书》卷二八下《地理志下》"南海郡"条："揭阳，莽曰南海亭。"王先谦《汉书补注》："先

---

① （宋）孙奕《示儿编·正误》有"两伏波"条："或人问汉有两伏波，海宁令王约作《忠显王庙记》以为'马伏波'，琼州守李时亮作《庙记》以为'路伏波'，苏子瞻作《庙记》则以为'马伏波'，夏侯安雅作《庙记》又以为'马伏波'，纷纷孰是？曰：尝考之两汉，有二伏波。前汉伏波将军邳离路博德，武帝时讨南越相吕嘉之叛，遂开九郡。后汉伏波将军新息马援，光武时讨交阯二女子侧贰之叛，遂平其地。则是二人皆有功于南粤。东坡之说，渠不信夫？"《履斋示儿编》卷一，元刘氏学礼堂刻本。
② 《三国志》卷一《魏书·武帝纪》裴松之注引《魏书》载公令，卷九《魏书·夏侯惇传》及裴松之注引《魏略》，卷一九《魏书·陈思王植传》裴松之注引《魏略》。
③ 《三国志》卷五《魏书·后妃传·文昭甄皇后》。
④ 《三国志》卷七《魏书·陈登传》及裴松之注引《先贤行状》。
⑤ 《三国志》卷二四《魏书·孙礼传》。
⑥ 《三国志》卷二六《魏书·满宠传》。
⑦ 《三国志》卷五一《吴书·宗室传·孙匡》裴松之注引《晋诸公赞》。
⑧ 《晋书》卷六六《陶侃传》言"伏波将军孙秀以亡国支庶，府望不显"，又《晋书》卷八八《孙晷传》称"吴伏波将军孙秀"。
⑨ 《晋书》卷四四《卢钦传》。
⑩ 《晋书》卷六六《陶侃传》。
⑪ 《晋书》卷七二《葛洪传》。
⑫ 《晋书》卷一〇〇《杜弢传》。

谦曰：东越王余善击南海，兵至此，以海风波为解。见《东越传》。"《汉书》卷九五《闽粤传》关于"海风波"有同样记载。东越"持两端，又阴使南越"①，立场不明确甚至暗自勾结敌方的情形，使得"楼船将军杨仆使使上书，愿便引兵击东越"。对于所谓"以海风波为解"，颜师古有这样的说明："解者，自解说，若今言分疏。"余善"兵至揭阳，以海风波为解"，可能是中国古代最早的关于"海风波"迫使航海行为不得不中止的文字记录。虽然我们现在还不能清楚地说明此"海风波"的性质和强度，但是这一记载在航海史上依然有特别值得重视的意义。《汉书》卷二八下《地理志下》言南洋航路上船人"苦逢风波溺死"情形所谓"风波"，也值得关注。海上"风波"或称"海风波"，《宋书》和《梁书》则写作"大海风波"②。"伏波将军"之所谓"伏波"，应当就是指对这种"风波""海风波""大海风波"的镇伏。宋人孙逢吉《职官分纪》卷三四"伏波将军"条引《环济要略》曰："'伏波'者，船涉江海，欲使波浪伏息也。""伏波"名号，显然体现了对优越的海上航行能力的肯定。

马援曾经击乌桓，击武陵蛮，然而战功之中，以交阯远征最为显赫。《后汉书》卷二四《马援传》载朱勃上书称颂马援击交阯、九真功绩："出征交阯，土多瘴气。援与妻子生诀，无悔吝之心。遂斩灭征侧，克平一州。"李贤注："南海、苍梧、郁林、合浦、交阯、日南、九真，皆属交州。"

三 "马伏波"的历史光荣及其民间形象化记忆

因有关"伏波将军"马援事迹之历史记忆的深刻，"马伏波"后来成为一种特殊的文化符号。

---

① 《汉书》卷九五《闽粤传》所谓"阴使南粤"，颜师古注："遣使与相知。"闽越和南越之间的"使"，不能排除循海上航路往来的可能。

② 《宋书》卷九七《夷蛮列传》载呵罗单国王毗沙跋摩奉表曰："意欲自往，归诚宣诉，复畏大海，风波不达。"言南洋商运，则曰"商货所资，或出交部，泛海陵远，因风远至"。《梁书》卷五四《诸夷列传·海南诸国》记载"在南海中"之狼牙修国王婆伽达多遣使奉表，有"欲自往，复畏大海风波不达"语。

杜甫诗《奉寄别马巴州》写道:"勋业终归马伏波,功曹非复汉萧何。"① 扁舟系缆沙边久,南国浮云水上多。"② 所谓"扁舟系缆",所谓"南国浮云",所谓"沙边""水上",均使读者联想到马援远征交阯、九真事迹。"勋业终归马伏波"句影响久远,屡为诗人袭用。如元人贡性之诗:"到时定有平淮策,勋业终归马伏波。"③ 明人董其昌诗:"勋业终归马伏波,闲身孰与钓台多。"④ 江源诗:"壶觞须就陶彭泽,勋业终归马伏波。"⑤ 清人赵文楷诗:"治功谁奏黄丞相,勋业终归马伏波。"⑥

明人潘恩《三峰歌》写道:"桂山削出金芙蓉,紫云碧草浮青空。中峰委蛇若凤举,左右离立盘双龙。矫矫将军廊庙姿,英声四十动南维。星河光摇夜谈剑,羽帐风清日赋诗。树立奇勋还自许,高山争雄气如虎。千载应传马伏波,朱方铜柱高嵯峨。"⑦

仅据《嘉庆重修一统志》记录,可知各地因纪念"马伏波"出现的地名甚多,有"伏波庙"6处⑧,"伏波将军庙"3处⑨,"马伏波庙"1处⑩,"伏波祠"5处⑪,"伏波将军祠"1处⑫,"马伏波祠"8处⑬,又有

---

① 以萧何与马援并说,又有明茅大方诗:"关中事业萧丞相,塞外功勋马伏波。"(明)张朝瑞撰:《忠节录》卷二《副都御史茅大方》,明万历刻本。"方",原注:"一作'芳'。"
② (唐)杜甫撰,(宋)蔡梦弼笺:《杜工部草堂诗笺》卷二〇,《古逸丛书》覆宋麻沙本。
③ (元)贡性之:《送别》,《南湖集》卷上,文渊阁《四库全书》本。
④ (明)董其昌:《读寒山子诗漫题十二绝》之五,《容台集》诗集卷四,明崇祯是年董庭刻本。
⑤ (明)江源:《京中饯别张挥使邝大尹》,《桂轩稿》卷一〇,明弘治庐渊刻本。
⑥ (清)赵文楷:《重度仙霞关》,《石柏山房诗存》卷三《闽游草》,清咸丰三年赵昀惠潮嘉道署刻本。同样情形,又见于清人史策先《白水寺谒汉光武帝祠集唐》:"客星辞得汉光武(徐寅),勋业终归马伏波(杜甫)。"(清)丁宿昌辑:《湖北诗征传略》卷三七,清光绪七年孝感丁氏泾北草堂刻本。又梁章钜录陈莲史辑五七言旧句联:"诗情逸似陶彭泽(梦得),勋业终归马伏波(少陵)。"《楹联续话》卷四《集句》,清道光南浦寓斋刻本。
⑦ (清)汪森编:《粤西诗载》卷八《七言古》,文渊阁《四库全书》本。
⑧ 永顺府、雷州府、桂林府、南宁府、郁林府、思南府。
⑨ 宝庆府、沅州府、乾州厅。
⑩ 郴州。
⑪ 桂阳州、重庆府、酉阳州、太平府、大理府。
⑫ 辰州府。
⑬ 凤翔府、汉阳府、安陆府、荆州府、长沙府、岳州府、常德府、广西府。

"伏波山"①、"伏波桥"②、"伏波村"③、马援壩④、马援城⑤等。这当然只是不完全的统计。历史上虽然"伏波将军"不在少数,但是这些纪念性遗存所言"伏波",多是专指"马伏波"。

分析这些纪念"马伏波"的遗存,大致有这样几类:

1. 自然地貌命名

如"伏波山"等;

2. 纪念性地名

如"伏波桥""伏波村""马援壩""马援城"等;

3. 祠庙

如"伏波庙""伏波将军庙""马伏波庙""伏波祠""伏波将军祠"等。

"马伏波"纪念还由于马援在多方面表现的政治智慧和人生智慧。但是相关纪念性地名多集中在他"出征交阯"经行地方,反映了对"马伏波"远征"南海"的历史功绩的怀念。有学者指出,自唐至宋元、明清,马援的功绩在"国家祭祀与地方秩序构建互动中"被"不断放大",出现"伏波信仰",形成了"以北部湾乃至琼州海峡、雷州半岛为中心的祭祀带"。虽然又有"西江流域"和"湘沅流域"祀"伏波神"的礼俗,形成"三大伏波信仰的中心",然而,"值得注意的是,宋元至清康熙年间,'而二伏波将军者,专主琼海。其祠在徐闻,为渡海之指南'"⑥。这应当看作与"南海"相关的区域文化研究的重要发现。

这一情形作为一种文化表现,或许反映了我们民族心理对"南海"的长久而密切的关注。从这一角度看,研究马援出征交阯、九真的成功,特别是于军事史、战争史和边疆史、民族史的考察之外,以航海史和文化史的视角深入研究马援"楼船军"南下史事,是有积极的学术意义的。

---

① 桂林府。
② 广州府。
③ 凤翔府。
④ 重庆府。
⑤ 澧州。参看《嘉庆重修一统志》,中华书局1986年版,第35册第463、1295、1300页。
⑥ 原注:"(清)屈大均:《广东新语》卷六《神语·海神》,中华书局1985年版,第205页。"王元林:《水利神灵在地方秩序构建中的作用:以伏波神信仰地理为例》,《广西民族研究》2010年第2期;《中国历史地理研究》第5辑,西安地图出版社2013年版。

四　文与武：由马援言汉代"名臣列将"形象

汉代已经重视肖像画的创作。纪念性的功臣肖像陈列于宫廷。《汉书》卷五四《苏武传》："甘露三年，单于始入朝。上思股肱之美，乃图画其人于麒麟阁，法其形貌，署其官爵姓名。唯霍光不名，曰大司马大将军博陆侯姓霍氏，次曰卫将军富平侯张安世，次曰车骑将军龙頟侯韩增，次曰后将军营平侯赵充国，次曰丞相高平侯魏相，次曰丞相博阳侯丙吉，次曰御史大夫建平侯杜延年，次曰宗正阳城侯刘德，次曰少府梁丘贺，次曰太子太傅萧望之，次曰典属国苏武。皆有功德，知名当世，是以表而扬之，明著中兴辅佐，列于方叔、召虎、仲山甫焉。① 凡十一人，皆有传。自丞相黄霸、廷尉于定国、大司农朱邑、京兆尹张敞、右扶风尹翁归及儒者夏侯胜等，皆以善终，著名宣帝之世，然不得列于名臣之图，以此知其选矣。"关于"麒麟阁"，颜师古注："张晏曰：'武帝获麒麟时作此阁，图画其象于阁，遂以为名。'师古曰：'《汉宫阁疏名》云萧何造。'"确实汉初应当就已经有图画功臣像"表而扬之"，以为纪念事。所以司马迁在《史记》卷五五《留侯世家》中写道："余以为其人计魁梧奇伟，至见其图，状貌如妇人好女。盖孔子曰：'以貌取人，失之子羽。'留侯亦云。"

马援是东汉建国功臣。最早关于马援肖像的历史记录见于《后汉书》卷三四《马援传》：

> 永平初，援女立为皇后。显宗图画建武中名臣、列将于云台，以椒房故，独不及援。东平王苍观图，言于帝曰："何故不画伏波将军像？"帝笑而不言。

云台"图画建武中名臣、列将"中没有"伏波将军像"，是因为外戚身份，即所谓"以椒房故"。

我们今天能够看到的有关马援形象的历史遗存均年代偏晚。有意思的

---

① 颜师古注："三人皆周宣王之臣，有文武之功，佐宣王中兴者也。言宣帝亦重兴汉室，而霍光等并为名臣，皆比于方叔之属。召读曰邵。"

是，古来文献中所见马援像，多以文臣形象传世。如《三才图会》等图籍以及国家博物馆藏清人绘马援像等，都是如此。然而近世以来绘制的马援画像，塑造的马援雕像，却都突出其勇武精神，往往持兵披甲，甚至跃马挽弓。

这是为什么呢？关于汉代人才分布，曾经有"山东出相，山西出将"，"关西出将，关东出相，"的说法。前者言："赞曰：秦汉已来，山东出相，山西出将。秦将军白起，郿人；王翦，频阳人。汉兴，郁郅王围、甘延寿，义渠公孙贺、傅介子，成纪李广、李蔡，杜陵苏建、苏武，上邽上官桀、赵充国，襄武廉褒，狄道辛武贤、庆忌，皆以勇武显闻。苏、辛父子著节，此其可称列者也，其余不可胜数。何则？山西天水、陇西、安定、北地处势迫近羌胡，民俗修习战备，高上勇力鞍马骑射。故《秦诗》曰：'王于兴师，修我甲兵，与子皆行。'其风声气俗自古而然，今之歌谣慷慨，风流犹存耳。"① 后者言："谚曰：'关西出将，关东出相。'观其习兵壮勇，实过余州。今羌胡所以不敢入据三辅，为心腹之害者，以凉州在后故也。其土人所以推锋执锐，无反顾之心者，为臣属于汉故也。"关于"谚曰：'关西出将，关东出相'"，李贤注："《说文》曰：'谚，传言也。'《前书》曰：'秦、汉以来，山东出相，山西出将。'秦时郿白起，频阳王翦；汉兴，义渠公孙贺、傅介子，成纪李广、李蔡，上邽赵充国，狄道辛武贤：皆名将也。丞相，则萧、曹、魏、丙、韦、平、孔、翟之类也。"② 可知史家言秦汉事，"将""相"区分是大致明晰的。

马援确实亦"以勇武显闻"，所谓"慷慨"，所谓"壮勇"，均彪炳史册。然而古来画师描绘马援，多作文臣装束，或许与光武时代崇尚儒学品格有关。赵翼《廿二史札记》卷四"东汉功臣多近儒"条写道："西汉开国，功臣多出于亡命无赖，至东汉中兴，则诸将帅皆有儒者气象，亦一时风会不同也。光武少时，往长安，受《尚书》，通大义。及为帝，每朝罢，数引公卿郎将讲论经理。故樊准谓帝虽东征西战，犹投戈讲艺，息马论道。是帝本好学问，非同汉高之儒冠置溺也。而诸将之应运而兴者，亦皆多近于儒。"引说邓禹、寇恂、冯异、贾复、耿弇、祭遵、朱祐、郭凉、窦融、王霸、耿纯、刘隆、景丹诸将事迹，又言："是光武诸功臣，

---

① 《汉书》卷六九《赵充国辛庆忌传赞》。
② 《后汉书》卷五八《虞诩传》。

大半多习儒术，与光武意气相孚合。盖一时之兴，其君与臣本皆一气所钟，故性情嗜好之相近，有不期然而然者，所谓有是君即有是臣也。"① 相关情形，亦见于宋代史家的分析，不过着眼点有所不同。钱时讨论邓禹、李通、贾复东汉建国后待遇，曾经这样写道："收功臣兵柄，罢将军官，不用为三公，足以革先汉之弊，垂后代之法矣。此虽光武识见度越，有此举措，而邓、贾诸公俨然儒者气象，知几远嫌，释兵崇学，以成光武之志，亦岂绛、灌辈所可企及！然则忠臣义士，捐躯徇国，有土宇大功者，宜知所自处哉。"② 其中"儒者气象"语，似为赵翼所承袭。

可以体现"先汉"风习的相关情形，不妨列举张骞形象。现今我们认识的张骞，是影响历史走向的著名外交家。如图画其"状貌"，似乎当是文臣。但是《史记》关于张骞生平的完整记述，则见于卷一一一《卫将军骠骑列传》中"两大将军""诸裨将"事迹中："将军张骞，以使通大夏，还，为校尉。从大将军有功，封为博望侯。后三岁，为将军，出右北平，失期，当斩，赎为庶人。其后使通乌孙，为大行而卒，冢在汉中。"③ 是以高级军官身份见诸史籍的。这一现象，也值得我们注意。

---

① （清）赵翼著，王树民校证：《廿二史札记校证》（订补本），中华书局1984年版，第90—91页。有学者分析东汉功臣的文化资质，亦涉及马援。张齐政：《"东汉功臣多近儒"辨析》，《衡阳师范学院学报》2007年第2期。

② （宋）钱时：《两汉笔记》卷八"光武"，文渊阁《四库全书》本。

③ 《史记》，第2941、2944页。

诸葛亮"流马""方囊"考议

诸葛亮是汉末三国的时代英雄。后来又为民间历代尊崇，他的姓名成为代表智慧的文化符号。诸葛亮在战略规划、军务建设、行政操作诸方面均有超常建树。他又是对技术予以特别重视的政治家、军事家，且亲自参与革新和创造的实践，在中国历代帝王将相中绝无仅有。诸葛亮发明的"木牛流马"，有益于交通史的进步。"木牛流马"制作技术失传，其形制益发神秘。考察"流马"的"方囊"结构，或许可以推进相关研究。

一 "木牛流马"：诸葛亮的交通运输技术发明

《三国志》卷三三《蜀书·后主传》："（建兴）九年春二月，亮复出军围祁山，始以木牛运。""十年，亮休士劝农于黄沙，作流马木牛毕，教兵讲武。""十一年冬，亮使诸军运米，集于斜谷口，治斜谷邸阁。""十二年春二月，亮由斜谷出，始以流马运。秋八月，亮卒于渭滨。"①"木牛"和"流马"，是应用于军运实践的成功发明，也可以看作诸葛亮最后的才智贡献。《三国志》卷三五《蜀书·诸葛亮传》也记载：

> 九年，亮复出祁山，以木牛运，粮尽退军。……十二年春，亮悉大众由斜谷出，以流马运，据武功五丈原，与司马宣王对于渭南。亮每患粮不继，使己志不申，是以分兵屯田，为久驻之基。耕者杂于渭滨居民之间，而百姓安堵，军无私焉。相持百余日。其年八月，亮疾病，卒于军，时年五十四。及军退，宣王案行其营垒处所，曰："天

---

① 《三国志》，中华书局1959年版，第896—897页。

下奇才也！"

又写道："亮性长于巧思，损益连弩，木牛流马，皆出其意；推演兵法，作八陈图，咸得其要云。"裴松之注则保留了有关"作木牛流马法"的重要信息：

> 《亮集》载作木牛流马法曰："木牛者，方腹曲头，一脚四足，头入领中，舌著于腹。载多而行少，宜可大用，不可小使；特行者数十里，群行者二十里也。曲者为牛头，双者为牛脚，横者为牛领，转者为牛足，覆者为牛背，方者为牛腹，垂者为牛舌，曲者为牛肋，刻者为牛齿，立者为牛角，细者为牛鞅，摄者为牛秋轴。牛仰双辕，人行六尺，牛行四步。载一岁粮，日行二十里，而人不大劳。流马尺寸之数，肋长三尺五寸，广三寸，厚二寸二分，左右同。前轴孔分墨去头四寸，径中二寸。前脚孔分墨二寸，去前轴孔四寸五分，广一寸。前杠孔去前脚孔分墨二寸七分，孔长二寸，广一寸。后轴孔去前杠分墨一尺五分，大小与前同。后脚孔分墨去后轴孔三寸五分，大小与前同。后杠孔去后脚孔分墨二寸七分，后载克去后杠孔分墨四寸五分。前杠长一尺八寸，广二寸，厚一寸五分。后杠与等版方囊二枚①，厚八分，长二尺七寸，高一尺六寸五分，广一尺六寸，每枚受米二斛三斗。从上杠孔去肋下七寸，前后同。上杠孔去下杠孔分墨一尺三寸，孔长一寸五分，广七分，八孔同。前后四脚，广二寸，厚一寸五分。形制如象，靬长四寸，径面四寸三分。孔径中三脚杠，长二尺一寸，广一寸五分，厚一寸四分，同杠耳。"

"木牛流马"，是诸葛亮"长于巧思"的重要表现。其出发点，是要解决"粮不继，使己志不申"的问题。许多研究者试图复原"木牛流马"，进行了积极的努力。但是我们对于其具体形制，现今尚未有明确的共识。

---

① "等版"，（明）杨时伟编《诸葛忠武书》卷九《遗事》及（明）曹学佺撰《蜀中广记》卷六八《方物记第十·服用》均作"等板"。

二 关于"方囊"名号

裴松之引"《亮集》载作木牛流马法"在关于"流马"结构的介绍中，言及"方囊"：

> 后杠与等版方囊二枚，厚八分，长二尺七寸，高一尺六寸五分，广一尺六寸，每枚受米二斛三斗。

按照汉代一尺相当于23.1厘米的比率，"厚八分，长二尺七寸，高一尺六寸五分，广一尺六寸"，相当于厚1.848厘米，长62.37厘米，高38.115厘米，广36.96厘米。

"橐"与"囊"，是汉代运输装载的通常包装形式。从居延汉简所提供的汉代社会生活史的资料看，当时经历长途旅行生活来到西北边地的中原人，多用这种形式盛装随身必备的生活用品。因盛装物、物主和质料的不同，可以看到"泉（钱）橐""衣橐""私衣橐""布橐""私橐""官布橐""私布橐""革橐""衣装橐""币橐""裘袜橐"等命名。《诗·大雅·公刘》："乃裹糇粮，于橐于囊。"郑氏笺："小曰橐，大曰囊。""《说文》云：无底曰囊，有底曰橐。"①"橐"和"囊"都是盛装物品的袋子，一说"橐"的容量较小，而"囊"的容量稍大。一说无底的称"橐"，有底的称"囊"。《说文·橐部》："橐，囊也。""橐，囊也。""囊，橐也。"段玉裁注："按许云：'橐，囊也。''囊，橐也。'浑言之也。《大雅》毛传曰：'小曰橐，大曰囊。'高诱注《战国□》曰：'无底曰囊，有底曰橐。'皆析言之也。囊者，言实其中如瓜瓤也。橐者，言虚其中以待如木□也。玄应书引《苍颉篇》云：'橐，囊之无底者。'则与高注互异。许多用毛传。疑当云：'橐，小囊也；囊，橐也。'则同异皆见。全书之例如此。此盖有夺字。又《诗释文》引《说文》：'无底曰囊，

---

① 《毛诗正义》，《十三经注疏》，中华书局据世界书局缩印阮元刻本1980年10月影印本，第541页。

有底曰橐。'与今本绝异。"① 对于"橐""囊"的解说应综合理解,即小而有底者称"橐",大而无底者称"囊"。这两种包装形式,其实又都可以通称为"囊",此即段玉裁所谓"浑言之也"。

秦汉交通生活中以"囊"盛装粮食,是非常普遍的情形②。《易林》卷二《复·否》:"千载旧室,将有困急,荷粮负囊,出门直北。"③ 又如曹操《苦寒行》诗:"担囊持取薪,斧冰持作糜。担囊持取薪,斧冰持作糜。"④ 所谓"方囊"定名取用"囊"字,或许与此有关。

"方囊"之"方"取义,大概是因为"方囊二枚",两者并列的缘故。《说文·方部》:"方,併船也。象两舟省总头形。"段玉裁注:"《周南》:'不可方思。'《邶风》:'方之舟之。'《释言》及毛传皆曰:'方,泭也。'今《尔雅》改'方'为'舫',非其义矣。併船者,并两船为一。《释水》曰:'大夫方舟。'谓併两船也。'泭者',编木以为渡。与併船异事。何以毛公释方,不曰併船而曰泭也。曰併船、编木其用略同,故俱得名'方'。方舟为大夫之礼。《诗》所言不必大夫。则释以'泭'可矣。若许说字,则见下从舟省而上有并头之象。故知併船为本义,编木为引伸之义。又引伸之为'比方''子贡方人'是也。《秦风》:'西天之防。'毛曰:'防,比也。'谓'防'即'方'之假借也。"⑤ 《史记》卷六九《苏秦列传》:"径乎亢父之险,车不得方轨,骑不得比行,百人守险,千人不敢过也。"所谓"方轨",张守节《正义》:"言不得两车并行。"又《史记》卷九二《淮阴侯列传》:"今井陉之道,车不得方轨,骑不得成列。""方轨"也是同样的意思。

三 "方囊"与散装运载方式

前说"复囊""担囊",是民间通常运输方式。⑥ 而运输车辆介入交

---

① (汉)许慎撰,(清)段玉裁注:《说文解字注》,上海古籍出版社据经韵楼臧版1981年10月影印版,第276页。
② 参看王子今《"行橐"与"行囊"的文化风貌》,《华夏文化》1996年第4期。
③ 文渊阁《四库全书》本。
④ 逯钦立辑校:《先秦汉魏晋南北朝诗》,中华书局1983年版,第352页。
⑤ (汉)许慎撰,(清)段玉裁注:《说文解字注》,第404页。
⑥ 参看王子今《四川汉代画像中的"担负"画面》,《四川文物》2002年第1期。

通生活，人们则可能使用《说文》中说到的"橐"。《说文·橐部》："橐，车上大橐。"段玉裁注："云车上大橐者，谓可藏任器载之于车也。"①《国语·齐语》："诸侯之使垂橐而入，稛载而归。"韦昭注："垂，言空而来也。橐，囊也。""言重而归也，稛，絭也。"②也说到车辆装载方式。

从居延汉简提供的信息看，粮食包装形式通常为"卷"，或作"券""帣"，容量是有大体一致的统一规格的，为"三石"。盐运也取同样包装形式。《说文·巾部》："帣，囊也。今盐官三斛为一帣。"段玉裁注："举汉时语证之。'掊'字下曰：'今盐官如水取盐为掊。'皆汉时《盐法》中语。"③居延简例可见粮运使用"卷"或"帣"的方式：

　　卒陈偃　粟一卷三斗三升（57.19）
　　☑粟一券寄粟
　　☑☑☑☑二券寄粟（48.12B）
　　士吏尹忠　糜一帣三斗三升自取又二月食糜一帣三斗三升卒陈襄取（57.20）

"卷"或"帣"也可能是复数。如：

　　入卷七枚　隧长安国受尉（275.1）
　　九十九石　卅三卷　建平二年十月癸未甲渠令史宗受城仓令史谭（84.27）
　　五石券卅二券☑☑☑
　　三石券十四券☑☑☑（EPT53：144）④

---

① （汉）许慎撰，（清）段玉裁注：《说文解字注》，第276页。
② 《国语》，上海古籍出版社1978年版，第247—248页。或作"橐，骰也"。文渊阁《四库全书》本。
③ （汉）许慎撰，（清）段玉裁注：《说文解字注》，第360页。
④ 沈刚《居延汉简语词汇释》列举对"券"的解说："或作'帣'，装粮食的口袋，大者装五石，小者装三石。"（《集成》五，p.136）"同帣，有底之大袋。一般为三石。五石容量的需专门说明。"（《集成》十，p.282），科学出版社2008年版，第151页。EPT53：144简文即同时可见"五石券"和"三石券"。

廿卷在第三驿张良妇所☒
取以自廪簿入七月毋☒（73EJT21：162A）
记予……　　　　☒（73EJT21：162B）

"廿卷"的"廿"有可能是编号。简文内容体现在一定条件下，有数量达到或者超过"廿"的"卷"。

然而秦汉时期运输车辆更为通行的装载方式可能是散装。山东沂南汉画像石墓中室南面石刻表现入储谷物的情形，画面中可以看到3辆运载散装谷粟的牛车。[①] 甘肃武威磨咀子汉墓出土牛车模型中残留粮食遗迹，显然是作为散装运粮车的模拟明器随葬。[②] 汉光武帝建武三年（27），刘秀军与赤眉军战于渑池。《太平御览》卷四八六引《东观汉记》："邓禹与赤眉战，赤眉佯败，弃辎重走，皆载土，以豆覆其上。兵士饥，争取之。赤眉引还击之，军溃乱。"[③] 由此可知军中辎重车载运军粮一般也取散装形式。武威雷台汉墓出土3辆铜制大车模型，"舆内尚留有粟粒痕迹"，发掘者推测是"载粮用的'辎车'"，其装载方式大致也是散装。这座汉墓还出土形制与大车略同的铜制辇车模型，3辆铜辇车所驾3匹马的胸前均铭刻车主某某及"辇车马"字样[④]。散装运输的普及，可以节省包装材料，简化工序，减少"折咸（减）"损失[⑤]，如果仓储设备良好，也有利于装卸作业的完成。武威雷台汉墓铜制大车模型后部有能够自由启闭的车门，显然可以方便装卸。散装需解决防雨防尘问题，并要求车厢结构严密，以不致漏失。四川广汉大堆子汉画像砖收缴谷米的画面中所表现的载重马车，车箱方正严整一如武威雷台汉墓所出铜车模型，但车厢前端又有一挡板[⑥]。此外，青海西宁南滩汉墓出土木制牛车模型结构也与上述车型

[①] 南京博物院、山东省文物管理处：《沂南古画像石墓发掘报告》，文化部文物管理局1956年版。

[②] 甘肃省博物馆：《武威磨咀子三座汉墓发掘简报》，《文物》1972年第12期。

[③] 《太平御览》卷八四一引《东观汉记》："邓禹攻赤眉，阳败，弃辎重走。车皆载土，以豆覆其上。军士饥，争取之。"《后汉书》卷一七《冯异传》："弘遂大战移日，赤眉阳败，弃辎重走。车皆载土，以豆覆其上，兵士饥，争取之。赤眉引还击弘，弘军溃乱。"

[④] 甘肃省博物馆：《武威雷台汉墓》，《考古学报》1974年第2期。

[⑤] 参看王子今《走马楼简"折咸米"释义》，《国际简牍学会会刊》第3号，兰台出版社2001年版。

[⑥] 高文编：《四川汉代画像砖》，上海人民美术出版社1987年版，图二〇。

大致类同①。估计这是当时通行的运车形式之一，武威雷台铜车应当也有活动的前挡板，可能模型未作细致体现。这种车厢规整的车型，可以根据装载容积大致估算载物重量，不必以小量器一一计量，因而可以提高装载效率，适宜于较大规模的运输②。

诸葛亮"流马""方囊"设计采用散装方式，应当体现了装载技术的先进性。

四 "流马""方囊"装载量与汉代车运装载规格的比较

据裴松之引"《亮集》载作木牛流马法"，"流马""方囊"两枚，"每枚受米二斛三斗"，则合计四斛六斗。

据对"汉代有标称值刻铭，单位量值又不明显偏离标准值的量器"的测定，"每升的平均值为 200.24 毫升"③。

以"流马""方囊""长二尺七寸，高一尺六寸五分，广一尺六寸"，即长 62.37 厘米，高 38.115 厘米，广 36.96 厘米计，容积为 87862.515 毫升。"方囊二枚"，则为 175725.03 毫升。这与《九章算术·商功》有关"冥谷""载土往来"的算题中"车载三十四尺七寸"④ 的规格相比，有较大差距。

关于先秦车辆的载重能力，有达到 30 石至 50 石之说。《韩非子·外储说左上》："墨子曰：'不如为车輗者巧也，用咫尺之木，不费一朝之事，而引三十石之任，致远力多，久于岁数。'"⑤《墨子·鲁问》："须臾刘三寸之木，而任五十石之重。"⑥ 不过诸子书中语有时重论辩效能，不免夸张，未可以为确证。从《九章算术·均输》中关于"均输粟""均赋

---

① 青海省文物管理委员会：《西宁市南滩汉墓》，《考古》1964 年第 5 期。
② 王子今：《秦汉交通史稿》（增订版），中国人民大学出版社 2013 年版，第 122—123 页。
③ 丘光明：《中国历代度量衡考》，科学出版社 1992 年版，第 244—245 页。
④ 白尚恕：《〈九章算术〉注释》，科学出版社 1983 年版，第 171 页。
⑤ （清）王先谦：《韩非子集解》，锺哲点校，中华书局 1998 年版，第 266 页。
⑥ （清）孙诒让：《墨子间诂》，孙以楷点校，中华书局 1986 年版，第 442 页。

粟"的算题所提供的情况看，汉代运粮车的载重标准一般为25斛①。裘锡圭《汉简零拾》一文涉及汉简有关以车运粮的资料，引用每车所载粮食为25石的简文多至十数例，并指出，"雇佣的僦人和服役的将车者输送粮食的时候，大概一般比较严格地遵守二十五石一车的常规"②。行至居延的车辆多属长途运车，尚可达到这一水平，足见当时车辆运载能力之强。《商君书·垦令》："车牛舆重设必当名，然则往速徕疾，则业不败农。"高亨注："车牛所载的重量在服役时必须和官册所注明的重量相当。"③ 大概汉时车载25石也是政府为保证车队运行速度和交通道路畅通而统一限定的定额。居延汉简有"入粟三十斛 车一两"简例（E.P.T14：5），敦煌汉简又可见如下简文："入□□□三升少 布单卷百五十二支 车十六两 粟米五百六石六斗六升大 正月丁未。"（1866）若只计"粟米"，车均26.63石。"车十九两"或释作"车十六两"。若理解为"车十六两"载"粟米五百六石六斗六升大"，则每辆车载运接近32石。又有"☑车三两载米糒百五石"简文（802）④，则平均车载达35石。《九章算术·方程》有"载四十石至阪"的算题，也说明实际载重量有远超过25石的情形⑤。

"流马""方囊""每枚受米二斛三斗"，则两枚合计四斛六斗，显然与汉代粮运一般装载规格"二十五石一车的常规"存在较大差距。这可能是山区运输条件所决定的。

此外，我们目前尚不能判定是否有"流马"除"方囊"外另外背负盛装粮食或曰"受米"的"卷"或"券""帣"的可能。

---

① 《九章算术·均输》："当输二十五万斛，用车一万乘。""一车载二十五斛。""车载二十五斛。"白尚恕：《〈九章算术〉注释》，第184、191、195页。

② 裘锡圭：《汉简零拾》，《文史》第12辑，中华书局1981年版。所举简例，如："入粟大石廿五石 车一两"（59.2），"鱳得常乐里王禹●尉将 车二两麦五十石☑（253.5），入粟大石百石 车四两尉史李宗将☑"（122.6）等。

③ 高亨：《商君书注译》，中华书局1974年版，第29—30页。

④ 吴礽骧、李永良、马建华释校：《敦煌汉简释文》，甘肃人民出版社1991年版，第197、82页。

⑤ 王子今：《秦汉交通史稿》（增订版），第111页。

五 "方囊"结构与"流马"为独轮车说

《南齐书》卷五二《文学传·祖冲之》:"以诸葛亮有木牛流马,乃造一器不因风水施机自运,不劳人力。"可知"流马"是以"人力"为动力的运输方式。《旧五代史》卷一〇《梁书·末帝纪下》:"虽逾山越海,肃慎方来;而召雨征风,蚩尤尚在。顾兹残孽,劳我大邦,将士久于战征,黎庶疲于力役。木牛暂息,则师人有乏□之忧;流马尽行,则丁壮有无聊之苦。"也说"木牛""流马"劳动"丁壮""力役"。

面对"逾山"交通的困难,如果尽可能地使用车辆,独轮车应当是比较合理的车型选择。

独轮车可能在秦代已经发明①,在秦汉时期已经得到普及,而有关独轮车的文物图像资料比较集中地出土于蜀地,是值得注意的。

《后汉书》和《三国志》中有关"鹿车"即独轮车的记载,也有助于我们分析相关现象:

序号	史迹	资料出处
(1)	更始败,憙为赤眉兵所围,迫急,乃逾屋亡走,与所友善韩仲伯等数十人,携小弱,越山阻,径出武关。仲伯以妇色美,虑有强暴者,而己受其害,欲弃之于道。憙责怒不听,因以泥涂仲伯妇面,载以鹿车,身自推之。每道逢贼,或欲逼略,憙辄言其病状,以此得免。既入丹水,遇更始亲属,皆裸跣涂炭,饥困不能前。憙见之悲感,所装缣帛资粮,悉以与之,将护归乡里。	《后汉书》卷二六《赵憙传》

---

① 参看赵宠亮《独轮车至晚在秦代已经发明》,《中国文物报》2010年7月21日。今按:可以支持秦代已经使用独轮车的资料,还有苏林、裴骃和司马贞对"娄敬脱挽辂"的解说。《史记》卷九九《刘敬叔孙通列传》:"汉五年,戍陇西,过洛阳,高帝在焉。娄敬脱挽辂,衣其羊裘,见齐人虞将军曰:'臣愿见上言便事。'"关于"脱挽辂",或以为与"鹿车"有关。裴骃《集解》:"苏林曰:'一木横鹿车前,一人推之。'"司马贞《索隐》:"挽者,牵也。""辂者,鹿车前横木,二人前挽,一人后推之。"第2715页。

续表

序号	史迹	资料出处
(2)	建武六年，弟成物故，嚣乃听林持丧东归。既遣而悔，追令刺客杨贤于陇坻遮杀之。贤见林身推鹿车，载致弟丧，乃叹曰："当今之世，谁能行义？我虽小人，何忍杀义士！"因亡去。	《后汉书》卷二七《杜林传》
(3)	任末字叔本，蜀郡繁人也。少习《齐诗》，游京师，教授十余年。友人董奉德于洛阳病亡，末乃躬推鹿车，载奉德丧致其墓所，由是知名。	《后汉书》卷七九下《儒林传下·任末》
(4)	议者欲以为侍御史，因遁身逃命于梁沛之间，徒行敝服，卖卜于市。遭党人禁锢，遂推鹿车，载妻子，捃拾自资，或寓息客庐，或依宿树荫。如此十余年，乃结草室而居焉。	《后汉书》卷八一《独行传·范冉》
(5)	勃海鲍宣妻者，桓氏之女也，字少君。宣尝就少君父学，父奇其清苦，故以女妻之，装送资贿甚盛。宣不悦，谓妻曰："少君生富骄，习美饰，而吾实贫贱，不敢当礼。"妻曰："大人以先生修德守约，故使贱妾侍执巾栉。既奉承君子，唯命是从。"宣笑曰："能如是，是吾志也。"妻乃悉归侍御服饰，更著短布裳，与宣共挽鹿车归乡里。拜姑礼毕，提瓮出汲。修行妇道，乡邦称之。宣、哀帝时官至司隶校尉。子永，中兴初为鲁郡太守。永子昱从容问少君："太夫人宁复识挽鹿车时不？"对曰："先姑有言：'存不忘亡，安不忘危。'吾焉敢忘乎！"	《后汉书》卷八四《列女传·鲍宣妻》①
(6)	司马芝字子华，河内温人也。少为书生，避乱荆州，于鲁阳山遇贼，同行者皆弃老弱走，芝独坐守老母。贼至，以刃临芝，芝叩头曰："母老，唯在诸君！"贼曰："此孝子也，杀之不义。"遂得免害，以鹿车推载母。居南方十余年，躬耕守节。	《三国志》卷一二《魏书·司马芝传》

---

① 《太平御览》卷七七五引《列女传》记"渤海鲍宣妻"事，作"挽鹿车归乡里"，永子昱问："太夫人宁复识挽车时不？"中华书局复制重印上海涵芬楼影印宋本1960年版，第3437页。

序号	史迹	资料出处
(7)	……遂弃家事，乘鹿车伺寿。至光和二年二月上旬，以白日清时，于都亭之前，与寿相遇，便下车扣寿马，叱之……	《三国志》卷一八《魏书·庞淯传》
(8)	费祎字文伟，江夏鄳人也。少孤，依族父伯仁。伯仁姑，益州牧刘璋之母也。璋遣使迎仁，仁将祎游学入蜀。会先主定蜀，祎遂留益土，与汝南许叔龙、南郡董允齐名。时许靖丧子，允与祎欲共会其葬所。允白父和请车，和遣开后鹿车给之。允有难载之色，祎便从前先上。及至丧所，诸葛亮及诸贵人悉集，车乘甚鲜，允犹神色未泰，而祎晏然自若。持车人还，和问之，知其如此，乃谓允曰："吾常疑汝于文伟优劣未别也，而今而后，吾意了矣。"	《三国志》卷四四《蜀书·费祎传》

其中（1）言"越山阻，径出武关"，（2）则行于"陇坻"，（6）故事发生于"鲁阳山"，可知"鹿车"是便于山地行驶的。而（3）与（8），都是蜀地普及"鹿车"之例。

相互对称的"方囊"设置在两侧，正适合"鹿车"即独轮车行驶的条件。

思考"流马"装载量与汉代通常车运载重规格差距较大的原因，还应注意"流马"以人力为动力的情形。而且操纵"流马"的，应当是一人或二人。二人则一后一前，"推""挽"并力，如（5）"共挽鹿车""挽鹿车"。从汉代画像资料看，往往只是一人推行，即如（1）"身自推之"，（2）"身推鹿车"，（3）"躬推鹿车"，（4）"推鹿车"，（6）"以鹿车推载"。而《九章算术》言"车载二十五斛"的运输方式是"六人共车，车载二十五斛，重车日行五十里，空车日行七十里，载输之间各一日"①，可知已经形成规范。而以"流马""方囊二枚""每枚受米二斛三斗"，合计四斛六斗计，其运输效率还要高于"六人共车，车载二十五

---

① 白尚恕：《〈九章算术〉注释》，第195页。

斛"的常规情形。

六 "鹿车"与"流马"名义

关于"鹿车"，瞿中溶《汉武梁祠堂石刻画像考》解释说，"鹿，当是鹿卢之谓，即辘轳也"。刘仙洲同意这种意见，并以王重民等编《敦煌变文集》卷八句道兴撰《搜神记》不用"鹿车"而用"辘车"作旁证，以为"鹿车"即独轮车，认为其创始时期当在西汉晚期。[①] 史树青也提出论证，指出："鹿车的鹿字，应作辘轳解，是轮轴类的引重器"，"传世汉代铜器中，有一种活轴铜灯，灯盏可仰可合，俗称辘轳灯，意也取此。所以鹿车就是一个轮轴的车"[②]。早期独轮车的车轮制作，很可能直接截取原木并不进行认真加工，轮体有一定厚度，正便于推行时操纵保持平衡。由于车轮浑整厚重酷似辘轳，因而得名"辘车"。"辘车"后又称"鹿车"。句道兴《搜神记》述千乘人董永故事："小失其母，独养老父，家贫困苦，至于农月，与辘车推父于田头树荫下，与人客作，供养不阙。"又谓事本"昔刘向《孝子图》"，而董永"前汉人也"。其中"辘车"之称，或许在一定程度上保留了古义[③]。

《韩非子·八说》："古者寡事而备简，朴陋而不尽，故有挑挑而椎车者。""故智者不乘椎车，圣人不行椎政也。"原注：椎车"即椎轮也"[④]。《淮南子·说林》："古之所为不可更，则椎车至今无蝉匷。"[⑤] 也说"椎车"是"古"车形式。《盐铁论》中《非鞅》《遵道》《散不足》《世务》等篇都说到所谓"椎车"[⑥]。《散不足》写道："古者椎车无柔，栈舆无植。及其后，木軨不衣，长毂数辐，蒲荐苙盖，盖无漆丝之饰。"指出车辆制作从拙陋到华丽的变化轨迹。或以为"椎车无柔"的"柔"同"鞣"。张敦仁《盐铁论考证》认为，"椎车者，但斲一木使外圆，以为车

---

① 刘仙洲：《我国独轮车的创始时期应上推到西汉晚年》，《文物》1964年第6期。
② 史树青：《有关汉代独轮车的几个问题》，《文物》1964年第6期。
③ 王子今：《秦汉交通史稿》（增订版），中国人民大学出版社2013年版，第117—118页。
④ （清）王先谦撰：《韩非子集解》，锺哲点校，第426页。
⑤ 何宁：《淮南子集释》，中华书局1998年版，第1189页。
⑥ 王利器校注：《盐铁论校注》（定本），中华书局1992年版，第94、292、350、507页。

轮，不用三材也。"王利器说，因此当时"把拙朴之车叫做'椎车'"①。《艺文类聚》卷五五引梁昭明太子《文选序》曰："夫椎轮为大辂之始，大辂宁有椎轮之质？"②以为"鹿车"与"辘车"有关的解说应当是有合理性的。

但是前引赵憙故事"载以鹿车，身自推之"，李贤注："《风俗通》曰：'俗说鹿车窄小，载容一鹿。'"③为什么生活在独轮车得以普及的东汉时期的应劭，对"鹿车"的"鹿"作出这样与"辘""辘轳"全然无关的解释呢？

联系"鹿车"与"流马"车型的相近之处以及名称的相近之处，推想"鹿车"命名或许还有其他含义。鹿、马均行进轻捷，形体亦有相近处，赵高"指鹿为马"故事即其例④。宋人罗愿《尔雅翼》卷二〇《释兽三·鹿》："陶隐居云：古称马之似鹿者直百金。今荆楚之地，其鹿绝似马。当解角时，望之无辨。土人谓之'马鹿'。以是知赵高指鹿为马，盖以类尔。"⑤在这一认识基础上理解"鹿车"与"流马"的关系，也许是有益的。

"流马""方囊"的设计，便利快捷行进，也降低了对道路宽度的要求。这也正是符合蜀道交通多经历山区，频繁"逾山""越山阻"的条件的。

---

① 王利器校注：《盐铁论校注》（定本），第102、350页。
② （唐）欧阳询：《艺文类聚》卷五五引梁昭明太子《文选序》曰："夫椎轮为大路之始，大路宁有椎轮之质？"汪绍楹校，上海古籍出版社1965年版，第996页。文渊阁《四库全书》本"大路"作"大辂"。
③ 《北堂书钞》卷一四〇引《风俗通》曰："俗说鹿车窄小，载容一鹿。"文渊阁《四库全书》本。
④ 《史记》卷六《秦始皇本纪》："（二世三年）八月己亥，赵高欲为乱，恐群臣不听，乃先设验，持鹿献于二世，曰：'马也。'二世笑曰：'丞相误邪？谓鹿为马。'问左右，左右或默，或言马以阿顺赵高。或言鹿，高因阴中诸言鹿者以法。后群臣皆畏高。"
⑤ 文渊阁《四库全书》本。

附　论

早期中西交通线路上的丰镐与咸阳

虽然在中国正史的记录中，汉代外交家张骞正式开通丝绸之路的事迹被誉为"凿空"①。但是，从新石器时代陶器器型和纹饰的特点，已经可以看到早期中西文化交流的相关迹象。小麦、家马和制车技术的由来，有自西而东的线索。一些古希腊雕塑和陶器彩绘人像表现出所着衣服柔细轻薄，因而有人推测公元前5世纪中国丝绸已经为希腊上层社会所喜好。

西周王朝和东周秦国以至后来的秦王朝，都曾经在关中中部今陕西西安附近地区设置行政中心。西周都城丰镐和秦都咸阳，在早期中西交通的开创事业中均曾居于重要的地位。

西周中期周穆王时代，史传这位君王向西北远行，创造了黄河流域居民开拓联络西方的交通道路的历史记录。《左传·昭公十二年》说"昔穆王欲肆其心，周行天下"②。《竹书纪年》也有周穆王西征的明确记载。司马迁在《史记》卷五《秦本纪》和卷四三《赵世家》中，也记述了造父为周穆王驾车西行巡狩，见西王母，乐而忘归的故事。晋武帝时，有人在汲郡盗掘战国时期魏王的陵墓，从中得到简牍数十车。后来经过学者整理，获古书75篇，包括《竹书纪年》《穆天子传》等重要文献。《穆天子传》记载周穆王率领有关官员和七萃之士，驾乘八骏，由最出色的驭手造父等御车，由伯夭担任向导，从宗周出发，经由河宗、阳纡之山、西夏氏、河首、群玉山等地，西行来到西王母的邦国，与西王母互致友好之辞，宴饮唱和，并一同登山刻石纪念，又继续向西北行进，在大旷原围猎，然后千里驰行，返回宗周的事迹。许多研究者认为，周穆王西巡行程

---

① 《史记》卷一二三《大宛列传》。
② 《春秋左传集解》，上海人民出版社1977年版，第1357页。

的终极，大致已经到达中亚吉尔吉斯斯坦的草原地区。有的学者甚至推测，穆天子西行可能已经在欧洲中部留下了足迹。与《穆天子传》同出于汲冢的《竹书纪年》通常被看作信史。而关于《穆天子传》的性质，历来存在不同的认识。有人曾经将其归入"起居注类"，有人则列入"别史类"或者"传记类"中。大致都看作历史记载。然而清人编纂的《四库全书》却又将其改隶"小说家类"。不过，许多学者注意到《穆天子传》中记录的名物制度一般都与古代礼书的内容大致相合，因此认为内容基本可信。可能正是出于这样的考虑，《四部丛刊》和《四部备要》仍然把《穆天子传》归入"史部"之中。对于《穆天子传》中"天子西征至于玄池"的文句，刘师培解释说，"玄池即今咸海"。至于今哈萨克斯坦和乌兹别克斯坦之间。他又判断，"下文苦山、黄鼠山均在其西，今咸海以西，波斯国界也"①。顾实对于穆天子西征路线又有较为具体的说明。他推定周穆王西至甘肃，入青海，登昆仑，走于阗，登帕米尔山，至兴都库什山，又经撒马尔罕等地，入在今伊朗地方的西王母之邦。又行历高加索山，北入欧洲大平原。在波兰休居三月，大猎而还。顾实认为，通过穆天子西行路线，可以认识上古时代亚欧两大陆东西交通之孔道已经初步形成的事实②。这当然只是一种意见。但是西周时期黄河中游地区交通西方的尝试，确实有历史遗迹可寻。云塘西周骨器制作遗址出土骆驼骨骼。位于丰镐的张家坡墓地出土玉器数量众多，玉质优异，制作精美。据检测，多为透闪石软玉的材料来自多个产地。上村岭M2009出土的724件（组）玉器，经鉴定，可知大部分为新疆和田玉。当时玉器东来的道路应当是畅通的。大致正是在周穆王时代前后，随葬车马与主墓分开，整车随马埋葬，舆后埋殉葬人的传统葬俗发生了变化，改变为将随葬的车辆拆散，将轮、轴、辕、衡、舆等部件陈放在主墓内，而将驾车马匹另行挖坑埋葬的形式。③ 这种葬俗可能更突出地表现了墓主和车辆的密切关系。这些历史迹象，或许也与周穆王时代崇尚出行的风习有关。

作为周穆王西行出发点的宗周，可以看作前张骞时代中西交通线路的

---

① 刘师培：《穆天子传补释》，《刘师培全集》，中共中央党校出版社1997年版，第546页。
② 顾实编：《穆天子传西征讲疏》，中国书店1990年版，第175、244页。
③ 张长寿、殷玮璋主编：《中国考古学·两周卷》，中国社会科学出版社2004年版，第75、187、193页。

司马迁笔下为周穆王驾车的造父，是秦人的先祖。作为秦人在交通史上活跃表现之标志性符号的造父，后来以"御官"身份，姓名用以命名天上星座①。有意思的是，传东方朔《海内十洲记》写道，西王母告诉周穆王其国度与周王朝的空间距离："咸阳去此四十六万里。"② 这里不说"宗周"或者"丰镐"而说"咸阳"，是因为秦都咸阳在中西文化交流的交通体系中占有非常重要的位置。商鞅变法，秦自雍迁都咸阳，确定了在关中中心方位领导农耕发展和东向进军的优胜条件，也同时继承了丰镐王气。秦人与西北民族有密切的交往，于是东方人以为"秦与戎翟同俗"③，因而"夷翟遇之"④。秦墓出土的"铲脚袋足鬲"，有学者认为体现了"西北地区文化因素"⑤，战国中期以后出现并成为墓葬形制主流的洞室墓，也被判定"并不是秦文化的固有因素"。有学者认为"可能是秦人吸收其它古文化的结果"⑥。其渊源大致来自西北甘青高原。源自更遥远地方的文化因素对秦文化风格的影响，突出表现于黄金制品在墓葬中的发现。马家塬墓地埋葬车马的特殊装饰，也显示了从未见于中原文化遗存的审美意识和制作工艺。有学者指出，"马家塬墓地中的金珠及金器中的掐丝、镶嵌等工艺更可能源自于地中海东岸的西亚"。"马家塬墓地出现的戴尖顶帽的人物形象，表明在战国时期这一地区不仅和欧亚草原中部、西部及西亚存在技术和工艺上的交流，还可能有人员的交往。"⑦ 至于秦文化对遥远的西北方向的影响，我们看到，哈萨克斯坦巴泽雷克5号墓出土了织锦刺绣，其风格表明来自中国。在这一地区公元前4世纪至前3世纪的墓葬中，还出土了有典型关中文化风格的秦式铜镜。史载西汉时匈奴人使役"秦人"，颜师古解释说："秦时有人亡入匈奴者，今其子孙尚号

---

① 《晋书》卷一一《天文志一》："南河中五星曰造父，御官也。"
② 《说郛》卷六六下，文渊阁《四库全书》本。
③ 《史记》卷四四《魏世家》。
④ 《史记》卷五《秦本纪》。
⑤ 滕铭予：《秦文化：从封国到帝国的考古学观察》，学苑出版社2003年版，第138页。
⑥ 王学理主编：《秦物质文化史》，三秦出版社1994年版，第308页。
⑦ 王辉：《甘肃发现的两周时期的"胡人"形象》，《考古与文物》2013年第6期；王辉：《马家塬战国墓地综述》，甘肃省文物考古研究所编著：《西戎遗珍——马家塬战国墓地出土文物》，文物出版社2014年版，第28页。

'秦人'。"① 其实，匈奴人使用的"秦人"称谓，应当理解为秦人经营西北，与草原民族交往的历史记忆的遗存。有的学者认为，"CHINA"的词源，应与"秦"的对外影响有关②。实现统一之后的秦王朝对西北方向的特别关注，还表现"有大人长五丈，足履六尺，皆夷狄服，凡十二人，见于临洮"，于是"销天下兵器，作金人十二以象之"③。"金人十二，重各千石，置廷宫中"，成为咸阳宫的重要景观④。

秦自雍迁都咸阳之后，咸阳继承了丰镐的作用，承担了联系中西交通的主要责任。此后，汉唐长安也同样是在这一地区，建设了表现出充沛的进取精神和能动力量的丝绸之路的东端起点。

---

① 《汉书》卷九四上《匈奴传上》。

② 薛福成《出使日记》说，"欧洲各国其称中国之名""皆'秦'之音译"，"揆其由来，当由始皇逼逐匈奴，威震殊俗"。林剑鸣则以为"很有可能""在秦穆公时期，戎、狄的流徙，使'秦'成为域外诸民族对中国的称呼"。《秦史稿》，上海人民出版社1981年版，第50—51页。

③ 《汉书》卷二七下之上《五行志下之上》。

④ 参看王子今《秦始皇造铸"金人十二"之谜》，《陕西历史博物馆馆刊》第5辑，西北大学出版社1998年版。

秦汉时期南岭道路开通的历史意义

秦的统一，是具有重大意义的历史事件。秦人对交通的特殊重视，是促成统一的重要条件。而联系全国的交通道路网的建设，又是秦帝国的重要行政主题之一。南岭道路的开通，为中原文化扩展至南海提供了可能。汉武帝时代继承了这一成就。珠江流域文化在交通进步的基础上与黄河流域文化、长江流域文化的融会，共同推动了中国历史的进步。

秦实现统一，后人称为"六王毕，四海一"①，"六王失国四海归"②。其实，秦始皇统一帝国的版图，并不仅仅限于黄河、长江流域原战国七雄统治的地域，亦包括岭南地方。征服岭南，确定了秦帝国南境超越楚人控制区的规模。战争的结局，是《史记》卷六《秦始皇本纪》和卷一一三《南越列传》所记载的桂林、南海、象郡的设立。按照贾谊《过秦论》的表述，即"南取百越之地，以为桂林、象郡，百越之君俛首系颈，委命下吏"。岭南文化与中原文化的融合，正是自"秦时已并天下，略定杨越"③起始。而"皇帝之土"至于"南尽北户"④，远远超越了秦本土与"六王"故地⑤。

中原帝国开始面对南海，是东亚史乃至世界史上的一件大事。这一历史进步，是在南岭道路开通的条件下实现的。《史记》卷一一八《淮南衡山列传》称为"（秦皇帝）使尉佗逾五岭攻百越"。"逾五岭"，是秦交通史册辉煌的一页。据《史记》卷一一三《南越列传》，秦二世时，中原动

---

① （唐）杜牧：《阿房宫赋》，《樊川集》卷一。
② （宋）莫济：《次韵梁尉秦碑》，《宋诗纪事》卷四七。
③ 《史记》卷一一三《南越列传》。
④ 《史记》卷六《秦始皇本纪》。
⑤ 参看王子今《秦统一局面的再认识》，《辽宁大学学报》2013年第1期.

荡，南海尉任嚣召龙川令赵佗语曰："南海僻远，吾恐盗兵侵地至此，吾欲兴兵绝新道，自备，待诸侯变。"这里所说的"新道"，就是南岭新开通的道路。赵佗在实际掌握南海郡军权之后，"即移檄告横浦、阳山、湟溪关曰：'盗兵且至，急绝道聚兵自守！'"要求"急绝道"。也说到南岭道路对于联系中原与"南海"的意义。

灵渠是秦王朝为统一岭南而完成的重要的交通工程。以尉屠睢为统帅的秦军进军岭南，粮食等军用物资的运输面临"五岭"的严重阻碍。《史记·平津侯主父列传》记载，秦始皇"使尉屠睢将楼船之士南攻百越，使监禄凿渠运粮，深入越，越人遁逃"。《淮南子·人间》写道："使监禄转饷，又以卒凿渠通粮道。"高诱注："监禄，秦将，凿通湘水、离水之渠。"由监禄主持，在今广西兴安开凿了著名的灵渠，沟通了湘、离二水，使长江水系和珠江水系联系起来。湘江北流，离水（今漓江）南泻，二水在兴安相距极近。离水支流零水（亦称灵水）一源名始安水，与湘江上游的海洋水最近处相距不到1.5公里，中隔一仅高20余米的分水岭。灵渠的开凿者合理地选择了分水地点，开通南渠、北渠，并注意延长渠线长度，降低渠底坡降，可能还采取了修堰拦水及人力牵挽等方式，以便利通航。

灵渠开通的直接目的，在于大军远征岭南，"三年不解甲弛弩"，"无以转饷"，于是"以卒凿渠而通粮道，以与越人战"①。而联系长江水系与珠江水系水道的开通，促进了渊源不同的两个文化系统的交流融会，直接推动了秦汉时期岭南经济文化的跃进。汉武帝元鼎五年（前112）出兵南征南越，其中一支部队"出零陵或下离水"②，显然利用了灵渠航道。据说汉光武帝建武十八年（42），伏波将军马援南下，也曾修整灵渠，运送军粮。汉章帝建初八年（83），郑弘为便利"交趾七郡贡献转运"，"奏开零陵、桂阳峤道，于是夷通，至今遂为常路"③。零陵，桂阳郡治在今湖南零陵、郴州，都南临五岭险要。南岭陆运的开发，体现出在灵渠的实际效益的启示下，这一地区交通事业的全面的进步。

汉武帝元鼎五年（前112），南越国相吕嘉弑南越王及太后，另立新

---

① 《淮南子·人间》。
② 《史记》卷一一三《南越列传》。
③ 《后汉书》卷三三《郑弘传》。

王。在南越国发生内乱的情况下，汉武帝发大军分五路南下，以武力平定南越。全面控制南越地方之后，西瓯部族也一起归汉。汉王朝从此控制了广东、广西大部地区及越南北部和中部。汉武帝以其地分置儋耳（郡治在今海南儋县西北）、珠崖（郡治在今海南海口东南）、南海（郡治在今广东广州）、苍梧（郡治在今广西梧州）、郁林（郡治在今广西桂平西）、合浦（郡治在今广西合浦东北）、交趾（郡治在今越南河内西北）、九真（郡治在今越南清化西北）、日南（郡治在今越南广治西北）九郡。南越、西瓯以及相邻地区于是成为汉王朝中央政府直属的地域。

远征军南下以南岭通路为行军通道。《史记》卷一一三《南越列传》记载："元鼎五年秋，卫尉路博德为伏波将军，出桂阳，下汇水；主爵都尉杨仆为楼船将军，出豫章，下横浦；故归义越侯二人为戈船、下厉将军，出零陵，或下离水，或扺苍梧；使驰义侯因巴蜀罪人，发夜郎兵，下牂牁江；咸会番禺。""南越已平矣。遂为九郡。"五路大军南下，利用南岭交通道路系统，完成了军事征服，也推进了文化融合。

岭南地区秦汉考古资料多有体现中原文化元素遗存的发现，相关历史文献也明确记录了汉王朝对南越、西瓯地方的强力征服和成功管理。这一历史过程开启的汉文化的向南扩张，是以北方移民的大规模迁入为重要条件的。

以元始二年（2）和永和五年（140）户口数比较，岭南七郡户口，增长率分别为户144.8%，口100.8%。而当时的全国户口则呈现出负增长的趋势（户-20.7%，口-17.5%）。据有的记载，建武年间，交阯郡"西于一县，户已有三万二千"。而永和五年文化中枢地区三辅郡级行政区的户数，京兆尹不过五万三千，左冯翊不过三万七千，右扶风不过一万七千。

自秦代直至三国时期的北方向岭南的移民运动，得到中原王朝出于强化行政控制动机的积极倡导，然而移民高潮的真正形成，却是在西汉末年以及东汉末年王朝政治影响力衰微的时期。实现汉文化向岭南扩张这一交通史进程的主要动力，并非汉王朝最高执政集团的积极策划，中原将士的军事远征，或者地方长官的行政实践，而是千千万万普通流徙民众的社会生产和社会生活。大量农耕劳动者将北方田作经验和生产工具乃至日常礼俗带到岭南地区。下层文人的流入，也促成了岭南地区文化的进步。岭南移民运动的发生，有北方灾荒频繁和战乱危害的因素，而气候变迁也是不宜忽视的缘由之一。人们自然也会注意到，南岭交通形势的改善与完备，是促成这一历史变化的最重要的条件之一。

战国秦汉交通建设成就显著。其中沟通南北，克服山地阻障的最突出的成功表现为秦岭道路的开通。而南岭交通的实现，又有新的历史意义。其中交通规划、道路选线，及水路和陆路运输相结合等方面体现的科学理念，对现今交通建设依然可以提供重要的启示。

秦皇汉武"海上"之行

秦始皇重视以巡行方式镇抚地方，宣扬威德，强化行政效力。据《史记》卷六《秦始皇本纪》记载，他在统一战争进行中曾经三次出巡，"初并天下"，又先后有五次出巡，其中四次行至海滨。二十八年（前219）东行郡县，登泰山后，"乃并勃海以东，过黄、腄，穷成山，登之罘"；次年再次东巡。据之罘刻石记载，"皇帝东游，巡登之罘，临照于海"。"维二十九年，皇帝春游，览省远方。逮于海隅，遂登之罘，昭临朝阳。"三十二年（前215），秦始皇来到碣石。考古学者在辽宁绥中和河北秦皇岛发掘的渤海湾西岸秦行宫遗址，应当就是秦始皇当年的居所。秦始皇三十七年（前210）最后一次出巡，曾经有"渡海渚""望于南海"的经历，又"并海上，北至琅邪"。又经荣成山至之罘，"遂并海西"。他生命的终点，就在巡行海上返回的途中。

秦始皇第一次东巡海滨，行至琅邪地方，曾经有特殊表现，"南登琅邪，大乐之，留三月。乃徙黔首三万户琅邪台下，复十二岁。作琅邪台，立石刻，颂秦德，明得意"。巡行途中留居三月，是极异常的举动。这也是这位来自西北黄土地带的政治强权人物在咸阳以外地方停留最久的记录。而"徙黔首三万户"，在秦强制移民的行为中，是唯一一次以东方为迁徙方向者。其规模，也仅次于"徙天下豪富于咸阳十二万户"。"复十二岁"，即免除十二年赋役的优遇，也是秦王朝行政记录仅见的一例。琅邪是海上大港，越王勾践曾经将越国的都城从会稽迁到这里。后来王莽更改地名时，称琅邪为"填夷"。"填夷"也就是"镇夷"，暗示琅邪因联系外洋的交通形势，在外交上的特殊地位。有的地理文献说"亶洲去琅邪万里"，"东夷""君子"国"去琅邪三万里"，也反映了初步开通的东洋航路由琅邪起始的事实。

在琅邪，秦始皇与随行重臣王离、王贲、王绾、李斯等"议功德于海上"。这一行为很可能有特殊的政治文化象征意义。对照《史记》卷二八《封禅书》汉武帝"宿留海上"的记载，可以推测这里"与议于海上"之所谓"海上"，很可能并不是指海滨，而是指海面上。

《史记》卷六《秦始皇本纪》记载，方士徐市等解释"入海求神药，数岁不得"的原因在于海洋生物导致的海上航行障碍："蓬莱药可得，然常为大鲛鱼所苦，故不得至，愿请善射与俱，见则以连弩射之。"随后又有秦始皇与"海神"以敌对方式直接接触的心理记录和行为记录："始皇梦与海神战，如人状。问占梦，博士曰：'水神不可见，以大鱼蛟龙为候。今上祷祠备谨，而有此恶神，当除去，而善神可致。'乃令入海者赍捕巨鱼具，而自以连弩候大鱼出射之。自琅邪北至荣成山，弗见。至之罘，见巨鱼，射杀一鱼。"身为天下之尊的皇帝，亲自以"连弩"射海中"巨鱼"，竟然"射杀一鱼"。比照历代帝王行迹，秦始皇这一行为表现堪称千古之最。所谓"射杀""巨鱼"情节发生于海上，"自琅邪北至荣成山"又"至之罘"，应是秦始皇亲行航路

据《汉书》卷五一《贾山传》记载，西汉人回述秦帝国交通建设的成就："为驰道于天下，东穷燕齐，南极吴楚，江湖之上，濒海之观毕至。"唐代学者颜师古解释说，"濒，水涯也。濒海，谓缘海之边也。毕，尽也"。秦始皇的浩荡车队多次"并海"行进的轨迹，说明当时滨海地方有高等级的道路千里贯通。秦始皇的继承者秦二世，也曾经效法他的父亲沿着这条"并海道"南北巡行，以求建立政治威望。

汉武帝也是一位对海洋世界充满好奇的帝王。他一生中至少十次至海上，行程超过了秦始皇。对于汉武帝的海上之行，《史记》卷二八《封禅书》记载：元封元年（前110）"东巡海上，行礼祠八神"。"宿留海上，与方士传车及间使求仙人以千数。"封泰山后，再次至海上，"复东至海上望，冀遇蓬莱焉"。"遂去，并海上，北至碣石，巡自辽西，历北边至九原。"元封二年（前109），"至东莱，宿留之数日"。元封五年（前106），"北至琅邪，并海上"。太初元年（前104），"东至海上，考入海及方士求神者，莫验，然益遣，冀遇之"。"临渤海，将以望祠蓬莱之属，冀至殊庭焉。"太初三年（前102），汉武帝又有海上之行："东巡海上，考神仙之属，未有验者。"除了《史记》卷三〇《封禅书》中这九年中六次行临海上的记录外，《汉书》卷六《武帝纪》还记载了晚年汉武帝四次

出行至于海滨的情形："（天汉）二年春，行幸东海。""（太始三年）行幸东海，获赤雁，作《朱雁之歌》。幸琅邪，礼日成山。登之罘，浮大海。""（太始四年）夏四月，夏四月，幸不其，祠神人于交门宫，若有乡坐拜者。作《交门之歌》。""（征和）四年春正月，行幸东莱，临大海。"汉武帝最后一次行临东海，已经是六十八岁的高龄。

对于探知海洋未知世界的特殊热忱，使得秦皇汉武频繁的海上出行成为中国古代帝王经历中罕见的情节。在此后漫长历史进程中的任何阶段，都没有再次出现如此引人注目的行旅事迹。

在秦始皇和汉武帝东巡海上的行程中，都有恭敬礼祀齐传统信仰体系中"八神"的仪式。《史记》卷二八《封禅书》："……于是始皇遂东游海上，行礼祠名山大川及八神，求仙人羡门之属。"记述汉武帝出巡，也说："上遂东巡海上，行礼祠八神。"这样的表述，容易使人得到"礼祠八神"似乎即"东巡海上"之直接目的的理解。"八神"祀所，确实四处都在"海上"。"礼祠八神"，体现出对齐人原有祭祀传统的尊重，也体现出对齐人作为海洋开发先行者的以往经验的尊重。

"求仙人羡门之属"，是海滨活动的主题之一。在"东游海上"的行程中，秦皇汉武接受了方士的宣传。燕齐海上方士是环渤海地区较早关注海上景物，并参与开发海上航运的知识人群。他们的海洋探索因帝王们的长生追求，获得了行政支持。方士们知识人生的一面，表现为以富贵为目的的阴险的政治诈骗。其另一面，即以艰险航行为基本方式的海洋气象、海洋水文、海洋生物诸方面知识的探求，又具有积极的历史意义和科学意义。

出于对海洋的特别关切，秦始皇和汉武帝在距海甚为遥远的西北宫苑中，曾经经营仿像海洋的园林形式。《史记》卷六《秦始皇本纪》说到"兰池"。张守节《正义》引《秦记》云："始皇都长安，引渭水为池，筑为蓬、瀛，刻石为鲸，长二百丈。"《秦记》是秦国史书，在秦始皇焚书时得以保留，其中记载应当是可信的。秦始皇陵地宫的设计，据说"以水银为百川江河大海，机相灌输"，可以理解为有意营造更精致的海洋模型。似乎陵墓主人对大海的倾心向往，至死也没有削减。

据《史记》卷二八《封禅书》，汉武帝太初元年（前104）作建章宫，特意设计了仿拟"海中神山"的园林结构："其北治大池，渐台高二十余丈，命曰'太液池'，中有蓬莱、方丈、瀛洲、壶梁，象海中神山龟鱼之属。"《史记》卷一二《孝武本纪》同样的记载，司马贞《索隐》引《三辅故事》云："殿北海池北岸有石鱼，长二丈，广五尺，西岸有石龟，二枚，各长六尺。""殿北海池"的说法值得我们注意。这样的做法，实现了汉武帝海洋体验的物化纪念，或许可以看作深信海上方士神仙学说的表现，而同时客观上又有益于对于关注海洋的文化理念的宣传和鼓励。

秦始皇、汉武帝对海洋的特殊关注，与当时华夏文化开放进取的时代风格相一致，也体现了当时社会海洋意识的觉醒。正是在这样的时代，秦汉帝国空前强盛，东洋南洋航线得以开通，早期海洋学也取得了初步的收获。

后　　记

我在1982年1月西北大学历史系考古专业77级毕业之后，入林剑鸣教授门下成为攻读中国古代史专业硕士学位研究生。硕士论文选定"论秦汉陆路运输"这一主题，1984年12月通过答辩，获历史学硕士学位。硕士论文答辩委员会主任委员方诗铭研究员的教诲，至今感铭于心。

后来继续进行的中国古代交通史研究，承陕西师范大学史念海教授、西北大学李之勤教授和李健超教授等先生的指导和帮助，成果有所积累，先后出版《中国古代交通文化》（三环出版社1990年10月版）、《交通与古代社会》（陕西人民教育出版社1993年9月版）、《秦汉交通史稿》（中共中央党校出版社1994年7月，增订版，中国人民大学出版社2013年1月版）、《跛足帝国：中国传统交通形态研究》（敦煌文艺出版社1996年3月版）、《门祭与门神崇拜》（上海三联书店1996年6月版，陕西人民出版社2006年4月版）、《中国古代交通》（广东人民出版社1996年7月版）、《中国古代行旅生活》（商务印书馆国际有限公司1996年7月版，台湾商务印书馆1998年11月版）、《驿道驿站史话》（中国大百科全书出版社2000年1月版），《驿道史话》（社会科学文献出版社2011年9月版）、《邮传万里：驿站与邮递》（长春出版社2004年1月版，长春出版社2008年1月版）等著作。其中《秦汉交通史稿》是1989年立项的国家社会科学基金项目"秦汉交通史"研究的最终成果，1999年9月获国家社会科学基金项目优秀成果三等奖。2010年承担中国人民大学科学研究基金（中央高校基本科研业务费专项资金资助）项目"中国古代交通史研究"，又有《战国秦汉交通格局与区域行政》《中国古代交通文化论丛》《秦汉交通考古》中国社会科学出版社待出版，《中国蜀道·历史沿革》三秦出版社待出版。这本《秦汉交通史新识》是近两三年来有关秦汉交通史研究论文合集，也是这一项目的阶段性成果。

21世纪初，我在《中国交通史研究一百年》一文中曾经写道："回顾中国交通史的研究，应当欣慰地说，由于集中了诸多历史地理学者、经济史学者、地方史学者、考古学者等多方面的力量，各自从不同的学术视角参与对于历代交通的研究考察，于是可以推出一些多方位研究的成果。但是，还应当看到，许多学者大多是在从事各自主要研究方向的工作之余涉足中国交通史研究的，而真正以主要学术精力进行中国交通史研究的学者还并不很多。""回顾一百年来中国交通史的研究，可以发现在取得丰富成果的同时，仍然有所不足。这主要表现在中国交通史这一学术领域中，至今还没有形成相对集中的研究力量，没有形成可以组织和协调有关研究工作的学术机构和学术组织。就学术成果而言，有的重要时期虽然交通发展多有历史创造，但是还没有研究当时的交通成就的具有相当学术分量的断代交通史专著出版。至今也还没有一部多卷本的中国交通史问世。而若干专题交通史，如道路史、运河史、港口史、津渡史、关塞史、车辆史、船舶史、交通制度史、交通礼俗史、交通观念史等，或者存在学术空白，或者虽然已经有论著发表出版，但是仍然存在可以进一步开拓的相当广阔的学术空间。"① 虽然由于新的出土资料的发现和新的学术力量的充实，这一学术方向的进步有目共睹，但是就中国古代交通史而言，当时考虑到的学术理念、研究方式、工作进度等方面的不足，现在依然存在。我们还需要继续努力，也特别期望青年学人参与相关研究。

感谢中国社会科学出版社郭沂纹副总编对本书编辑出版的帮助。

感谢焦南峰教授赐序。在1984年4月考察蓝桥河栈道遗迹之后，1984年10月1日，我曾与焦南峰结伴，同样以自行车为交通工具，冒雨前往遗址所在地绘图摄影。后来联名发表的调查简报②，就是此行的收获。③ 雨中骑行，经过蓝田某厂，高音喇叭正在播放邓小平国庆阅兵实况。现在想来，好像就是昨天的事情。和周苏平一同考察子午道秦岭北段

---

① 王子今：《中国交通史研究一百年》，《历史研究》2002年第2期，《复印报刊资料·历史学》2002年第7期，《〈历史研究〉五十年论文选·20世纪中国历史学回顾》，社会科学文献出版社2005年版。
② 王子今、焦南峰：《古武关道栈道遗迹调查简报》，《考古与文物》1986年第2期。
③ 武关道考察的其他收获，还有：王子今、周苏平、焦南峰《陕西丹凤商邑遗址》，《考古》1989年第7期；王子今《"武候"瓦当与战国秦汉武关道交通》，《文博》2013年第6期。

栈道遗迹，也是骑自行车，上山推着走，下山可以一路飙行。调查收获也有简报发表。[①] 后来1985年张在明、秦建明、周苏平、王子今的灙骆道考察，1990年张在明、焦南峰、周苏平、王子今的秦直道淳化旬邑段考察，2001年张在明、焦南峰、王子今的子午道石羊关以及武关道窄坡关、六郎关、鸡头关、七盘岭古道考察，除了学术收获之外，亦各有深山野趣共享。人至暮年，回想往事，大岭深崖，风林雾雪，骄阳热汗，冻雨苔阶，更有山巅露宿，陡路疲竭，其不胜感慨者多矣！

谨以此书作为友情的纪念。

王子今
2014年冬至
于北京大有北里

[①] 王子今、周苏平：《子午道秦岭北段栈道遗迹调查简报》，《文博》1987年第4期。

本书内容初刊信息

《秦军事运输略论》,《秦始皇帝陵博物院》2013 年总第 3 辑（三秦出版社 2013 年 8 月版）。

《秦兼并战争中的"出其人"政策——上古移民史的特例》,《文史哲》2015 年第 2 期。

《秦始皇二十七年西巡考议》,《文化学刊》2014 年第 6 期。

《说"反枳"：睡虎地秦简〈日书〉交通"俗禁"研究》,《简帛》第 7 辑（上海古籍出版社 2012 年 10 月版）。

《李斯〈谏逐客书〉"駃騠"考论——秦与北方民族交通史个案研究》,《人文杂志》2013 年第 2 期。

《骡驴馲駼，衔尾入塞——汉代动物考古和丝路史研究的一个课题》,《国学学刊》2013 年第 4 期。

《论汉昭帝平陵从葬驴的发现》,《南都学坛》2015 年第 1 期。

《岳麓书院秦简〈数〉"马甲"与战骑装具史的新认识》, 秦简牍研究国际学术研讨会论文, 长沙, 2014 年 12 月 6 日。

《马王堆三号汉墓遣策"马竖"杂议》, 纪念马王堆汉墓发掘四十周年国际学术研讨会论文, 长沙, 2014 年 12 月 12 日至 13 日。

《前张骞的丝绸之路与西域史的匈奴时代》,《甘肃社会科学》2015 年第 2 期。

《赵充国时代"河湟之间"的生态与交通》,《青海民族研究》2014 年第 3 期。

《汉武帝"西夷西"道路与向家坝汉文化遗存》,《四川文物》2014 年第 4 期。

《建安二十年米仓道战事》（与王遂川合署，第一作者）,《南都学坛》

2013年第2期。

《米仓道"韩溪"考论》（与王遂川合署，第一作者），《四川文物》2013年第2期。

《试说"江阳之盐"》，"川盐古道与区域发展"学术研讨会论文，自贡，2014年10月25日。

《秦汉"五岭"交通与"南边"行政》，《中国史研究》2014年第3期。

《西汉辽西郡的防务与交通》，"中国古代国家治理与边防"学术研讨会论文，西安，2013年11月16日。

《秦汉时期政治危局应对的交通控制策略》，"中国古代社会危机及其政府应对"高层论坛论文，开封，2014年11月1日。

《汉代的"海人"》，《紫禁城》2014年10月号。

《东海的"琅邪"和南海的"琅邪"》，《文史哲》2012年第1期。

《秦汉闽越航海史略》，《南都学坛》2013年第5期。

《论马援楼船军击交阯九真》，暨南中外关系史高层论坛论文，珠海，2013年12月7日至8日。

《伏波将军马援的南国民间形象》，《形象史学研究（2014）》，人民出版社2015年版。

《诸葛亮"流马""方囊"考议》，《四川文物》2015年第1期。

《早期中西交通线路上的丰镐与咸阳》，《西北大学学报》2015年第1期。

《秦汉时期南岭道路开通的历史意义》，《中国社会科学报》2012年12月28日。

《秦皇汉武的海上之行》，《中国海洋报》2013年8月28日。